唯识经典直解丛书

成唯识论直解

修订本

林国良／著

上册

上海古籍出版社

图书在版编目(CIP)数据

成唯识论直解 / 林国良著. —修订本. —上海：
上海古籍出版社,2024.5（2025.7重印）
（唯识经典直解丛书）
ISBN 978-7-5732-1114-9

Ⅰ. ①成… Ⅱ. ①林… Ⅲ. ①唯识宗—佛经②《成唯识论》—研究 Ⅳ. ①B946.3

中国国家版本馆CIP数据核字（2024）第076727号

唯识经典直解丛书

成唯识论直解（修订本）

（全二册）

林国良　著

上海古籍出版社出版发行

（上海市闵行区号景路159弄1-5号A座5F　邮政编码201101）

（1）网址：www.guji.com.cn
（2）E-mail：guji1@guji.com.cn
（3）易文网网址：www.ewen.co

上海天地海设计印刷有限公司印刷

开本890×1240　1/32　印张37.25　插页10　字数740,000
2024年5月第1版　2025年7月第4次印刷
印数：4,501—6,600
ISBN 978-7-5732-1114-9
B·1381　定价：168.00元
如有质量问题，请与承印公司联系

作者简介

林国良

1952年生,上海大学文学院研究员,当代著名佛教研究专家。主要从事佛教教理研究,特别侧重于佛教唯识学研究。退休后潜心致力于佛教尤其是唯识学典籍的整理注译以及弘扬工作。著有《成唯识论直解》《出入自在——佛教自由观》《佛典选读》《解深密经直解》《瑜伽师地论真实义品直解》等。

唯识经典直解丛书

（已出书目）

解深密经直解

瑜伽师地论真实义品直解

成唯识论直解（修订本）

目 录

"唯识经典直解丛书"总序言 …………………………… 1
一、根本唯识论三阶段的唯识义 …………………………… 1
　（一）第一阶段的初步唯识义 ………………………… 3
　（二）第二阶段的强化唯识义 ………………………… 5
　（三）第三阶段的圆满唯识义 ………………………… 7
　（四）阿赖耶识—能变能否成立 ……………………… 8
二、唯识了义观 …………………………………………… 10
三、唯识无境观 …………………………………………… 14
　（一）第一阶段的唯识无境思想 ……………………… 14
　（二）第二阶段的唯识无境思想 ……………………… 23
　（三）第三阶段 ………………………………………… 28
四、唯识真实观 …………………………………………… 29
　（一）《瑜伽师地论》的真实观 ……………………… 30
　（二）《楞伽经》 ……………………………………… 33
　（三）《大乘庄严经论》 ……………………………… 34

五、唯识缘起观 ……………………………………… 36
　（一）依他缘起 ……………………………………… 36
　（二）依阿赖耶识缘起 ……………………………… 38
　（三）依三能变缘起 ………………………………… 42
　（四）三种缘起总结 ………………………………… 43

六、唯识修行观 ……………………………………… 44
　（一）唯识修行概说 ………………………………… 44
　（二）唯识见道方法 ………………………………… 49

七、唯识如来藏观 …………………………………… 70
　（一）唯识系经典关于胜义谛的论述不同于
　　　　如来藏系 …………………………………… 70
　（二）《楞伽经》的如来藏思想 ……………………… 72

结语：唯识思想的展开 ……………………………… 76
　（一）离言法性 ……………………………………… 77
　（二）阿赖耶识缘起 ………………………………… 77
　（三）三自性唯识 …………………………………… 78
　（四）根本唯识论的不断简化与整合的演进趋势 …… 79

再版前言：主要一切法体系与唯识理论演变 ……………… 1
　一、唯识理论演变概说 ……………………………… 1
　　（一）唯识理论演变三阶段的经论和代表人物 …… 3
　　（二）唯识理论的两大主题 ………………………… 3
　　（三）与"一切法唯识"理论相应的一切法体系 …… 3
　二、诸法体系与唯识理论的演变 …………………… 10

（一）第一阶段：空有思想与唯识思想并行展开 …… 10
　　（二）第二阶段：成立"一切法皆是识"的
　　　　　强化唯识论 ………………………………… 28
　　（三）第三阶段：成立"一切法不离识"的
　　　　　圆满唯识论 ………………………………… 38
三、一切法的由来 …………………………………………… 46
　　（一）三种理论或方式概说 ……………………………… 46
　　（二）三种理论或方式的联系与差别 …………………… 48
四、唯识学内的空有之争 …………………………………… 53
　　（一）唯识经典侧重于说有 ……………………………… 53
　　（二）无著、世亲之后的空有之争 ……………………… 54

前　言 ……………………………………………………… 1
一、《成唯识论》的学派源流 ………………………………… 1
二、《成唯识论》的传统学术范畴 …………………………… 4
三、《成唯识论》的现代学术解析 …………………………… 10
　　（一）存在论 ……………………………………………… 10
　　（二）认识论 ……………………………………………… 12
　　（三）宇宙观 ……………………………………………… 14
　　（四）物质观 ……………………………………………… 16
　　（五）人性论 ……………………………………………… 19
　　（六）唯识心理学 ………………………………………… 23
四、唯识学的历史和现状 …………………………………… 28

第一章　论破我执与法执 ······················· 1

第一节　概论 ····························· 2
一、造论宗旨 ····························· 2
二、总破二执 ····························· 8

第二节　破我执 ··························· 21
一、破外道的我执 ························· 21
二、再破各种我执 ························· 25
三、总破我执 ····························· 29
四、论俱生我执与分别我执 ················· 32
五、答责难 ······························· 37

第三节　破法执 ··························· 40
一、破外道的法执 ························· 40
二、破小乘的法执 ························· 74
三、总破法执 ····························· 127
四、论俱生法执与分别法执 ················· 129

第四节　余论 ····························· 133
一、总结与答疑 ··························· 133
二、三类能变识略释 ······················· 142

第二章　论第八识 ··························· 147

第一节　第八识综述 ······················· 149
一、第八识的主体与种子 ··················· 149
二、第八识的行相和所缘 ··················· 184
三、第八识的相应心所 ····················· 212

四、第八识的伦理属性 …………………………………… 226

　　　五、第八识的非断非常性 ………………………………… 232

　　　六、第八识的伏断位次 …………………………………… 239

　第二节　第八识存在的证明 …………………………………… 249

　　　一、经文的证明 …………………………………………… 249

　　　二、理论上的十种证明 …………………………………… 264

第三章　论第七识 ………………………………………………… 317

　第一节　第七识综述 …………………………………………… 318

　　　一、第七识的名称 ………………………………………… 318

　　　二、第七识的所依 ………………………………………… 321

　　　三、第七识的所缘 ………………………………………… 353

　　　四、第七识的自性与行相 ………………………………… 358

　　　五、第七识的相应心所 …………………………………… 359

　　　六、第七识及其相应心所的伦理属性和界系 …………… 378

　　　七、污染第七识的伏断位次 ……………………………… 381

　第二节　第七识存在的证明 …………………………………… 391

　　　一、经文的证明 …………………………………………… 391

　　　二、理论上的六种证明 …………………………………… 394

第四章　论前六识 ………………………………………………… 415

　第一节　六识的名称和性质 …………………………………… 416

　　　一、六识的名称 …………………………………………… 416

　　　二、六识的自性与行相 …………………………………… 420

三、六识的伦理属性 …………………………………… 421
第二节　六识的心所 …………………………………………… 427
　　一、六识心所概说 …………………………………… 427
　　二、遍行心所 ………………………………………… 448
　　三、别境心所 ………………………………………… 451
　　四、善心所 …………………………………………… 475
　　五、根本烦恼心所 …………………………………… 505
　　六、随烦恼心所 ……………………………………… 536
　　七、不定心所 ………………………………………… 569
　　八、六类心所与心非即非离 ………………………… 589
第三节　六识的现行活动状态 ………………………………… 592
　　一、六识的共同依托对象 …………………………… 592
　　二、六识的活动与间断 ……………………………… 594
　　三、第六识的五位间断 ……………………………… 596
第四节　八识相互关系总结 …………………………………… 611
　　一、八识的共同生起性质答疑 ……………………… 611
　　二、八识非一非异 …………………………………… 616

第五章　论一切唯识 ………………………………………………… 619
第一节　论唯识所变 …………………………………………… 620
　　一、唯识说的基本含义 ……………………………… 620
　　二、唯识说的理论依据 ……………………………… 625
　　三、唯识说成立的四比量 …………………………… 628
　　四、释唯识说与经验的矛盾 ………………………… 632

五、释唯识说与教义的矛盾 …………………………… 634
　　六、释唯识不成空 ……………………………………… 636
　　七、释一切物质以识为本体 …………………………… 637
　　八、释五境的现量性与非心外实有性 ………………… 640
　　九、释未觉悟时如同梦境 ……………………………… 641
　　十、释认识他心不违唯识 ……………………………… 642
　　十一、释唯识不是独识 ………………………………… 644
第二节　论识之缘起 ………………………………………… 647
　　一、释颂文 ……………………………………………… 647
　　二、释四缘 ……………………………………………… 650
　　三、释十因与二因 ……………………………………… 670
　　四、四缘与十五依处、十因、二因的相互关系 ……… 680
　　五、释五果 ……………………………………………… 683
　　六、释从缘而生 ………………………………………… 688
第三节　论众生生死相续的原因 …………………………… 694
　　一、第一种观点 ………………………………………… 694
　　二、第二种观点 ………………………………………… 698
　　三、第三种观点 ………………………………………… 701
　　四、第四种观点 ………………………………………… 726
第四节　论三自性与三无性 ………………………………… 734
　　一、释三自性 …………………………………………… 734
　　二、释三自性与各种现象的相互关系 ………………… 751
　　三、释三无性 …………………………………………… 765

第六章　论修行证果 ·········· 775

第一节　论修行明道 ·········· 776
一、修行证果概说 ·········· 776
二、释资粮位 ·········· 779
三、释加行位 ·········· 788
四、释通达位 ·········· 799

第二节　论修习位 ·········· 813
一、修习位概说 ·········· 813
二、释十地 ·········· 817
三、释十胜行 ·········· 820
四、释十障 ·········· 835
五、释十真如 ·········· 855
六、释转依 ·········· 857

第三节　论究竟位 ·········· 891
一、释转依果 ·········· 891
二、释佛身佛土 ·········· 900
三、释识变身土 ·········· 913
四、释相见同异 ·········· 916
五、结语 ·········· 925

征引文献 ·········· 927

索　引 ·········· 931

佛典经论缩略名 ·········· 993

再版后记 ·········· 995

"唯识经典直解丛书"总序言
——根本唯识论三阶段唯识思想探微

林国良

唯识论源头的经典，作为一个具有内在联系的整体来看待，可分为三个阶段。本文以下要探讨的是：三阶段唯识思想的根本特征，以及由此而展开的唯识了义观、唯识无境观、唯识真实观、唯识缘起观、唯识修行观、唯识如来藏观等思想内涵。

一、根本唯识论三阶段的唯识义

唯识论的源头，是唯识系佛经和弥勒、无著、世亲的唯识论典，相比以后的唯识论，源头的唯识论可称为根本唯识论。

唯识教理的复杂，是由于在源头已出现了诸多不同教法，导致修学者难以形成整体性理解而顾此失彼。如"相、名、分别、正智、真如"五法与三自性的关系，就有众多不同说法。如《楞伽经》说，相与名属遍计所执性，分别属依他起性，正智与真如属圆成实性。《瑜伽师地论》（以下简称《瑜伽论》）和《显扬圣教论》（以下简称《显扬论》）说，相、名、分别、正智都属依他起性，真如属圆成实性。《辩中边论》说，名属遍计所执性，相与分别属依他起性，正智与真如属圆成实性。世亲《摄大乘论释》（以下简称《摄论释》）则说，名属依他起性，（名之）义属遍计所执性。

除了单个概念诠释的差异，在一些根本义理上，根本唯识论的典籍也有种种不同说法。例如，《摄大乘论》（以下简称《摄论》）说，一切法是阿赖耶识现起的十一识，十一识都有自己的种子。而《大乘百法明门论》（以下简称《百法论》）说，一切法是五位百法。再按《瑜伽论》的说法，并非一切法都有种子，如心不相应行法就没有种子。那么，究竟一切法是十一识，还是五位百法？是否一切法都有种子？此外，其他唯识经论还有更多关于一切法的论述，又应如何看待？

本文力图将根本唯识论作为一个整体来研究，理清在根本义理上，根本唯识论各种说法的差异表述及内在联系，由此形成对唯识论的准确的、整体性的理解。

笔者认为，根本唯识论，从教理的逻辑来看，可分三阶段：第一阶段建立了初步唯识义，主要典籍是《解深密经》《楞伽经》和《瑜伽论》等（《显扬论》思想与《瑜伽论》相近，不独立论述）；第二阶段建立了强化唯识义，主要典籍是《辩中边论》、《大乘庄严经论》（以下简称《庄严论》）、《摄论》等；第三阶段建立了圆满唯识义，主要典籍是《唯识三十颂》（以下简称《三十颂》）、《百法论》等。由于《三十颂》简略，所以本文在论述第三阶段唯识思想时，会经常引用《三十颂》

的释论《成唯识论》（以下简称《成论》）。①

（一）第一阶段的初步唯识义

第一阶段唯识经典的首要任务是确立自宗的特色，并理顺与其他系经的关系。

后世唯识论尊奉的唯识经，号称有六经。但六经中，《如来出现功德庄严经》《大乘阿毗达磨经》未传译；《华严经》，主要是其"一切皆心造"的观点为唯识论奠定了教理基础。此外，《大乘厚严经》，一般认为就是《大乘密严经》，但此说可存疑，因为在《成论》和窥基的所有著作中，多处引用《厚严经》，但无一处引用《密严经》。而且，即使《密严经》就是《厚严经》，但《密严经》的思想与《楞伽经》有许多相似处，所以本文对此经也不作独立论述。

因此，六经中，与唯识教理直接相关的是《解深密经》和《楞伽经》。

学术界一种观点，基于"大乘非佛说"，认为唯识类经都是后出。如《楞伽经》，《中国大百科全书》说，"此经一般认为在无著以后所成立"；《佛光大辞典》说，"其成立年代约于

---

① 此总序言是在2019年写成，其中的核心思想是论述唯识理论的三阶段演变。但在此之后，笔者在这方面的思想又有了发展，提出了唯识理论的两大主题（"辨空有"与"成唯识"），又详尽讨论了唯识论各种一切法体系与三阶段两大主题的关系，更深入地探讨了唯识理论的演变。笔者的这些论述，分别在一些讲座和论文中发布，并写进了后续的（包括待出版的）《瑜伽师地论真实义品直解》、《成唯识论直解》（修订本）和《佛教唯识论》等著作中，此处不再赘述。

西元四百年前后"。但在佛教唯识论看来,唯识论是成佛之道。如果唯识经是后世某位不知名的佛教徒所写,一个尚未成佛的人所写的成佛之道,那还有什么可靠性?所以,即使从佛教实践来说,也必须坚持大乘经和唯识经是佛所说。因此,在六经中,真正作为唯识教理源头的,是《解深密经》和《楞伽经》。此外,在唯识论典中,《瑜伽论》是"一本十支"之"一本",对唯识论来说,也属源头之经典。此二经一论对唯识论的奠基作用是:

第一,会通了唯识系思想之前的般若系思想和如来藏系思想。具体说,《解深密经》以"三时教法"会通了般若系思想,确立了唯识论的了义教地位;《楞伽经》以"如来藏藏识"会通了如来藏系思想(详见下文)。

第二,破恶取空。唯识论的三自性论强调,只有遍计所执性是无,圆成实性和依他起性是有,因此,并非一切法皆无自性。《解深密经》和《瑜伽论》更提出离言法性(离言自性)概念,强调其是有,以此破恶取空。

第三,建立唯识论的基本理论框架。《解深密经》和《瑜伽论》都以明确的境、行、果架构来组织理论体系,这是以修行为中心的理论体系:境是修行的所观境,行是所修行,果是所证果。《瑜伽论》的境、行、果体系十分庞大。《解深密经》则较为简明,境是胜义谛和世俗谛,以及三自性和三无性;行是闻思修,修则是修止观、修波罗蜜多;果是证佛果(吕澂先生对《楞伽经》也作过境、行、果的科判)。

在唯识义("唯识无境")方面,《解深密经》没有直接的

"唯识无境"论述，但有两个相关论述。一是本经提出了一切种子心识中藏有"相、名、分别"等一切法种子的观点，为第二阶段阿赖耶识中藏有一切法种子、一切法即是识性开了先声。二是本经提出"识所缘，唯识所现"的观点，虽然此观点在本经中只是就六识而言，但为第三阶段唯识论成立普遍的"唯识无境"说提供了一条根本性的判别原则。

《瑜伽论》也没有"唯识无境"的直接论述，但本论将色法等都归入五识身地和意地来论述，间接地表达了"唯识无境"的思想。此外，本论详述法相，为普遍的"唯识无境"说奠定了法相基础。

《楞伽经》则明确阐述了唯识无境之义。本经的唯识无境，包括无外境和无能取所取。其无外境思想，在其后的唯识论中得到普遍的认同；而无二取，其后有不同的表述（详见下文"唯识无境观"）。此外，就三自性与唯识无境来说，三自性指明一切法（包括心法和色法等）都存在（是依他起性），唯识无境进一步指明一切法（如色法）并非离识而独立存在。

（二）第二阶段的强化唯识义

此阶段的唯识教理，主要是沿《楞伽经》确立的唯识无境与阿赖耶识缘起思想发展，并结合《解深密经》一切种子心识中藏有"相、名、分别"等一切法种子的观点，建立了"一切法即是识"的唯识观。

此阶段的唯识义，以《摄论》为例，该论说，由阿赖耶识生起十一识。十一识就是一切法，包括传统的诸转识、根境等色法和若干心不相应行法，但由于十一识在阿赖耶识中都有自己的种子，都由阿赖耶识中的自种生起，所以可说，都以阿赖耶识为性。也就是说，一切法都以识为性；更直接地说，一切法（十一识）都是识。

此"一切法即是识"的观点是唯识论的强有力的表达，但此观点还面临着两个问题需要解决。一是阿赖耶识中是否有一切法的种子？或者说，是否一切法都有种子？在此问题上，《瑜伽论》的法相研究表明，并非一切（有为）法都有种子。一切（有为）法可分为实法与假法，实法有种子，假法没有种子，如心不相应行法就没有种子，假法是在实法基础上形成的（如聚集假、分位假等）。这样，就不能说阿赖耶识中有一切法的种子，能生起一切法。

二是阿赖耶识中的种子生起前七识，但现行阿赖耶识是否变现前七识？在此问题上，《解深密经》提出过一个原则："识所缘，唯识所现。"这意味着，识所缘就是识所变，或者，识所变就是识所缘。因此，如果说现行阿赖耶识变现前七识，那么，阿赖耶识应该缘前七识。但《瑜伽论》论述阿赖耶识所缘，只说缘种子、根身、器世间，不说阿赖耶识缘前七识。《成论》解释说，如果阿赖耶识变现并缘前七识，那么，前七识就是阿赖耶识的相分。作为相分，前七识只是影像，没有真实的认识功能。

因此，从逻辑上可以说，由于上述两个问题，导致了第三阶段圆满唯识义的形成。

(三)第三阶段的圆满唯识义

此阶段的唯识教理，依三能变思想，建立了"一切法不离识"的唯识观，解决了第二阶段强化唯识义所遗留的问题，从而使唯识观臻于圆满。

此阶段的经典，是《三十颂》，还可包括《百法论》。《三十颂》的文字已明说了三能变（"此能变唯三"）；而《百法论》的五位百法，体现了一切法"不离识"的思想（但明确论述一切法"不离识"及三自性"不离识"的，则是《三十颂》的释论《成论》）。

三能变，指第八识为第一能变，第七识为第二能变，前六识为第三能变。用后来的相分说来说，三能变各自变现各自的相分，并能缘各自的相分。即第八识变现种子、根身、器世间为相分，并缘此相分；第七识变现第八识见分为自己的影像相分，并缘此相分；前六识变现六境为各自的影像相分，并各缘各自的相分。

三能变唯识义，将《解深密经》"识所缘，唯识所现"的原则，从六识推广到八识，即第八识和第七识也符合所缘即所变的原则。这样，八识三能变的每一能变，都变现其所缘对象，三能变各变各的，所变即所缘，所缘即所变，这就使《解深密经》的上述原则成为普遍的原则。同时，三能变唯识义也圆满解决了《瑜伽论》的两个观点（即假法没有种子，以及第八识不缘前七识）对识变理论造成的困难。

首先，关于第八识不缘前七识的问题，三能变理论中，第七识和前六识是独立的能变，不由第八识所变，所以也不为第八识所缘；第八识的所变与所缘只是种子、根身与器世间，第八识不变也不缘前七识。

其次，关于假法没有种子的问题，三能变理论是从现行识变现一切法来说唯识，所以，三能变理论不需要一切法都有种子。从现行识变现一切法来说，有种子的实法是第八识和前五识（还有五俱意识）的所变和所缘；没有种子的假法是第六识（独头意识）的所变和所缘。由此而得的是"一切不离识"的唯识义（此外，窥基的《成唯识论述记》提出了实种与假种的概念，实种是真实种子，能生诸法；假种是方便说，实际不起现行。这样就对上述"一切法都有种子"与"并非一切法都有种子"两种教法作了会通）。

综上所说，从唯识弘教史[①]的角度来说，三能变理论解决了第二阶段强化唯识义理论还需进一步说清的问题，使唯识观臻于圆满。

以上三阶段唯识经论的各种思想，下文各种唯识观中还将作进一步展开。

（四）阿赖耶识一能变能否成立

第二阶段唯识观的特点，就是阿赖耶识现起能取和所取

[①] 所谓"唯识弘教史"，意谓佛陀、弥勒、无著等都是已见道的圣者，了知唯识实相，但在弘扬唯识教法时，各部经论各有侧重点，同时呈现出教法不断深化的趋势。

一切法，乃至阿赖耶识中有一切法的种子，能生起一切法，那么，由此能否成立与三能变相对应的阿赖耶识一能变？

这就需要明确阿赖耶识一能变的含义。既然是与三能变相对应，那么，阿赖耶识一能变如果成立，阿赖耶识应该能变现一切法，并缘所变的一切法。

但如前所说，由《瑜伽论》的两个结论——阿赖耶识不能变现一切法（如心不相应行法），也不缘前七识——来看，从理论上说，阿赖耶识一能变不能成立。

但从此期经论来看，继《楞伽经》之后，《中边论》《庄严论》都说阿赖耶识现起能取与所取，能取与所取就是一切法；《摄论》则更明确说，阿赖耶识生起十一识，十一识就是一切法，十一识在阿赖耶识中都有自己的种子。这样的论述都具备了将其理解为阿赖耶识一能变的可能性。

再从后世对此期经论有关内容的翻译和解释来看，真谛和玄奘表现出了两种不同倾向。如《中边论》的一首颂，真谛的翻译是"尘根我及识，本识生似彼"，即阿赖耶识生起能取的转识和所取的五根五境，这是基于阿赖耶识一能变思想来翻译和解释此颂。此外，真谛翻译的世亲《摄论释》（卷五）[1]更明确了其一能变思想。如："由本识能变异作十一识，本识即是十一识种子。"这里明确说本识（阿赖耶识）是能变，"能变异

---

[1] 本序言大量引用原典，若都要注明引文在大藏经中的册、卷、页、行，本书将有密密麻麻的出处注释。现为简便，本书采用传统的注释方式，只以夹注方式标明引文在该典籍中的卷数。

作十一识。"又如："如此等识，即显十一识及四识。一切法中唯有识，更无余法故，唯识为体。"所以，《摄论》的十一识，与《中边论》的四识是同样性质，是由阿赖耶识所变。再如："唯是一识，或成八识，或成十一识故。"所以，根本上，只有一识（阿赖耶识），变现七识，就成八识；或由一识变现成十一识。由此来看，真谛的一能变思想是明确的、一贯的。

玄奘的《辩中边论》（卷上）则将该颂译作"识生变似义，有情我及了"。窥基在《成唯识论述记》（以下简称《述记》）（卷三）中解释说，其中的"识"，不是第八阿赖耶识，而是全部八识，意思是说，能取八识，变现所取四境。窥基并批评真谛的翻译为错误。由此可见，玄奘与窥基是基于三能变思想来翻译解释此颂，因为，如果按一能变思想来翻译和解释，则阿赖耶识变现前七识，就要缘前七识，而这在教理上是错误的。

综上所说，阿赖耶识一能变，在教理上是不能成立的。但在有关经论中，有此倾向；而翻译和解释此类经论的真谛，则是明确的阿赖耶识一能变思想。

二、唯识了义观

《解深密经》（卷二）提出了"三时教法"，由此成立了唯识了义说。

"三时教法"是将佛陀的教法分为三个时期，按本经的说法，第一时中，佛陀为发心求声闻乘者，说四谛等教法，属不了义；第二时中，佛陀为发心求大乘者，密意说"一切法无自性"等教法，仍属不了义；第三时中，佛陀为三乘修行者，显了说"一切法无自性"等教法，是真了义。

"一切诸法皆无自性、无生无灭、本来寂静、自性涅槃"，是般若经的根本教义。本经认为，般若经的此类说法只是密意说，是佛陀第二期的说法，是不了义。

唯识论的"密意"，指相应的教法只强调法义的某一点或某一方面，尚未全面充分完整地说明法义，因此是"密意"的方便说，不是"显了"的究竟说。密意说不显了，因此也被说成是不了义。

密意说主要建立在唯识论的三无性上，而三无性又是建立在三自性上，即依遍计所执性立相无性、依依他起性立生无性、依圆成实性立胜义无性。

就三自性与三无性的关系来说，唯识论的立场是：三自性是本，三无性是末。其理由如下：一、如《解深密经》说，三无性一一依三自性而立。二、如《解深密经》说："非由有情界中诸有情类，别观遍计所执自性为自性故，亦非由彼别观依他起自性及圆成实自性为自性故，我立三种无自性性。然由有情于依他起自性及圆成实自性上，增益遍计所执自性故，我立三种无自性性。"（卷二）即三无性并非要一一否定三自性，实际要否定的只是遍计所执自性，因为三自性并非都没有自性，实际只是遍计所执自性没有自性。

密意说，实质上是唯识论为与佛教其他教理作会通的一种说法。例如，般若经说无性，唯识经说有性，那么两种说法如何会通？唯识论用密意说与显了说来会通，即第二阶段，佛陀在般若经中说"一切法无自性"，只是密意说，没有充分全面完整地展开此说的内涵；到了第三阶段，佛陀显了说此教法，才真正展开了此说的内涵，即实际只是遍计所执自性无自性，依他起自性和圆成实自性是有自性。

其次，"一切诸法无生无灭、本来寂静、自性涅槃"，也是密意说。唯识论认为，这是依相无性（遍计所执性）和一分胜义无性（圆成实性）而说，因为遍计所执性（相无性）的一切法，本来就没有；而圆成实性（胜义无性）的一切法（真如、涅槃），确实是"无生无灭、本来寂静、自性涅槃"。但"一切诸法无生无灭、本来寂静、自性涅槃"，不能依生无性（即依他起性）说，因为依他起性的一切法（一切有为法），无论从什么意义上，都不能成立"无生无灭、本来寂静、自性涅槃"。由于"一切诸法无生无灭、本来寂静、自性涅槃"只是部分成立，不是无条件地完全成立，所以也只是"密意说"。

因此，佛陀第二时的"一切诸法皆无自性、无生无灭、本来寂静、自性涅槃"教法，是密意说，是不了义；第三时对此的完整的说法，才是了义说，即唯识论是了义教法。

综上所说，本经以三自性和三无性为基础，判佛陀的教法为"三时教法"，由此确立了唯识论为了义教的地位。而"三时教法"，是唯一的佛经中说到的判教方法，作为圣言量，具有无可争辩的权威性。

此外,《解深密经》还论述了一乘密意说、三乘了义说的观点,

一乘究竟还是三乘究竟,这在佛经中有不同说法。《解深密经》依三无性,认为三乘是究竟,而将"唯有一乘"归为"密意说",这可从修行论来论证,本经说三无性的意趣,也是为了指导修行。

本经(卷二)指出,从修行位次来看,世尊先对资粮位(或从十信至十回向)的佛弟子说生无性(即依他起性),以明诸法缘生道理,使他们通过修行,最终使种善根等五事具足。继而,世尊对加行位修行者说相无性和胜义无性,使他们生起真正的厌离心,依两种无自性性作观,最终证入通达位(见道位)。进而,在修习位(即修道位)中,诸菩萨仍依两种无自性性,勤奋修行,最终证入佛位。

由于所有修行者都依三无性修行(道一),并最终都能证得(无余依)涅槃(果一),所以世尊密意说"唯有一乘"。但实际上,修行者的根机不同,其中,有定性二乘,他们最终还是不能证得大乘的无住涅槃;同时也有不定性的二乘,他们能回向大乘。所以,就不定性二乘,也可说"唯有一乘"。但因为还有定性二乘,所以"唯有一乘"只是密意说。

本经的《地波罗蜜多品》也说一乘是密意说:"善男子,如我于彼声闻乘中,宣说种种诸法自性,所谓五蕴,或内六处,或外六处,如是等类;于大乘中,即说彼法同一法界、同一理趣故。我不说乘差别性。于中或有如言于义妄起分别,一

类增益，一类损减；又于诸乘差别道理，谓互相违。如是展转递兴诤论，如是名为此中密意。"（卷四）

所以，此一乘说，只是依同一法界、同一理趣说的，是密意说，实际上还是三乘究竟。

三、唯识无境观

唯识无境思想是唯识观的核心内容，但此唯识无境思想在三阶段中的表现有所不同。

（一）第一阶段的唯识无境思想

此阶段中，《解深密经》没有明确的唯识无境的表述，但有两个相关的表述；《楞伽经》详说唯识无境；《瑜伽论》本身也没有唯识无境的表述，但该论收入了《解深密经》全文，所以，在此问题上，该论同《解深密经》。因此，本文以下主要论述二经的唯识无境思想。

1.《解深密经》

本经关于唯识无境的两个相关表述：一是"识所缘，唯识所现"；二是一切种子心识执受"相、名、分别言说戏论习气"。

（1）"识所缘，唯识所现"

本经《分别瑜伽品》提出"识所缘，唯识所现"（卷三），在经中，这首先是讨论定中所缘境，进而推广到散位所缘境，意谓定位和散位的认识对象（"所缘"），都是由识变现。但这里说的"识",是指六识(更严格说是第六意识)的定位和散位认识,并不涉及第八识,当然也不涉及第七识。此观点到第三阶段,被推广到所有八识,形成了八识三能变的"唯识无境"教法。

(2)一切种子心识执受"相、名、分别言说戏论习气"

本经《心意识相品》提出,一切种子心识执受"相、名、分别言说戏论习气"(卷一),换言之,即第八识藏有"相、名、分别"种子,①这是取"相、名、分别、正智、真如"五法体系的染法部分,就染法来说,一切法就是"相、名、分别"。第八识藏有"相、名、分别"种子,可推出两个结论:一、一切法都有种子,例如,"名"也有种子。二、第八识藏有一切法种子。由此来看,《摄论》的十一识都有种子,实际上是源于本经。

本经上述两论述,虽不是唯识无境的直接表述,但都可间接推出唯识无境的结论。

2.《楞伽经》

本经主旨,经文一开始便已明示:"其诸菩萨摩诃萨,悉已通达五法、三性、诸识无我,善知境界自心现义。"(卷一)其中,五法三自性、八识二无我,是本经的教理体系;而"境界自心现",即唯识无境,则是本经的宗旨,此宗旨贯穿于本经的所有教法中。

---

① 种子概念,经部就有,所以说有种子,不意味着唯识;但说第八识藏有一切法种子,那一定是唯识论观点。

此"境界自心现义",在经中随处可见,如"一切诸法性皆如是,唯是自心分别境界"(卷一),"知一切境界离心无得"(卷一),"了达三界皆唯自心"(卷一)。

此义在经中又有不同表述,有时表述为唯分别,如"一切三界皆从虚妄分别而生,如来不从妄分别生"(卷五);有时则直接表述为唯识,如"能如实证寂静空法,离惑乱相入唯识理,知其所见无有外法"(卷四),"生唯是识生,灭亦唯识灭"(卷六),"真如及惟识,是众圣所行"(卷七)。

从义理看,本经的"境界自心现"或唯识无境,主要有两层含义:一是无外境;二是无二取,即无能取所取。本经的其他一些说法,如无自性、无我我所,都可包含在此两层含义中,尤其可归入无能取所取中,如"能取及所取,一切惟是心;二种从心现,无有我我所"(卷五)。

首先是无外境。本经对无外境有多处论述,如"为诸声闻菩萨大众,说外境界皆唯是心"(卷二),"了达一切唯是自心分别所见,无有外法"(卷三),"不了诸法唯心所见,执着外境增分别故"(卷四),"所见实非外,是故说唯心"(卷六),"如愚所分别,外境实非有;习气扰浊心,似外境而转"(卷六)。从影响来看,后世唯识典籍一致接受无外境之说,并有或直接或隐含的表达。

其次是无二取,即无能取所取。本经的论述更多更复杂,如"若有执着能取所取,不了唯是自心所见,彼应可止"(卷三),"众生心所起,能取及所取;所见皆无相,愚夫妄分别"

（卷六）。

本经的无二取论述之所以复杂，是因为本经的总体思想是"五法三自性，八识二无我"，无二取在这些思想背景下，呈现了极为复杂的面目。

（1）五法与二取

本经说："三性、八识及二无我，悉入五法。"（卷五）所以，五法是本经教理体系的核心。五法就是"相、名、分别、正智、真如"，其中，"相、名、分别"是染法，"正智、真如"是净法。无二取涉及分别与正智。

首先，二取源于分别。本经说"诸法唯心所现，无能取所取"（卷三），"能取所取法，唯心无所有"（卷四），"迷惑妄分别，取所取皆无"（卷六），"凡夫妄分别，取三自性故；见有能所取，世及出世法"（卷七），"分别于诸蕴，能取及所取"（卷七），故二取由分别而起。

其次，无二取源于正智。本经说，圣智有三相：一、无影像相，据吕澂《入楞伽经讲记》释，影像依二乘和外道执着生起，以大乘正见熟习二乘和外道之学，蠲除其影像，即得最上正智。二、一切诸佛愿持相，即由诸佛本愿力加持而得生起之正智。三、自证圣智所趣相，即由不取一切法相，成就如幻三昧，所证之正智。（卷二）

此外，正智依所证法的自相和共相，而有差别相。外道依自相和共相所立的差别相，执有执无，落入边见；圣智知一切法唯心所现，离有离无，其差别相不堕边见。

（2）八识与二取

五法中的"分别"，就是三界心和心所，所以，八识就是五法中的"分别"。但"分别"是就八识的相同性而言；如果涉及八识的不同处，就需将八识分开说了。

本经对八识与二取关系的论述，就是如此，有时是将八识都作为能取；有时是将七识作为能取，藏识（第八识）现起能取所取。

A. 八识都是能取。如本经说"依彼分别，心心所法俱时而起"（卷五），即八识都由分别而起。又如"于自心所现生执着时，有八种分别起，此差别相皆是不实，惟妄计性"（卷五），所以，八识的八种分别，即八种能取，都是遍计所执（"妄计性"）。

八识都是能取的说法，可看作是五法与二取关系的延伸，如上所说，二取由分别起，分别就是心、心所，所以，八识都是能取，都是遍计所执。

B. 藏识起二取。本经有时说藏识起二取。关于二取的种类，本经有明确论述："身资及所住，此三为所取。意取及分别，此三为能取。"（卷六）即所取是根身，包括净色根与浮尘根（"身"），还有资生物品（"资"）及器世间（"所住"）。能取是"意""取""分别"，参照魏译本等，大体可确定，能取是第七识、第六识和前五识，即能取是前七转识。

而转识作为能取，其源头在藏识（第八阿赖耶识），如"譬如海水动，种种波浪转；藏识亦如是，种种诸识生"（卷二),"阿赖耶识如瀑流水,生转识浪"(卷二),"若无藏识,七识则灭。何以故?因彼及所缘而得生故"(卷五),即藏识生七转识,如水生波,无藏识则无七识。

进而,二取都由藏识而起,如"知身及物并所住处,一切皆是藏识境界,无能所取及生住灭"(卷一),"身及资生器世间等,一切皆是藏识影像,所取能取二种相现"(卷二),即能取所取也依藏识而起。这与前文说二取由"心所起"相通:"藏识说名心,思量以为意;能了诸境界,是则名为识。"(卷六)所以,二取由心起,也可说是二取由藏识起。

关于八识是能取或七识是能取两种说法,可以这样认为,在五法体系中,八识都是分别,所以八识都是能取;在八识体系中,由第八识现起能取和所取,所以七识是能取。

(3)三自性与二取

首先是三自性与五法的关系,本经说:"名及相是妄计性;以依彼分别,心心所法俱时而起,如日与光,是缘起性;正智、如如不可坏故,是圆成性。"(卷五)所以,五法中,相与名是遍计所执性("妄计性"),分别是依他起性("缘起性"),正智与真如是圆成实性。

就三自性与二取的关系来说,唯识论通常以三自性来表达诸法有无,即遍计所执性是无,依他起性是(幻)有,圆成实性是(真实)有。这样的话,无二取就是认为二取是遍计所执性。但本经关于二取是否是遍计所执性,有时又有不同的论述。

先看本经三自性定义中的遍计所执性与依他起性定义："妄计自性从相生。云何从相生？谓彼依缘起事相种类显现，生计着故。大慧，彼计着事相，有二种妄计性生，是诸如来之所演说，谓名相计着相，事相计着相。大慧，事计着相者，谓计着内外法；相计着相者，谓即彼内外法中计着自共相：是名二种妄计自性相。大慧，从所依所缘起，是缘起性。"（卷二）

即依他起性是缘起法，遍计所执性是在"内外法"上执着其自共相，这样，"内外法"本身不是遍计所执性，而应是缘起法，是依他起性。而执着"内外法"实有自性，那被执着的自性就是遍计所执性。所以本经说："自性名妄计，缘起是依他。"（卷七）

上述"内外法"，根身是内法，器世间是外法。以根身为例，按此定义，根身应该是依他起性。本经其他地方也说"身是依他起，迷惑不自见；分别外自性，而令心妄起"（卷六），即根身是依他起性，但分别将其作为外境。又如"身形及诸根，皆以八物成。凡愚妄计色，迷惑身笼槛。凡愚妄分别，因缘和合生"（卷六），即根身由八物（色、香、味、触及四大种）而成，因而是因缘和合，凡夫在此妄计，使其成为遍计所执色。

但本经又说："身及资生器世间等，一切皆是藏识影像，所取能取二种相现。"（卷二）所以，根身属二取。"我了诸法唯心所现，无能取所取"（卷三），所以，二取是无，相当于二取是遍计所执性；根身属二取，那么根身也是遍计所执性，是无。

同样的例子，如"蕴、界、处"就是"内外法"，应该是依他起性。但本经又说"蕴、界、处是妄计性"（卷二），"妄计性"就是遍计所执性。

再如五法中的"相"，按本经所说的五法与三自性的关系，"名及相是妄计性"，即相是遍计所执性。但经中还有不同说法："依于缘起相，妄计种种名；彼诸妄计相，皆因缘起有"（卷三），"分别迷惑相，是名依他起；相中所有名，是则为妄计"（卷六）。这样，"相"又成了依他起性。

（4）从三层面看二取

应该如何看待本经上述二取的不同说法？笔者认为，可从存在论、认识论与修证论三层面来看待关于二取的不同说法。

首先，二取应是认识论层面的用词，二取就是能认取和所认取。而在存在论层面上，存在的法，实际是能变现的心法与所变现的色法等（包括心不相应行法），由于无外境，所以色法等不是心外独立的存在，而是由心变现，因此两者的关系是能变与所变，但为论述的统一和方便，也可称是二取。此外，就心法的功能来说，一是能变现，二是能了别，所以，心法在变现色法等时，其了别功能也同时起用，而在了别时，能变所变的关系，就成了能取所取的关系。

由此来看本经关于二取的不同说法，当说二取是依他起时，这是在存在论层面说的；当说二取是遍计所执时，这是在认识论层面说的。

如本经说："一切凡愚分别诸法，而诸法性非如是有，此但妄执，无有性相；然诸圣者以圣慧眼，如实知见有诸法自性。"（卷四）此处，圣者如实见的诸法自性，是存在论层面的诸法自性，属依他起性；凡夫不能如实见存在论层面的诸法自性，而是起分别，其妄执的诸法自性，就是遍计所执性。

上述诸法自性，若参照《解深密经》和《瑜伽论》的离言自性（或离言法性），就不难理解了。即圣者所见所证的是诸法离言自性，是缘起性，是离言依他起性；但一旦进入认识思维领域，意识会为其安立名言，成名言法。凡夫不能认识诸法的离言依他起性，凡夫认识的，只能是由名言表达的诸法，并执着由名言法而起的诸法名言自性，这就是遍计所执性。

所以，说根身、蕴处界等诸法是依他起性，是就其离言依他起性而说；说诸法是遍计所执性，则是从诸法进入认识领域而成为能取所取而说。

但由于本经的遍计所执性，是依妄计性来定义的，即由诸识的妄计而起遍计所执性，这样，遍计所执性不再由名言自性来定义，因此，本经也不提离言自性，即不用名言、离言两分法来分判诸法了。

最后，在修证层面上，本经说是无二取：

复次，大慧！我今当说妄计自性差别相，令汝及诸菩

萨摩诃萨善知此义，超诸妄想证圣智境，知外道法，远离能取所取分别，于依他起种种相中，不更取着妄所计相。（卷三）

云何名为知一乘道？谓离能取所取分别，如实而住。（卷三）

若知境界但是假名都不可得，则无所取，无所取故亦无能取，能取所取二俱无故不起分别，说名为智。（卷四）

所以，在修证层面上，无论二取是依他（存在论的）还是遍计（认识论的），二取都是要遣除的。因为见道是根本无分别智证真如，而有漏的、有分别的世俗谛法，则一无所得，所以遍计的二取，与依他的二取，都要遣除。

此三层面中，修证论的无二取，为所有唯识典籍一致公认，即在修证层面上，唯识论都说见道要遣所取和能取；而在存在论和认识论层面上，诸唯识典籍就说法不一了。

（二）第二阶段的唯识无境思想

1.《辩中边论》

本论对无外境的论述较少，如"唯识生时现似种种虚妄境故"（卷上），即境由识变，故外境非有。

本论更多的是从无二取来说唯识无境。本论首先是总说："虚妄分别有，于此二都无。"其长行解释是："虚妄分别有者，谓有所取能取分别。于此二都无者，谓即于此虚妄分别，永无

所取能取二性。"(卷上)

进一步分析，本论说"三界心心所，是虚妄分别"（卷上），所以，虚妄分别是指识与心所。此外，二取指能取与所取。关于能取，本论说"能取诸识"（卷上），即能取就是诸识。但这样的话，能取就是虚妄分别，为何本论对虚妄分别，说"虚妄分别有"；而对二取，说"永无所取能取二性"，后文又更明确说"无二，谓无所取能取"？对此，如果用存在论二取与认识论二取来讨论，就可明了。

先看本论的一个说法，本论说有三种色："一、所执义色，谓色之遍计所执性。二、分别义色，谓色之依他起性，此中分别以为色故。三、法性义色，谓色之圆成实性。"（卷中）即色法有三类：遍计色（"所执义色"）、依他色（"分别义色"）、圆成色（"法性义色"）。上述二取无，意味着二取是遍计。但如果色法就是二取中的所取，那么，色法应该只是遍计色，谈不上有依他色。而如果按上文对存在论层面的二取所作的分析，存在论层面的所取与能取，实际上就是所变与能变，这样，存在论层面的色法就是依他色。此外，蕴处界等都有如此三义，其依他义，应该也都是存在论层面上说的，即在存在论层面上，存在着所变的蕴处界诸法。

由此来看"虚妄分别有"，这是在存在论层面上说的，即能变现的诸识是有。而诸识的能变功能与能了别功能是同时现起的，所以，能变诸识变现所变诸法的同时，其了别功能也就使能变与所变成了认识论层面的能取与所取。所以，本论说

"无所取能取",即无二取,就是在认识论层面上说的。

本论的相关论述可证实上述分析。首先,二取由何而来?"乱识似彼所取能取而显现故。"(卷下)此"乱识",实际就是"虚妄分别"的诸识,因诸识变现虚妄境,所以称"乱识"。那么,"乱识"是如何"似彼所取能取而显现"?

本论说:"识生变似义,有情我及了。"(真谛的《中边分别论》的译文不同,思想不同,此处不讨论。)长行解释说:"变似义者,谓似色等诸境性现;变似有情者,谓似自他身五根性现;变似我者,谓染末那与我痴等恒相应故;变似了者,谓余六识了相粗故。"(卷上)所以,"义""有情""我""了"四境都是所取。按窥基《辩中边论述记》解释,"义"(五境)、"有情"(根身)是第八识的所缘境,"我"是第七识的所缘境,"了"是前六识的所缘境。

由上可知,"识生"时,会变现"似义"等四境,这可以认为是存在论层面的变现(顺便说下,"识生变似"五境和根身时,此五境和根身色法应是依他色,若此色法是遍计色,则依他色无着落)。同时,在认识论层面上,"似现"的四境就是似所取,能变的诸识也就成了似能取。似二取实无,这是认识论层面的无二取。

最后,"此境实非有,境无故识无"(卷上),这是修证层面的无二取。"谓所取义等四境无故,能取诸识亦非实有",即修证的过程,先遣所取,再遣能取。

总的来看三层面的二取,本论说:"唯识生时现似种种虚

妄境故，名有所得。以所得境无实性故，能得实性亦不得成。由能得识无所得故，所取能取二有所得平等俱成无所得性。"（卷上）

这就是说，在存在论层面上，由诸识变现诸境；同时的认识过程中，二取即形成；修证过程中，了知所取境不实，继而了知能取识不实，最后证二取无所得（无相）。

2.《大乘庄严经论》

本论的唯识无境思想，首先是无外境。本论说："一切诸义悉是心光。"（卷二）其中，"义谓五尘"（卷三），"心光"意谓由心似五尘显现。所以，外尘（外境）由心变现。

关于二取，本论也有不同说法。颂云："所取及能取，二相各三光。不真分别故，是说依他相。"（卷五）所以，二取属依他起性。

二取三光，由阿赖耶识而起："所取相有三光，谓句光、义光、身光。能取相有三光，谓意光、受光、分别光。意谓一切时染污识。受谓五识身。分别谓意识。彼所取相三光及能取相三光，如此诸光，皆是不真分别故，是依他相。"（卷五）即所取有句光、义光、身光，相当于器世间、五尘、根身；能取有意光、受光、分别光，相当于第七识、前五识、第六识。"如此诸光"，都是依他相。

但本论也有二取属遍计的说法："离二者，谓分别性真实，由能取所取毕竟无故。迷依者，谓依他性真实，由此起诸分别故。"（卷四）所以，遍计所执性（"分别性"）的二取毕竟无，其由依他起性上起分别而来。

综合上述说法，依他起二取是存在论的二取；执着其为实有，就是遍计所执性的二取。（《庄严论》对遍计与依他有更复杂的说法，详见下文"唯识真实观"。）

此外，本论也有修证层面二取无的说法："第三见道位，如彼现见法界故，解心外无有所取物；所取物无故，亦无能取心。由离所取能取二相故，应知善住法界自性。"（卷二）即见道时，心外无有物，所取无，故能取也无。

3.《摄大乘论》

本论的唯识无境思想，首先是无外境。本论说，一切法就是十一识，十一识由阿赖耶识中的种子生起，所以是以（阿赖耶）识为性；进而可说，十一识即是识，所以识外无境。

关于二取，本论中直接的论述只有两处。一处说："若名若义，自性差别假，自性差别义，如是六种义皆无故。所取能取性现前故，一时现似种种相义而生起故。"（卷中）这是在认识论层面上说无二取。

另一处说："如是住内心，知所取非有，次能取亦无，后触无所得。"（卷中）这是在修证层面说无二取，即先遣所取，次遣能取，最后证"无所得"真如。

另外，本论说十一识有见识与相识，可认为其作用相当于能取和所取，而见识与相识属十一识，所以都是依他起性，这可以看作是存在论层面的二取，是有。

（三）第三阶段

关于无外境，《三十颂》说："由假说我法，有种种相转。彼依识所变，此能变唯三。"所以，一切法都由识所变，不存在识外之法。

《三十颂》的释论《成论》则明确说："实无外境，唯有内识似外境生。"（卷一）

关于无二取，《成论》也有两种说法。一是在修证层面上，本论也说无二取："在加行位能渐伏除所取能取引发真见。"具体地说："如是暖、顶依能取识观所取空，下忍起时印境空相，中忍转位于能取识如境是空顺乐忍可，上忍起位印能取空，世第一法双印空相。"（卷九）

但在存在论乃至认识论层面上，本论不说无二取。按本论的说法："此二取言显二取取，执取能取所取性故。"（卷九）即其他经论中说的无二取，实际上是无"二取取"，"二取取"就是对二取的取，也就是对二取的执着。而二取本身不是遍计所执。

"有漏心等不证实故，一切皆名虚妄分别，虽似所取能取相现，而非一切能遍计摄。勿无漏心亦有执故，如来后得应有执故。"（卷八）所以，显现的能取和所取，不都属遍计所执，否则，如来的后得智也有见分和相分，也属遍计所执了。至于有漏心称为虚妄分别，这是因为有漏心还未证真如，而不是因为有漏心都有执着（《成论》认为只有第七识和烦恼性的第六识是遍计所执)。

另一方面,"诸心、心所,依他起故,亦如幻事,非真实有。为遣妄执心、心所外实有境故,说唯有识。若执唯识真实有者,如执外境亦是法执"(卷二)。所以,虽然有漏心(诸心、心所)不都是遍计所执,但都如幻,不能执为真实有,见道时仍需遣除。

综上所说,本论认为,二取属依他起性,在认识论乃至存在论层面上,不能说无二取;就修证层面说,需要遣二取。

四、唯识真实观

唯识典籍关于真实,有种种不同说法。一般的说法,或依二谛说,则胜义谛为真实;或依三自性说,则圆成实性是真实。比较特殊的,是将三自性中的依他起性也说成是真实,因为依他起性是有。甚至,将二谛中的世俗谛说成是真实,如《瑜伽论》四种真实中的第一世间极成真实,说的完全是世俗谛法。在传统的二谛说中,世俗谛是虚妄,绝不说是真实,而《瑜伽论》也说其是真实(原因下文分析)。但另一方面,《庄严论》则说:"非有者,分别、依他二相无故。"(卷二)即遍计所执性与依他起性皆无,似乎依他起性也不存在,因而依他起性不是真实。进而,"分别、依他二性摄者即是世谛"(卷十二),所以,世俗谛也是无,也不真实。

上述真实观中,单依三自性的圆成实性说真实的,或通说三自性的圆成实性和二谛的胜义谛为真实的,都比较简单明白。下文分析一些比较特殊的真实观。

(一)《瑜伽师地论》的真实观

本论《本地分·真实义品》说有两种真实或四种真实。两种真实,是尽所有性与如所有性。尽所有性,《解深密经》(卷三)举例,"如五数蕴、六数内处、六数外处",所以是一切世间法;如所有性是真如。所以,两种真实包括了世俗谛与胜义谛。

四种真实是世间极成真实、道理极成真实、烦恼障净智所行真实、所知障净智所行真实。四种真实中,两种净智所行真实,相当于二乘与大乘所证真实,所以属胜义谛;道理极成真实,是现量、比量和圣言量境界,所以包括世俗谛与胜义谛二谛。世间极成真实则需仔细分析:

> 云何世间极成真实?谓一切世间,于彼彼事随顺假立,世俗串习,悟入觉慧所见同性,谓地唯是地非是火等,如地如是,水火风、色声香味触、饮食衣乘、诸庄严具、资产什物、涂香华鬘、歌舞伎乐、种种光明、男女承事、田园邸店宅舍等事,当知亦尔;苦唯是苦非是乐等,乐唯是乐非是苦等,以要言之,此即如此非不如此,是即如是非不如是,决定胜解所行境事。一切世间从其本际展转传来,想自分别共所成立,不由思惟筹量观察然后方

取，是名世间极成真实。(卷三十六)

所以，世间极成真实，实际就是世间一切事物，人们约定俗成地为其安立名称，形成共识，就是世间极成真实。

在三自性中，如果是遍计所执性，那就是不存在，是无；如果是依他起性，那就是存在，是有。那么，世间极成真实属何性？

本论对依他起性举例说："问：依他起自性当云何知？答：当正了知一切所诠有为事摄。云何一切所诠事耶？所谓蕴事、界事、处事、缘起事、处非处事、根事、业事、烦恼事、随烦恼事、生事、恶趣事、善趣事……"(卷七十四) 所以，五蕴、十二处、十八界都属依他起性，即世间一切事物都属依他起性，因此，世间极成真实应是依他起性。

但另一方面，《辩中边论》(卷中) 说："若事世间共所安立，串习随入觉慧所取，一切世间同执此事，是地非火色非声等，是名世间极成真实。此于根本三真实中，但依遍计所执而立。"所以，世间极成真实依遍计所执性立，那就是说，此真实为遍计所执性。但《瑜伽论》明明是立四种真实，如果是遍计所执性，为何还称其为真实？或者说，二论的说法为何不同？实际上，这是因为二论的遍计所执性含义不同。

在《辩中边论》中，名属遍计所执性，相与分别属依他起性。世间极成真实，实际是安立了名称的世间一切事物，所以，依名而言，世间一切事物都是遍计所执性。① 但在《瑜伽论》中，相、名与分别都是依他起性，所以，无论诸事还是诸名，都是依他起性。

另外还可以有一种解释。《瑜伽论》说，色等一切法中，既有名言自性，也有离言自性。这样，两部论说法不同的原因在于，《瑜伽论》是从离言自性角度，说其是真实（即色等一切法中蕴含了离言依他起性）；《辩中边论》则从名言自性角度，说其是遍计。

最后，本论说四种真实，"初二下劣，第三处中，第四最胜"（卷三十六），即最殊胜的是第四种真实，是胜义谛真如。第一、二种真实"下劣"，因为前二真实是世俗谛（第二真实，虽包括圣言量，可认为属真谛，但主要是俗谛）。但反过来说，虽然世俗谛下劣，毕竟也是真实，所以世间极成真实也是一种真实。

世间极成真实，实际上就是依他起性，而且包含了依他起性中的假法。在唯识论中，依真妄而论，依他起性是妄，不能说是真实；但就有无论真实，依他起性是有，所以也可说是一种真实。

---

① 但另一方面，《辩中边论》也说，五蕴、十二处、十八界都有三义，如色蕴的三义："一、所执义色，谓色之遍计所执性。二、分别义色，谓色之依他起性，此中分别以为色故。三、法性义色，谓色之圆成实性。"即色蕴或色法有三种，即遍计色、依他色、圆成色。总的来说，"世俗谛有三种：一、假世俗，二、行世俗，三、显了世俗"（卷中）。此三世俗依三自性而立，所以，世俗也并非都是遍计所执性，也有依他起性。

(二)《楞伽经》

本经没有专门章节谈真实观,其真实观散见全经论述中。本经的真实观,主要表现在以下两方面。

首先是胜义谛真实。本经说:"真实之法离文字"(卷五),"真实离诸相"(卷六)。这是在胜义谛上说真实,即存在着离文字、离诸相的真实之法。

其次是世俗谛真实。本经说:"三性、八识及二无我,悉入五法。"(卷五)由此可见,五法是最根本的范畴。经中说:"五法为真实,三自性亦尔。"(卷三)即五法与三自性都是真实。五法是相、名、分别、真如、正智,因此,五法包含了世俗谛与胜义谛。同样,三自性也包含了世俗谛与胜义谛。这就是说,本经认为,世俗谛与胜义谛都是真实。再看五法与三自性的关系,本经认为,相与名属遍计所执性,分别属依他起性,正智和真如属圆成实性。因而,具体地说,在世俗谛中,只有分别是真实,相与名不是真实。

再看八识,五法中的分别,就是心与心所,所以八识在五法中就是分别。经中又说:"世尊,唯愿为我说心、意、意识、五法、自性相众妙法门,此是一切诸佛菩萨入自心境离所行相,称真实义诸佛教心。"(卷二)即八识与五法、三自性一样,都属真实,而八识是世俗谛,因此,世俗谛也是真实。

综上所说,本经的真实观,不但认为胜义谛真实,世俗谛也是真实。但具体地说，世俗谛只是指分别，即八识是真实，不包括相与名，因此，与《瑜伽论》的真实观有所差异。

（三）《大乘庄严经论》

本论真实观也有其特殊性。本论说："分别、依他二性摄者即是世谛。"（卷十二）进而，"非有者，分别、依他二相无故；非无者，真实相有故"（卷二）。这似乎是说，遍计（分别）、依他是世俗谛，遍计、依他无，所以世俗谛是无。但实际并非如此简单。

本论又说："幻者、幻事无有实体，此譬依他、分别二相亦无实体，由此道理即得通达第一义谛……幻者、幻事体亦可得，此譬虚妄分别亦尔，由此道理即得通达世谛之实。"（卷四）所以，依他、分别二相无，只是说无实体，犹如幻者、幻事，但这是在胜义谛意义上说的；在世俗谛意义上，"幻者、幻事体亦可得"，即幻者、幻事虽无实体，但有幻体，或者说，在世俗谛中，一切法虽无实体，但仍有幻像可得。因此，本论也并非说世俗谛法完全不存在，而是说世俗谛法没有实体。

对此幻体，本论有这样的说法："此二偈以十四种起成立内法诸行是刹那义。一者初起，谓最初自体生。二者续起，谓除初刹那余刹那生……若最初起时因体无差别者，则后时诸行相续而起亦无差别，因体无差别故。由因有差别故，后余诸行刹那得成。"（卷十一）即心、心所（"内法"）最初就有自体生起，其后每一刹那都有自体生起。而心、心所每一刹那的自体即是如上所说的"幻体"。"外法四大及六种造色是刹那"（卷十一），所以，同理可知，四大和所造色每一刹那也都有自体（"幻体"）生起。

对此处的幻体，可作如是理解：能变心法与所变色法，每一刹那都存在，就其存在性，可说其有体；但心法与色法刹那生灭，就其刹那生灭，可说其（体）如幻。

进而，"分别、依他二相无故"（卷二），是否是说，本论的遍计所执性与依他起性全无不同？也并非如此，分别、依他在本论中也并非没有差别。

首先是名称上的差别："一、无体空，谓分别性，彼相无体故。二、似体空，谓依他性，此相如分别性无体故。"（卷七）所以，遍计是"无体"，依他是"似体"。

其次是二者实质上的差别："此中诸菩萨，以无义是无常义，由分别相毕竟常无故；以分别义是无我义，由分别相唯有分别；此二是分别相，由无体故。不真分别义是苦义，由三界心、心法为苦体故，此是依他相。"（卷十一）由此可知，遍计（"分别"）是毕竟无；依他是苦，一切行皆苦，一切行以三界心、心所为体，所以，依他起性还是有。

最后，在修证上，"初真实应知，第二真实应断"（卷四），即遍计"应知"，依他"应断"。而"应断"的当然不是一个无，而是有东西可断，由此可见，遍计是无，依他是有，而这又与一般唯识论的说法并无二致。

五、唯识缘起观

唯识论的缘起观，一般都说是阿赖耶识缘起观。阿赖耶识缘起，如果按本义来说，就是一切法都由阿赖耶识生起。严格地以此标准来评判，根本唯识论阶段，诸唯识经论的缘起观，并不都属阿赖耶识缘起，而是有三类缘起：依他缘起、依阿赖耶识缘起与依三能变缘起。诸经论中，《解深密经》和《瑜伽论》是依他缘起；《楞伽经》，及其后的《中边分别论》《庄严论》《摄论》都是依阿赖耶识缘起；而《三十颂》及其释论《成论》是依三能变缘起。

《楞伽经》说，"缘起是依他"（卷七），所以缘起观与依他起性密切相关。诸经论的依他起性定义，可以作为其缘起观的一个重要判别依据。

（一）依他缘起

1.《解深密经》

本经没有正面论述缘起。本经《心意识相品》说，阿赖耶识（一切种子心识）中有"相、名、分别"等一切法的种子，又说阿赖耶识执受根身与种子，还说阿赖耶识生起六识，但本经没有直接的阿赖耶识生起一切法的论述。

而本经的依他起性定义是："云何诸法依他起相？谓一切法缘生自性，则此有故彼有，此生故彼生，谓无明缘行，乃至招集纯大苦蕴。"(卷二)此定义是宽泛的,此定义只说由他缘而起的就是依他起性,如十二缘起的前后支,后支依前支而起,就是依他起性。进而本经举例,由眩瞖过患起眩瞖众相,眩瞖过患比作遍计所执性,眩瞖众相比作依他起性,即依遍计所执性而起的,也是依他起性。故一切依"他缘"而起的,都是依他起性。

因此,虽然本经关于阿赖耶识的论述,为阿赖耶识缘起观奠定了基础,但本经的缘起观主要表现为依他缘起。

2.《瑜伽师地论》

本论的《摄决择分》详论阿赖耶识,包括依阿赖耶识建立流转相与还灭相。但就生起一切法来看,本论说的与《解深密经》基本相同,包括阿赖耶识之所缘,内是种子与根身,外是器世间。

再看本论的依他起性,其定义也与《解深密经》相同:"依他起自性者,谓众缘生他力所起诸法自性,非自然有,故说无性。"(卷六十四)由此定义,本论说五蕴、十二处、十八界都是依他起性:"问:依他起自性当云何知?答:当正了知一切所诠有为事摄。云何一切所诠事耶?所谓蕴事、界事、处事……色类事……"(卷七十四)而依他即是缘起:"复依他义,是缘起义。"(卷九)

关于缘起的类别,本论说了八门:"缘起门云何?谓依八门缘起流转。一、内识生门。二、外稼成熟门。三、有情世间死生门。四、器世间成坏门。五、食任持门。六、自所作业增上势力受用随业所得爱非爱果门。七、威势门。八、清净门。"（卷九）此八门缘起，间接地当然也都可归结到阿赖耶识上，但严格地说，仍不是阿赖耶识缘起观。

由此可见，本论为阿赖耶识缘起观奠定了更为厚实的基础，但由本论的依他起性定义与八门缘起可知，本论的缘起观主要也是依他缘起。

关于依他缘起与后来的依阿赖耶识缘起的差别，如上所说，本论区分了实法与假法。如五位法中，识法、心所法、色法是实法，有种子，可说是阿赖耶识缘起，也是依他缘起；而假法，如心不相应行法，是依识法、心所法、色法三位假立，没有种子，不能说是依阿赖耶识缘起，但是依他缘起。

（二）依阿赖耶识缘起

《楞伽经》《中边分别论》《庄严论》《摄论》都说阿赖耶识生起能取所取一切法，故其缘起观，都属依阿赖耶识缘起。

1.《楞伽经》

《楞伽经》说阿赖耶识现起能取和所取。二取的种类，如前所说，所取是根身（包括净色根与浮尘根），及器世间；能取是"意""取""分别"，即前七转识。"一切皆是藏识影像，所取能取二种相现。"（卷二）故二取都是阿赖耶识的影像，都由阿赖耶识现起。

本经的缘起观，除阿赖耶识缘起观外，似乎还有随顺先前教法的依他缘起观。如"蕴、界、处，离我我所，唯共积聚爱业绳缚，互为缘起，无能作者"（卷二），即五蕴、十二处、十八界，由众生贪爱的共同业力，互相作缘而生起。又如"身形及诸根，皆以八物成"（卷六），即根身由四大种与色、香、味、触而成。

但本经的根本观点是自心现起一切法——蕴、处、界及根身等，根本上说属二取，"一切皆是藏识境界"（卷一）。所以，本经的缘起观最终可说是阿赖耶识缘起。

2.《中边分别论》与《大乘庄严经论》

此二论对缘起观的论述，比较简单，所以合在一起说。

真谛译的《中边分别论》说："尘根我及识，本识生似彼。"（卷上）即阿赖耶识（"本识"）生起"尘"（五境）、"根"（五根）、"我"（第七识）和"识"（前六识），故色法与前七识都由阿赖耶识生起（"生似彼"）。（玄奘译的《辩中边论》属三能变缘起，详见下文。）

《庄严论》说："能取及所取，此二唯心光。"（卷五）其中，"心谓阿梨耶识"（卷十二）。"光"，吕澂注："《唯识论》七译此句云，'许心似二现'，故'光'即'似现'之异译。"所以，二取都由阿赖耶识现起。二取的类别："所取相有三光，谓句光、义光、身光。能取相有三光，谓意光、受光、分别光，意谓一切时染污识，受谓五识身，分别谓意识。"（卷五）因此，所取相三光——句光、义光、身光，分别对应器世间、五尘、根身；能取相三光——意光、受光、分别光，分别对应第七识、前五识和第六识。所以，诸转识和一切色法都由阿赖耶识现起。

所以，此二论的缘起观，也属阿赖耶识缘起观。

3.《摄大乘论》

本论对阿赖耶识缘起，有较充分的论述。首先，本论的一切法，就是由阿赖耶识生起的十一识，此十一识在阿赖耶识中都有自己的种子。如《摄论》说："此中何者依他起相？谓阿赖耶识为种子，虚妄分别所摄诸识。"（卷中）此处"诸识"共十一识，"此中身，身者，受者识，应知即是眼等六内界。彼所受识，应知即是色等六外界。彼能受识，应知即是眼等六识界。其余诸识，应知是此诸识差别"（卷中）。所以，十一识主要是六根、六境、诸转识，及在前三者基础上形成的诸法。

"如此诸识，皆是虚妄分别所摄，唯识为性。"（卷中）所以，根、境、转识等十一识一切法，都属虚妄分别；因为都由阿赖耶识中的种子生起，所以都以（阿赖耶）识为性。

其次，本论对依他起性的定义是："从自熏习种子所生，依他缘起故名依他起；生刹那后无有功能自然住故，名依他起。"（卷中）所以，依他起性有两个条件，一是依自种，二是由他力缘起。

由此来看本论的缘起观。本论说缘起，先说有两种缘起："一者分别自性缘起，二者分别爱非爱缘起。此中依止阿赖耶识诸法生起，是名分别自性缘起，以能分别种种自性为缘性故。复有十二支缘起，是名分别爱非爱缘起，以于善趣恶趣能分别爱非爱种种自体为缘性故。"（卷上）所以，第一种缘起——分别自性缘起，就是一切法依止阿赖耶识而生起，实际上就是说，一切法由阿赖耶识中的自种（依他缘）而生起。此缘起完全符合本论上述依他起性定义。第二种缘起——分别爱非爱缘起，这是传统的十二支缘起，似乎与本论的依他起性定义不相干，但实际上，在本论的体系中，一切法就是十一识，十一识在阿赖耶识中都有自种，所以，传统的十二支，在本论中仍可归结为十一识，十二支都有自种，十二支的前支对后支都起增上缘作用，所以，十二支缘起，仍是由自种依他缘而生起。

本论后又补充了第三种缘起，即受用缘起。世亲《摄论释》："六转识名受用缘起。"（卷二）所以，受用缘起就是六识的受用。受用缘起也完全符合上述依他起性定义，即六识有自种，能依六根，受用六境。

《摄论》三种缘起的相互关系：分别自性缘起指明了一切法（心法与色法、有情与非情）生起的原因；分别爱非爱缘起（或业感缘起）指明了有情轮回六道的原因，即有情因造善造恶的伦理活动而轮回；受用缘起指明了有情伦理活动的因缘，即有情因六识的认知活动进而产生伦理活动。因此，三种缘起中，第一种缘起是根本，而第一种缘起实际就是阿赖耶识缘起。

由此来看，本论的阿赖耶识缘起观与传统的依他缘起观相比，本论增加了依自种的条件，而一切法的自种在阿赖耶识中，所以，归根结底，一切法是依阿赖耶识缘起。

综上所说，阿赖耶识缘起，由《解深密经》和《瑜伽论》奠定基础，以《楞伽经》为开端，而至《摄论》为完备。

（三）依三能变缘起

但上述依阿赖耶识缘起，还是如前所说，有若干问题需解决，即假法没有种子、第八识不缘前七识，由此可说第八识不缘起一切法，即第八识不缘起假法，第八识现行不缘起前七识。进而发展出的三能变缘起，解决了此二问题。

三能变出自《三十颂》："由假说我法，有种种相转。彼依识所变，此能变唯三。"此颂意谓，有情与非情有种种表现形态，这些表现形态都由识变现，能变现的识有三类，即第八识、第七识和前六识。

依三能变的缘起观，首先，在实法假法的缘起上，此缘起观认为，第八识缘起（即变现）根身和器世间等实法；前五识依第八识变现的器世间，各自缘起（变现）各自的所缘境（色声香味触），也是实法；第六识可缘起（变现）实法，也可缘起（变现）假法，如依色而成的长短方圆等形状。这样解决了假法生起的问题。

其次，在现行阿赖耶识不缘起（变现）前七识的问题上，此缘起观认为，前七识作为第二和第三能变，独立于第八识（第一能变），不由现行第八识缘起（变现）。三能变各自缘起（变现）各自的所缘境，各各不同，所以是三能变。

再从《成论》的三自性定义来说，虽然其遍计所执自性的定义与《摄论》相同，能遍计（第六识和第七识）在所遍计（依他起性）上遍计的结果，就是遍计所执自性；但其依他起自性的定义是:"依他起自性,分别缘所生。"此定义从形式上看,与《解深密经》的定义有相似之处,都是"缘生",但不同的是,此定义说到了"分别"。《解深密经》依他起性定义中"缘生",是泛指一切缘;《成论》定义中,"分别缘所生","分别"就是心和心所,结合三能变来说,"分别"就是三能变,所以,《成论》的依他起性,是指三能变所生的一切法。由此进一步表明,第三阶段的缘起观是依三能变缘起。

(四)三种缘起总结

依他缘起,是佛教缘起论的最基本形态,在唯识论之前的缘起观都属依他缘起。《解深密经》与《瑜伽论》的缘起观主要是依他缘起,但此二经论对阿赖耶识的论述,为阿赖耶识缘起观奠定了基础。

依阿赖耶识缘起,在《楞伽经》《中边论》《庄严论》中,主要表现为阿赖耶识现起能取和所取,二取就是一切法;在《摄论》中表现为阿赖耶识生起十一识,十一识在阿赖耶识中都有自种。此阿赖耶识缘起说,是唯识论强化了自己的特色,唯识论以建立阿赖耶识为特色,阿赖耶识是根本识,故由此识生起一切法,似乎也是应有之义。

依三能变缘起,是依三类因(三能变)来说明缘起,而非如阿赖耶识缘起那样,只是依单一因(阿赖耶识)来说明缘起。此类缘起的实质,主要不是从种子生起一切法(因能变)来说缘起,而是从现行八识变现一切法(果能变)来说缘起,圆满解决了阿赖耶识缘起还需进一步说清的问题。

此三种缘起，虽然笼统地说，都可称为阿赖耶识缘起，因为《解深密经》和《瑜伽论》也都说到了阿赖耶识的作用，而三能变中的第二（第七识）、第三（前六识）能变也都由阿赖耶识中的种子生起，但如前分析，三者还是有若干重要的义理差异。

六、唯识修行观

唯识宗的修行，是佛教大乘修行，所以既有与佛教和一般大乘修行的理论和方法相同处，也有其独特处。

（一）唯识修行概说

1. 修行成就的保障

唯识宗依自宗特有的五种姓论，认为修行成就的保障是种姓，即要有大乘种姓和不定种姓，大乘修行才能成就；若缺此二种姓，不能证得佛果。

如《解深密经》说："若一向趣寂声闻种姓补特伽罗，虽蒙诸佛施设种种勇猛加行方便化导，终不能令当坐道场证得阿耨多罗三藐三菩提。何以故？由彼本来唯有下劣种姓故。"（卷二）所以定性声闻不能修成佛果。

又如《瑜伽论》说："安住种姓补特伽罗，种姓具足能为上首，证有余依及无余依二涅槃界……声闻种姓以声闻乘能般涅槃，独觉种姓以独觉乘能般涅槃，大乘种姓以无上乘能般内涅槃。"（卷三十八）所以，定性二乘只能修成二乘果，大乘种姓才能修成佛果。

《解深密经》又说："若回向菩提声闻种姓补特伽罗，我亦异门说为菩萨。"（卷二）所以，三乘不定种姓中的回向二乘，也能修成佛果。

2. 修行主体

止观修行要有一个主体，但此主体是什么？窥基在《大乘法苑义林章》（以下简称《义林章》）中说："于大乘中，古德或说七识修道、八识修道，皆非正义，不可依据。若能观识，因唯第六。《瑜伽》第一云，能离欲是第六意识不共业故，通真俗三智。余不能起行总缘观理趣入真故。"（卷一）所以，说第七识或第八识修道的，都不是正确观点。在凡夫位（因位），修行的主体是第六识。

进一步说，第六识有善、恶、无记三性，修行主体无疑应是善性第六识，即与善心所相应的第六识。此外，第六识有相应心所，在止观修行中，与第六识相应的心所，除各种善心所，至少有五遍行心所、慧心所和寻、伺心所，所以，修行主体是善性的第六识心品（即包括各种心所的善性第六识）。

在各种心所中，最重要的是慧心所。窥基《义林章》说："能观唯识，以别境慧而为自体……若别显者，略有二位：一、因，二、果。因通三慧，唯有漏故，以闻思修所成之慧而为观体。此唯明利简择之性，非生得善。"（卷一）

所以，进一步说，能观的主体是与第六识相应的慧心所。

因为就八识心王来说，第八识没有慧心所，前五识没有或只有作用极微弱的慧心所，第七识只缘第八识见分，所以，与此慧心所相应的只能是第六识。因此，第六识及其相应慧心所，是观的主体；而简略说时，可略而不说第六识，只说慧心所。

上述《义林章》引文又说，修行主体分因位和果位。因位，首先是凡夫位，此慧"通三慧"，即闻慧、思慧、修慧。此三慧是由听闻佛法、深入思考和记忆、依之修证而成。因位的三慧都是有漏，此有漏三慧是凡夫修出世间解脱的主体。

凡夫位后是十地菩萨位和佛位（果位）。佛位已无修行，十地修行的慧心所是无漏性的，包括根本无分别智和后得智，那么，此二智是什么关系？五地后根本智与后得智能同时生起，那是否意味着同时有两个无漏慧心所生起？

《成论》说："缘真如故是无分别，缘余境故后得智摄。其体是一，随用分二。"（卷十）由此可见，根本智与后得智的"体是一"，只是就作用来说，分为二智。所以，实际上就是一个无漏慧心所，在缘真如时，此无漏慧称为根本智；在缘一切有为法时，此无漏慧称为后得智。最难的是，此无漏慧同时缘无为真如和诸有为法，这称为根本智与后得智同时生起，"其体是一"，即仍是那个无漏慧，所以，《成论》称二智最初同时现行的五地为"极难胜地"，"真俗两智，行相互违，合令相应，极难胜故"（卷九）。

而有的经论说修行主体是寻、伺心所，如修行可分为有寻有伺、无寻唯伺、无寻无伺，实际上，寻、伺心所是依思、慧心所假立，《述记》说："寻、伺体……即思惠。"（卷七）所以，寻、伺的体就是慧心所，这样，说修行主体是寻、伺心所，又是一种简略的说法，或依一定需要的说法。

修行要始终保持那个对主体意识的自觉性。有那个主体意识，就在修道；没有那个主体意识，就在放逸，乃至在作恶。进而，有那个主体意识，就能静中、动中时时检点自己的身口意三业；没有那个主体意识，就会忽冷忽热，保持不了精进状态。

而保持主体意识，实际就是作意。此作意不是五遍行心所中的作意心所，而是指一种心理努力的状态，相当于现代说的意志力，或者说意愿。佛教中谈作意的很多，如大乘修行要保持大乘作意，即要保持自利利他的意愿，不能只有自利的意愿；要保持追求菩提果的意愿，不能追求速证无余依涅槃的意愿，如《解深密经》所说的"不舍阿耨多罗三藐三菩提愿"（卷三）。

修行中要保持主体意识，在禅宗来说，就是要提起主人公，只是那个主人公，禅宗认为是真心（自性、佛性）在起作用[①]；而唯识认为，凡夫位的修行主体，只能是有漏的第六识及慧心所等，无漏心在凡夫位是不会起作用的。

---

① 如《天如惟则禅师语录》卷三："只是你日用常行见成受用底，强而名之唤作自性天真佛，又唤作自己主人公。"《聚云吹万真禅师语录》卷上："参得自性，念佛底主人公。"

3. 修行的一般途径

佛教修行的一般途径是闻思修。如《胜天王般若波罗蜜经》说:"闻思修慧,通达般若波罗蜜。"(卷二)其中,"般若波罗蜜",也就是唯识论所说的根本无分别智。

所谓闻思修,闻就是听闻佛法,包括佛教教理和修行方法;思就是对所听闻的佛法,如理思维,正确把握,牢记不忘;修就是依闻思的佛法修行,修行的基本方法是止观。

此过程,如《解深密经》所说:"如我为诸菩萨所说法假安立,所谓契经……菩萨于此善听,善受,言善通利,意善寻思,见善通达。即于如所善思惟法,独处空闲,作意思惟。复即于此能思惟心,内心相续,作意思惟,如是正行,多安住故,起身轻安,及心轻安,是名奢摩他。"(卷三)

4. 唯识修行的基础方法

无著的《六门教授习定论》说了三种修行所缘境:"一、外缘,二、上缘,三、内缘。外缘谓白骨等观所现影像,是初学境界。上缘谓未至定缘静等相。内缘谓从其意言所现之相为所缘境。"

此三种所缘境就是三种修习方法,或者说,是唯识宗修行的三阶段。第一种是"白骨等观",也就是五停心观(不净观、慈悲观、缘起观、界差别观、数息观),这是第一阶段的修行。第二种是"未至定缘静等相",也就是从未至定开始的四禅四无色定,这是第二阶段的修行。第三种是观一切法都是意言境,这是第三阶段的修行。

三种方法中,五停心观是小乘的基本修行方法;四禅四无色定不但是小乘的也是外道的基本方法，外道修至四禅或四无色定就认为已证得解脱，已证涅槃；第三种是唯识特有的观法，即唯识观。

就唯识修行三阶段来说，第一阶段修五停心观，是为证得四禅等；第二阶段修四禅等圆满，是要以此为基础，修第三阶段的唯识观；第三阶段修唯识观，是为了见道。见道后还有修道位的修行，直至成佛。

因此，上述第一、第二种方法是唯识修行的基础方法，而此两种方法，小乘经典中有详尽论述，如修四禅四无色定的方法是"六行观"，即观下地苦、粗、障，观上地净、妙、离。

总有人说唯识宗只谈教理，不谈修行，实际上，这些基础方法，小乘已讲得详尽而清楚，本不必多说，只要照之修行即可，就如大学阶段学习微积分，不会再去讲解小学的加减乘除四则运算，也不会再去讲解中学的代数、几何。而唯识观涉及唯识教理，不清楚唯识教理就无法修行，所以唯识论详尽讨论的是唯识教理。

唯识观也就是唯识宗见道方法，以下重点讨论。

（二）唯识见道方法

唯识见道方法，通常说得最多的是四寻思四如实智。论述此法的相关唯识典籍有：《瑜伽论》、《显扬论》、《摄论》、《大乘阿毗达磨集论》（包括《杂集论》）、《成论》。其中，《显扬论》的说法，同《瑜伽论》；《大乘阿毗达磨集论》（以下简称《集论》)的说法,同《摄论》。

《瑜伽论》的见道方法(四寻思四如实智),实际上可追溯到《解深密经》的见道方法,虽然《解深密经》的方法名称不是四寻思四如实智,但本质上有相通之处。

《成论》虽不属根本唯识论,但此论是《三十颂》的展开,且此论的四寻思如实智有总结的性质,故一并考察。

此外,窥基法师的五重唯识观,也是人们常说的唯识修行见道方法,本文也将此见道方法一并加以比较。

现先将上述主要经论的见道方法列表如下。

表　唯识经论见道方法比较

	名　称	内　涵	依名言、离言两分法见道	依三自性见道
解深密经	缘总法止观(由真如作意)	若于其名及名自性,乃至于界及界自性无所得,亦不观彼所依之相。	遣(名言)诸法及诸法名言自性。 不观离言法性。(证离言法性)	
解深密经	总空性相	远离遍计,于此(名言依他、圆成)都无所得。		断(除)遍计所执(性),遣(名言)依他、圆成。(证离言法性)
瑜伽师地论	四寻思四如实智	名:增益执。 事:性离言说。 自性:似显现。 差别:可言说性非有性,离言说性非无性。	破增益执与损减执。(证离言自性)	

续 表

	名 称	内 涵	依名言、离言两分法见道	依三自性见道
摄大乘论	四寻思四如实智	名义自性差别皆不可得。悟入唯有识性。		断（除）遍计所执（性）。证世俗唯识性（一切法即是识）。（证胜义唯识性）
成唯识论	四寻思四如实智	寻思名义自性差别假有实无。遍知此四离识及识非有。		遣所取能取。证世俗唯识性（一切法不离识）。（证胜义唯识性）
大乘法苑义林章	五重唯识	1. 遣虚存实：遣遍计（虚），存依他、圆成（实）。证离言法性。 2. 舍滥留纯：舍外境留内境。 3. 摄末归本：观相分、见分由自证分起。 4. 隐劣显胜：观心所依心王起。 5. 遣相证性：遣依他证圆成。		1. 观空有。观一切法不离识。 2. 观境心。观境通内外，唯识依心不依境。 3. 观用体。观相见是用，自证是体。唯识依体不依用。 4. 观所王。观唯识依王不依所。 5. 观事理。观唯识依理不依事。

由上表可知，见道方法有两大类：一是依名言、离言两分法来论述见道，如《解深密经》的缘总法止观、《瑜伽论》的四寻思四如实智；二是依三自性来论述见道，如《摄论》和《成论》的四寻思四如实智。此外，《解深密经》的总空性相，形式上是依三自性，实质上还是依名言、离言两分法。

依名言、离言两分法类见道方法，主要是将一切法分为名言境（名言诸法及诸法名言自性）与离言法性（或离言自性，下同，据《瑜伽论》，包括真如与唯事）。见道就是遣（断）名言境，证离言法性。

依三自性类见道方法，一般的表述是：断（除）遍计所执（性），证圆成实性，即断了遍计所执，自然除了遍计所执性，从而证得圆成实性。但此过程中，实际还涉及断我执、法执二执，断烦恼障、所知障二障，遣所取、能取二取等。

诸经论见道方法，与各经论的唯识教理背景有关。此外，这些方法，除不同处外，相互间也有相似处，即都可用断染证净来表述。依名言、离言两分法见道就是：断名言境染法，证离言法性净法。依三自性见道就是：断（除）遍计所执（性）染法，证圆成实性净法；或者，更广义地说，断一切有漏染法，证一切无漏净法。

1. 依名言、离言两分法类见道方法

如上所说，属此类见道方法的，有《解深密经》缘总法止观、《瑜伽论》四寻思四如实智等。

（1）《解深密经》的缘总法止观

缘总法止观通加行位、见道位、修道位。加行位的缘总法止观，是由真如作意，本经对其定义是："由真如作意，除遣法相及与义相。若于其名及名自性无所得时，亦不观彼所依之相，如是除遣。如于其名，于句于文，于一切义，当知亦尔；乃至于界及界自性无所得时，亦不观彼所依之相，如是除遣。"

(卷三)

此法中，从"名"至"界"，指安立了名言的一切法，可称名言诸法；从"名自性"至"界自性"，指诸法名言自性。"除遣法相及与义相"，就是除遣名言诸法及诸法名言自性，至"无所得"。进而，名言诸法及其名言自性，所依是离言法性，因为诸法依离言法性安立名称。据《瑜伽论》，离言法性（离言自性）包括真如与唯事，由此推断，依真如可安立无为法，依唯事可安立有为法。而"不观彼所依之相"，就是不观离言法性。

执实有名言诸法及诸法名言自性，是增益执，因为离言自性本无名，也无名言自性；遣除名言诸法及其名言自性，即破增益执。不观离言自性，即破损减执，因为离言自性是有，无需破也无法破，只是在加行位中暂时不观。此不观正是见道后所证，即见道后所证是离言法性，如果细致地说，是在见道位证真如（圆成实性），在修道位证唯事（离言依他起性）。但由于缘总法止观不是依三自性说，而是依名言、离言两分法说，所以不再区分圆成实性和离言依他起性，而是总说见道后证离言法性。

（2）《瑜伽论》的四寻思四如实智

《瑜伽论》的见道方法是四寻思四如实智。《瑜伽论》对四寻思说得较为简单，四如实智则能体现其内涵的根本特征。

首先，关于名寻思所引如实智，《瑜伽论》说："谓诸菩萨，于名寻思唯有名已，即于此名如实了知，谓如是名，为如是义，于事假立，为令世间起想起见起言说故。若于一切色等想事，不假建立色等名者，无有能于色等想事起色等想；若无有想，则无有能起增益执；若无有执，则无言说。若能如是如实了知，是名名寻思所引如实智。"（卷三十六）

因此，名寻思所引如实智的要点是：名是为表示义，而在事上假立。所以名对事是增益，执着名实有是增益执，如实智是破增益执。

若对此作更深层次分析，本论《摄决择分·真实义品》抉择五法、三自性。若据"相、名、分别"五法体系分析，名是在相上安立，所以是对相的增益。进而，名是增益，由名而来的名言自性，更是增益。若据三自性分析，《瑜伽论》中，名是依他起性，名言自性是遍计所执性。但在名言、离言两分法中，无论是依他起性名，还是遍计所执性名言自性，都是增益；执着名和名自性实有，就是增益执（依他起性也是幻有，不是实有），是名寻思所引如实智之所破。

其次，关于事寻思所引如实智，《瑜伽论》说："谓诸菩萨，于事寻思唯有事已，观见一切色等想事，性离言说，不可言说。若能如是如实了知，是名事寻思所引如实智。"（卷三十六）

这显然是在强调离言自性是有，即一切色等想事（人们认识的一切法），有其离言自性，若否定诸法离言自性存在，就是损减执，是事寻思所引如实智之所破。

关于自性假立寻思所引如实智，《瑜伽论》说："谓诸菩萨,于自性假立寻思唯有自性假立已,如实通达了知色等想事中所有自性假立,非彼事自性,而似彼事自性显现;又能了知彼事自性,犹如变化、影像、响应、光影、水月、焰、水、梦、幻,相似显现,而非彼体。若能如是如实了知最甚深义所行境界,是名自性假立寻思所引如实智。"(卷三十六)

由此可知,自性假立,实际"非彼事自性,而似彼事自性显现",因此也是增益执,是自性假立寻思所引如实智之所破。

最后,关于差别假立寻思所引如实智,《瑜伽论》说:"谓诸菩萨,于差别假立寻思唯有差别假立已,如实通达了知色等想事中差别假立不二之义。谓彼诸事,非有性,非无性。可言说性不成实故,非有性;离言说性实成立故,非无性。如是由胜义谛故,非有色,于中无有诸色法故;由世俗谛故,非无色,于中说有诸色法故。如有性无性、有色无色,如是有见无见等差别假立门,由如是道理,一切皆应了知。若能如是如实了知差别假立不二之义,是名差别假立寻思所引如实智。"(卷三十六)

由此可知,差别假立寻思所引如实智是说:就有性、无性而言,诸事没有名言自性(即"可言说性"),但有离言自性(即"离言说性"),因此,差别假立的有性、无性不二。同样,就有色、无色来说,胜义谛中无色,世俗谛中有色,因此,差别假立的有色、无色也是不二。显然,这是双破增益执和损减执。

综上所述,《瑜伽论》的四寻思四如实智的特点是:从名言境与离言法性两分法的角度,双破增益执与损减执。即名言境(名和名言自性)是无,是要破的,否则就是增益执;而真实存在的离言自性是有,不能否定,否则就是损减执。

(3)《解深密经》缘总法止观与《瑜伽论》四寻思四如实智比较

A. 两者都将一切法分为名言境与离言法性(离言自性)。名言境包括名言诸法(包括名)及诸法名言自性,离言法性包括真如与唯事。见道修行,需除遣名言境,不观离言法性;而见道后所证即是离言法性。

《瑜伽论》的四寻思四如实智,是在《本地分·真实义品》中所说,名言境、离言法性虽可与三自性相对照,但《本地分·真实义品》完全没说到三自性,要到《摄决择分·真实义品》才说了五法与三自性,所以,《瑜伽论》的四寻思四如实智,是以名言境与离言自性来论述见道,与其后(如《摄论》《成论》)的四寻思四如实智不同,而与《解深密经》的缘总法止观相似。

B. 两者都是双破增益执与损减执。缘总法止观的见道修行,包括所遣与不观,即遣名言境、不观离言法性。遣名言境是破增益执,不观离言法性是破损减执(即离言法是有,并非无)。四寻思四如实智,就是对名、事、自性、差别寻思并如实了知,其中,名和自性寻思如实智是破增益执,事寻思如实智是破损减执,差别寻思如实智则是双破增益执和损减执。

C. 就断染证净来说，名言境是染法，离言法性是净法，此二见道方法断名言境、证离言法性，就是断染证净。

D. 此二法由于不是以三自性来论述见道方法，所以不谈破遍计所执性，而是破增益执与损减执，虽然本质上所破的增益执相当于三自性的遍计所执性。

2. 依三自性论述见道方法

此类见道方法，包括《解深密经》的总空性相、《摄论》及《成论》的四寻思四如实智等。

（1）《解深密经》的总空性相

本经对总空性相的定义是："若于依他起相及圆成实相中，一切品类杂染清净遍计所执相毕竟远离性，及于此中都无所得，如是名为于大乘中总空性相。"（卷三）

此定义中，遍计所执性是在依他起相和圆成实相上生起，说的都是三自性的名相，但仔细分析，本经的遍计所执性是名言自性。由此可知，能生起遍计的依他、圆成，是名言依他与名言圆成（有漏识不缘离言圆成和离言依他），如本经另一处说："由遍计所执自性相故，彼诸有情于依他起自性及圆成实自性中，随起言说。"（卷二）"遍计所执相毕竟远离性"，是除遍计，即除名言自性；"于此中都无所得"，是遣名言依他与名言圆成（详见《解深密经直解》的相关"评析"）。此定义没有说所证，但由前说可推知，总空性相的所证仍是离言法性（包括离言圆成与离言依他）。

由此可知，总空性相虽是依三自性论述见道方法，包括所破是遍计所执，但实际上，此法与依名言、离言两分法的缘总法止观有着更多相似性，即所遣实际上也都是名言境，所证都是离言法性。这与其他唯识经论所说的三自性见道有所差异，其原因有多方面，这里先就总空性相的定义说一个原因。

上述定义中，遍计是在依他和圆成上生起，那样的话，圆成只能是名言圆成。此名言圆成是依所证的胜义离言圆成而起，对此名言圆成执着，就生起遍计所执性。同样，依他也只是名言依他，而不是离言依他。因此，总空性相虽依三自性说见道方法，但最终还是与缘总法止观殊途同归。而其他经论的三自性论中，遍计只依依他而起，不说依圆成而起。这样的依他，可以不是名言依他，遍计所执性也可以不是名言自性，这样就不依名言、离言两分法来说见道，而是纯粹依三自性来说见道，详见下文。

（2）《摄论》的四寻思四如实智

《摄论》对四寻思四如实智的定义是："由闻熏习种类如理作意所摄似法似义有见意言；由四寻思，谓由名、义、自性、差别假立寻思；及由四种如实遍智，谓由名、事、自性、差别假立如实遍智，如是皆同不可得故。以诸菩萨如是如实为入唯识勤修加行，即于似文似义意言，推求文名唯是意言，推求依此文名之义亦唯意言，推求名义自性差别唯是假立。若时证得唯有意言，尔时证知若名、若义、自性、差别皆是假立，自性差别义相无故，同不可得。由四寻思及由四种如实遍智，于此似文似义意言，便能悟入唯有识性。"（卷中）

由此可见,《摄论》四寻思四如实智,最终得出的结论是名、义、自性、差别四法"皆同不可得",所证是"悟入唯有识性"。

《摄论》与《瑜伽论》的见道方法,名称都是四寻思四如实智,但两者含义有很大不同。

首先,《摄论》将《瑜伽论》的"事寻思"改成了"义寻思",而"名寻思"与"义寻思"的含义,就是推求名与义"唯是意言",即名与义只是意识的寻思,只是意识的分别,或者说,只是意识的构建。至于四如实智中的"事如实智",《摄论》的名称没有变化,但四如实智含义总说为"若名、若义、自性、差别皆是假立",所以,"事"也就是"义",最后也"皆同不可得"。这样,《摄论》的四寻思四如实智,所破的是三自性中的遍计所执性,在增益、损减二执中,属增益执,而不说破损减执。

而《瑜伽论》的四寻思四如实智,其事如实智,是要"观见一切色等想事,性离言说,不可言说"。其差别假立如实智,更是要观见"彼诸事,非有性、非无性。可言说性不成实故,非有性;离言说性实成立故,非无性",所以与《摄论》不同。《瑜伽论》的四寻思四如实智,是要破名言境,证离言自性,是双破增益执与损减执。

两论四寻思四如实智差异的根源在于:四寻思四如实智都是观名、事(义)、自性、差别,但此四法所指向的一切法,两论不同。

《瑜伽论》所说的见道时的一切法体系,是名言境与离言法性,此两分法,实际又是建立在"相、名、分别、正智、真如"五法体系上。就染法来说,实际是由分别(心与心所)在相上安立名,就有了名言诸法及诸法名言自性。而离言真如(及离言依他起相),由正智所证。这样,四寻思四如实智就是观诸法的名、事、自性、差别,双破增益执与损减执,证离言自性。

《摄论》的一切法体系,是由第八识现起的十一识。四寻思四如实智在十一识上观其名、义、自性、差别,皆不可得。因此,十一识是依他起性,名等四法是遍计所执性,四寻思四如实智所破是遍计所执性,相当于破增益执。

另一方面,就三自性来说,唯识论认为,依他起性和圆成实性是有,如否认此有,也是损减执,但这是见地上的破损减执;在修行上,加行位所修的是破遍计所执性而入见道位,所以不说破损减执。这是依三自性见道与依名言、离言两分法见道差异的根源。

最后,就所证来说,证世俗唯识性,《摄论》说的"悟入唯有识性",是悟入"一切法即是识",这与第三阶段《成论》所证的"一切不离识"不同。但证胜义唯识性时,两者所证都是真如,所以是一致的。

(3)《成论》的四寻思四如实智

《成论》对四寻思四如实智的定义是:"四寻思者,寻思名、义、自性、差别,假有实无。如实遍知此四离识及识非有,名如实智。"(卷九)

因此，四寻思四如实智的含义：一是寻思和遍知（所缘的）名、义、自性、差别是假有实无，实质是离识非有，二是遍知识也非有。前者所破是遍计所执性，所证是一切不离识，这是证世俗唯识性。后者是遣依他起性，证胜义唯识性，即证真如。

相比《瑜伽论》和《摄论》，《成论》的四寻思四如实智有其特点。

A. 四寻思四如实智具体名称的演变

四寻思四如实智的具体所指，在《瑜伽论》中，是名、事、自性、差别；《摄论》中，是名、义（事）、自性、差别，即四寻思中是义寻思，四如实智中是事如实智；《成论》中，是名、义、自性、差别。此名称变化的根本原因，如上所说，是从依名言、离言两分法见道向依三自性见道的转变，《摄论》已作出了此种转变，但在名称上还一定程度与此前《瑜伽论》的名称衔接；《成论》则彻底转变了名称。

B. 四寻思四如实智与遣二取

见道是一无所得，所以一般唯识经典在修证层面上，都说要遣所取和能取。而《成论》的特点是将四寻思四如实智与遣所取能取结合在一起："依明得定，发下寻思，观无所取，立为暖位……依明增定，发上寻思，观无所取，立为顶位……依印顺定，发下如实智，于无所取，决定印持；无能取中，亦顺乐忍……依无间定，发上如实智，印二取空，立世第一法。"（卷九）大体就是：四寻思遣所取境，四如实智遣能取识，一无所得而见道。

唯识经典中,《解深密经》没有遣二取的论述。《瑜伽论》中,《本地分》《摄决择分》都没说遣所取能取,但到八十卷后说了遣所取能取:"又于所取观察故,于能取言说自性毕竟远离……此中彼如实通达者,谓观察所取能取二种,如理作意思惟为因,各别内证决定智生。"(卷八十)因此,《瑜伽论》中,遣二取不是重要内容。究其原因,上述两部经论,其见道方法是依名言、离言两分法。

《摄论》说了二取。《摄论》中,由阿赖耶识现起的十一识,包括相识(被认识对象)与见识(认识主体,即诸转识),相当于所取和能取。十一识都是依他起性,所以相识与见识,或所取和能取,都是依他起性。

《摄论》还说了遣所取与能取的次第。《摄论》引《分别瑜伽论》的颂:"如是住内心,知所取非有,次能取亦无,后触无所得。"(卷中)即先遣所取境,再遣能取识,后证无所得(见道位)。即实际修观时,所取境是由能观识来观,所以先遣所取境;进而,能取识也需遣,这样才能一无所得而证真如圆成实性。

《成论》是承继《摄论》的遣二取观,只是《成论》将遣二取结合到了四寻思四如实智中,成了四寻思四如实智的内在步骤,而《摄论》说遣二取,是在四寻思四如实智之外说的。

C. 断遍计所执与断二障

二执(我执与法执)与二障(烦恼障与所知障)在《成

论》中有详尽展开。

遍计所执，包括能执与所执。能执是我执和法执，此二执是遍计所执，从三性说来，遍计所执是依他起性，因为是烦恼心所的现行活动。所执是实我实法，在三性中，实我实法属遍计所执性。（此外，若是能遍计与所遍计，依《摄论》，都是依他起性；只有能所遍计的结果，才是遍计所执性。）

如上所说，三自性见道，首要是除遍计所执性。那么，断烦恼障和所知障二障，与除遍计所执性是什么关系？

《成论》对二障有定义："烦恼障者，谓执遍计所执实我萨迦耶见而为上首百二十八根本烦恼，及彼等流诸随烦恼……所知障者，谓执遍计所执实法萨迦耶见而为上首见、疑、无明、爱、恚、慢等……七转识内，随其所应，或少或多，如烦恼说。"（卷九）

所以，烦恼障就是以人我见（我执）为首的根本烦恼和随烦恼；所知障是以法我见（法执）为首的烦恼，数量与烦恼障相同。由此可知，我执、法执二执是烦恼障、所知障二障的根本。

《成唯识论别抄》说："断惑自有二种：一者除本，末自然亡。如论所明，断二执时，余障随灭。二从浅向深，先粗后细。如异生断及那含不，先断迷事，后断二执。各据一义，亦不相违……又解：修惑本末不定。若见断者，先本断，末随。"（卷一）

所以，断二执是断本，断二障是断末。断二执（我执法执），同时也除遍计所执性（实我实法）。见道是先断本（二执），再断末（二障）。修道位则不定，两种情况都有。

因此，三自性见道时，说除遍计所执性证圆成实性，实际上包含了断二执、二障等染依他。

D. 断染证净

如上所说，依名言、离言两分法见道与依三自性见道，共同的说法是断染证净。

在依名言、离言见道中，所断染分就是名言境，包括名言诸法及诸法名言自性；所证净法是离言法性（或离言自性）。

在依三自性见道中，染法包括遍计所执性与染分依他起性，如《成唯识论了义灯》说："断染依他，证真如理。"（卷六）

《摄论》对转依作了总结："转依，谓即依他起性对治起时，转舍杂染分，转得清净分。"（卷下）"此中生死，谓依他起性杂染分；涅槃，谓依他起性清净分。"（卷下）"于依他起自性中，遍计所执自性是杂染分，圆成实自性是清净分。"（卷中）所以，杂染分包括遍计所执性和染分依他起性，二执、二障，都属染分依他起性。

进而，《成论》说："有漏善心既称杂染，如恶心等，性非无漏。"（卷二）所以，更广义地说，杂染包括一切有漏法，转依就是转舍有漏法，转得无漏法。

(4) 五重唯识观[①]

A. 五重唯识观的内涵

窥基法师的"五重唯识",出现在《义林章》卷一和《般若波罗蜜多心经幽赞》(以下简称《心经幽赞》)卷上,两论所说,大体相同,但也稍有差异。

首先是名称,《心经幽赞》说:"今详圣教所说唯识,虽无量种不过五重。"《义林章》说:"所观唯识,以一切法而为自体,通观有无为唯识故,略有五重。"两论都说唯识有五重,因此,五重唯识就是说唯识有五种类别,或者说,五重唯识就是从五方面观唯识之理。由此可见,作为观法,五重唯识属理观。

关于第一遣虚存实,两论相同的说法是:1. 基本含义。"虚"指遍计所执性,"实"指依他起性和圆成实性。"遣"指空观,即观遍计所执性为空;"存"指有观,即观依他起性和圆成实性是有。2. 观行所证。两论都说,"遣虚存实"是为证入离言法性:"故欲证入离言法性,皆须依此方便而入。"离言法性本非空非有,但观空可证入,而离言法性之体不空。3. 遣实有诸识。"此唯识言,既遮所执,若执实有诸识可唯,既是所执,亦应除遣。"即"唯识"之说,就是要破遍计所执,若执实有诸识,也属遍计所执性,也应除遣。最后,就所观唯

[①] 此段文字为《〈解深密经〉的唯识义——暨论根本唯识论三阶段》一文的附录,该文发表于《唯识研究》(第四辑),中国社会科学出版社,2016年。本文对其作了较大修改。

识之理来说，此观是观一切法唯识，如《义林章》引《成论》文："如是诸法皆不离识，总立识名。唯言但遮愚夫所执定离诸识实有色等。"

此外，两论相互所无的说法有二：1.《心经幽赞》说："诸处所言一切唯识、二谛、三性、三无性、三解脱门、三无生忍、四悉檀、四嗢拕南、四寻思四如实智、五忍观等，皆此观摄。"（卷上）由此可见，四寻思四如实智，都属五重唯识的第一"遣虚存实（识）"。2.《义林章》说："此最初门所观唯识，于一切位思量修证。"（卷一）其中的"一切位"，释真兴《唯识义》说，"意云此最初观，地前位中思量，地上位中修行，于究竟位证之"（卷一），即此第一"遣虚存实"观，包括资粮位、加行位、见道位、修道位、究竟位五位。

综上所述，可得出以下结论。首先，第一"遣虚存实"涵盖资粮位等五位，所以是总观。其次，就五重唯识与四寻思四如实智的关系来说，并非五重唯识对应四寻思四如实智，而是第一"遣虚存实"就包含四寻思四如实智。再次，第一"遣虚存实"，与根本唯识论三阶段中第一阶段的观念相似，即空观与有观遣增益执和损减执，由此能证入离言法性。最后，此观所观唯识是，观一切法唯识。

第二舍滥留纯，两论说法基本一致。"滥"指外境，"纯"指相分内境。所以，此观是舍外境而留（观）内境。此观遣外境，遣外境是所有唯识典籍的一致说法。"唯识无境"，首先肯定是无外境；至于内境是有是无（即是依他还是遍计），唯识论中虽有不同说法，但在窥基那里，内境肯定是有。

此观所观唯识是，唯识依心不依境，因为境通内外，外境属遍计所执性，"恐滥外故，但言唯识"。

第三摄末归本，其中的"末"与"本"，两论都说，"摄相、见末，归识本故"，所以，"末"是指相分与见分，"本"是指"识本"，即识自体。所以，此观是观相分和见分由识自体（自证分）而起，如《义林章》说："此见、相分俱依识有，离识自体本，末法必无故。"（卷一）

此观所观唯识是，唯识依体不依用，因为相分和见分是用，自证分是体，用依体起。

第四隐劣显胜，两论所说也基本相同，如《义林章》说："心王体殊胜，心所劣依胜生，隐劣不彰，唯显胜法。"（卷一）所以，此观是隐心所而观心王。

此观所观唯识是，唯识依心王不依心所，因为心所依心王而起。

第五遣相证性，两论所说也基本相同。"相"指事，即依他起性；"性"指理，即圆成实性。所以，此观是遣依他而证圆成。

此观所观唯识是，唯识依理不依事，因为理（圆成实性）是事（依他起性）的本性。

B. 对五重唯识观的误读

对此五重唯识，有这样的说法：第一观是遣外境，第二观是遣相分，第三观是遣见分，第四观遣心所，第五观遣心王

（自证分）。这是一种似是而非的说法（笔者以前的文章也有如此说法），不是正确的解读。实际上，这是将五重唯识作为事观了，出现的主要问题如下：

首先，第二"舍滥留纯"，已明确第二观的舍与留，即舍的就是外境，留的就是内境，所以，舍外境是第二观，不是第一观。

其次，第三观"摄末归本"，"末"是相分和见分。第三观不是遣相分，不是遣见分，甚至不是遣相分和见分。因为相分和见分必定同起同灭，所以不可能是先后单独被遣除。如果认为，第三观是同时遣相分和见分（而观自证分），至第五观再遣自证分（识自体），那样又会出现一个问题：相、见分与自证分，能否先后遣？实际不能，因为自证分与相、见分也是同时生起的，所以，遣也应同时遣，不可能先后遣。道理如下：种子生现行，就是一刹那。若先生起自证分，下一刹那再生起见、相分，但前一刹那自证分已成过去，过去是无，则不能变现当下的见、相分。所以，自证分生起，应同时生起（即变现）见、相分。就如五遍行心所应同时生起，不可能先后生起，因为识生起时，有一心所不生起，那么此心所就不是遍行心所（辩五遍行心所生起孰先孰后，只能是从功能辩逻辑上的先后，不可能是事实上的先后）。所以，"摄末"不能理解为"舍末"，第三观实际只是观相分和见分由自证分生起（变现），而不是遣相分和见分，观自证分，因为无法遣相分、见分，独留自证分。

同样，第四观"隐劣显胜"，也是如此，不能理解为遣心所，观心王。据理而言，心所依附心王，心王现行，心所也现行（至少有五遍行）；心王被遣，心所也不再现起。因此，心王、心所也不是先后遣。"隐劣显胜"，就是观心王胜，心所劣，心所依心王起。

而第五观"遣相证性"，也是广义地遣依他起性，即遣一切有为法，而不是单独遣自证分或心王，因为自证分不离相、见分，心王不离心所。

因此，五重唯识的意义，如《心经幽赞》说："如是所说空有、境心、用体、所王、事理五种，从粗至细，展转相推，唯识妙理，总摄一切。"（卷上）这就是说，五重唯识，是观空有（遍计空，依他、圆成有）、观境心（境和心）、观用体（相分和见分是用，自证分是体）、观所王（心所劣，心王胜）、观事理（依他是事，圆成是理），通过这五方面来观唯识。所以，作为观法，五重唯识可看作是理观。

C. 五重唯识与三阶段唯识观

进一步探究，第一遣虚存实，虽是遣遍计，存依他与圆成，但所证是"离言法性"，这可看作是与第一阶段《解深密经》和《瑜伽论》思想的会通。但对于第二阶段的"一切法即是识"，五重唯识中找不到踪影。吕澂《论庄严经论与唯识古学》说："又古学唯识非但见、相为识性，心所亦以识为性。"①

---

① 吕澂《论庄严经论与唯识古学》，《吕澂佛学论著选集》卷一，齐鲁书社，1991年，第75页。

即第二阶段的唯识论（吕澂称《庄严论》等为古学唯识）认为，相分和见分，还有心所，都以识为性，"一切皆是识"。但五重唯识的第四观"隐劣显胜"，两论都说："心及心所俱能变现，但说唯心非唯心所。"即心王与心所都能变现相分和见分，这就不是将心所的独立性取消，说心所即是识，而是采取心所不离识的立场。同样，第三观"摄末归本"，两论都说："心内所取境界显然，内能取心作用亦尔。"这也不是取消相分和见分的独立性，不是"即是识"的立场，而是"不离识"的立场。所以，在"一切法即是识"与"一切法不离识"的两种唯识观中，窥基明确持"一切法不离识"的唯识立场。

七、唯识如来藏观

（一）唯识系经典关于胜义谛的论述不同于如来藏系

根本唯识论中，直接论述如来藏的，主要是《楞伽经》和《庄严论》，但其他唯识经论论述了胜义谛的性质，可成为判别如来藏性质的基本原则。先看这些基本原则。

1.《解深密经》

本经说胜义谛相，既不同于般若系经，也不同于如来藏系经。关于其与如来藏系经的差异，前文已有论述，现再概述于下。如来藏系经认为，真如是一种独立的存在，真如（或真如与无明和合）可生起万法。如真谛另立第九识，说真如就是第九识。而本经说胜义谛相，有"超过诸法一异性相""遍一切一味相"（卷一）。如果真如（即胜义谛）是一种独立的法（如第九识），不同于诸法，则真如与一切法就是异，不是一，就不能说"超过诸法一异性相"；此外，如果真如是一种独立的存在物，那真如也不可能"遍一切一味相"，而是有独立相。所以，本经的胜义谛真如，不同于如来藏系的真如。

又如，本经说："修观行苾刍，通达一蕴真如胜义法无我性已，更不寻求各别余蕴、诸处、缘起、食、谛、界、念住、正断、神足、根、力、觉支、道支真如胜义法无我性；唯即随此真如胜义无二智为依止故，于遍一切一味相胜义谛审察趣证。"（卷一）换言之，就五蕴来说，五蕴都有真如，证得一蕴（如色蕴）真如，就更不寻求其余诸蕴真如，因为诸蕴真如是平等一味的。所以，那种认为真如就是第八识（或第八识的某一成分，或第八识的清净相），都不是唯识论的（正宗）观点，因为唯识论认为，真如普遍存在于一切法中，是一切法的本性，并不是只存在于第八识中。（至于《楞伽经》说如来藏是藏识，下文会再详细分辨。）

2.《大乘百法明门论》

本论说，无为法是"四所显示故"。"四"指识法、心所法、色法、心不相应行法，即一切有为法。无为法可通过有为法来证得，这就是"所显示"。这也就是说，真如是一切有为法的本性，并不只是某一法（如第八识）的本性。

综上所说，胜义谛真如，是一切（有为法）的本性。所以，那种认为真如是独立的存在或真如就是第八识的说法，都不是唯识论的观点。

(二)《楞伽经》的如来藏思想[①]

唯识系经,不但阐述自宗观点,也作会通其他系经的努力。如果说《解深密经》主要是会通般若系经,那么,《楞伽经》则是努力会通如来藏系经,而此会通的一个主要说法是:"如来藏是藏识"。应该说,本经的核心思想是唯识无境,而非如来藏思想,所以本经可作为唯识系的根本经之一,但其如来藏思想对如来藏系也产生了相当影响。那么,如何依据唯识观点来理解本经的如来藏思想?结合玄奘一系的相关论述,可作以下说明。

1. 如来藏是真如。经中说:"自证圣智,以如来藏而为境界。"(卷一)即如来藏是圣智(根本无分别智)所证境界,所以是真如,如经说:"内证智所行,清净真我相;此即如来藏,非外道所知。"(卷七)经中也"以性空、实际、涅槃、不生、无相无愿等诸句义,说如来藏"(卷二)。

2. 如来藏是藏识。经中说:"如来藏是善、不善因,能遍兴造一切趣生……无始虚伪恶习所熏,名为藏识。"(卷五)对此引文分析如下:

(1) 经中说:"而实未舍未转如来藏中藏识之名。"(卷五)由此可知,藏识是如来藏的一部分,藏识可舍可转,故是有漏

[①] 此段论文,是发表在《上海佛教》2017年第1期《楞伽经要义》中的部分内容,本文对其稍作修改。

识。经中又说，如来藏"其体相续恒注不断，本性清净，离无常过、离于我论"（卷五）。由此可知，如来藏的本质是真如。这样来看，如来藏藏识，表现为染污的藏识，本性是清净真如。

(2) 所谓"如来藏是善、不善因，能遍兴造一切趣生"，这里应该是指有漏藏识能生起善、不善一切法。首先，藏识能起七识，能起根身、器世间等，"若无藏识，七识则灭"（卷五）；进而七识又造善造恶，生起善、不善一切法，所以，"善不善者，所谓八识"（卷五）。由此引文可知，"如来藏是善、不善因"，主要是从识一面来说的，即如来藏作为藏识，是善、不善因。

3. 如来藏藏识辨析。对如来藏藏识可作进一步分析：

(1) 既然如来藏藏识是真如，又是藏识，那么，能否说真如就是藏识（即真如只是藏识，不是其他任何法）？按玄奘一系的唯识论来说，不能，因为与其他唯识经论相违。如上所引，《解深密经》说，证得一蕴真如，无需再证其他诸蕴真如；《百法论》说，"四所显示故"。所以真如并不只是藏识。

(2) 既是藏识，为何名如来藏？窥基《义林章》的解释是："彼经意说，阿赖耶识能含净种，名之为藏；为当佛因，名如来藏……所含无漏净法种子，报身因故，名如来藏……此生现行圆满果位，名报化身。"（卷七）即只有藏识能含藏清净法的种子，此清净种是将来成佛之因，能成佛的报化身（法身是真如，不由种子而成），所以藏识称如来藏。

（3）"如来藏……无始虚伪恶习所熏，名为藏识。"（卷五）是否是说，如来藏中的清净真如受熏，如来藏成藏识？并非。《成论》说，无为法（真如），既不是能熏，也不是所熏。所以，"无始虚伪恶习所熏"，说的还是如来藏所表现出的有漏识，此有漏识能受熏，所以称藏识。

（4）本经说："何者圆成自性？谓离名相事相一切分别，自证圣智所行真如。大慧，此是圆成自性如来藏心。"（卷二）此处的如来藏心，在玄奘一系来看，不应理解为真如心，真如是无为法，心是有为法，两者不应混为一谈。按如来藏系经典，真如心的展开，是真心起用，即真如心能在凡夫位，当下现行作善作恶、作修行主体。但首先，本经中找不到真心起用的任何论述。其次，本经说的如来藏，是无我如来藏。经中说："大慧，我说如来藏，为摄着我诸外道众，令离妄见入三解脱，速得证于阿耨多罗三藐三菩提。是故诸佛说如来藏，不同外道所说之我。若欲离于外道见者，应知无我如来藏义。"（卷二）所以，按本经的说法，如来藏不是实我、真我。因此，本经说的如来藏心，仍应作如来藏藏识来理解，即经中说的"藏识说名心"（卷六）。

但既然藏识是有漏法，如何能作圆成自性？慧沼在《能显中边慧日论》中说了三类佛性，可作参考。三类佛性是理佛性、行佛性、秘密佛性。理佛性就是无为真如。行佛性就是各种有为的修行法，如六波罗蜜多等；本经说如来藏含清净法种子,也是从行佛性来说。秘密佛性,是方便说,如说"烦恼是菩提",烦恼本身不是菩提,但断烦恼可证菩提,所以方便说"烦恼是菩提";同样,本经说藏识是圆成自性,也是秘密说、方便说。

此外,经中说"虚妄所立法,及心性真如"(卷六),"分别不起故,真如心转依"(卷七),其中的"心性真如"或"真如心",也都应作方便说来理解,或都是指如来藏藏识。

(5)九识说。本经说:"由虚妄分别,是则有识生,八九识种种,如海众波浪。"(卷六)由此,后世有立九识说。九识中,第八阿赖耶识为有漏染污识,第九为无漏清净识。但唯识论只立八识,对九识说,窥基《述记》指出:"或以第八染、净别开,故言九识,非是依他识体有九,亦非体类别有九识。"(卷一)所以,就识体说,识只有八种,但将第八识染分(未成佛位)和净分(佛位)分开说,才有九识。

最后,就本经与如来藏系经的会通来说,本经的如来藏,有受熏义(即有漏藏识受熏),无能熏义,所以只受无明熏,不熏无明;有起七识、诸法等义,无能见闻觉知等义;无凡夫位当下现行作善作恶、作修行主体义。由此来看,本经会通的,似乎只是前期的《胜鬘经》等如来藏经,而不同于后来的《楞严经》等如来藏经。

再从对后来唯识论的影响来看,本经的唯识无境思想,为其后的唯识典籍一致接受;而本经的如来藏思想,只在《庄严论》中得到呼应,其后的唯识典籍,再也没有出现如来藏的说法。究其原因，本经的如来藏思想，确实包含了向以下方向引申的可能性：真如受熏，真如只是藏识，真如法身当下是现行（即当下是佛），如来藏心是一心两门（无漏真如与有漏藏识）现行，无漏心能当下作善作恶、作修行主体，等等。这大概是其他的唯识典籍不再提如来藏的原因。

回到"如来藏是藏识"这个说法上，本经的如来藏，既可指无漏法，如真如；也可指有漏法。在后一种情况下，如来藏是藏识，因为无漏法的种子依附于藏识而存在，而此无漏种子将来能证得如来果位，所以可称藏识为如来藏（即藏有如来种子之识）。

综上所说，本经的如来藏观，确实包含了被如来藏系引申的可能性，但唯识系则严格依据唯识基本原则来进行解释，即对"如来藏是藏识"，唯识系是依将来能成佛来解释（真谛等少数人除外），而不是像如来藏系那样从现在就是佛来解释。

结语：唯识思想的展开

唯识论由佛陀和弥勒、无著、世亲所说，也就是主要由见道后的圣者所说。圣者已见实相，对唯识思想的诸方面都有全面把握，但各部经论根据需要而展开唯识思想，所以诸经论的唯识思想各有侧重。总结诸经论的唯识思想，大体上有以下三个重点，相互关联，逐步展开，并呈现出不断简化和整合的演进趋势。

（一）离言法性

唯识之初，为破恶取空，《解深密经》提出离言法性、三自性、三时教法。离言法性是真实有，是圣者所证。三自性中，圆成实性和依他起性是有，不是无。由此，本经依离言法性和三自性破恶取空。进而，本经由三时教法，判"一切法无自性"的般若教法与唯识教法并不相违，但般若经的"一切法无自性"等教法是密意说，不是显了说，由此而显示唯识论是了义说。

（二）阿赖耶识缘起

然而，强调离言法性有、圆成实性和依他起性有，虽破了恶取空，但与小乘的诸法实有思想有什么区别？如色法，要是强调其有离言依他起性，那么，是否说色法是实有，色法是一种独立的存在？当然不是。《解深密经》说"识所缘，唯识所现"，《瑜伽论》将色法归入意地，都不将色法作为独立的存在。

而从《楞伽经》开始的阿赖耶识缘起论，更是强调了色法由心变现，不是独立的存在。具体说，阿赖耶识缘起，就是由阿赖耶识现起能取和所取二取，心法和色法都在二取范围内，所以都不是离识的独立存在。《中边论》和《庄严论》承继了《楞伽经》的阿赖耶识缘起论，只是关于缘起的二取种类有不同说法：《中边论》说是四种，《庄严论》说是六种。而二取是属于遍计所执性，还是属于依他起性，诸经论说法也有所不同。

《摄论》则提出阿赖耶识缘起十一识，十一识可分为见识与相识，相当于二取。十一识由阿赖耶识中的自种生起，所以是以（阿赖耶）识为性，或者更直截了当地说，十一识都是识。至此，唯识思想得到了强有力的表述。

（三）三自性唯识

《解深密经》提出离言法性，《瑜伽论》详说离言自性，但在阿赖耶识缘起思想明确后（参见本文"唯识缘起观"），诸唯识经论中，离言法性（或离言自性）不再说了，而三自性仍是唯识思想的重点。唯识论的根本思想是一切法唯识，三自性也代表了一切法，所以理论上应该说三自性也唯识，但真正使此命题成立的，是第三阶段的一切法不离识的唯识思想。

在第一阶段，三自性思想只是用来判别诸法之有无。第二阶段的唯识思想是一切法即是识，以《摄论》为例，一切法是十一识，包括心法、色法和部分心不相应行法，相当于三自性中的依他起性，因此，说一切法即是识，相当于依他起性即是识。但进一步要问的是：遍计所执性是否即是识？圆成实性是否即是识？

对此探讨以后可以发现，遍计所执性肯定不是识，因为遍计所执性是不存在的东西。圆成实性呢？如上所引，《解深密经》说，"通达一蕴真如胜义法无我性已，更不寻求各别余蕴……真如胜义法无我性"（卷一）；《百法论》说，无为法是"四所显示故"。所以真如存在于一切有为法中，并不只是存在于识法中，这样，圆成实性真如也不即是识。

由此可见，三自性唯识，如果表述为三自性即是识，会遭遇到一系列困难。即使依他起性（一切有为法），如果说都以阿赖耶识为性，那也如上所说，会遇到阿赖耶识没有假法种子和现行阿赖耶识不变现七转识的困难；而说三自性即是识，则更增遍计所执性和圆成实性不即是识的困难。

第三阶段的唯识思想是一切法不离识，由此来说三自性不离识，那么，此命题完全成立。如遍计所执性，《成论》说，"彼实我法离识所变皆定非有"（卷七），即实我实法（遍计所执性）也由识变现，具体说，是由第六识和第七识的遍计所执而产生，所以遍计所执性不离识。进而，"是故一切有为无为、若实若假，皆不离识"（卷七），所以，依他起性（"有为"）和圆成实性（"无为"）也不离识（道理如上所说）。这样，就达到了完全意义上的三自性唯识。

（四）根本唯识论的不断简化与整合的演进趋势

如上所说，根本唯识论三阶段，因各自的需要，而提出了各阶段的相关理论；但另一方面，三阶段唯识论也体现出了一种不断简化和整合的演进趋势。

唯识论的理论体系，如前所说，从《解深密经》开始，就是境、行、果体系。境，包括胜义谛与世俗谛，以及三自性与三无性。行，是闻思修，修则包括修止观、修波罗蜜多。果，就是证佛果。境、行、果中，行与果，唯识论各阶段的理论没有多大差别，差别主要在境。境中，胜义谛境，前后大体也相同，就是真如；世俗谛境，就是一切法，前后差别比较大，而唯识论之所以名相众多，令人眼花缭乱，极大部分原因就在于种种复杂的一切法体系。

在一切法体系上，唯识论经历了从共小乘法、共大乘法到自宗特有法这样一个不断简化与整合的过程。唯识论对一切法的论述，最终是要落实到一切法唯识的根本观点上，因此，这一简化和整合过程，实际正是为了能准确清晰地表达此唯识论的根本观点。

第一阶段中，《解深密经》和《瑜伽论》的一切法体系，既有共小乘的，如五蕴、十二处、十八界、六善巧、三十七道品等；也有共大乘的，如五法；更有唯识论自宗特有的一切法体系，如根本识及其执受和生起的色法和心法，还有三自性。

《楞伽经》的教理体系，简化成了"五法、三自性、八识"，其中，五法是对一切法的描述；三自性也是对一切法的描述；八识，最后归结到阿赖耶识变现能取和所取一切法，也是对一切法的描述。

虽然"五法、三自性、八识"是不共小乘的教法，但其中的五法，仍是共大乘的，《华严经》《般若经》等大乘经中都出现过五法体系。唯识思想，实际是大乘"一切皆心造"思想的展开和深化，五法体系可看作是从"一切皆心造"到唯识论过渡中所用的一种对一切法的描述体系。

第二阶段，一切法的体系更简化了，简化后的一切法体系中，共大乘的五法体系也不再用了。《中边论》《庄严论》《摄论》，都只是强调阿赖耶识变现一切法，不再把五法列入自己的理论体系中，只是在陈述和比较历史的理论体系时，会说到五法。这样，第二阶段的一切法体系就是三自性、八识。但在一切法即是识的强化唯识观中，三自性还不即是识，这样，实际上还不能说三自性唯识。

到了第三阶段，在三能变理论中，三自性不离识，由此就可说，三自性唯识。这样，三自性也纳入了唯识体系，而不再是一种独立的、与八识并列的一切法体系了。所以，这是一个不断简化的趋势，也在整合，把佛教史上关于一切法的学说整合为三能变，用三能变来说明一切法不离识的唯识观。

由此可见，根本唯识论三阶段的唯识思想，就是通过不断地简化与整合，直至最后，一切法唯识思想的表达趋于圆满。当然，如前所说，这只是在利益众生的弘法层面上的圆满，并非是圣者所证有圆满和不圆满之差别。

再版前言：
主要一切法体系与唯识理论演变

一、唯识理论演变概说

一般学习佛教者，对唯识学的印象是：名相众多，体系复杂。实际情况也确实如此，众多唯识经典，似乎每一部都有自己独特的体系，有自己独特的名相，以致如果没有全面把握、融会贯通，则可能使人产生盲人摸象的错觉，比如，这人依这部经典说，唯识是这样的；那人则依那部经典说，唯识是那样的。

以唯识学的最重要、最根本的理论"一切法唯识"来说，一切法是什么？有人看了《瑜伽师地论·本地分·真实义品》，就说一切法都是名言安立的。有人看了《楞伽经》（此经的理论体系主要是"五法三自性，八识二无我"），就说一切法是五法（相、名、分别、正智、真如）。有人看了《摄论》，就说一切法就是阿赖耶识所生的十一识。有人看了《百法论》，就说一切法是五位百法。

在具体观点上也是如此。如《辩中边论》说，凡夫心都是虚妄分别，是乱识。据此有人得出结论：凡夫的认识都是错误的。但《瑜伽论》却说，有至教量（圣言量）、现量和比量,"由三量故如实观察"。① 这样的话,也可得出结论:凡夫的认识(现量和比量)可以是正确的。这意味着,不但五识和五俱意识的现量是正确的,独散意识的比量也可以是正确的,具体说,善性的独散意识在修学佛法时可以是正确认识(比量),无记性的独散意识在处理日常的生活、工作、学习中也可以是正确认识(比量)。而关于虚妄分别,《成论》作了一个说明:"有漏心等不证实故,一切皆名虚妄分别。"② 所以,有漏心被称为虚妄分别,只是因为有漏心还没有证到真如,而不是说有漏心都是错误认识。

回到关于一切法的众多说法来,这些说法对不对?似乎都对,因为都有经典的依据。但认识如果仅停留于此,那可能就是盲人摸象了。进而需要探讨的是:这些法相互之间有没有内在联系?依这些一切法体系,又是如何成立"一切法唯识"的?本文尝试探究这些唯识学的关键问题。

关于本文内容,笔者最先在 2017 年 12 月全国佛教院校研修班的讲座报告《准确把握唯识论》中,提出唯识理论演变三阶段的想法;其后在 2020 年 9 月浙江省宗教院校教师培训班的讲座报告《〈唯识学概论〉课程的若干思考》中,提出唯识理论两大主题的想法;最后在本文中,笔者将主要一切法体系与唯识理论三阶段两大主题的演变相联系,用以说明唯识思想史的逻辑演变。现将上述概念先作一简介。

---

① (唐) 玄奘译《瑜伽师地论》卷第二十五,《大正藏》第 30 册,第 419 页。
② (唐) 玄奘译《成唯识论》卷第九,《大正藏》第 31 册,第 46 页。

（一）唯识理论演变三阶段的经论和代表人物

印度瑜伽行派和中国唯识宗的理论（以下总称唯识理论）或思想，有一个演变过程，大体经历了三阶段。第一阶段是佛陀的唯识经（《解深密经》《楞伽经》等）和弥勒菩萨的《瑜伽论》等的思想。第二阶段是无著和世亲的著述和思想。第三阶段，在印度，是世亲晚年的著述和思想以及与世亲同时代和其后诸论师的著述和思想；在中国，包括前期弘传唯识理论的真谛等的著述和思想，以及后来的玄奘及其弟子们（以及唐代诸贤）的著述和思想。

（二）唯识理论的两大主题

唯识理论的两大主题就是"辨空有"与"成唯识"。"辨空有"就是辩"一切法有无"，也就是空有思想。"成唯识"就是成立"一切法唯识"或"唯识无境"理论，也就是唯识思想。

在三阶段中，此两大主题有着重心的转变，即从前期（第一阶段）的空有思想与唯识思想并行展开；到此后（第二阶段），空有思想初步汇入唯识思想；到最后（第三阶段），空有思想完全汇入唯识思想，形成完整严谨的唯识体系这样一个演变过程。

（三）与"一切法唯识"理论相应的一切法体系

一切法体系，有共三乘的，如有为法和无为法、三科（五蕴、十二处、十八界）等；有二乘的，如四谛、十二缘起、五位七十五法等。

唯识经论中先后出现的一切法体系中，三自性和八识体系是贯穿于三阶段的理论，三自性主要功能是"辨空有"，八识体系主要功能是"成唯识"。此外，三阶段中依次出现的一切法体系主要有：离言名言法、五法（或五事）、阿赖耶识生二取、阿赖耶识生十一识、五位百法、三能变及所变一切法、相分一切法等。

唯识论为什么要形成自宗独有的一切法体系？因为共法不能适合大乘和唯识论的需要。

如在三科（蕴处界）理论中，无为法不属五蕴，归入（即只局限于）十二处的法处和十八界的法界。而大乘和唯识论中，真如（无为）是一切法的本性，并非独居一隅，不通余法。由此可知部派佛教教理的局限。

又如五法，大乘其他经典也出现过"相、名、分别"的说法，所以五法体系是共大乘的一切法体系。但五法中的分别，是将心和心所总合为一法，对于唯识论来说，此体系既没有突出第八识在唯识中的重要作用，也没有细化八识在唯识中的各自作用，因此也不是唯识教理展开的合适体系。

实际上，适合"一切法唯识"理论的体系是八识体系。但由于从印度瑜伽行派到中国唯识宗，其理论依"辨空有"与"成唯识"展开，而"成唯识"也有一个演变过程，所以就依次出现了上述各种一切法体系。

现先将唯识理论中的各种一切法体系列表简单介绍,然后再一一仔细论述。

各种一切法体系及主要特点

诸法体系	要　点	经典及唯识思想	诸法由来
离言名言一切法	1. 此体系是依离言自性安立名言法,包括名言无为法和名言有为法,并由执着名言法实有而形成假说自性(也称名言自性)。 2. 离言自性包括真如和唯事。 3. 离言自性概念的提出,适应大乘无分别智证真如的需要。唯事概念的提出,可看作是针对唯名论(一切法唯有假名):"要先有事,然后随欲制立假说。" 4. 依真如可安立名言无为法,如六无为、七真如等。依唯事可安立名言有为法:"要有色等诸法实有唯事,方可得有色等诸法假说所表。" 5. 虽然由于名言的局限性,名言法不可能是对离言自性的完全真实的描述,但应该是对离言自性的尽可能逼真的描述,如六无为、七真如,又如五蕴、十二处、十八界等。	1. 此体系出自第一阶段的《解深密经》《瑜伽论》。 2. 此体系主要是"辨空有",即离言自性有,假说自性无。 3. 此体系与唯识思想无关。	此体系中,一切法由名言安立而成(由圣者无漏智安立名言)。

续 表

诸法体系	要 点	经典及唯识思想	诸法由来
五法（五事）	1. 相、名、分别、正智、真如，称五法或五事。 2. 名是五法中的一法，由此突出了此体系的名言安立特点。 3. 分别是指三界有漏心和心所。相实际上包含了一切法。由分别在相上安立名，成为名言一切法。 4. 此体系中，"相是分别所行境"，强调了心的作用，明确了境不离心。 5. 此体系将八识及心所合说为分别，既没有突出第八识在唯识中的作用（因能变唯识），也没有细化八识在唯识中的各自作用（果能变唯识）。	1. 此体系出自第一阶段的《楞伽经》《解深密经》《瑜伽论》。 2. 此体系是从"一切唯心造"到"一切法唯识"的一种过渡思想。 3. 此体系包含了初步的唯识思想。	此体系中，一切法由名言安立而成（由凡夫有漏心安立名言）。
阿赖耶识生二取	1. 第八阿赖耶识生能取和所取一切法，能取是诸转识，所取是根身和器世间。 2. 经典中有"二取无"和"二取性无"两种表述，正确理解应是后者。 3. 对此体系应该从因能变解读，即第八识的种子生起二取；不应从果能变解读，即第八识变现二取。 4. 二取摄法有限，此体系属初步的阿赖耶识缘起论。	1. 此体系出自第一阶段的《楞伽经》，以及第二阶段的《辩中边论》《庄严论》。 2. 此体系突出了第八识在唯识中的作用，是明确的唯识思想。	此体系中，二取一切法由阿赖耶识生起，与名言安立无关。

续 表

诸法体系	要　点	经典及唯识思想	诸法由来
阿赖耶识生十一识	1. 阿赖耶识生十一识，十一识包括六根、六境、六识及依三者假立的一些法。 2. 十一识包含了见识与相识，所以此体系是阿赖耶识生二取的延伸。 3. 十一识包括根境识，还有心不相应行法以及不属五位百法的一些法，可作一切法的代表，因而此体系是成熟的阿赖耶识缘起论。 4. 十一识的"识"不是从"识谓了别"来说，因为其中的色法、心不相应行法等都没有了别功能。将十一法都称为识，是从十一法都有自种，都以（阿赖耶）识为性而说。 5. 此体系不说虚妄分别是乱识。	1. 此体系出自第二阶段的《摄论》。 2. 此体系同样强调第八识在唯识中的作用，明确成立"一切法皆是识"思想，是强化的唯识理论。	此体系中，一切法由阿赖耶识中的自种生起，与名言安立无关。
五位百法	1. 一切法分为心法、心所法、色法、心不相应行法、无为法五类。此五类法共一百种，称为五位百法。 2. 五位法中，心法为主，心所法与心法相应，色法由心、心所变现，心不相应法依前三者假立，无为法是前四者本性。所以，五位法中，后四者都不离心识。	1. 此体系出自世亲晚年的《百法论》《三十颂》，以及后来的《成论》。 2. 此体系成立"一切法不离识"思想，是圆满的唯识理论。	此体系的一切法中，实法由阿赖耶识中的自种生起，假法由名言安立而成。

续 表

诸法 体系	要　点	经典及唯识思想	诸法由来
三能变及所变一切法	1. 此体系将八识分为三类能变。 2. 此体系中，能变是八识三类能变；所变是八识各自的所缘境。但三能变可以与五位百法或四分说结合：前者的能变是八识，所变是五位百法；后者的能变是诸识的自证分，所变是诸识的见分和相分。 3. 此体系的缘起论，是三能变缘起，是对阿赖耶识缘起的发展和圆满。 4. 此体系的意义：一切法的生起，并非只是阿赖耶识的功能，唯识并不是唯阿赖耶识，八识不一不异，在唯识中都贡献了各自的作用。	1. 此体系出自世亲晚年的《三十颂》，以及后来的《成论》。 2. 此体系与五位百法结合，圆满说明"一切法不离识"思想。 3. 此体系与四分说结合，圆满说明"唯识无境"思想。	此体系中，一切法由三类能变识变现。
相分一切法	1. 此体系依心识结构三分说（或四分说）而成立。即识现行生起时，自证分变现见分和相分，相分包括五位百法等一切法。此体系主要讨论见分对相分的认识。 2. 此体系有许多理论创新，包括别种生和同种生、因缘变和分别变、三类境、相分熏等理论。	1. 此体系出自第三阶段的《成论》及玄奘弟子著述。 2. 此体系深化了"识外无境"思想。即一切法都是识的相分，相分不离识的自证分，识外无境。	1. 此体系中，一切法主要由识变现，即由诸识自证分变现相分一切法。 2. 同时，此体系融摄了种子生起和名言安立两种方式。

续　表

诸法 体系	要　　点	经典及唯识思想	诸法由来
相分 一切法	3. 相分与见分，若别种生，则相分诸法由自种生；若同种生，则相分诸法由名言安立。 4. 此体系，由因缘变和分别变理论，可说明相分诸法以何种方式生起；由三类境理论，可说明相分诸法以何种形式存在；由相分熏理论，可说明相分诸法如何以种现熏生方式得以延续。	3. 此体系综合了"一切法皆是识"与"一切法不离识"思想。即因缘变或别种生的相分"不离识"，分别变或同种生的相分"皆是识"。但总体而言，此体系属"一切法不离识"。	
三自性	1. 三自性即遍计所执性、依他起性、圆成实性。 2. 三自性论贯穿于三阶段，是唯识论的根本理论之一。 3.《解深密经》依三自性判非空非有中道观为最了义。 4. 依三自性可建立三无性。依三无性可作各种密意说，用以会通唯识与般若等佛教其他教派的思想。两者关系：三自性是本，三无性是末。	1. 三阶段所有唯识经典对此体系都有论述。 2. 此体系在第一阶段的作用是"辨空有"，其后逐步与唯识思想融合，在第二阶段成立"依他起性皆是识"思想，在第三阶段成立"三自性不离识"思想。	三自性论不讨论诸法由来，而是总判诸法的有无与真假。即遍计是无，依他、圆成是有；遍计、依他是假，圆成是真。

续　表

诸法体系	要　点	经典及唯识思想	诸法由来
八识	1. 八识论是唯识论立宗之理论，贯穿于三阶段，对中国佛教各宗派都产生了深刻影响。 2. 八识论在三阶段中逐步深入，由此展开了三阶段的唯识思想和三种诸法由来理论。 3. 依八识成立转识成智理论。 4. 八识体系贯穿于唯识论的境行果。	三阶段所有唯识经典对此体系都有论述。 1. 第一阶段经典论述了八识各自的性状，奠定了"一切法唯识"的理论基础。 2. 第二阶段经典强调阿赖耶识的独特作用，最终成立了"一切法皆是识"的唯识理论。 3. 第三阶段经典强调了八识各自的能变作用，最终成立"一切法不离识"的唯识理论。	除离言名言法体系，其他各种一切法体系中，"诸法由来"方式都依八识体系而展开，即或是由第八识中的种子生起，或是由第六识的名言安立，或是总说由识变现。

二、诸法体系与唯识理论的演变

（一）第一阶段：空有思想与唯识思想并行展开

　　第一阶段的一切法体系主要有三自性、八识、离言名言法、五法。其中，三自性和八识通行于三阶段唯识经典，所以也存在于第一阶段所有唯识经典中。离言名言法主要出现在《解深密经》和《瑜伽论》；五法主要出现在《楞伽经》和《瑜伽论》。

上述一切法体系中，离言名言法体系和三自性体系体现了空有思想，八识体系体现了唯识思想，而五法体系体现了从"一切皆心造"到"一切法唯识"的过渡思想。

以下内容，由于在先前的论文和著作中已有一些论述，所以本文将略说各种一切法体系，主要侧重于各种一切法体系的特点，而非其具体内容。

1. 离言名言法

离言名言法体系就是依离言自性（或称离言法性）安立名言法，并由执着名言法实有而形成假说自性（也称名言自性）。

离言名言法体系主要出现在《解深密经》和《真实义品》中。对此体系，《解深密经》是略说，《真实义品》则作详论。

（1）离言自性（离言法性）

《真实义品》说："又诸菩萨由能深入法无我智，于一切法离言自性如实知已，达无少法及少品类可起分别，唯取其事，唯取真如，不作是念，此是唯事，是唯真如，但行于义。"[①] 由此可见，离言自性是法无我智所证，所以是胜义谛；进而，离言自性包括真如与唯事。

瑜伽行派提出离言自性，有其必然性。大乘证果，是无分别智证离言真如，与小乘证四谛不同，因此，离言自性的提

---

① （唐）玄奘译《瑜伽师地论》卷第三十六，《大正藏》第30册，第487页。

出，可认为是适应了大乘无分别智证离言真如的需要。真如离言，是大乘各宗一致的说法。而真如普遍存在于一切法中，更突显了大乘唯识教理与小乘教理的差别。在小乘的蕴处界体系中，五蕴中没有无为法；十二处、十八界中，无为法只局限于法处和法界中。而在瑜伽行派的各种一切法体系中，真如都普遍存在于一切法中，是一切法的本性。

而唯事概念的提出，可认为是针对唯名论（即一切法唯有假名）。本品说："要先有事，然后随欲制立假说。"① 此处的"事"，是在"制立假说"（即名言法）之前，所以是离言"事"。玄奘译本将此离言"事"称作唯事。

（2）名言法

《解深密经》说："谓诸圣者，以圣智圣见，离名言故，现正等觉，即于如是离言法性，为欲令他现等觉故，假立名相②，谓之有为……谓之无为。"③

即如来证得离言法性后，由如来圣智在离言法性上假立名相，成为有为法和无为法，所以，有为法和无为法都是依离言法性而假立的名相，是名言安立的有为法和无为法。

名言安立的无为法，如六无为、七真如等，这些都是由于如来要教导大乘修学者证离言法性，所以用语言来描述离言法性，就形成了对无为法和真如的种种描述。

---

① （唐）玄奘译《瑜伽师地论》卷第三十六，《大正藏》第30册，第488页。
② 相，《解深密经》大正藏本作"想"，藏要本作"相"。
③ （唐）玄奘译《解深密经》卷第一，《大正藏》第16册，第689页。

那么，名言有为法如何安立？《解深密经》没有论述，但在此经的《一切法相品》中有一个比喻：清净颇胝迦宝是依他起相，青色等是名言种子，青色等与清净颇胝迦宝和合，则成青色等各色颇胝迦宝。由此分析，青色等名言可与清净颇胝迦宝和合，所以清净颇胝迦宝是离言依他起自性。进而分析，如果说圆成实性是真如，是离言无为法，则离言依他起性就是离言有为法，这样，在离言有为法上安立种种名言有为法就顺理成章了。

但离言法性中究竟有没有包含离言依他起自性，或者说，离言法性中究竟有没有包含离言无为法和离言有为法，《解深密经》没有明确论述，《真实义品》则有明确论述。

《真实义品》说："譬如要有色等诸蕴，方有假立补特伽罗，非无实事而有假立补特伽罗。如是要有色等诸法实有唯事，方可得有色等诸法假说所表，非无唯事而有色等假说所表。"① 即要有五蕴，才有假立的我；同样，要有（实有）唯事，才有假说所表的诸法，也就是名言诸法。因此，名言诸法或名言有为法是依唯事而安立。此名言有为法，《真实义品》中称为想事，② 因为运用名言只是第六识想心所的功能。这也意味

---

① （唐）玄奘译《瑜伽师地论》卷第三十六，《大正藏》第30册，第488页。
② 有学者提出，唯事与想事在梵文本中是同一词。但就玄奘译本来看，唯事与想事是两个不同概念，笔者以往的论著对此有明确论述，详见《瑜伽师地论真实义品直解》正文和《后记》等。另外，对玄奘的翻译，从语言学提出不同说法的，不止于此，如对"唯识"一词就有许多不同说法，但至今仍无定论。如日本学术界中，宇井伯寿认为玄奘对此词的"翻译偏离梵本原意"，而山口益认为"玄奘并未严重偏离世亲或唯识论的基本立场"（参见刘宇光（转下页）

着，每一个名言的想事（假说所表、名言法）背后，都有一个相对应的离言唯事，这就形成了离言和名言的两重世界。两重世界中，离言世界是胜义谛，即真如和唯事都是胜义谛，因为《真实义品》说，离言自性是圣者无分别智所缘所证；名言世界则是世俗谛，因为名言诸法是凡夫分别心所缘。

此体系有两种名言安立：一是圣者圣智在离言自性上安立名言法，如上所引《解深密经》的论述。二是凡夫想心所在想事上作名言安立，如《真实义品》说："谓于一切地等想事，诸地等名施设假立，名地等想。"①

对这两种名言安立可进一步作深入讨论。首先，名言安立法与离言自性是什么关系？有人认为，名言法与离言自性没有任何关系。但《解深密经》说，圣者安立名言法（名言无为法和名言有为法）是为了使凡夫也能证离言法性，这样的话，虽然由于名言的局限性，名言法不可能是对离言自性的完全真实的描述，但应该是对离言自性的尽可能逼真的描述，因为圣者不可能对离言自性作全不相干乃至完全虚妄的描述。由此可说，名言法反映了离言自性的一些侧面，反映了一部分真实，如六无为、七真如，又如五蕴、十二处、十八界等。

（接上页）《汉语学界唯识学研究一甲子回顾：1949—2011年》，《汉语佛学评论》第三辑，上海古籍出版社，2013年）。故而本文仍依玄奘译本为准，进行论述。此外，最近有研究者推荐给笔者一篇文章——《空性与法性》（作者刘威，载于《世界哲学》2020年第3期），认为此文引用的唯事与想事的相关梵文，确实是不同词。笔者对梵文没有研究，且留待相关专家研判。

① （唐）玄奘译《瑜伽师地论》卷第三十六，《大正藏》第30册，第489页。

其次，凡夫安立的诸法名称与圣者安立的名称不是两套系统，如凡夫称为水的东西，圣者不可能称为火，反之亦然。应该说，凡夫安立的名称系统就是来自圣者在离言自性上的名言安立。

对凡夫安立名言法，离言名言法体系基本没有涉及，但五法体系有详尽讨论，详见下文。

（3）此体系的地位和影响

如上所说，离言自性（或离言法性）主要出现在第一阶段的《解深密经》《真实义品》中。《解深密经》对离言法性的论述较简单，《真实义品》则将离言自性作为核心概念构建其理论框架。除此之外，《显扬论》转述《瑜伽论》的四种真实时说了"离言说自性"，①《唯识二十论》提到了"离言法性"，②但都没有展开。此后其他唯识典籍已不再出现此一切法体系，但会采用若干概念。此体系的主要作用如下。

第一，此体系是"辨空有"。

离言名言法体系的核心思想是"离言自性有、名言自性无"，如《真实义品》说："如是诸法，非有自性如言所说，亦非一切都无所有。"③即诸法中，言说自性（"如言所说"的自性）"非有"；而"亦非一切都无所有"，即离言自性"非无"。此体系的见地（善取空与恶取空）和修行方法（四寻思四如实

---

① （唐）玄奘译《显扬圣教论》卷第六，《大正藏》第31册，第507页。
② （唐）玄奘译《唯识二十论》，《大正藏》第31册，第75页。
③ （唐）玄奘译《瑜伽师地论》卷第三十六，《大正藏》第30册，第488页。

智）等都与此思想相应，并由此来了知并证得如来智所缘真实境。所以，此体系的作用是"辨空有"。

第二，此体系确立"假必依真"原则。

此体系确立胜义谛是有。同时，此体系中，世俗谛是依胜义谛安立，虽是假，却也是有，如《真实义品》在善取空和恶取空中所表述的。

此体系的世俗谛是依胜义谛名言安立而成，此体系的名言安立与般若类经典的名言安立有所不同，此体系安立的名言法，都有真如和"实有唯事"①作为基础，是在真如和"实有唯事"上安立的名言法，由此确立或体现了唯识论"假必依真"的原则。

第三，此体系对后阶段产生影响。

此体系在其后阶段不再流传，因为此体系只是"辨空有"。三阶段思想演进的主线索是唯识思想的演进，是"成唯识"；而此体系没有论及诸识，没有论及诸识在生一切法中的作用，也与唯识思想没有任何交集，所以不涉及"成唯识"，这是此体系与三自性的不同之处。

但此体系的若干概念，在以后阶段特别是第三阶段中被采用。如中国唯识宗的《成论》等著作，有一种集大成倾向，即尽量对前期唯识经典中的思想融会贯通，所以采用了此体系的若干概念，并深化了另一些概念。

---

① （唐）玄奘译《瑜伽师地论》卷第三十六，《大正藏》第30册，第488页。

如《义林章》等提出的"五重唯识"观，将修行所证定位为证离言法性。又如《述记》提出诸法"法体离言"，①其"诸法法体"相当于此体系的"唯事"。而《成论》将名言种子区分为显境名言种子与表义名言种子，更深化了名言种子的概念，详见下文。

（4）对此体系一些概念的不同观点

此体系的核心概念有三：离言自性、假说自性（名言自性）、名言法。

对离言自性是有，唯识诸家没有异见。关于名言法是有是无，下文将作详论。

关于假说自性是有是无，或者，是遍计还是依他，据《瑜伽论记》记载，诸家有不同观点。

第一种观点：名言自性是遍计所执性。"于一切法离言自性者，即是依他及圆成实，此之二性性离名言。假说自性者，即是遍计所执，随其假说计度执有，名假说性。"②

即此观点认为，离言自性包括圆成实性和（离言）依他起性，假说自性（名言自性）是遍计所执性。

第二种观点：名言自性是依他起性。"真实性，离言自性。分别性，情所取法，是言说所说自性，真实性所离也。假说自性者，依他性是假说自性法也。"③

---

① （唐）窥基《成唯识论述记》卷第三，《大正藏》第43册，第339页。
② （唐）遁伦《瑜伽论记》卷第九，《大正藏》第42册，第502页。
③ （唐）遁伦《瑜伽论记》卷第九，《大正藏》第42册，第502页。

即此观点认为，离言自性是"真实性"，即圆成实性；假说自性（名言自性）是依他起性；"分别性"，是"情所取法"，即妄情所取（所执）之法，所以是遍计所执性。但"言说所说自性"与"假说自性"如何区别，论中没有说明。

第三种观点：名言自性是世俗谛。"即据真如胜义谛故，离言自性。世俗谛故，假说自性。此之二境等无差别。即是二种无分别智所行境界。"①

即此观点认为，离言自性是真如，是胜义谛；假说自性（名言自性）是世俗谛。

评判三说，按以上所引《瑜伽论》的"如是诸法，非有自性如言所说，亦非一切都无所有"，即"如言所说"的自性（言说自性或名言自性）"非有"，故知名言自性是遍计所执性，因此，第一说是合理的，第二说不合理。进而，遍计所执性是无，所以第三说的名言自性是世俗谛，也不合理，因为说世俗谛（世间法）是无，不合理。如《瑜伽论》说："如是由胜义谛故，非有色，于中无有诸色法故；由世俗谛故，非无色，于中说有诸色法故。"②即色法属世俗谛，世俗谛中有色法，色法非无，所以世俗谛非无。《菩萨璎珞本业经》也说："世谛有故不空。"③

对世间法是有是无，下文还有详论。

---

① （唐）遁伦《瑜伽论记》卷第九，《大正藏》第42册，第503页。
② （唐）玄奘译《瑜伽师地论》卷第三十六，《大正藏》第30册，第490页。
③ （姚秦）竺佛念译《菩萨璎珞本业经》卷下，《大正藏》第24册，第1018页。

2. 五法

相、名、分别、正智、真如,《楞伽经》称五法;《瑜伽论》称五事,并在《摄决择分·真实义品》中对其进行详细论述。此体系要点如下。

(1) 此体系与离言名言法体系之异同

第一,此体系中,前三法是世俗谛,后二法是胜义谛。胜义、世俗二谛并举,以世俗谛为出发点。而离言名言法体系则是以胜义谛(离言自性)为出发点。

第二,此体系中,分别(心和心所)缘相(世间一切法)和名(第六识缘名),正智缘真如,所以此体系是依认识论说一切法。而离言名言法体系是依存在论说一切法。

第三,离言名言法体系中,唯事与想事是同时存在的。而此体系中,分别(有漏)与正智(无漏)不能同时存在,正智是修行者见道入圣位后生起。

第四,离言名言法体系是名言安立生起一切(世间)法。此体系中,名是五法中的一法,由此突出了此体系的名言安立特点,这是两者的一致处。但差异是:前者是由圣者圣智安立名言,后者是凡夫分别(或想心所)安立名言。分别,或缘与名结合的相,或为未知的相命名,这为凡夫对新事物安立名提供了合理依据,符合凡夫为新事物命名的事实。

(2) 此体系的空有思想

五法中,相、名、分别是世俗谛,正智和真如是胜义谛。据《瑜伽论》,相、名、分别都是依他起性,依他起性是有,所以世俗谛是有。而正智与真如是胜义谛,胜义谛无疑也是有。这样,五法都是有。

此外,此体系是由分别在相上安立名,由执着名言法而起的名言自性是无。

(3)此体系的唯识思想

第一,此体系是从"一切唯心造"到"一切法唯识"的一种过渡思想。

大乘佛教出现之初,《华严经》就提出了"一切唯心造"①思想,而"一切法唯识"的唯识思想实际上是大乘"一切唯心造"思想的展开和深化。大乘"一切唯心造"思想强调了心的作用,同样,五法体系认为,相是"分别所行境",②其中,相是一切法,分别是心和心所,由此可见,一切法并不是独立存在,而只是作为心的认识对象而存在,显然,这既与"一切唯心造"思想相应,也可进一步发展到"一切法唯识"。因此,五法体系可看作是从"一切唯心造"到"一切法唯识"的一种过渡思想。

第二,此体系包含初步的唯识思想。

此体系的"相是分别所行境",虽强调了心的作用,明确了境不离心,但此体系将八识及心所合说为分别,既没有突出第八识在唯识中的作用,也没有细化八识在唯识中的各自作用,所以此体系只是包含了初步的唯识思想。

---

① (唐)实叉难陀译《大方广佛华严经》卷第十九,《大正藏》第10册,第102页。
② (唐)玄奘译《瑜伽师地论》卷第七十二,《大正藏》第30册,第696页。

（4）此体系的地位和影响

此体系在第一阶段的经典中有着非常重要的地位。

《楞伽经》的理论体系框架是"五法三自性，八识二无我"，[①] 五法排在诸体系的第一位，《楞伽经》甚至说，"三性、八识及二无我，悉入五法"，[②] 可见五法在此经中的地位。

《瑜伽论》的《本地分》和《摄决择分》都有《真实义品》，《本地分》的《真实义品》论述离言名言法，《摄决择分》的《真实义品》论述五法和三自性，可见五法在《瑜伽论》中的地位。

《解深密经》也说到了五法，如说一切种子心识中藏有"相、名、分别言说戏论习气"。[③]

但其后的唯识经典不再提及五法，究其原因，首先，唯识理论的演进，根本上是依八识而展开，如上所说，五法体系是将八识合说，这就难以有进一步发展的空间。（五位百法体系中，心法也是八识合说，但该体系可以展开"一切法不离识"，详见下文。）

其次，一切法的由来主要有三种方式，即名言安立、种子生起、识变现。与唯识思想相关的方式，或是种子生起的方式，或是识变现的方式（此方式实际上包含了种子生起和名言安立两种方式）。如下文将要说到的，阿赖耶识生十一识体系

[①] 参见（唐）实叉难陀译《大乘入楞伽经》卷第五，《大正藏》第16册，第620页。
[②] （唐）实叉难陀译《大乘入楞伽经》卷第五，《大正藏》第16册，第620页。
[③] （唐）玄奘译《解深密经》卷第一，《大正藏》第16册，第692页。

与五位百法体系都属唯识思想体系：前一体系中，十一识都由种子生起；后一体系中，心法、心所法和色法都由种子生起，心不相应行法（还有心所和色法中的假法）由名言安立。而纯粹名言安立方式的体系，或与唯识思想无关，如离言名言法体系；或与唯识思想关系不大，如这里说的五法体系。

如在五法体系中，相是一切法，相是如何生起的？《摄决择分·真实义品》说："问：相，当言谁所生？答：当言相所生及先分别所生。"[1]虽然进一步的诠释，可以将此说法与种子生起相关联，但毕竟不是直接说相是由种子生起。此外，《真实义品》论述五法时，虽也偶尔提到"名言熏习""随眠"，但也只是用这些概念说明一些局部问题，而不是总体说明一切法生起的方式。综上所述，五法体系对唯识思想展开不多。

以上就是五法体系此后不再流传的可能原因。

（5）对此体系一些概念的不同观点

对五法或五事的属性，存在着不同观点。

第一，五法的三自性属性。

关于五法的三自性属性，唯识经论有不同观点，《成论》作了总结，大体有以下几种说法。[2]

《瑜伽论》和《显扬论》认为，相、名、分别、正智属依他起性，真如属圆成实性，五法无遍计所执性。

《辩中边论》认为，相和分别属依他起性，名属遍计所执

---

[1]（唐）玄奘译《瑜伽师地论》卷第七十二，《大正藏》第30册，第696页。
[2] 参见（唐）玄奘译《成唯识论》卷第八，《大正藏》第31册，第47页。

性，正智和真如属圆成实性。

《楞伽经》认为，分别属依他起性，相和名属遍计所执性，正智和真如属圆成实性。

世亲《摄论释》认为，名属依他起性，义（相和分别）属遍计所执性。①

各种观点都有自己的理由，《成论》认为，各种唯识经论的五法与三自性关系，文字上虽有差异，但意义并不互相违背，而以《瑜伽论》的说法最完善。

第二，名是有漏还是无漏。

第一种观点：名唯有漏。如《瑜伽论》说："相通二种。二唯有漏。二唯无漏。"② 即相通有漏和无漏，名和分别只是有漏，正智和真如只是无漏。

第二种观点：名通有漏和无漏。

唯识宗后期的一些著作中说到了名属无漏的观点，如《成唯识论疏抄》卷第十六说："今应言正智、如如唯无漏，分别唯有漏，相及名即通漏、无漏。佛得无漏名句文身。若十地已来菩萨所有名句智，皆是有漏，即以第八识是有漏故。"③ 所以，菩萨十地中的名句文是有漏，因为十地菩萨第八识仍是有漏（其他凡夫等的名句文当然也都是有漏）；而佛的名句文则是无

---

① "此中安立名为依他起、义为遍计所执, 此意: 名者五法中名。义者即相及分别, 名所诠故, 能所取故。"[(唐) 窥基《成唯识论述记》卷第九,《大正藏》第43册, 第549页]

② (唐) 玄奘译《瑜伽师地论》卷第七十二,《大正藏》第7册, 第698页。

③ (唐) 灵泰《成唯识论疏抄》卷第十六,《卍新续藏》第50册, 第466页。

漏。所以，名也通有漏、无漏。

3. 三自性

三自性就是圆成实性、依他起性和遍计所执性。

（1）此体系特色

三自性论不着眼于具体法，而是总判一切法的有无与真假，即从有无来说，遍计是无，依他和圆成是有；而从真假来说，圆成是真，遍计和依他都是虚假（即遍计是虚无，依他是虚妄）。诸唯识经论中一些看似相互矛盾的说法，实际上是从上述两个不同角度分别说的（关于此点，笔者在其他论著中有详尽论述，此处不作展开）。

三自性论是对佛教二谛（世俗谛和胜义谛）理论的发展，三自性论细分了世俗谛中虚无（不存在）法与虚妄（存在而不实）法，进而形成了非空非有的唯识中道观，以破恶取空。

（2）此体系的重要成果

第一阶段的三自性论主要作用是"辨空有"，其最重要成果是《解深密经》依三自性论判非空非有中道观为最了义。即《解深密经》提出"三时说法"，其中，佛陀在第二时以隐密相说"一切法无自性"，此说不了义；而第三时以显了相说"一切法无自性"，此说为了义。其中，隐密相就是不加区分地说"一切法无自性"，但这种说法是不充分的，所以是不了义；而显了相则是说一切法实际上有三性，三性中只有遍计所执性完全是无（无自性），依他起性和圆成实性实际上是有（有自性），如此的非空非有中道观才是真正了义说。由此，《解深密经》判唯识论为最了义。

（3）此体系的地位和影响

虽然三自性的主要功能是"辨空有"，但三自性与唯识思想也可相通，所以能通行于三阶段，此中原因，可将三自性与离言名言法作一比较。

《解深密经》中，离言名言法出现在第二品《胜义谛相品》，三自性出现在第四品《一切法相品》。离言名言法的功能是"辨空有"，三自性的主要功能也是"辨空有"，但与离言名言法只是出现在第一阶段的经典中不同，三自性出现在三阶段的经典中，这是因为离言名言法体系与唯识思想基本无关，而三自性则能与唯识思想汇合，原因如下。

在空有思想方面，离言名言法实际上是二谛论，这样就产生了一个问题：二谛中的世俗谛是否包括遍计所执性？[①] 若世俗谛不包括遍计所执性，那么，二谛似乎摄法不全；如果世俗谛包括遍计所执性，那么，以二谛"辨空有"，世俗谛是空（无）还是有？因为若依世俗谛中的依他起性来说，世俗谛就是有；但若依世俗谛中的遍计所执性来说，世俗谛就是空（无）。由此可见，依三自性"辨空有"要胜于依二谛"辨

[①]《解深密经》卷第五说："世俗相者，当知三种：一者宣说补特伽罗故，二者宣说遍计所执自性故，三者宣说诸法作用事业故。"（《大正藏》第16册，第709页）由此可说，世俗谛包括遍计所执性。但五法体系中，相、名、分别是世俗谛，据《瑜伽论》，三者都是依他起性，由此可说，世俗谛不包括遍计所执性。

空有"。①

此外，在唯识思想方面，唯识修行的根本目标是转依。转依有两种说法：一是依八识说，即转八识成四智。二是依三自性说，即转舍依他起性上的遍计所执性，转得依他起性中的圆成实性。如《成论》说："由数修习无分别智，断本识中二障粗重，故能转舍依他起上遍计所执，及能转得依他起中圆成实性。"②

首先看遣遍计所执性。唯识修行的要点是破遍计所执，遣遍计所执性。离言名言法体系中的遍计所执性是名言自性，但这实际上只是遍计所执性的一种，不是全部。例如，第七识对第八识（见分）的执着，就不是执着其名言自性，因为第七识没有语言功能，所以其执着与名言无关。因此，就遣遍计所执性来说，以离言名言法体系的名言自性来代表遍计所执性似乎并不合适。

其次，在依他起性上转舍遍计所执性，转得圆成实性，此依他起性是染分依他起性。而在三自性论中，染分依他起性（如污染的第六识和第七识）与净分依他起性（如妙观察智和平等性智）不能同时生起。但离言名言法是二谛论，离言的真

---

① 严谨的话，可进一步对百法不包括遍计所执性进行讨论。百法包括有为法和无为法，有为法包括依他起的实法和假法（如心不相应行法等），但不包括实我实法等遍计所执性以及龟毛兔角等无法，因为有为法是指存在的现象，详见下文。由此可知，世俗谛比有为法范围更大，因为在二谛范畴中，遍计所执性必归其中一种，由于其不可能归入胜义谛，所以只能归为世俗谛或世俗现象。而在三自性范畴中，遍计所执性是独立的一种，不归入依他起性，所以不归入有为法。
② （唐）玄奘译《成唯识论》卷第九，《大正藏》第31册，第51页。

如和唯事（胜义谛）与名言法（世俗谛）是共存的，或者说，任何一名言有为法与其相应的唯事是共存的，这与断染证净的转依理论也不相应，所以，离言名言法不适宜表述转依理论。

综上所述，三自性论能更好地表达空有思想，也能与唯识理论相应，所以三自性论能通行于三阶段，在三阶段中不断演进，直至最后完全与唯识理论汇合，成立"三自性不离识"（即三自性唯识）。

4. 八识

（1）此体系概说

八识体系是唯识论的根本理论之一，通行于三阶段。如果说三自性一开始只是与般若中观"辨空有"，八识体系则是瑜伽行派立宗之根本理论，依之可展开"成唯识"的全部过程。

在第一阶段的经典中，《解深密经》在六识之外立"一切种子心识"，相当于第八识；《楞伽经》的理论体系是"五法三自性，八识二无我"，所以八识也是此经的核心理论之一；《瑜伽论》则详论八识各自的法相性质，尤其是第八识的性质。因此，第一阶段的经典奠定了八识论的理论基础。

八识体系当然也可从空有思想来说，即八识是有，而被识执着的实我实法是无，但其更重要的作用是"成唯识"。

在唯识思想方面，如果就"唯识无境"来说，《解深密经》没有直接的"唯识无境"论述，但有两个相关论述。一是此经提出了一切种子心识中藏有"相、名、分别"等一切法种子的观点，为第二阶段阿赖耶识中藏有一切法种子、"一切法皆是识"理论开了先声。二是此经提出"识所缘,唯识所现"的观点,虽然该观点在此经中只是就六识而言,但为第三阶段唯识论成立普遍的"唯识无境"说,提供了一条根本性的判别原则。

《瑜伽论》也没有"唯识无境"的直接论述,但此论将色法等都归入五识身地和意地来论述,间接地表达了"唯识无境"的思想。此外,本论详述法相,为普遍的"唯识无境"说奠定了法相基础。还有,《瑜伽论》几乎将《解深密经》全文收录,因此,《解深密经》的唯识思想也就是《瑜伽论》的唯识思想。

《楞伽经》则明确阐述了唯识无境之义。本经的唯识无境,包括无外境和无能取所取。其无外境思想,在其后的唯识论中得到普遍的认同;而无二取,其后有不同的表述。

(2)此体系的地位和影响

唯识思想的演进,主要依第一阶段的八识论展开,其演进沿着两条路线:一是突出第八识的唯识作用,由此而成立"一切法皆是识",这是第二阶段的唯识思想;二是强调所有八识都有唯识作用,由此而成立"八识三能变"以及"一切法不离识",这是第三阶段的唯识思想。

(二)第二阶段:成立"一切法皆是识"的强化唯识论

第二阶段的唯识思想演进,主要是强调第八识的唯识作用,首先是《辩中边论》《庄严论》继承《楞伽经》的阿赖耶识生二取思想，然后发展到《摄论》的阿赖耶识生十一识思想，由此形成"一切法皆是识"的强化唯识论。

1. 阿赖耶识生二取

（1）从第八识藏一切法种子到第八识生二取

阿赖耶识生二取，二取就是能取和所取。

八识中，第八识（阿赖耶识）是唯识论所立，所以被特别重视。第一阶段的经典都说到第八识藏一切法种子，如《解深密经》说，一切种子心识（第八识）中有"相、名、分别言说戏论习气"，即相、名、分别种子。而五法体系中，相、名、分别就是一切世间法，第八识藏一切法的种子，进而当然能生一切世间法。

另一方面，存在论的一切法，在认识论就是能缘与所缘，或能取与所取，由此，第八识生一切法就成了第八识生二取。

《楞伽经》首先提出了第八识生二取："身及资生器世间等，一切皆是藏识影像，所取能取二种相现。"[1]"身资及所住，此三为所取。意取及分别，此三为能取。"[2] 所以是藏识（第八识）生二取，二取是能取和所取，能取是前七识，所取主要是根身和器世间。

其后，真谛翻译的《中边分别论》也有类似说法："尘根我及识，本识生似彼。"[3] 其中，"似尘"指五境，"似根"指五

---

[1] (唐) 实叉难陀译《大乘入楞伽经》卷第二,《大正藏》第16册, 第597页。
[2] (唐) 实叉难陀译《大乘入楞伽经》卷第六,《大正藏》第16册, 第626页。
[3] (陈) 真谛译《中边分别论》卷上,《大正藏》第31册, 第451页。

根,"似我"指第七识,"似识"指前六识。所以,"似尘""似根"是所取,"似我""似识"是能取。"本识"是第八识,"本识生似彼"就是第八识生所取和能取四法。

《庄严论》也有类似说法:"能取及所取,此二唯心光。"① 其中的"心",卷第十二解释说:"心谓阿梨耶识。"② 所以,"心"指第八识,"心光"指所取和能取都由阿赖耶识显现。

"所取相有三光,谓句光、义光、身光。能取相有三光,谓意光、受光、分别光。意谓一切时染污识,受谓五识身,分别谓意识。"③

所以诸经论中,大体上说,能取就是前七识,所取主要是根身和器世间。

此外,关于阿赖耶识生二取中的"生",《楞伽经》是用"生"或"起",《辩中边论》是用"变似"或"显现",《庄严论》是用"显现",本文统一用《楞伽经》的"生",即阿赖耶识生二取。

唯识经典中的二取,实际上有存在论、认识论和修证论三个层面的含义,详见《"唯识经典直解丛书"总序言》,此处不赘。

---

① (唐) 波罗颇蜜多罗译《大乘庄严经论》卷第五,《大正藏》第31册,第613页。
② (唐) 波罗颇蜜多罗译《大乘庄严经论》卷第十二,《大正藏》第31册,第656页。
③ (唐) 波罗颇蜜多罗译《大乘庄严经论》卷第五,《大正藏》第31册,第614页。

（2）对第八阿赖耶识生二取的正确解读

《成论》提出了因能变和果能变两个概念。因能变指第八识中的种子，种子能生诸法现行；果能变指八识（及心所）现行生起时，能变现见分和相分，相分也是一切法。

对阿赖耶识生二取，应作因能变解读。因为二取中的能取是前七识，如果作果能变解读，前七识就是第八识的相分，那就只是影像，没有实际的了别作用。而如果作因能变解读，前七识就是从第八识中的自种生起，就有了别作用。

（3）此体系的地位和影响

第一，此体系是明确的唯识思想。唯识思想是依八识体系而展开，小乘的蕴处界体系和大乘唯识的离言名言法体系都无法展开唯识思想。此外，五法体系也无法充分展开唯识思想。唯识，就是或唯第八识，或取所有八识。此体系中，阿赖耶识生二取，就是心生一切法，所以是明确的唯识思想。

第二，二取摄法有限。此体系的二取中，所取主要是根身与器世间，因此二取摄法有限，所以此体系属初步的阿赖耶识缘起论，也不是成熟的唯识思想。进而，二取的范围还可以进一步扩大，扩大为一切法，阿赖耶识生十一识就是二取范围扩大后的一种一切法体系。

第三，二取概念在后阶段的延续。二取的概念出现在许多唯识经典中，也出现在许多一切法体系中，但有狭义和广义的不同。例如，阿赖耶识生二取中，二取是狭义的，即能取是前七识，所取是根身和器世间。而第三阶段的八识三能变体系中，二取是广义的，即能取是所有八识（及心所）；所取是八识（及心所）各自的所缘境，或者，所取是所有五位法（因为第六识可以缘一切法）等。

此外，第三阶段的《成论》对二取又有了新的说法："此二取言，显二取取，执取能取、所取性故。"[1] 即其他经论中说的无二取，实际上是无"二取取"，"二取取"就是对二取的执取或执着，"二取取"是遍计所执，而二取本身不是遍计所执。

《成论》进一步作了论证："有漏心等不证实故，一切皆名虚妄分别，虽似所取、能取相现，而非一切皆遍计摄。勿无漏心亦有执故，如来后得应有执故。"[2] 即识显现的能取和所取，不都属遍计所执，否则，如来的后得智也有见分和相分，也属遍计所执了。

因此，《成论》的"二取取"，实际上区分了存在论意义的二取和认识论意义的二取，或者说，区分了依他起的二取与遍计所执的二取。最后，《成论》也说了修行层面的二取："在加行位，能渐伏除所取、能取，引发真见。"[3] 所以在见道时要伏除二取。

2. 阿赖耶识生十一识

《摄论》提出阿赖耶识生十一识。

《摄论》说："此中何者依他起相？谓阿赖耶识为种子，虚

---

[1]（唐）玄奘译《成唯识论》卷第九，《大正藏》第31册，第48页。
[2]（唐）玄奘译《成唯识论》卷第八，《大正藏》第31册，第46页。
[3]（唐）玄奘译《成唯识论》卷第九，《大正藏》第31册，第48页。

妄分别所摄诸识。"① 此处"诸识"共十一识,"此中身,身者,受者识,应知即是眼等六内界。彼所受识,应知即是色等六外界。彼能受识,应知即是眼等六识界。其余诸识,应知是此诸识差别"。② 所以,十一识主要是六根、六境、六识以及在此三者基础上形成的一些法。

"如此诸识,皆是虚妄分别所摄,唯识为性。"③ 所以,根、境、转识等十一识,都属虚妄分别;又因为十一识都由阿赖耶识中的种子生起,所以都以(阿赖耶)识为性。

阿赖耶识生十一识体系的主要特点如下。

(1)此体系是阿赖耶识生二取的延伸

阿赖耶识生十一识体系,可看作是阿赖耶识生二取体系的延伸和发展,或是广义的阿赖耶识生二取论,因为十一识可分为见识与相识:见识是诸转识,相当于能取;相识是诸转识的认识对象,相当于所取。

(2)此体系是成熟的阿赖耶识缘起论

此体系仍是突出阿赖耶识的作用,但与上述阿赖耶识生二取相比,阿赖耶识所生的十一识,不但包括转识和根身、器世间,还包括心不相应行法以及不属五位百法的一些法,因此其含义比上述二取更广泛,由十一识作一切法的代表,就可真正说阿赖耶识生一切法。所以,此体系是成熟的阿赖耶识缘

---

① (唐)玄奘译《摄大乘论本》卷中,《大正藏》第31册,第137—138页。
② (唐)玄奘译《摄大乘论本》卷中,《大正藏》第31册,第138页。
③ (唐)玄奘译《摄大乘论本》卷中,《大正藏》第31册,第138页。

起论。

（3）此体系是一种强化的唯识理论

此体系中，阿赖耶识所生的十一法，被称为十一识。十一识不是从"识谓了别"[①]来说的，因为十一识中的色法、心不相应行法等都没有了别功能。将十一法都称为识，是从十一法都有自种，都以（阿赖耶）识为性而说，由此而说"一切法皆是识"，所以此体系是一种强化的唯识理论，与此后的"一切法不离识"，是侧重点有所不同的两种唯识理论。

此外，此体系与代表"一切法不离识"的五位百法体系的不同还表现为：此体系没有对十一识明确各自的法相性质，而是笼统地说十一识是"六内界""六外界""六识界"及三者的"差别"法，以致世亲与无性在解释十一识时，还出现了一些不同的说法。这是因为《摄论》的着眼点是唯识，而非法相（当然，笔者也并非主张唯识与法相应该分宗，如《成论》就既成立唯识，也详述百法法相。但一些唯识经论是有上述侧重点的差别的）。而五位百法体系则一一明确诸法的法相性质。

（4）此体系中空有思想与唯识思想部分汇合

如上所说，"依他起相"就是"虚妄分别所摄诸识"，也就是十一识一切法，"一切法皆是识"也就是"依他起性皆是识"，这样，原来是阐释空有思想的三自性，就与唯识思想有了初步的结合。但此结合无法继续展开，即不能说"三自性皆

[①]（唐）玄奘译《成唯识论》卷第一，《大正藏》第31册，第1页。

是识"，因为，遍计所执自性是无，所以不是识；圆成实自性与依他起自性不即不离，也不能说圆成实自性就是识。

（5）对阿赖耶识生十一识的正确解读

对阿赖耶识生十一识的解读，应该如同阿赖耶识生二取一样，作因能变解读，不能作果能变解读，其原因如前所说。而且《摄论》也明确说明，十一识都有自种，都是从自种生起，这也意味着此体系的实质就是因能变。

但若从因能变来成立第八识生一切法，也有一个问题，即此体系中的心不相应行法等假法没有种子。而此问题在后来也得以解决，即玄奘系唯识论提出了假种概念：心不相应行法等假法虽无实种，但可说有假种。由实种和假种，就可说一切法都有种子。这样，第八识生一切法，从因能变来说也能够成立。

（6）此体系不说虚妄分别是乱识

"乱识"一词主要出现在《中边论》（两种译本）中，还有真谛译的《佛性论》《三无性论》《无相思尘论》《解卷论》，义净译的《掌中论》，以及一些注书中。《中边论》对乱识，非常强调。如《中边分别论》说："但识有者，谓但有乱识。""谓一切世间但唯乱识。""依他性者，谓唯乱识，有非实故，犹如幻物。"① 由此，一些人得出结论：凡夫的认识都属错误。

但如前所说，《瑜伽论》说有至教量（圣言量）、现量和比

---

① (陈) 真谛译《中边分别论》卷上，《大正藏》第31册，第451页。

量,"由三量故如实观察"。这样的话,也可得出结论:凡夫的认识不一定是颠倒错乱的,其现量和比量是正确的。

再看《摄论》,《摄论》虽然说"如此诸识,皆是虚妄分别所摄",① 但全文没有一处出现乱识一词,反而有一个说法值得注意:"又一切时我执现行现可得故,谓善、不善、无记心中;若不尔者,唯不善心彼相应故,有我我所烦恼现行,非善无记。"② 此处意谓:因为有第七末那识,所以在善、不善、无记心中都有现行我执;如果没有第七末那识,那么只有不善心中有现行我执,并非善和无记心中有现行我执。而按《摄论》的说法,只有第七识和第六识有遍计所执;此处引文表明,第六识的三性心中,只有不善心有现行我执,善心和无记心则没有现行我执。因此并非凡夫心都有遍计所执,都属错误。

然而,对"善心和无记心无现行我执"还可作进一步讨论。《成论》说:"当知俱生身、边二见,唯无记摄,不发恶业,虽数现起,不障善故。"③ 其中,俱生身见就是俱生我执。由此引文可知,俱生我执不属于不善(即烦恼)性,而是属于(有覆)无记性。俱生我执"不障善故",所以可以与善性(包括无记性)的第六识共同生起。也就是说,善性(和无记性)第六识虽然没有分别我执,却仍有俱生我执。但俱生我执不障碍修行见道,菩萨位中,要到四地,俱生我执方永不现行。

---

① (唐) 玄奘译《摄大乘论本》卷中,《大正藏》第31册,第138页。
② (唐) 玄奘译《摄大乘论本》卷上,《大正藏》第31册,第133页。
③ (唐) 玄奘译《成唯识论》卷第六,《大正藏》第31册,第32页。

由此可得出两个结论：第一，三性不俱起。即在任何一瞬间，烦恼心、善心、无记心只能生起一心，没有可能同时生起两心或三心。第二，分别我执等分别烦恼只与烦恼心相应，不与善心和无记心相应；而与善心、无记心相应的俱生我执等俱生烦恼，不障碍善心等作出正确认识（即现量和比量）。由此就能对凡夫有正确认识的现实，作出合理的解释，并为凡夫修学佛法提供合理的依据。凡夫修学依靠的是什么？固然要依靠圣者的教导，但如果凡夫心完全是颠倒错乱的乱识，那还怎么正确理解圣者教导？圣者教导到了凡夫那里，还不全部都成了颠倒错乱？所以，凡夫要能对圣者教导作出正确理解，依靠的仍是凡夫心，因而，凡夫心除了有乱识的一面，还有非乱识的一面。

此外，《辩中边论》和《摄论》都将诸识称为虚妄分别，这实际上是从胜义谛立场来看待世俗谛，即据胜义谛而说，世俗谛都属虚妄，诸识都是虚妄分别及其产物，这有利于学人发出离心，有利于破我执法执。

但《成论》对虚妄分别作了澄清："有漏心等不证实故，一切皆名虚妄分别。"[①] 即凡夫的有漏心，无论是在资粮位，乃至在加行位作二空观，因为还没有证到真如，所以都称为虚妄分别；但不是因为都有执着，都是颠倒错乱，而称为虚妄分别。

---

① （唐）玄奘译《成唯识论》卷第八，《大正藏》第31册，第46页。

由此可见，凡夫心确实有部分是乱识，如与分别烦恼（包括分别我执）相应的不善心；但并不全部是乱识，即善心和无记心有现量、比量和非量，其中现量和比量不是错误认识，不是乱识。这个道理就像"一切法无自性"一样，只有遍计所执性是无自性，依他起性和圆成实性是有自性。

（7）此体系的地位和影响

阿赖耶识生十一识思想，只是在《摄论》中出现，此后唯识典籍基本没有提及，究其原因：对第八识在唯识中作用的强调，至此已达极限：一切法都由第八识生，都以第八识为性（体），一切法皆是识。

而在只强调第八识在唯识中的作用之后，唯识学要考虑的是所有八识在唯识中的作用，以及一切法与识究竟是什么关系。

（三）第三阶段：成立"一切法不离识"的圆满唯识论

1. 世亲晚年的思想

世亲晚年的思想，可从《百法论》和《三十颂》得知。《百法论》体现了"一切法不离识"思想，《三十颂》体现了八识三能变思想，由此基本成立了圆满的唯识论。进而，到中国唯识宗时，《成论》将上述思想，结合四分说来阐述，使"一切法不离识"或"唯识无境"理论更臻圆满。

（1）五位百法与"一切法不离识"

世亲的《百法论》依《瑜伽论》，将五位法规整为百法。

所谓五位百法,即一切法可分为心法、心所法、色法、心不相应行法、无为法五类,此五类法共一百种,称为五位百法。

关于五位法相互的关系,《百法论》说:"一切最胜故,与此相应故,二所现影故,三位差别故,四所显示故。"[①] 即心法(八识)在一切法中最为优胜,心所法与心法相应,色法是心法和心所法所变现的影像,心不相应行法是依据心法、心所有法、色法三者的不同状态而假立,无为法是在上述四类法中所显示的诸法的真实本性。

所以,就唯识来说,八识是唯识的主体;心所与八识相应,所以不离识(一般说唯识也同时包括心所);色法由心和心所变现,所以也不离识;心不相应行法是在前三位法上假立,所以也不离识;无为法是前四类法的本性,所以也不离识。据此可得出结论:一切法不离识。

（2）八识三能变

世亲的《三十颂》提出了八识三能变思想,即八识分为第八识、第七识和前六识三类能变,每类能变都变现各自的所缘法。因此,如果从因能变来说,第八识中的种子能生一切法;但从果能变来说,则是八识都各变各的所缘法。其主要原因,如前所说,前七识不是第八识所变的影像,而是各有各的了别功能。

[①]（唐）玄奘译《大乘百法明门论》,《大正藏》第31册,第855页。

八识三能变可以与五位百法和四分说结合。若与五位百法结合，则能变是八识，所变是五位百法（第六识可缘一切法）；若与四分说结合，则能变是诸识的自证分，所变是诸识的见分和相分。

三能变各自变现所缘法，可看作是三能变缘起论，与阿赖耶识缘起论有所不同。即阿赖耶识缘起论是从因能变角度而言，三能变缘起论是从果能变角度而言。当然，如果进而说，前七识也是从阿赖耶识中的自种生起，那三能变缘起也不离阿赖耶识缘起。

八识三能变的意义，一是强调所有八识在唯识中都起作用，而不是只有第八识起作用。二是"一切法不离识"，是指不离所有八识，而不是只指第八识。

2. 世亲之后的印度唯识论师

除无著、世亲外，印度还有一些重要的唯识论师。其中，有注释世亲《三十颂》的十位论师，称十大论师，还有一些不在十大论师之列的其他论师。这些论师，少数是与世亲同时代的，绝大多数是世亲之后的。

十大论师注释《三十颂》，常有不同观点。而在陈那（不在十大论师之列）提出心识结构说后，更出现了安慧的无相唯识和护法的有相唯识两种不同的唯识观。传入中国后，真谛继承了无相唯识观，玄奘继承了有相唯识观。

无相唯识观与有相唯识观的主要差别是：无相唯识认为见分和相分是遍计所执，有相唯识则认为两者都是依他起。此外，安慧认为，八识都有遍计所执。而《成论》继承了《摄论》思想，明确指出，只有第七识和第六识有遍计所执，第八识和前五识没有遍计所执。

3. 中国唯识宗对唯识思想的发展

中国唯识宗是指玄奘一系的唯识宗，此宗对唯识思想多有发展，现就其重要理论作些说明。

（1）三自性不离识

如上所说，《摄论》将依他起性与唯识思想作了结合，形成了"依他起性皆是识"的唯识理论，而《成论》则将三自性与唯识思想作了结合，形成了"三自性不离识"的唯识理论。

《成论》说："应知三性亦不离识。""三种自性皆不远离心、心所法。谓心、心所及所变现，众缘生故，如幻事等，非有似有，诳惑愚夫，一切皆名依他起性。愚夫于此横执我法有无、一异、俱不俱等，如空华等，性相都无，一切皆名遍计所执。依他起上，彼所妄执我法俱空，此空所显识等真性，名圆成实。是故此三不离心等。"①

此文意谓：识与心所及其所变现的一切法，是依他起性；将识等一切法执为实有，就是遍计所执性；在识等依他起性上除遣遍计所执性，就能使识等一切法的真性显现，这就是圆成实性。所以三自性唯识。

就"一切法皆是识"和"一切法不离识"两种唯识观来

——————
① （唐）玄奘译《成唯识论》卷第八，《大正藏》第31册，第45、46页。

说,"一切法皆是识"能不能成立三自性唯识?实际上不能,原因如前所说,即遍计所执性是不存在的东西,所以不是识;圆成实性是一切法的本性,与一切法不即不离,就不即来说,也不是识。

而依"一切法不离识",能成立三自性唯识。因为遍计所执性是由第六识和第七识的执着而产生,所以不离此二识;依他起性,或是识自性,或是识相应,或由识变现,或依识假立,所以总说不离识;圆成实性是依他起的一切法的本性,所以也不离识。因此,依"一切法不离识",可成立三自性唯识。

(2)相分一切法

A. 相分一切法的要点

相分一切法与八识三能变有着内在联系,即八识是能变,相分一切法是所变。

八识三能变是由世亲所提出的,世亲时代没有心识结构说,相分一切法可由玄奘系唯识论推出。玄奘系唯识论以八识三能变思想为基础,对护法的四分说作了深入研究,其关于相分的论述实际上提出了相分一切法的思想。

相分一切法体系,依四分说而成立。四分说中,八识(以及相应心所)都有四分,即相分、见分、自证分、证自证分。八识三能变与四分说相结合,其中,八识各自变现的所缘法,就是八识各自的相分。四分中,后三分既是能缘,也是所缘;而相分只是所缘。相分一切法体系,主要是讨论见分对相分的认识。

相分一切法体系，既有存在论含义，也有认识论含义。

从存在论来说，一切法都是识的相分（有漏第六识虽不能证真如，但也能变现真如影像而缘），八识各有各的相分，识外无境，由此而成"唯识无境"。即使佛果位，佛智心品也有四分，其相分是化身化土，以及四智心品所缘的一切法。

从认识论来说，此体系在传统的八识认知论外，开出了四分认知论。

传统的八识认知论，主要讨论八识及心所对各自所缘法的认知，以及五心认识过程等。

四分认知论的要点：第一，能变可分因能变和果能变。诸识相分（即诸识所缘法）的生起属果能变。第二，所变或所缘，分亲所缘缘与疏所缘缘。亲所缘缘就是相分，疏所缘缘称本质。诸识相分必定有，本质有无不定。第三，相分与见分，或同种，或不同种。相分与见分不同种，如五识和五俱意识的相分。相分与见分同种，如独散意识的相分。第四，相分境可分性境、带质境、独影境。第五，相分借见分之力可熏种，此称相分熏。相分熏是对见分熏的补充，由此可深化一些问题的讨论（如三类境理论）。第六，此体系中，由因缘变和分别变理论，可说明相分诸法以何种方式生起；由三类境理论，可说明相分诸法以何种形式存在；由相分熏理论，可说明相分诸法如何以种现熏生方式得以延续。

B. 相分一切法与唯识无境

相分一切法体系进一步深化了"一切法不离识"或"唯识

无境"思想。

从"一切法不离识"来说，相分由识自体（自证分）变现，当然不离识。

从"唯识无境"来说，相分一切法为"唯识无境"提供了一个具体模式，即相分是识（包括心所）的一个成分，所以就在识内；一切法都是识的相分，所以识外无境（无物）。

C."一切法皆是识"与"一切法不离识"思想的汇合

此体系在某种意义上，可说是综合了"一切法皆是识"与"一切法不离识"思想。即因缘变或别种生的相分"不离识"，分别变或同种生的相分"皆是识"。但整体上说，此体系属"一切法不离识"思想。

（3）五重唯识观

五重唯识观是由窥基在《义林章》卷第一和《心经幽赞》卷上提出的，《心经幽赞》说："今详圣教所说唯识，虽无量种不过五重。"[①] 实际上，五重唯识观是将第一阶段和第三阶段的唯识观作了整合而成的唯识观，是集大成的唯识观。

第一，五重唯识观所证是离言法性。

五重唯识观的第一观是"遣虚存实"观。《义林章》说："故欲证入离言法性，皆须依此方便而入。"[②] 所以此观所证是离言法性。离言法性本非空非有，但观空可证入，而离言法性之体不空。

---

① （唐）窥基《般若波罗蜜多心经幽赞》卷上，《大正藏》第33册，第526页。
② （唐）窥基《大乘法苑义林章》卷第一，《大正藏》第45册，第258页。

第二，五重唯识观依三自性和四分说。

先看五重唯识观依三自性作观。第一"遣虚存实"观中，"虚"指遍计所执性，"实"指依他起性和圆成实性。"遣"指空观，即观遍计所执性为空；"存"指有观，即观依他起性和圆成实性是有。进一步说，"遣"遍计所执，包括遣实有诸识："此唯识言，既遮所执，若执实有诸识可唯，既是所执，亦应除遣。"① 即"唯识"之说，就是要破遍计所执，若执实有诸识，也属遍计所执，也应除遣。而第五"遣相证性"观中，"相"指事，即依他起性；"性"指理，即圆成实性。所以，此观是遣依他而证圆成。

再看此观依四分说作观。第二"舍滥留纯"观中，"滥"指外境，"纯"指相分内境。所以，此观是舍外境而留（观）内境。第三"摄末归本"观中，"摄相、见末，归识本故"，② 所以，"末"是指相分与见分，"本"是指"识本"，即识自体。所以，此观是观相分和见分由识自体（自证分）而起，如《义林章》说："此见、相分俱依识有，离识自体本，末法必无故。"③ 所以，此二观是依四分说而展开。

第三，五重唯识观依"一切法不离识"。

在第一"遣虚存实"观中，《义林章》引《成论》文："如是诸法，皆不离识，总立识名。唯言但遮愚夫所执定离诸识实

---

① （唐）窥基《大乘法苑义林章》卷第一，《大正藏》第45册，第258页。
② （唐）窥基《般若波罗蜜多心经幽赞》卷上，《大正藏》第33册，第527页。
③ （唐）窥基《大乘法苑义林章》卷第一，《大正藏》第45册，第258页。

有色等。"① 所以，就所观唯识之理来说，此观是总观"一切法不离识"。

而第四"隐劣显胜"观中，《义林章》说："心王体殊胜，心所劣依胜生，隐劣不彰，唯显胜法。"② 所以，此观是隐心所而观心王。而此观所体现的，也是心所"不离识"，而不是心所"皆是识"。

综上所说，五重唯识观是将第一阶段的唯识观和第三阶段的唯识观作了整合，是依"一切法不离识"等理论阐释其观法。

三、一切法的由来

关于一切法的由来，唯识经典中主要有三种理论或方式：名言安立、种子生起、识变现。这三种理论或方式既相互独立，又有内在联系。

（一）三种理论或方式概说

1. 名言安立一切法

在上述各种一切法体系中，第一阶段的离言名言法体系和五法体系认为，（世间）一切法都由名言安立而成，两者的差别在于：前者认为是由圣者圣智（无漏智）安立，后者认为

---

① （唐）窥基《大乘法苑义林章》卷第一，《大正藏》第45册，第258页。
② （唐）窥基《大乘法苑义林章》卷第一，《大正藏》第45册，第259页。

是由凡夫想心所或分别（有漏心）安立。如前所说，离言名言法体系的名言安立一切法，与唯识完全无关，其作用是"辨空有"，要成立的观点是：离言自性有，名言自性无。而五法体系的名言安立一切法，因为此体系将心与心所合说为分别，所以只是初步涉及唯识思想。

2. 种子生起一切法

此理论或方式有一个演变过程。其演变，先是由《解深密经》《瑜伽论》提出第八识中的种子生起诸转识、心所和色法；同时，《楞伽经》提出第八识（阿赖耶识）生能取所取一切法，此后，《辩中边论》《庄严论》都继承了第八识生二取思想，二取一切法都由种子生起；最后，《摄论》提出第八识（阿赖耶识）生十一识一切法，十一识包括六根、六境、六识以及依三者安立的一些法，十一识都有自种，都由自种生起，所以，一切法都由种子生起。

此理论充分体现了唯识学特征，如前所说，此理论强调了第八识作用，由此成立了阿赖耶识缘起。此理论体现了强化的唯识思想。

3. 识变现一切法

此理论或方式由《三十颂》《百法论》提出，由《成论》发展。《三十颂》提出八识三能变，能变是八识，所变是八识各自的所缘法。同时，如前所说，三能变可以与五位百法和相分一切法结合，则五位百法和相分一切法也都是三能变的所变。

此理论体现了圆满的唯识思想。在一切法由来的问题上，名言安立一切法理论基本与唯识思想无关。种子生起一切法理论认为，一切法都由种子生起，但实际上，并非一切法都有种子，如心所法和色法中的假法，还有心不相应行法都没有种子。因此，用识变现一切法理论能更圆满地说明一切法的由来。

（二）三种理论或方式的联系与差别

1. 名言在三阶段中的作用

三阶段的三种一切法由来理论或方式，有其内在联系，这就是名言。

三阶段中，第一阶段，名言的作用是名言安立；第二阶段，名言的作用是名言熏习（由此熏成名言种子）；第三阶段则区分了两类名言，即显境名言和表义名言。

先看名言安立与种子生起，这是不是两种截然不同的方式？并非，两者还是有联系。《解深密经》首先提出了"言说戏论习气"，将名言（"言说"）与种子（"习气"）作了结合，这是名言种子的发端。而后，此类说法在第一阶段的《楞伽经》和《瑜伽论》中也都出现过。在第二阶段，真谛译《摄论》，以及真谛、世亲、无性著《摄论释》中也出现了"言说熏习种子""言说习气""名言种子"等说法。

那么，名言种子的提出，是否真的就解决了一切法的由来问题？仔细思量，还是有问题。名言种子意味着一切法都是由名言熏成种子，那么，是否一切种子都由名言熏成？未必。至第三阶段，《成论》将名言种子（"名言习气"）分为两类，即显境名言种子和表义名言种子。表义名言种子是由名言熏习而成，显境名言种子则不由名言熏成。

显境名言种子为什么不由名言熏成？显境名言，《述记》说，"即是一切七识见分等心"，[①]所以是前七识及其相应心所。这里之所以只说七识，因为七识是能熏，七识见分能熏自种，熏种过程不借助于名言；而第八识只是所熏，不是能熏，所以其见分不能熏自种。但另一方面，虽然第八识见分不能熏自种，而如果是第七识见分缘第八识见分熏成第八识种子，此熏习也不借助名言。

在更深层次上，显境名言种子（包括第八识种子）非名言熏成，是因为佛教以及唯识论认为，众生无始以来一直存在，并不是由造物主创造而成，这样，众生的八识也无始以来一直存在，并不是由谁用名言来安立而成。所以，显境名言种子不是名言熏成的。而将诸识（及心所）称为显境名言，如《述记》所说："如言说名显所诠法，此心、心所能显所了境如彼，故名之为名，体非名也。"[②]即显境名言是指心和心所能显示所了别的境，就如名能显示所诠释的法，所以就将心和心所称为显境名言。

表义名言种子是名言熏成的，但名言本身不是能熏，不

[①]（唐）窥基《成唯识论述记》卷第八，《大正藏》第43册，第517页。
[②]（唐）窥基《成唯识论述记》卷第八，《大正藏》第43册，第517页。

能由名言自己熏成种子，只有借助心识的作用，名言才能熏成种子。而八识中，只有第六识有语言功能，所以是第六识运用名言熏成了种子。《述记》说："然因名故，心随其名，变似五蕴、三性法等，而熏成种。因名起种，名名言种。"[1] 其中的"心"实际上是指第六识，第六识根据五蕴等的名，变现五蕴等法的影像，从而熏成五蕴等的种子，这就是表义名言种子。

五位法中，只有心法、心所法、色法有种子。心法和心所法的种子，如上所说，根本上说不是名言熏成（当然不排除第六识也能非连续性地熏成部分心和心所的名言种子），那么色法种子呢？色法种子也有两种情况：有的色法种子是由五识和五俱意识的相分熏熏成，这类熏习不用名言；有的色法种子是由第六识（独散意识）缘色法中实法的相分熏熏成，这类熏习运用名言。但另一方面，《成论》指出了色法种子的起源是"名言熏习势力起故"，[2] 所以色法的源头是名言熏习，即色法总体上是来源于名言熏习。这可以理解为：第八识中本有的色法种子就来源于"名言熏习"。当然，这只是逻辑上或本质上的说法，并不能说向前追溯，真有一个时间的开端，那时色法由名言熏成，因为佛教并不认为众生和物质世界在时间上有开端，色法种子的本有种子也是无始以来一直存在，只是就色法与心法的关系来说，色法起源于心法。这样，就色法种子的起源或本质来说，色法种子都是表义名言种子。

---

[1] （唐）窥基《成唯识论述记》卷第八，《大正藏》第43册，第516页。
[2] （唐）玄奘译《成唯识论》卷第七，《大正藏》第31册，第39页。

综上所述，前七识见分熏熏成的种子是显境名言种子，与名言无关。第六识（独散意识）相分熏熏成的色法以及熏成的所有心、心所的种子都是表义名言种子，与名言有关。五识相分熏熏成的色法种子，窥基认为是显境名言种子，《述记》说："问曰：如缘五境而熏种等亦依外缘，何不别说因义熏习？答：境非胜缘，因境而心熏，但是显境所摄。"[①] 另一方面，如上所说，《成论》说色法种子"名言熏习势力起故"，这样也可说，五识相分熏熏成的种子是表义名言种子。而第七识相分熏熏成的是第八识见分种，没有用名言，熏成的又是心法种子，所以是显境名言种子。

这样，《成论》提出的显境名言种子与表义名言种子的区分，实际上就是说，种子的熏成并非都与名言有关，因此，名言种子也并非都与名言有关。

2. 三种方式的异同与融摄

三种方式的本质差别，可从《成论》的因能变和果能变理论来区分，即种子生起一切法方式是基于因能变概念，如阿赖耶识生十一识；识变现一切法方式是基于果能变概念，如三能变变现一切法；而名言安立一切法方式是既非因能变也非果能变，如离言名言法，广义的还可包括五法。

但另一方面，三种方式也有相通之处，即三种方式都涉及名言安立。如种子生起一切法涉及名言安立，以十一识为例，

---

① （唐）窥基《成唯识论述记》卷第八，《大正藏》第43册，第516页。

这些法是种子生起的，但都安立了各自的名称。同样，识变现的一切法也涉及名言安立，即五位百法和相分一切法实际上都是三能变的所变，但同样都要为这些法安立各自的名称。

最后，三种方式经历了从独立到融摄的演变过程。即第一阶段纯粹的名言安立一切法和第二阶段纯粹的种子生起一切法，都是独立的一切法生起方式；而第三阶段的识变现一切法，则融摄了前两种方式。

先看五位百法，其中，心法是实法，有种子，由自种生起；心所法一部分是实法，一部分是假法，实法有种子，由自种生起，假法没有种子，由名言安立而成；心不相应行法是假法，由名言安立而成；无为法寂灭无为，非种子生起也非名言安立而成。而关于色法，初步说，色法也是有实有假，所以仍是实法由种子生起，假法由名言安立而成；但从源头来看，如上所说，色法是由名言种子生起。所以，五位百法包含了种子生起和名言安立两种方式，即实法由种子生起，假法（包括心所法和色法中的假法以及心不相应法）由名言安立。

相分一切法也是如此，包含了种子生起和名言安立两种方式。从三类境和相见种来说，性境是相见别种，所以相分是由自种生起。独影境是相见同种，如龟毛、空花等无法，实际上是独散意识的见分缘名为本质，变现相应的影像而成相分，所以相分是由名言安立而成。带质境的情况比较复杂，一方面，带质境的相分有本质，且带质境能熏种，所以带质境的相分是缘本质而变现影像（与独影境缘名而变现影像不同）；另一方面，缘带质境相分的见分，是第七识的见分和独散意识的见分，在非量的情况下，第七识和独散意识见分既不得自相也不得共相，实际上不是生起法，而只是生起执着，所以在讨论"一切法由何而来"问题时可以不予考虑；而在独散意识的比量情况下（凡夫第七识只是非量），独散意识见分虽不得自相却是得共相，而共相是名言所诠，所以也可说是见分以名为本质而变现影像，所以相分也是名言安立而成。

最后，虽然相分一切法包含了种子生起和名言安立两种方式，但由于相分由自证分变现，所以总的说是由识变现。（关于种子生起为什么还要说是识变现，唯识著作中有相关论述，大意是：相分由自种生起，但前提是在自证分变现相分时，相分才由自种生起，所以也说是识变现。）

四、唯识学内的空有之争

前文论述了各种一切法体系的空有思想，此处要进一步讨论唯识学内的空有之争。笔者先前有文章略谈了唯识经典中偏空与偏有的倾向，[1] 现拟对此问题再作更深入的探讨。

（一）唯识经典侧重于说有

关于空有，佛陀、弥勒、无著、世亲的唯识经典有种种

---

[1] 林国良《瑜伽行派思想的逻辑演进》，《瑜伽行派研究》第1卷第1期，巴梵汉藏佛教文献研究所，斯里兰卡中华佛教会，2022年。

说法。首先,《解深密经》和《瑜伽论》基本上都在说有,略举几例:《解深密经》的离言名言法体系强调了离言法性是有,《瑜伽论》将世间法称为世间极成真实。《楞伽经》说"五法为真实"。[①]唯识经典的三自性理论更明确说,依他起性和圆成实性是有。

虽然《中边论》和《庄严论》有类似空的说法,如"二取无",但同时也有"二取性无"的说法,更有五蕴、十二处、十八界都有三性的说法,如说色法有"所执义色"(即遍计色)、"分别义色"(即依他色)、"法性义色"(即圆成色),所以,并非是"二取无",而应是"二取性无";至于那种类似空的说法,不是根本性的说法。《摄论》则更明确说十一识一切法都是依他起性,都由自种生起,这样一切法就都是有。因此,根本唯识经典都在说有。

由于唯识经典实际上是侧重于说有,所以唯识与中观的分歧被称为空有之争。

(二)无著、世亲之后的空有之争

无著、世亲之后,直至近现代,唯识学内部出现了明显的空有之争,其核心问题实际上是:世间法是有是无?各家的立场具体可归结为三种:一是以般若空为归宿的立场,二是种种偏空的立场,三是一以贯之地坚持"依他起性是有"的立场。

[①] (唐)实叉难陀译《大乘入楞伽经》卷第三,《大正藏》第16册,第606页。

1. 核心问题：世间法是有是无

唯识学内空有之争的核心问题是：世间法是有是无？具体表现为：名言法是有是无、世间极成真实是有是无、（五法中的）相和名是有是无、二取是有是无、心不相应行法等假法是有是无、相分（和见分）是有是无等。这些有无之争，归根结底都是世间法有无之争。

2. 以般若空为归宿的立场

从20世纪30年代开始，国内和日本学术界出现了一股否定玄奘系唯识学的风潮，由此引起了激烈的争论。此后80年代至90年代，香港和内地风波又起，争论不断。

在否定玄奘的学者中，最为激进的大概算是日本的上田义文。上田义文的《唯识思想入门》认为，护法、玄奘系唯识学，是与先前的唯识学完全不同的学说。他认为："在唯识学中存在着两种截然相反的观点，即认为'唯识'的'识'为无（空）的观点和非为无（空）的观点。""前者的'唯识学'通过'识'即依他性为空而成立，后者的唯识学则若'识'为空便无法成立。前者以龙树的空说为基础，是在其基础之上构建起来的唯识思想体系。后者不以空说为基础，是构建于有识之上的思想体系。应当说前者是空思想的发展，后者则属于有别于空思想的其他思想潮流。"[①]

上田的意思，依般若中观思想（识是无）建立的唯识论是

---

① [日] 上田义文《唯识思想入门》，慧观等译，宗教文化出版社，2017年，第20页。

正统的唯识论，不依般若中观思想的唯识论（识是有）属"其他思想潮流"。

而这可能也代表了对玄奘系唯识论否定还是肯定的一个核心问题，那就是：唯识论须回到般若经思想，还是坚持唯识论是"三时教法"中第三时最了义教法？实际上，许多否定玄奘系唯识论的人，确实是想回到般若思想，依般若中观思想来说唯识。

3. 种种偏空的立场

上述以般若空为归宿的思想，既然不是站在唯识的立场上，那么，或许不必将其视作唯识学内部的一种观点。但唯识学内也有偏空的倾向，这种偏空的倾向有各种不同表现，现举两例。

有一种观点是"唯能无所"。其中，"能"是能缘、能取，也就是八识及心所。"唯能无所"就是说，能缘能取的八识与心所是有，所缘所取的一切法（如色法、心不相应行法）是无。这种观点实际上要达成的结论就是：世间法是无。这种观点，或许其本意就是取般若立场；而如果要在唯识论中找依据，那么，《辩中边论》《庄严论》"二取无"的说法，以及安慧"见分相分是遍计"的思想可作为这种观点的依据。

另外还有一种情况，有些人基本上认可"依他起性是有""见分相分是依他起性"等观点，但在一些特殊情况下，他们会取偏空的观点。比如，对名言安立的一切法，由于认为其是增益，所以认为其是遍计所执性。又如，对世间极成真实,也认为其是遍计所执性,因为《辩中边论》说其是遍计所执性。下文对此将作详尽分析。

4. 一以贯之地坚持"依他起性是有"的立场

依他起性可说是唯识学的一个特色,在三自性中,遍计所执性是无,圆成实性是真实有,依他起性却是幻有,即依他起性既不同于圆成实性的真实有,也不同于遍计所执性的无,依他起性既是幻又是有。那么依他起性包括什么,幻有又该怎样理解?

(1)依他起性如幻的准确理解

一般认为,依他起性就是一切有为法,如《心经幽赞》卷上说:"诸有为法名依他起。"[1] 进而,一切有为法包括五蕴、十二处、十八界,也就是一切世间法(有为法当然也包括无漏有为,但本文此处只讨论有漏有为)。依他起性是幻有,那么,一切世间法也就是幻有。

对一切世间法的幻有,《楞伽经》有明确论述:

> 大慧言:"世尊!为依执着种种幻相,言一切法犹如幻耶?为异依此执着颠倒相耶?若依执着种种幻相,言一切法犹如幻者,世尊!非一切法悉皆如幻。何以故?见种种色相不无因故。世尊!都无有因令种种色相显现如幻。是故,世尊!不可说言依于执着种种幻相,言一切法与幻

---

[1] (唐)窥基《般若波罗蜜多心经幽赞》卷上,《大正藏》第33册,第526页。

相似。"

佛言:"大慧!不依执着种种幻相,言一切法如幻。大慧!以一切法不实速灭如电,故说如幻。大慧!譬如电光见已即灭,世间凡愚悉皆现见一切诸法,依自分别自共相现亦复如是,以不能观察无所有故,而妄计着种种色相。"[1]

所以,一切世间法的幻有,不是指其是遍计所执性(即"不依执着种种幻相,言一切法如幻"),而是指其刹那生灭("以一切法不实速灭如电,故说如幻")。就三自性来说,如果一切世间法是遍计所执性,那就不存在,而不是"幻有"。依他起性的"幻有",是与圆成实性的不生不灭相比,依他起性刹那生灭,所以"不实"如幻。

一以贯之地贯彻"依他起性是有"原则,那么,一切世间法都是依他起性,若以此来考察世间极成真实,世间极成真实当然也是依他起性。

关于世间极成真实属何种自性,窥基《辩中边论述记》说:"此论据一所执分,《瑜伽》据依他一分故,《成唯识》会而取之。"[2] 即《辩中边论》是据遍计所执性而说世间极成真实,而《瑜伽论》则是据依他起性而说。为什么《瑜伽论》说世间

---

[1] (唐)实叉难陀译《大乘入楞伽经》卷第三,《大正藏》第16册,第603—604页。
[2] (唐)窥基《辩中边论述记》卷第中,《大正藏》第44册,第18页。

极成真实是依他起性？因为该论说世间极成真实和道理极成真实都是依"相、名、分别"而说，而"相、名、分别"在该论中都是依他起性。那么，为什么《辩中边论》说世间极成真实是遍计所执性？《述记》的解释是："《辩中边》说'世间所成唯初性摄'，一切世间多共依此一处执故。体即依他，假名所执。"[①] 所以，按窥基的说法，世间极成真实，实际上是依他起性，但"假名"为遍计所执性，因为它们是世人依之生起执着之处。

（2）遍计所执性与依他起性的差别

遍计所执性和依他起性是唯识学的两个基本概念，唯识学对它们有明确定义，但现实中，有人对遍计所执性有一种扩大化使用的倾向，将本来是依他起性的法说成是遍计所执性，因此有必要对此二自性再作明确论述。

按唯识学的传统说法，遍计与依他的区别在于体用之有无。但由于依他起性还有实法与假法的区别，所以，三者的区别是：依他起性的实法是有体有用，依他起性的假法是无体有用（此无体，实际上是无自体，但有所依之体），遍计所执性是无体无用（此无体，是彻底无体）。进一步说，遍计所执性由于没有体用，所以是"无法"，即不存在的法；或者说，遍计所执性根本不能被称为法，而只是被执着的错误观念。如《百法论》定义了百法，其中有为法包括了作为假法的心不相

---

① （唐）窥基《成唯识论述记》卷第九，《大正藏》第43册，第551页。

应法，但百法中没有遍计所执性，因为遍计所执性根本就不是法。以下分别对三者的体用作简单说明。

A. 依他起性的实法有体有用

依他起性中的实法包括心法、部分心所法和部分色法。

关于心法和心所法的体（也称"性"或"自性"），有两种说法：一是在前期，即心识结构四分说之前；二是在四分说之后。

在前期，心法和心所法的体（"性"）是指其特性、特质。如心法的体（"性"）是"了别"，以眼识为例，《瑜伽论》说："云何眼识自性？谓依眼了别色。"而眼识的用（"业"）则是："彼作业者，当知有六种。谓唯了别自境所缘，是名初业。唯了别自相，唯了别现在，唯一刹那了别。复有二业：谓随意识转、随善染转、随发业转。又复能取爱非爱果，是第六业。"①

《成论》也从此角度对心所法的体（"性"）和用（"业"）作了详细说明。如欲心所是"于所乐境，希望为性，勤依为业"。② 所谓"希望为性"，"希望"只是一种心理特质；进而，所有心所法的体都是如此，并非指具有某种质碍之体，而是以某种心理特质为体。

而在四分说之后，心法和心所法的体，就是各自的自证分（也称自体分），自证分变现见分和相分，见分对相分起能缘之用。但心法和心所法各自的作用，则还是如上所说，如眼识能了别诸色，欲是勤之所依，不害对治害，等等。当然，以自证分为

---

① （唐）玄奘译《瑜伽师地论》卷第一，《大正藏》第30册，第279页。
② （唐）玄奘译《成唯识论》卷第五，《大正藏》第31册，第28页。

体，由于自证分是心法不是色法，所以此体仍是无质碍之体。

色法的体更为简单，以青为例，《瑜伽论记》说："又此青，青为体，体不相遍，故是自相，名证量境。"①这相当于说，青就是青。从现代科学来说，青是某种波长的光波或电磁波；但在古代，青就是青，没有更多解释或不必多作解释。当然，色法的特点就是有质碍，所以色法之体是有质碍之体。

B. 依他起性的假法无体有用

依他起性的假法包括部分心所、部分色法和所有心不相应行法。假法都无自体，但有所依之体，所以也有用。

心所中的假法，如十一种善心所中，不放逸、行舍、不害三种是假法。以不害为例，不害是"于诸有情，不为损恼，无瞋为性；能对治害，悲愍为业"，②即不害本身没有体，而是以无瞋为体（"性"）；能对治害，慈悲为怀是其作用（"业"）。

色法中的假法，主要是聚集假，如物质世界中的山河大地等，本身无体，都是色香味触的聚集物，即由此四境为体；成为有情的居住处和受用物，是其作用。

心不相应行法则都是假法。以得为例，《成论》说："得、非得等，非如色、心及诸心所，体相可得；非异色、心及诸心所，作用可得。"③所以，得无体，只是假立，但有作用。如得是"依有情可成就诸法分位"而假立，依此假立可有三种成

---

① （唐）遁伦《瑜伽论记》卷第七，《大正藏》第42册，第449页。
② （唐）玄奘译《成唯识论》卷第六，《大正藏》第31册，第30页。
③ （唐）玄奘译《成唯识论》卷第一，《大正藏》第31册，第5页。

就，即种子成就、自在成就、现行成就（这三种成就当然也是假立）。进一步说，唯识学认为，得作为假法，其作用不离实法（即色、心及诸心所），也就是唯识学中说的"不离识"。

再如同分是"依有情身心相似分位差别"而假立，依此可有天同分、人同分，乃至各种各样的同类同分。其他心不相应行法也都是如此，都无实体，但有"不离识"的作用。

那些说心不相应行法是遍计所执性的人，大概没有仔细看过或思考过心不相应行法的内容，因为心不相应行法中包含了灭尽定，如果心不相应行法是遍计所执性，那么灭尽定也是遍计所执性。但那样的话，就要说佛菩萨和二乘圣者不入灭尽定，因为遍计所执性是无，所以灭尽定也是无；或者要说，圣者都入遍计所执的定，圣者也有遍计所执。

而那些说色法都是遍计所执性的人，他们呼吸着空气，喝着水，吃着饭，却说这些都是没有的。他们实际上是将本性空和现象空混为一谈，将现象虚妄认为就是空无。

假法如此，假我也是如此。依玄奘系唯识学的观点，假我假法都依由识自证分变现的见分和相分而假立，所以假我也没有实体，但有作用。即依假我，可安立六道，直至在六道中安立具体的有情，如说某有情是人，是男人，是父亲或儿子，从事某某职业等。进而，由假我可成立人格主体和修行主体，这些都是安立假我的作用。若无假我，或将假我说成是遍计所执性，那你我他都无法区分，世俗谛中的善恶因果（属你属我属他）都无法区分，出世间修行的因果也无法区分。

C. 遍计所执性无体无用

实我实法是不存在的东西，也就是无法，既然完全不存在，当然无体也无用。这里或可再进一步作一辨析，即遍计所执性是由执着而起，但无法未必是由执着而起。如龟毛兔角，人们完全可以清楚它们是不存在的东西，对它们不起执着，但在归类时，仍要将龟毛兔角归为遍计所执性，这是因为在三自性中，龟毛兔角不可能是依他起性，当然更不可能是圆成实性，所以只能归为遍计所执性。

无法是遍计所执性，但有一些貌似无法的现象，实际上是依他起性。如海市蜃楼，其本性是无，但呈现出的种种画面却是有，现代人可以明知其是无（即没有执着），却兴趣盎然地进行观赏。实际上，海市蜃楼是依气象条件等因素形成，所以是依他起性。又如电影，虽然其每一幅画面实际上是静止的，其剧情是虚构的，但人们身临其境，还是深受感染。而电影实际上也是依技术和艺术等各种手段形成的，也是依他起性。就如《解深密经》将眩翳过患比作遍计所执性，将依眩翳过患而起的眩翳众相（"或发、毛、轮、蜂蝇、苣蕂，或复青黄赤白等相"）比作依他起性一样，海市蜃楼、电影等现象既然是依他众缘而起，当然也是依他起性。而这些现象实际上是与上述依他起性假法一致，无体有用。当然假法的用，各有不同。如手能抓物、脚能行走、水能喝、食物能吃，这些假法的用，可称为实用。另外，心不相应法的用，就只是在观念上帮助说明一些问题等的用。而海市蜃楼的用，就只是观赏的用；电影的用，是精神上的或消遣或慰藉或升华之用。但无论是什么样的用，都形成了依他起性假法与遍计所执性现象的差别，即两者虽都无自体，但前者有用，后者无用。

（3）将依他说成遍计的若干所依观点

一些人将依他起性说成是遍计所执性，其所持观点主要包括：名言安立是遍计所执性、分别是遍计所执、显现是遍计所执性等。下面分析一下这些观点。

A. 名言安立是遍计所执性

有人认为，一切法都是名言安立，所以都是遍计所执性。

在离言名言法体系中，圣者圣智在离言自性上安立名言，就成了名言有为法和名言无为法，进而有了假说自性（即名言自性）。这样，表面上看，相对于离言自性，名言法和名言自性都是增益。而据《瑜伽师地论·本地分·真实义品》，假说自性（名言自性）是增益执，也就是遍计所执，那么能否说名言法也是增益执呢？并非。名言自性被认为是增益执或遍计所执，是因为它是对名言法执着实有自性而成，所以，名言自性并非是由名言安立而成，而是由执着而成。而名言法则是在离言自性（真如和唯事）上安立而成，既然是依他离言自性而起，那就是依他起性，而不是遍计所执性；是有，而不是无。

B. 分别是遍计所执

有人认为，分别就是遍计所执。但实际上并非如此。

《述记》说："分别有二种：一有漏心名分别，即五法中分别。二缘事名分别，即后得智亦名分别。或立三分别，二种如前,第三更加遍计心名分别。"①

由此可知,遍计所执只是分别的一种,也就是说,遍计所执是分别,但分别不一定是遍计所执。例如,有漏心(八识)也名分别,但并非都是遍计所执,如第八识和前五识就没有遍计所执。此外,甚至后得智也可称分别,却是无漏的,并非是遍计所执。

C. 显现是遍计所执

有一种观点认为,一切法只是虚妄显现,所以都是遍计所执性,都不存在。但这并不是对唯识显现概念的正确理解。

"显现"一词,各种佛典都有使用。唯识经典则说了三种类别的"显现",即遍计所执性的"显现"、依他起性的"显现"和圆成实性的"显现"。

遍计所执性的"显现",如《摄论》说:"谓于无义唯有识中似义显现。"②遍计所执性("义")本身是无("无义"),所以遍计所执性的"显现"就是无中生有,纯属虚妄。但另一方面,《摄论》说的"无义"是以"唯有识"作为基础而显现。

圆成实性的"显现",如《解深密经》说:"又即诸行唯无我性、唯无自性之所显现,名胜义相。"③

依他起性的"显现",如前所说,都是有所依而显现。如名言安立一切法,是依离言自性或依相,安立名言而显现;种

---

① (唐) 窥基《成唯识论述记》卷第七,《大正藏》第43册,第473页。
② (唐) 玄奘译《摄大乘论本》卷中,《大正藏》第31册,第138页。
③ (唐) 玄奘译《解深密经》卷第一,《大正藏》第16册,第691页。

子生起一切法，是依名言种子生起一切法而显现；识变现则是依自证分变现而显现。因此，依他起性一切法的"显现"，并非纯属虚妄，并非都无所有，实际上，依他起显现的一切法（无论是实法还是假法）都是有其存在性的。

（4）唯识有与般若空的关系

再就般若空与唯识有作一比较。般若空本身没有错，但这是根本智证真如境界，侧重点在于破。唯识论的特点是：既要论述根本智的境界（空），也要论述后得智的境界（有），而其侧重点在于立。

而"依他起性是有"，即唯识的有，主要表现为：有第八识作为轮回主体；有第六识作为日常生活主体，乃至作为修行主体；还有器世间五尘引生凡夫五欲等烦恼，如果没有五尘，那么，欲界和色界众生的绝大多数烦恼也就不存在了，修行解脱也就是一件非常容易的事了，所以，世间法虽是幻却是有。进而，如《大般若经》说："若无世俗，即不可说有胜义谛。是诸菩萨通达世俗谛，不违胜义谛。"[①]

虽然在理论上可作上述分析，但唯识学内部的空有之争，或许可说，如同中观与唯识的空有之争一样，由于种种原因，不大可能消除，而将一直存在下去。

林国良
2023年9月最终定稿

[①]（唐）玄奘译《大般若波罗蜜多经》卷第五百六十九，《大正藏》第7册，第939页。

前　言

一、《成唯识论》的学派源流

《成唯识论》是中国佛教唯识宗的最重要经典之一。唯识宗也称法相宗或法相唯识宗。近代佛教学者欧阳竟无等曾认为法相与唯识应立为二宗，但遭到当时的太虚大师等人的反对。笔者以为，虽然该宗确有某些典籍侧重说明法相、某些典籍旨在论述唯识这种现象，但诚如太虚大师所说的"法相必宗唯识"，两者的关系是：唯识以法相为基础，法相以唯识为归宿，似无必要区分为二宗，故本书也不作此种区分。

唯识宗是由唐代玄奘大师求法印度、回国后所开创，此宗崇奉印度大乘佛教中从无著、世亲相承而下，直至护法的瑜伽行派一系的学说，即唯识学。唯识学是佛学中极具特色的一门学说，其学风之严谨、思辨之精细、体系之完备，不但远胜于佛教内的其他学说，也远胜于历史上印度或中国的其他学说。据说，唐太宗在仔细阅读了玄奘译毕的一百卷《瑜伽论》后，感慨地对侍臣说："我看佛经如同瞻天观海，莫测高深。儒、道、九流比起佛经来，就像小水池去比大海一样。人们说儒佛道三家齐峙，这是妄谈呵！"①

《成论》是一部解释世亲的《唯识三十论》的论著，一般认为属于集注性质。《唯识三十论》主要是三十首颂，故也称《唯识三十颂》，是唯识宗的"一本十支"之一。《唯识三十论》是世亲晚年精心撰写的著作，但他未曾亲自注解便去世。其后作注的人很多，而最著名的有十家，这十家注书共有四千五百颂，观点不尽相同。近代唯识学者将唯识学区分为唯识古学与唯识今学，吕澂先生在《论庄严经论与唯识古学》中对此有明确的论述。所谓古学，包括的人物是无著、世亲以及其后严格遵循其学说者。在十大论师中，亲胜、火辨、难陀属古学，而今学的代表人物是陈那、护法。安慧的归属，吕先生在二十世纪20年代发表的上述文章中，认为是折衷于二者之间；而在50年代发表的《印度佛学源流略讲》中，则明确为唯识古学之代表人物。关于两学之差异，吕先生指出："古学唯识非但见、相为识性，心所亦以识为性。""此（指今学——本书作者注）皆谓所缘可别有性，但不离识故名唯识。""此解唯识不同，实古今学一切异义之根源也。"②即两学之根本差异在于：成立唯识时，古学认为，一切即识性；今学认为，一切不离识。例如，相分和见分，古学认为与识自体（即今学所说的自证分）同一识性，即三者同一本体，所以不必分出相分与见分，或者说没有相分与见分。而今学认为，见分与自证分同一本体，相

---

① 陈扬炯《玄奘评传》，京华出版社，1995年，第112页。
② 吕澂《论庄严经论与唯识古学》，《吕澂佛学论著选集》卷一，第75—76页。

分则不必与自证分同一本体，只能说相分不离识，这样就不能取消见分和相分的存在。再说心所，古学认为心所与识也是同一本体，而今学认为，心所"应说离心有别自性"。当然，从更深的层次上说，"心所与心非即非离"。不但心所如此，"诸识相望，应知亦然"。①即八识的本体，也不是必定同一或必定相异。因此，古学的"唯识"，是指"一切即识性"；今学的"唯识"，是指"一切不离识"。

玄奘大师的《成论》，一般认为是宗奉护法学说的，所以属唯识今学的传承。关于玄奘大师的这一倾向，有一个较为流行的传说。即玄奘大师在印度求学期间，对各家注书都作过认真研究，而尤其难得的是他有幸获得了护法的注书。据说护法的著作只是付托一位玄鉴居士珍藏，玄奘独获其传本而回国。在翻译时，玄奘原拟将十家注解一一翻译出来，但后来采纳了弟子窥基的建议，改用编纂办法，糅十家之说于一书，以护法之说为断是非、判高下的标准，以避免中国佛教界出现纷争不止的局面，所成之书就是《成论》。但近代也有学者认为，《成论》中经常提到的"四分说"，在护法的其他著作中未见提及，而本论处处可见玄奘游学印度之心得反映。故本论非仅为译书，也可看作是玄奘的述作。（参见《佛光大词典》"成唯识论"条目）此说虽也有一定道理，但本书权且采纳玄奘宗奉护法之传统说法。

---

① (唐) 玄奘译《成唯识论》卷第七，《大正藏》第31册，第37页。

二、《成唯识论》的传统学术范畴

本论之宗旨，正如本论开始部分指出的，是为了悟二空、断二障、证得大涅槃和大菩提。现按本书的章节对本论所涉及的传统的唯识学范畴作一简单说明。

第一章《论破我执和法执》的主要范畴如下：

（一）二空观。二空是指我空和法空，也称人我空（或生空）和法我空，也称人无我（或众生无我）和法无我。我空，意谓所有人或所有众生都没有实在的自我。法空，是指一切事物都没有心外实在的本体。

（二）唯识中道观。法空的含义与唯识中道观紧密相连。因为唯识学的法空观只是否定心外事物（外境）的实有性，并不否定心内事物（内境）的实有性，当然这是世俗谛意义的实有性。这就是唯识中道观。此唯识学中道观的特点就是既不全面否定也不全面肯定。这一特点使唯识学既能保持佛教理论对世俗现象的超越性，又能使其在解释世俗现象时保持某种程度上与人们经验的契合性。

（三）我执和法执。悟二空的障碍是二执，即我执和法执。二执均有俱生（与生俱来）和分别（由思维而产生）二种。分别的二执都是由第六识引起。俱生的二执既有由第六识产生的又有由第七识产生的，而由第七识产生的二执是世世代代与生俱来、连续不断的。

（四）能变识。我执和法执的根源是将识所变现的似我似法或相分、见分执着为实我实法。而能变现似我似法的识被称为能变识。能变识有三类：异熟识、思量识、了境识。它们分别对应第八识、第七识和前六识。这也就是"八识说"。该说认为，除了人们熟悉的六识之外，实际上还有第七识和第八识。其中，第八识是本源，前七识都是由第八识中的种子生起，乃至众生的身体和山河大地等物质世界也都是由第八识中的种子生起。第七识是第八识与前六识之间的一个过渡性的存在物，第七识是第六识的直接依托，即意根，第七识又执着第八识的见分为实我。前六识则起对现实事物和现象的认识作用。

第二章《论第八识》的主要范畴如下：

（五）第八识的名称和主要性质。由于第八识具有超经验的性质，所以本论对其作了详尽的论述。1. 名称。第八识有多种名称，其中主要的名称有三种：阿赖耶识、异熟识和一切种识。阿赖耶识和一切种识表明此识能保藏众生身心和物质世界等一切事物的种子，但此识是无形无象的，种子也只是指此识所具有的能生起现行事物的功能。异熟识表明此识是先前世善恶业形成的果报。2. 认识作用和认识对象。第八识作为识，其基本功能是认识功能；其认识对象是由其自己变现的三类对象：种子、众生的身体和身外的物质世界。但第八识的上述认识功能和认识对象都极其隐微，难以了知。3. 没有间断又始终变化。第八识具有"非断非常"性。"非断"指第八识在无穷的过去与无尽的未来中始终生起而没有间断；"非常"指第八识中的种子转变为现行，现行又熏成新种，故而后一瞬间不同于前一瞬间。

4. 第八识的转变。凡夫的第八识含藏了善、恶、无记性等各种事物的种子，佛教的修行就是要舍弃一切污染的种子，转染成净。故而修行到一定的阶段，就可断除第八识的阿赖耶识的性质，进而断除其异熟识的性质。具体地说，大乘修行到菩萨七地圆满的境界，则阿赖耶识的性质可断除；修行到菩萨十地圆满的境界，异熟识的性质可断除。转变了凡夫的第八识后，其一切种识的性质不变，因为仍需此识保持一切清净的种子。

（六）种子说。种子是一种比喻性的说法，是指第八识能生起现行事物的功能。种子是唯识学保持因果的载体，善恶等业（即善恶等活动）在第八识中熏成了自己的种子，此种子没有遇到合适的条件时，在第八识中不断引生同类新种，所以是随灭随生；当遇到合适的条件时，此种子就能产生现行事物，而此现行事物同时又在第八识中熏成自己的新种。这样就使所有因都能产生确定的果，在没有转变为果之前，因决不会消失。种子既有新熏的，也有本有的。善恶等业不断地在熏成新种，所以种子肯定有新熏的；但无漏法的种子不可能由有漏的污染性事物熏成，所以无漏种子肯定是本有的，熏习（即修行活动）只是使其增长。而唯识学的五种性（又作"五种姓"）理论等就是建立在种子说的基础之上。

（七）心识结构说。关于心识（包括心所，下同）结构，有"一分说""二分说""三分说""四分说"。其中，"四分说"最完备。该学说认为，心识生起时，包括四种成分：相分、见分、自证分、证自证分。其中，后二分称内二分，是识之主体；前二分称外二分，由自证分变现，此二分中，见分起认识作用，相分是被认识对象。"三分说"是没有证自证分。"二分说"是只讲相分和见分。"一分说"则只有识自体，没有相分和见分。

第三章《论第七识》的主要范畴如下：

（八）第七识的名称和主要性质。由于第七识也是超经验性的概念，所以本论对其也作了详细论述。1. 名称。污染的第七识名末那，其含义是"污染意"。此识名意，是第六意识的根，即特有的依托对象；同时此识总有烦恼心所伴随，所以是污染性的。2. 依托对象。第七识的依托对象是第八识，第七识以第八识中自己的种子为因缘，以现行第八识为增上缘。3. 认识对象。污染的第七识以第八识的见分为认识对象，将此执着为众生内在的自我；清净的第七识则还能认识真如及其余一切事物。4. 作用。第七识的作用是思量。第七识是始终活动而无间断的识，污染的第七识始终不断地思量实我的状况，清净的第七识始终不断地思量无我的状况。5. 第七识污染性的制伏和断除。在无漏的根本无分别智和后得智生起时或入灭尽定时，第七识的污染性被暂时制伏。三乘的无学（阿罗汉、辟支佛、如来）果位能彻底断除其污染性。

第四章《论前六识》的主要范畴如下：

（九）心所说。心所就是伴随着心的活动而产生的心理活动或心理功能。八识在活动时永远有一定数量的心所伴随活动，绝无没有心所伴随的识，也无脱离识而独立活动的心所。心所的类别有六类五十一种，即遍行心所五种、别境心所五种、善心所十一种、根本烦恼心所六种、随烦恼心所二十种、不定心所四种。遍行心所是在任何条件下都会伴随任何识一起生起的心所，所以是一些基本的、普遍的心理功能。如遍行心所中的想、受、思与六识结合，就形成了近代心理学所说的知、情、意。别境心所是在特定条件下产生的心理功能，其与六识的结合能形成大体上如同现代心理学所说的兴趣、理解、记忆、专注、判断推理等功能。善、烦恼（包括随烦恼）心所的活动使心识带上了善恶等伦理性质。不定心所则是伦理性质不确定的心理活动，可善可恶，也可非善非恶。

第五章《论一切唯识》的主要范畴如下：

（十）五位唯识。唯识学将"法"，即一切事物分为五类：识法、心所法、色法、心不相应行法、无为法。其中，心所不能脱离识而独立存在、独立活动，色法由识和心所变现，心不相应行法是依前三类法而假立，无为法是前四类法的本性。所以，心所等后四类法都不离识，这就是护法唯识学的唯识含义，即"一切法不离识"。

（十一）四缘说。佛教的缘起说认为，一切事物都由缘（即条件）而生起。唯识学认为，缘有四种，即因缘、等无间缘、所缘缘、增上缘。因缘是事物生起的根本性、决定性的缘，各事物的因缘就是其在第八识中的种子。等无间缘是事物得以延续的缘，前一瞬间的心延续到后一瞬间，靠的就是等无间缘。所缘缘是心和心所的认识得以产生的缘。增上缘就是对事物的生起起帮助性作用的缘。这样，事物间的相互关系都可用这四种缘来加以说明。

（十二）三自性与三无性。三自性是遍计所执性、依他起性、圆成实性。一切事物都是依他起，即都是由一定的缘而生起，这就是依他起性。对依他起的事物执着为具有实在的本体，那就是遍计所执性。对一切事物远离遍计所执性，如实地认识到此依他起事物的本性，就是圆成实性。三无性是相无性、生无性、胜义无性。三无性是以三自性为基础而假立的。依遍计所执性而建立相无性，此处的"相"指体相，即本体的性状。相无性就是说遍计所执的事物并不存在实在的本体。由依他起性而建立生无性，也称无自然性，即依他起的事物，虽有其生起所依托的各种缘，但本身无实在的本体，或者说不存在自然而有的本体，就像魔术中幻现的东西，所以假立无性。依圆成实性而建立胜义无性，即圆成实性只是由远离遍计所执的实在本体而建立，故而将圆成实性假立为胜义无性。关于三自性与三无性，唯识学认为，三自性是"了义"（即符合最高真理）的说法，三无性是"不了义"（即权宜）的说法。

第六章《论修行证果》的主要范畴如下：

（十三）修行五位。唯识学认为，修行证道要历时三大阿僧祇劫、经过五个阶段，才能圆证佛果。这五个阶段是资粮位、加行位、通达位、修习位、究竟位。资粮位是准备性和初步修行的阶段，是为了积聚修行的资粮，所作的修行主要是六种波罗蜜多。加行位是为求见道而作有针对性的刻苦修行阶段，所作的修行主要是暖、顶、忍、世第一法。通达位是见道的阶段，此阶段生起的根本无分别智能认识唯识性，生起的后得智能认识唯识相。修习位是为求圆满果位而继续修行的阶段，此阶段是要修十胜行、断十重障、证十真如。此阶段修行圆满，便进入究竟位，即佛果位，菩萨在此位证得大涅槃和大菩提二种转依果，而大菩提包括大圆镜智心品、平等性智心品、妙观察智心品、成所作智心品。

三、《成唯识论》的现代学术解析

《成论》的上述传统学术范畴，也可用现代学术语言来进行诠释，以期与现代学术沟通。《成论》的思想涉及现代学术的多个领域，本文以下仅就哲学和心理学领域对其思想作一简论。

（一）存在论

"唯识"，也可表述为"唯识无境"。如前所述，按护法的观点，"唯识"就是"一切不离识"。而"无境"则指无外境，非无内境。这样，现存的一切事物都不离识，而不离识的一切事物都是识的内境，所以，识是一切事物的本源。再就诸识的关系来看，前七识都是由第八识中各自的种子而生起。所以相对前七识而言，第八识是根本识，也就是说，第八识是一切事物的真正本源。若从第八识的性质来分析，也可得出同样的结论。第八识变现出的相分内境有三类：种子（包括前七识的种子）、众生的具有五根的身体、物质世界。这样，众生的身（五根身）、心（前七识）以及物质世界都是以第八识为本源。

唯识学的第八识，有两个重要特征。

一是非实我的轮回主体。第八识是众生由这一世向下一世转变，从而世世代代生生不息的主体，这原是唯识学建立第八识的旨趣。生死轮回之说如果没有一种切实的主体，那这一学说就很难说是完善的，也很难有足够的信服力。但另一方面，佛教又主张无我，因此这一轮回的主体又不能等同于其他宗教或其他学派所说的灵魂或自我。第八识能同时满足这两方面的要求。第八识的特征是"非断非常"。"非断"是说：第八识在任何时候都不会中断，即使在一期生命结束后也不会断灭，从而保证了众生世世代代的连续性，因此，第八识能担当轮回主体的重任。但仅就"非断"这一特点来看，第八识与其他宗教或学派的灵魂或自我，是有相似之处、共通之处的。而"非常"则是说：第八识在每一瞬间都有变化，种子生现行，现行熏种子，因灭果生，前后不同。这样，第八识就处在不断的变化之中。所以，"非断非常"表明第八识是始终连续的，又是不断变化的，这就使第八识不具有实我的性质，与始终不变的、单一成分的灵魂或自我不是一回事。

二是多元存在论。六道众生（包括人、动物、鬼神）都有自己的第八识。这样，唯识论就不是"独识论"，不是"一元论"。无数的众生就有无数的第八识,因而具有无限的多样性。这是第八识与真如的不同之处。真如是一切事物的本性,是无形无象,完全同一,无任何差别可言。第八识则各各不同,每一个都具有其特殊性。此特殊性表现为:(1)种子不同。不同的第八识具有不同数量的种子,例如,按"五种性说",众生并非都具有如来种性,因而并非都能成佛。故而无漏法的种子,众生的第八识中并不都具有同样多的数量。至于有漏法的种子,从理论上推论,在每一世生命中,各众生也不应相同。因为众生的业力不同,所以每一世中熏成的种子也应不同。(2)有根身不同。虽然每一众生的身体中非五根的那部分,是由业力相同的众生共同变现的,故而能共同受用;但各众生的五根是各自变现的,各不相同。(3)物质世界不尽相同。虽然三界九地中每一地的物质世界都是由业力相同的众生共同变现的,但实际上还是各变各的,由于其相似性而重叠在一起,犹如同一房间内的许多灯,各发各的光,但所有的灯光交织在一起而无法区别。此外,每一众生由于还有其特殊的业力,所以还能变现出只属于其个人拥有的物品,虽然此类物品看上去是属于共同世界的。

(二)认识论

唯识学的认识论是一种"唯识无境"的认识论。唯识学认为,识和心所不能认识识外事物,只能认识自己所变现的相分。相分是对心识结构剖析后得出的一个概念。如前所说,唯识学关于心识结构有多种理论，其中以"四分说"为最完善。"四分说"就是把每一种识以及每一种心所分为四部分，实际上就是识（包括心所，下同）在认识活动、精神活动中的四种作用。这四部分包括相分、见分、自证分、证自证分。其中，相分是指由识变现的认识对象。见分是指识的认识作用，它是一切正确认识或错误认识的根源。自证分是对见分的证知，即对识的认识作用的自行证明（这里的意思不是说自证分是对认识是否正确进行判断，而只是指有一种内省和觉察），自证分是相分与见分所依托的内在主体。证自证分是对自证分的证知，同时自证分也可对证自证分进行证知，这样就无需在四分之外再无穷设置其他部分。由于证自证分与自证分可相互证知，所以确切的看法应是此二分都是内在主体的不同表现，称为内二分；相分和见分则称为外二分。此外，证自证分不能证知见分，所以它与自证分的作用也不会混淆。

识和心所只能认识自己的相分，这实际上就是"唯（有）识无（外）境"。"唯识无境"有两种，一种是存在论意义的，另一种是认识论意义的。如上所说，第八识的相分包括种子、有根身和物质世界。由于种子及其所生的有根身和物质世界都是第八识的相分，所以这是存在论意义的"唯识无境"。同时，第八识又以变现出的相分境作为认识对象，而不以任何识外之物作为认识对象，所以这也是一种认识论意义的"唯识无境"。再看前七识的相分，前七识既然有第八识变现出的物质世界等相分境以及他人的心识等外境，那么，前七识在认识时，是否在认识外境呢？唯识学认为，前七识的认识对象，仍是自识的相分，仍是内境。即前七识的相分也都是由七识各自变现，但变现的依据有两种。一是依据识外的本质（如第八识的相分、他人的心识等）而变现自识内的相分，这种情况下，相分是外部对象（即相对于七识而言的外境）在识内的影像。二是没有识外的本质作为依据，纯由自识变现相分，如第六识的幻觉或想象等。所以，这两种情况下，前七识的认识对象都不是外境，而是自识所变现的相分，这可以说是认识论意义的"唯识无境"。所以，第八识有存在论和认识论二重意义的"唯识无境"，而前七识只是认识论意义的"唯识无境"。

所以，按唯识学的认识论来看，一般的认识过程就是由识的主体（自证分）变现见分和相分，并由见分对相分进行认识。但如果是对真如之类的现象进行认识，或见分、自证分和证自证分相互间进行的认识，则此类认识过程就超出了一般认识论的范畴。唯识学认为这类认识都是现量的认识，而现量的认识大体上相当于现代所说的直觉认识。

（三）宇宙观

宇宙这一概念相当于佛教所说的"器世间"。唯识学的宇宙观是以小乘的宇宙学为基础。小乘宇宙学对宇宙的空间范围、结构以及发展变化等，都作过论述，如有情世间与器世间、三界九地、三千大千世界、世界的成住坏空，等等。唯识宇宙学继承了小乘宇宙学的大部分内容，但对宇宙的起源、生成、地位等问题，则有其独特的说法。

唯识学的宇宙学可以说是一种"众生创世说"。如前所说，唯识学认为，宇宙并非是一种心外的客观、独立的存在，而是由众生的第八识变现，是第八识的相分境。"阿赖耶识因缘力故，自体生时，内变为种及有根身，外变为器。"① 所以，当第八识生起自体时，也就同时变现出器世间，即物质世界。

关于第八识变现器世间，有两点须注意。一是器世间的共同受用与自受用的关系。唯识学认为，每一众生都变现出各自的器世间，但由于共相种子（即能形成共同受用境界的种子）的作用，这些由业力相同的无数众生变现的器世间，形相相似，地点相同，互相重叠在一起，好像是一个共同的世界；犹如众多的灯点亮后，其光都能普遍照耀，好像一盏灯一样。这样也可说，这共同的世界也是由业力相同的众生共同变现，能共同受用。但这里必须指出，众生共同受用这物质世界的基础，是众生各自变现各自的物质世界。所以，就根本意义来说，物质世界是众生自变自受用，绝对不是自变他受用，或他变自受用。即如果自己的第八识不变现某样东西，那自己就绝对不能受用该东西。如果不变也能受用，那就是心外法实有，就违背了唯识之理。二是自地众生变现自地的器世间。这里的"自地"，涉及三界九地的概念。即三界中，欲界六道总为一地，色界四禅天为四地，无色界四天也为四地，这样共为

---

① （唐）玄奘译《成唯识论》卷第二，《大正藏》第31册，第10页。

九地。无色界不存在物质,所以该界众生不变现器世间。而欲界六道的众生,不管该众生目前处在哪一道中,他的第八识都要变现出六道的所有国土。如果该众生要从欲界的这一国土(如人间)生到那一国土(如天道),该众生的异熟识仍要变现出这一国土(人间)。更进一步说,如果一众生要从这一三千大千世界的欲界生到其他三千大千世界的欲界,该众生仍要变现出这一三千大千世界的欲界的所有国土。所以,当这一物质世界将要毁坏时或刚出现时,虽然此世界中没有众生,但该世界仍表现为存在。这也就是说,我们人类所见的山河大地等物质世界的形相,是欲界六道众生(包括鬼神,包括大到大象、小到蚂蚁的各类动物)变现的,色界与无色界的众生则不变现我们这个物质世界的形相。由此可见,据唯识学看来,我们人类所感知的物质世界,只是我们的第八识所变现的器世间的一部分,我们的第八识同时还变现了欲界中的其他的(如地狱、天道的)世界,但我们人类的五官还不能感知它们的存在。

(四)物质观

物质的概念相当于佛教所说的"色法"。"色法"包括"能造"和"所造"。"能造"指地、水、火、风四大种。"所造"包括五根、五境和法处所摄色。

唯识学认为,上述物质由第八识所变现。《成论》指出:"略说此识所变境者,谓有漏种,十有色处及堕法处所现实色。"[1] 其中,"有漏种"即一切有漏事物的种子,"十有色处"即五根与五境,"堕法处所现实色"即法处所摄色中的定果色(由定而生的物质)。

但更精确地说,第八识只变现上述诸法中的实法。实法的概念是相对于假法和非假非实之法而成立的。此类区分只是在世俗谛意义上的区分。所谓实法,是指具有单一、独立的成分,能起现实作用的事物。所谓假法,指非独立存在但有现实作用的事物。这类事物是一种没有实体的假象性的存在。假法有聚集假、分位假等。聚集假是实法的集合,如由色、香、味、触等实法聚集而成的世间各种物体;分位假是实法的部分表现或不同状态,如嗔是实法,而忿、恨、嫉等都是嗔的不同表现,各以嗔的一部分为自体,所以都是假法,是嗔的分位假。所谓非实非假之法,指根本不存在因而没有现实作用的现象,即幻觉、想象等所显的事物,如由幻觉而见的空中第二个月亮等。这类事物可以说是假,但据《成论》的分类来说则是非假非实(此处的非假,指非聚集假、分位假等有实际作用的假法)。

上述第八识所变现的色法中,种子、五根与定果色均为实法,均由第八识直接变现。而五境有假有实,以色境(即视觉认识对象)为例,色境包括显色、形色、表色三类。显色指物体的颜色和亮度等视觉对象,有青、黄、赤、白四种基本色,

---

[1] (唐) 玄奘译《成唯识论》卷第二,《大正藏》第31册,第11页。

还有明、暗等其他色。形色指物体的形状等十种视觉对象。表色指众生的动作形态等八种视觉对象。在色境的上述三类色中，唯识学认为，只有青、黄等四种基本色为实有，其余均为假有。其余声境、香境、味境、触境中也都有假有实。而第八识只变现五境中的实法，不变现假法。

此外还须注意四大种与所造色的关系。因为粗略地说，是能造的四大种造就了所造色；但精确地说，四大种都有各自的种子，所造色中的实法也各有各的种子，因此四大种与所造色中的实法都是由各自的种子而产生，那为什么说是四大种造就了所造色？这是由于四大种有五种"因力"，据此可认为是四大种造就了所造色。这五种"因力"，一是生因，即所造色的种子要依赖四大种的种子引生，大种的种子生起时，所造色种子才能生起。二是依因，所造色生起后所占据的空间，就是引生它的大种所占据的空间，所造色没有能力离开引生它的大种而去占据别的空间。三是立因，即当大种变异时，所造色也随之变异；大种坏时，所造色也坏。四是持因，所造色能相似相续地生起不绝，是由大种摄持令住的力量，若没有大种的这种力量，所造色就会间断。五是养因，即由于大种资养的作用，所造色得以增长。由此可见，所造色虽是由因缘（即自己的种子）而生起，但四大种是它们生起和增长的极为重要的增上缘。

前面曾指出，第八识变现器世间，这里又说第八识只变现实法，两者究竟是什么关系？《成论》指出："谓异熟识由共相种成熟力故,变似色等器世间相,即外大种及所造色。"①所以,第八识实际变现的只是色、声、香、味、触等"器世间相",也就是四大种和五境中的实法,后者相当于基本物质,再由这些实法形成了各种假法,这些假法相当于物质世界中的各种物体。所以整个物质世界,包括我们所见的各种物体,都是由五境中各种实法和假法聚集而成,是一种聚集假。

(五)人性论

哲学的人性论一般讨论人类本性的善恶问题,但佛教对生命的存在有其独特的看法。首先,佛教有六道众生之说,人类只是其中的一道。但还未成佛的一切众生,都有共同性,所以人类的善恶性特征也完全可以代表六道众生的善恶性特征。其次,佛教认为众生生生世世轮回不止,所以,一世生命的善恶性与生生世世的善恶性也并不就是一回事。在上述佛教理论的基础上,唯识学对于人性问题形成了独特的理论。

唯识学认为,众生的善恶行为,根源在于众生第八识中的善恶种子。而种子既有本有的,也有新熏而成的。大体上说,无漏种子是本有的,有漏种子则可以由新熏而成。现先讨论有漏种子。有漏种子既然能够由熏习而形成,所以是否有本有的有漏种子就无关紧要了,因为即使没有本有的,也可以靠新熏而使之形成。这样,就生生世世来看,众生的有漏种子是无穷

---

① (唐) 玄奘译《成唯识论》卷第二,《大正藏》第31册,第10页。

的，只要还未成佛，众生就具备善恶的一切可能性；但就某一世的生命来看，由于种子是由众生的业力熏成的，而先前世的善恶业有的早已受报，还未受报的业总是有限的，所以一世第八识中有漏种子的数量也是有限的。那么，这数量有限的有漏种子到底包括哪些成分呢？

唯识学指出，第八识虽然其本身性质是无覆无记性的，即既不能说是善也不能说是恶，但此识中含藏善、恶、无记性的各类种子，故而具有污染性，而此种污染性要到八地菩萨境界才能消除。故而，众生的本性总是污染性，这种污染性具体表现为三个特征：首先是每个人都有贪、嗔、痴、慢、疑及各种恶见等根本烦恼和各种随烦恼。故而贪欲心、憎恨心、无明心等，占据着所有众生的心灵。虽然不同的众生，上述的烦恼心、污染心，程度各不相同，但不可能有众生能完全摆脱这些污染心。其次，每个人的善也不一样，对于十一种善心所的现行来说，有的人多些强些，有的人少些弱些，乃至在某一世中完全没有现行也并非不可能。最后，这些善心和恶心由于是以种子形态储藏在第八识中，故而都是先天性的。

再看无漏种子。唯识学认为，无漏种子只能是本有的，不能靠熏习而使之形成，熏习只能使原有的无漏种子增长。在本有之无漏种子方面，众生的情况并非完全相同，有些众生就缺少一些无漏种，这就形成了唯识学的"五种性说"。"五种性说"认为，一切众生先天具有的种性（即由第八阿赖耶识中所具有的无漏种子决定的本性）可分为五类，每一众生所具有的种性决定了他在修行中将来能证得的果位,并且是无可改变的。这五类种性是:(1)声闻乘定性,只能证得阿罗汉果位。(2)缘觉乘定性,只能证得辟支佛果位。(3)如来乘定性,能证得菩萨和佛的果位。以上三种称为三乘定性。(4)不定性,即此类众生具有上述三乘的种子,但能修成何种果位则不确定,要看所遇到的条件。(5)无种性,也称一阐提种性,即此类众生不具有三乘种子,不能修成三乘果位,不能入涅槃。

关于唯识学的"五种性说",一些对唯识学缺乏深入了解的人往往会将其错误地表述为:唯识学认为有一类众生没有佛性,所以不能成佛。但实际上,唯识学将无漏法分为无为无漏法和有为无漏法。无为无漏法指真如、涅槃等(佛性的同义名称),在四谛中属灭谛;有为无漏法指佛教的修道方法,在四谛中属道谛。唯识学认为,那些最终不能成佛的人,不是缺少无为无漏法,而是缺少有为无漏法。无为无漏法是一切事物、一切众生都具有的。先看真如,《成论》指出:"十真如者,一遍行真如。谓此真如,二空所显,无有一法而不在故。"所以真如是一切事物都具有的。再看涅槃:"涅槃义别,略有四种。一、本来自性清净涅槃,谓一切法相真如理……一切有情平等共有。"① 所以,四种涅槃中的本来自性清净涅槃也是一切众生所共有的。那么,为什么无为无漏法是一切事物、一切众生共有的呢?唯识学认为,无为无漏法是本来存在的事物之理,所

---

① (唐)玄奘译《成唯识论》卷第十,《大正藏》第31册,第54、55页。

以它们是永恒存在的，而不是由种子生起的，因为一切由种子生起的东西，理论上说应该都会消失毁灭，不生不灭的才是无为无漏法。至于道谛中的各种修证方法，其性质虽属无漏，但也是由种子生起，即由种子而转变成现行。有生起且有作为（即依之修道），这就是有为无漏法。那么，这些有为无漏法的种子又是由何而来？如果它们不是本有的，而是新熏的，那么最初它们是怎么被熏成的？因为众生一直是众生，其心一直是污染的，而污染的现行是不可能熏成无漏种子的。由此唯识学认为，有为无漏的种子是本有的，不是新熏成的。如果有众生缺乏这些本有的无漏种子，那么他们必定不能成佛。因此，有些众生不能成佛，不是由于他们没有真如等佛性，而是由于他们缺乏有为无漏法的种子，因而不能彻底断除烦恼障和所知障的种子，使其本有的真如之性显现。

"五种性说"与中国佛学的各学派产生了严重分歧，中国佛学的各学派基本上都不同意众生的本性有差别、有一类众生不能成佛的观点，而是主张一切众生都具有佛性，都有成佛的可能，乃至从本性上说，一切众生都是佛。而此种观点的理论基础以"真如缘起说"为代表，该学说的要点就是：真如能熏无明，无明能熏真如，故而无漏法的种子也能新熏。这样本有与新熏就没有根本性的区别，即使没有本有的无漏种子，也能新熏而成。所以，一切众生本来都有佛性，某种意义上说，也本来都有一切有漏、无漏种子。

考察唯识学与中国本土化的佛学在人性论问题上的根本

差别，后者是以真如为人或众生的本性，而前者以第八阿赖耶识为人或众生的本性。如果是以真如为人的本性，那么真如是完全清净的，故而也可说人性本净、人性本善。而且，禅宗等中国化的佛教认为，此真如或佛性，人人具有，众生当下就是佛。但唯识学认为，真如不是本体，只是存在于一切事物中的理。即使把真如佛性看作是人的本性，那也只是一种可能性，并非就是现实性。所以并非众生现在就是佛，只能说众生将来有可能成佛。故而唯识学的人性论是阿赖耶识人性论，此种阿赖耶识人性论的要点如上所说，就是认为一切众生的本性都是污染的，但也不存在一种统一的人性，因为每个人的先天的善恶性质都不相同，恶是肯定有的，善则不一定。而佛教修行正是要去除这种污染性，使其本有的清净性能显现出来。但能否实现这种转变（按唯识学的说法是证得转依），关键是看该众生是否有道谛的有为无漏种子。

（六）唯识心理学

唯识学包含了较为丰富的心理学内容，现从与普通心理学比较的角度，对唯识心理学的相关内容作一简论。

唯识学将心理活动的主体分为两大类，即心与心所。心包括八识，其前六识与现代心理学的视觉、听觉、嗅觉、味觉、触觉和意识大体相仿，而第七识与第八识是其独特的概念。八识的功能不尽相同，但基本功能都是"了别"，即都具有认知功能。但心的这种认知功能的真正实现，还有赖于心所帮助其完成。心所除帮助心完成认知活动外，还帮助心实现情感、意志等其他功能。心所的全称是心所有法，指依托心而生起、与心相应、系属于心的各种心理活动或心理功能。心与心所在认识活动中的作用有联系也有区别，即心只是认识对象的总体状况；心所除认识对象的总体状况外，还能认识对象的局部状况，帮助心完成认识。唯识学常用的一个比喻是：二者的关系就像画师及其助手，画师做模型，助手涂色彩。

如前所说，心所有六类五十一种，现对其中与普通心理学关系密切的遍行心所、别境心所和不定心所作一分析。

遍行心所是六类心所中最重要的一类，包括触、作意、受、想、思五种。

触心所是根据唯识学理论而提出的一种心理活动。唯识学认为，识的生起，需要具备根和境两类条件。以前五识来说，根就是眼、耳、鼻、舌、身五种感觉机制，境就是颜色、声音、气味、味道以及包括触觉对象在内的一切感觉对象。在这里，现代科学与唯识学持不同的观点。以视觉（唯识学称为眼识）为例，现代科学认为，眼睛看见了颜色等对象，就能形成视觉。这种说法，翻译成唯识学的语言，就是眼根能认识颜色等视觉对象。但唯识学认为，眼根不能认识颜色等对象，或者说眼根不能形成眼识。眼识是由自己的种子生起的，而眼根（即视觉机制）与颜色等境（即视觉对象）只是形成眼识（即视觉）的必不可少的条件。即对形成识来说，识的种子是因，而根与境只是缘。触心所就是在这种背景下形成的一个心理范畴。唯识学认为，识与根、境三者的和合能生起触心所，而触心所同时也加强了三者和合的力量，使识最终生起，即使识从种子状态（仅仅是一种功能）过渡到现行活动的状态。这也就是说，如果没有触心所，则根、境、识三者就不能会合，识也就不能最终生起。

作意心所的含义是故意、有意，与现代心理学的"注意"范畴有些相仿，但此心所也有其唯识学的特定含义。即此心所是使识从种子状态警觉而起，将识引向认识对象，从而使识、根、境三者和合。所以，识的生起必定依赖于作意，作意使识从种子（潜在功能）转变为现行（现实活动）。此外，还值得指出的是，作意与别境心所中的定心所的区别。定是指注意力高度集中，即心极其专注的心理状态，所以也与"注意"有关。但作意是指提起注意，是遍行心所，识的生起必定有作意先行；而定是指注意力高度集中的精神状态，不是任何心都能做到的，所以不是遍行心所，只是别境心所。

所以，触与作意都是具有唯识学特定含义的心理活动。而受、想、思则与一般心理学的范畴相通，此三心所辅助识形成了情感活动、认知活动与意志活动，相当于普通心理学所说的情、知、意。

受就是感受。按唯识学的分类法，最粗略地分，可将受分为乐受、苦受与舍受。舍受就是不苦不乐受。如一个人说他现在没有任何感受，那就是舍受。因此，按这一分类法，受心所是普遍存在的心理感受，可以包括有苦乐等的特定感受和无感受等一切状态。但受作为心所，它并不是独立存在与独立活动的，而要依赖于心，所以，最终是与六识形成了情绪、情感活动。

想心所具有多种认知功能。此心所能辅助六识形成对事物的感觉、知觉、表象和概念。《成论》说："想谓于境取像为性。"[①] 所取之"像"，对前五识来说是感觉；对第六识来说，不同类型的想分别与其形成知觉、表象、概念等"像"。具体地说，想心所有各种类型。首先，根据当前与非当前之时间上区分，想心所可分为当前想与过去未来想。其次，根据想心所与语言的关系来区分，《瑜伽论》将"想"心所分为二类："一随觉想，二言说随眠想。随觉想者，谓善言说人天等想。言说随眠想者，谓不善言说婴儿等类乃至禽兽等想。"[②] 即随觉想是指能用语言来进行表达的人、天的想，言说随眠想是指不能用语言来进行表达的婴儿、动物等的想。此外，第六意识也可分为五俱意识与独散意识，而五俱意识又可分为五同缘意识与五不同缘意识。相对于上述分类来说，当前想与五识形成的是感觉，当前想与五不同缘意识形成的是知觉，过去未来想及言说随眠想与独散意识形成的是表象，随觉想与独散意识形成的是概念（以上是从最终结果而说，如果从过程来说，上述过程大多都有慧心所参与）。此外，诸识中，只有与第六识共起的想心所能将此种认识用语言进行表达，其余识均无此功能。所

---

① (唐) 玄奘译《成唯识论》卷第三，《大正藏》第31册，第11页。
② (唐) 玄奘译《瑜伽师地论》卷第五十五，《大正藏》第30册，第601页。

以，想心所是遍行心所，但"随起种种名言"却不是与诸识共起的想心所的普遍作用。

思心所的特性是使心有所作为，其作用是使心活动（即造意业）乃至作出行为和语言的反应（即造身业和语业）。所以，思心所相当于普通心理学所说的意向或意志。在普通心理学中，意向是指不明确的需求意念，意志是指有意识、有目的、有计划地调节和支配自己行动的心理过程。相对于六识来说，前五识的"思"都只相当于意向；只有第六识的"思"，是一种明确的心理活动，相当于意志。所以，第六识以及与其共起的思心所，形成了意志活动。

关于别境心所和不定心所的普通心理学含义，简略地说，别境心所中，欲心所相当于兴趣，胜解心所相当于理解，念心所相当于记忆，定心所相当于注意力高度集中的状态，慧心所相当于判断和推理等思维活动。不定心所中，悔心所是指懊悔的心理，眠心所指睡眠状态的心理，寻心所与伺心所也相当于判断与推理等思维活动。慧与寻、伺之区别：在唯识学的"三分别"中，寻、伺与第六识共同形成了"自性分别"，即对现前事物的判断、推理等思维活动。慧与第六识共同形成了"计度分别"，即对非现前事物的判断、推理等思维活动。"三分别"中的"随念分别"，是由念心所与第六识共同形成的，指对已经熟悉习惯的事物和现象的记忆活动。通过上述分析，人们不难发现，唯识心理学已具备了普通心理学的一些重要范畴。尤其是对认知活动的分析，唯识心理学已形成了一个较为完整的体系。以第六识的认知活动为例，第六识本身具有认知功能，此外，想心所辅助第六识形成了概念（慧心所参与了形成概念的活动），寻、伺心所辅助第六识形成了对现前事物的判断、推理活动，慧心所辅助第六识形成了对非现前事物的判断、推理活动，念心所辅助第六识形成了对已经熟悉和习惯的事物和现象的记忆活动。

四、唯识学的历史和现状

唯识学在历史上与其他学派发生过许多论战，在当代则面临着严峻的挑战。

（一）唯识学在历史上遭遇过的论战主要发生在佛学内部。考察历史，该学说在诞生之始，就与中观学派出现了分歧，发生了论战，这被人们称为"空有之争"。其后，该学说传入中国，又与占据中国主流地位的佛教学派产生了分歧。此类严重分歧至今无法解决，成为千年难题。我国佛教界早已注意到了佛学各学派的分歧，许多人都对此作出了归纳。如唐代宗密在《禅源诸诠集都序》中"判佛教总为三种"：一是密意依性说相教，二是密意破相显性教，三是显示真心即性教。自唐以后，三宗之说成为汉地佛教界共识，只是对三宗的称呼略有不同。而最简洁的称呼则为相宗（唯识学派）、空宗（中观学派）、性宗（禅宗等中国佛教各学派）。关于三宗在理论上的重大分歧，本文限于篇幅，在此仅对相宗与性宗的分歧作一简介。

唐代澄观在《华严经疏》卷第二、《华严经随疏演义钞》卷第九中指出了法性宗与法相宗在理论上的十种差异：一、一乘与三乘之差异。法相宗以三乘为真实，一乘为方便；法性宗以三乘为方便，一乘为真实。二、一性与五性之差异。法相宗以"五性各别"（即众生有五种种性）、有不成佛之众生为了义，"一性皆成"（即众生都有佛性，都能成佛）为方便；法性宗以"五性各别"为方便，"一性皆成"为真实。三、唯心真妄之差异。法相宗认为万法由阿赖耶识（即妄心）而生，法性宗认为由真如与无明和合而缘起诸法（即万法由真心而生）。四、真如随缘还是凝然之差异。法相宗认为真如凝然（即寂静）不作诸法；法性宗认为真如具不变、随缘二义，由于真如能随缘，所以能随或染或净之缘而生善恶之法。五、三性空有，即离之差异。法相宗认为三性中，遍计所执性是空，依他起性与圆成实性二性为有（此二性离而不即，并非同一）；法性宗认为依他起性之无性即圆成实性（此二性即而不离，二性同一）。六、众生与佛不增不减之差异。法相宗认为五性之中，有一类无种性人是不能成佛的，所以众生界不减，佛界也不增；法性宗认为一理齐平，众生与佛的本体无二，所以众生与佛二界不增不减。七、二谛空有、即离之差异。法相宗认为俗谛为空，真谛为有，空有各别；法性宗认为即有之空为真，即空之有为俗，真空妙有，体一名异。八、四相一时与前后之差异。法相宗认为生、住、异、灭之四相前后异时，生、住、异为现在，灭为未来，生灭不能同时；法性宗认为一刹那间同时具足四相，即相（现象上）有名生，实（本性上）无名灭，正生即正灭，不待后无。九、能所断证即离之差异。法相宗认为能断是智，所断是惑（即烦恼），能证是心，所证是无为之理，体性俱别；法性宗认为照惑之无（即照见烦恼本质上不存在）体即是智，能证之智外无所断之惑，又照智无自体，即是真如之性。十、佛身有为无为之差异。法相宗认为如来之四智，自受用身、他受用身皆依种而生，是有为无漏法，与无为无漏之涅槃不同；法性宗认为佛之色（即佛身佛土）、心皆无为常住，不属有变化的生、住、异、灭。

上述十方面的分歧，包含了佛学中的一些根本原则问题，现仅举两个人们较为熟悉的问题。一是佛性问题。中国主流佛学认为一切众生都有佛性，都能成佛；而唯识学认为有一部分人（所谓"一阐提"，还包括定性二乘）没有佛性，不能成佛。二是真如的本性问题。中国主流佛学认为，真如是万物的本体，真如本性虽清净，但能随缘而生万法，一切事物都是真如的体现，所谓"青青翠竹，尽是真如；郁郁黄花，无非般若"。而唯识学认为，真如存在于万法之中，但仅是万法之理，不是能生万法的本体；真如是无为法，所以是绝对地清净、绝对地寂静，不能生起任何事物，更不用说生起污染的事物。真如如果能生起事物，那它也应像被它所生起的事物那样，是变化无常的，而不是永恒不变的。

上述分歧确实非常棘手，但此类分歧究竟属何种性质？是不是非正即邪、势不两立的呢？事实上，中国汉地的佛教界一直有一种调和圆融各派之争的倾向,所以印度的唯识学与中观学传入中国汉地,并无导致纷争不已的局面出现。历代许多大德都认为各宗的分歧只属表面,在根本精神上,各宗还是有一致性的。以玄奘大师为例,早在印度求学期间,玄奘大师就力图调和唯识与中观两家之争,作了《会宗论》,认为两家并行不悖。回国后,玄奘大师既创立了唯识学派,又翻译了六百卷《大般若经》,甚至据说将倡言"真如缘起说"的《大乘起信论》也译成了梵文,传往印度,可见完全没有门户之见。此外,玄奘大师的《成论》,一方面明确地以护法的观点为判断是非高下的标准,从而避免了唯识学内部的纷争;另一方面,《成论》在详尽地阐明唯识之理的同时,又指出,在真胜义谛中,也不能执着唯识为"真实有"。"诸心、心所,依他起故,亦如幻事,非真实有。为遣妄执心、心所外实有境故,说唯有识。若执唯识真实有者,如执外境,亦是法执。"[①]所以,如果执着八识为"真实有",也是法执。这又在一定程度上圆融了相宗与空宗的分歧。不但玄奘大师如此,中国佛教其他一些创学派的大师,大都也能圆融旁通,如华严宗和天台宗都主张"空有相即无碍",因而也非常注意对相宗与空宗兼收并蓄。只是在判教时,这些创学派的大师一般将自己的学说判为最高层次("了义"),而将其他学派判为较低层次("不了义")。这说明在这些大师的眼中,这些不同学派的相互分歧的观点,并非

[①] (唐)玄奘译《成唯识论》卷第二,《大正藏》第31册,第6页。

势不两立、非正即邪，而是可以圆融，可以成为一个统一体系的各个组成部分。唐代以后，中国汉地继承印度瑜伽行派的唯识宗与继承印度中观学派的三论宗，都趋于衰落，以禅宗为代表的性宗独领风骚。性宗虽是中国佛学的主流学派，但与精细严密的唯识学相比，性宗对真如、佛性等的说法往往显得过于粗疏，因而被唯识学者讥为"颟顸佛性，笼侗真如"。所以，性宗学人往往也会注意吸收一些唯识学的说法，用以说明事相。民国以后，近代唯识宗复兴，唯识学研究出现了可喜的兴盛局面。但由于近代的唯识学者一般是旗帜鲜明地维护印度佛教的传统，于是与性宗学者展开了激烈的论辩，其后争论愈演愈烈，大有水火不相容之势。古今相比，此中原因，或许在于：那些创学派的大师是站在宗教的立场上，期望佛教理论能对世间现象加以说明，能对佛教修行加以指导；而近代护教者则往往更注重其学说的鲜明的学术特色。此外，从学术界与佛教界的区别来看，学术界人士总希望用语言文字把问题说清楚，把真理说清楚；而佛教界大德则认为语言文字是有局限的，终极真理是无法用语言文字来表达的，所以，有些理论问题即使解决不了也没有什么关系，修证到一定的层次后自能明白。当然可以肯定的是，不同意见的深入讨论还是需要的，因为这既有利于学术的发展，也有利于宗教理论的发展。以唯识学为例，印度的唯识学正是在各大论师相互的探讨中以及与中观师的论战中发展起来的。

（二）唯识学在当代又面临着现代学术尤其是现代科学的

严峻挑战。应该说，唯识学是佛学中最能与现代学术进行交流的一种理论，近代一些唯识学者甚至对其与现代科学的会通也抱有极大的希望。确实，如果佛教认为自己所说的都是真理，甚至是一种前瞻性的真理（即超越了现代科学认识范围的真理），那佛教所说的真理就应与被现代科学所证明了的真理并行不悖。就现在的情况来看，唯识学乃至全部佛学与现代学术及现代科学的相互关系，大体有以下几种情况：一是佛学的某些理论，已被证明为正确，如世界有成、住、坏、空的变化过程，一滴水中有众多的生命，等等。二是佛学的另一些理论目前还无法证实或证伪，如唯识学所说的众生的第八识变现了外部物质世界，极微（物质基本单位）非实有，等等（这些问题需另外撰文讨论）。三是在知识层次上，佛学或唯识学的某些知识显出其局限性。如唯识学认为，色境中，青、黄、赤、白是实法。然而，按现代知识来看，四种色中的白，无论是白色还是白光，都不是基本色和基本光，而是混合色和复合光，这样就不符合实法的含义，而应是聚集假法。四是佛学或唯识学的有些理论如何与现代科学的已有成果相适应，成为值得探讨的问题。现举两例对最后一种情况作一说明。

唯识学认为，第七识是第六意识的根。即在六识中，前五识都有自己的根，但都是物质性的根，如眼识有眼根、耳识有耳根，等等。第六识也有自己的根，但第六识的根不是物质性的，而是第七识。在上述唯识学的说法中，有一些值得探讨的问题。首先，所谓物质性的五根，到底是什么？其次，现代科学已经确认了大脑在认识过程中的作用，认为认识起源于大脑的神经活动。那么，唯识学在此问题上的观点又是如何？

首先，物质性的五根到底是什么呢？唯识学将五种物质性的根分为浮尘根与净色根。浮尘根是一种粗显的物质，相当于人们肉眼所见的五官；净色根则是一种微细的物质，是五根中真正起认取作用的成分。现代许多人将五净色根看作是神经系统，但也有人持不同看法。如熊十力先生认为，说净色根是神经系统，只是符合小乘关于净色根的观念，不符合大乘对此的观念。大乘的净色根，颇有一种神秘色彩。笔者以为，净色根是不是神经系统，还需考虑另一因素，即唯识学认为，众生的第八识能变现他人的身体（即浮尘根），但不能变现他人的五根（即净色根）。因为众生能受用他人的身体，但变作他人的五根则没有用处。说众生变现他人的身体受用，似乎荒诞不经，但细想之下也不无道理。人们在食用动物的肉，就是在受用动物的身体。而唯识学的原理是：自变自受用，决不能自变他受用或他变自受用。这样，既然能食用动物肉、能移植他人的器官，所以按唯识学的原理，应该是自己变现了他人的身体而受用。这样，唯识学的第一个说法，即自己变现他人的浮尘根受用，是言之成理的；但进而其第二个说法，即自己不变现他人的净色根，则对净色根是不是神经系统，起到关键的判别作用。如果神经系统不能移植，即他人不能受用，那么净色根可以是神经系统；如果神经系统能够移植，那就不符合唯识学的净色根的含义。而目前的人体器官移植中，应该说也有一部分神经系统被移植，乃至在人工器官中，神经系统被电子装置所取代。这样的话，或者应该说唯识学意义的净色根不是神经系统；或者应该说，神经系统就是净色根，但唯识学关于众生不变现他人的净色根的说法不符现实，应加以修改。这是一个需要探讨的问题。

其次，唯识学的认识产生理论与现代科学关于大脑在认识中的作用问题，也非常值得探讨。唯识学认为，识的产生，虽需要一定的条件（基本的条件是根和境），但根本上说，识是起源于自己的种子。因此，唯识学者不能同意人的认识纯粹是大脑神经活动的产物的观点。如四川研究唯识学的唐仲容老居士指出，瓜芽豆苗是从土中长出，能说它们没有种子，而是土地生出的吗？同样，意识从大脑产生，能说它们没有自己的种子，是完全由大脑生出的吗？这样的说法似乎仍属既不能证实也不能证伪的观点。但进而唯识学认为，意识的根（即意识产生的最重要条件）是精神性的第七识，并对此进行了论证。其中，最重要的一点是：前五识依赖物质性的根，所以都不能具有理性思维、逻辑思维和记忆等功能（用唯识学的语言来说就是，都没有计度分别与随念分别），意识如果也依赖物质性的根，那也不应有这些功能。虽说如此的论证，也能自圆其说，但这也就意味着：一、大脑不是意识产生的根本原因，二、大脑也不是意识产生的最重要条件。如果真是那样的话，大脑的作用又何在呢？现代科学关于大脑在思维中起重要作用这一结论，已毋庸置疑。所以，如果唯识学认为意识的根源是自己的种子，这样的说法仍可被看作是一个目前尚不能证实也不能证伪的命题；但认为大脑甚至不是意识产生的最重要条件，这是很难为人们接受的。而第七识又是唯识学八识说的重要一环，第七识一旦动摇，第八识也将动摇，而第八识一动摇，唯识学也岌岌可危了。因此，第六意识的根究竟是第七识还是大脑？或者说，应该怎样提出问题？这是唯识学需要认真回答的。

唯识宗有过历史的浮沉。此学说在唐代经玄奘大师弘扬光大后，一时成为显学，玄奘门下人才济济，留有确切姓名者有三十二人以上。但传承未久，即告绝嗣。玄奘三传弟子智周后，唯识宗传承即无从查考。会昌法难（唐武宗在会昌年间发动的毁灭佛教运动）中，唯识学典籍大多散失，例如解释《成论》的最重要的论著、窥基大师的《成唯识论述记》元代后便在中土绝迹，直至清末才由日本重新传回国内。因此，虽然唐后各朝都有大德著书阐发唯识义理，但唯识宗作为一个宗派已不复存在，同时因典籍不备，师承中断，此期间大德所作的阐述难免有未能尽合玄奘学说之处。但民国之后，唯识学出现了复兴的局面，一批佛教界、学术界的杰出人士对唯识学发生了浓厚的兴趣，唯识学的研究蔚然成风，以至唯识学被请上了大学哲学课的讲台。考察这一复兴的背景，除有佛教人士的弘法需要之外，还有宗教界和学术界人士回应西方文化挑战的需要，因为唯识学是佛教学术乃至传统学术中，思辨最发达、逻辑最严密、体系最完备的一种学术，故而最有希望代表中国文化回应西方文化的挑战。

近代唯识学兴起的因缘之一,就是人们对它的厚望,认为它兼具宗教与学术于一身,体系完备,逻辑严密。近代唯识学也确实经历了一段兴盛期,著述洋洋可观,人才济济一堂。然后,由于历史原因,此学说走向了衰落。20世纪80年代后,佛教文化以至佛教学术的研究逐渐复兴,对唯识学的兴趣似乎也在抬头。然而,唯识学对于大多数现代人尤其是青年人来说,毕竟是过于艰深难懂。而《成论》作为一本唯识学的基本经典,由于其过于精炼简约,对许多人来说,如同天书般难读。正是有感于此,笔者萌生了将该书通俗化的心念。

自1996年起,笔者花了三年多时间,才完成了这本《成唯识论直解》。《直解》所用的底本是《藏要》本,同时参考《大正藏》的《成论》以及《成唯识论述记》等历代注书进行校勘。《藏要》已经作过仔细校勘,公认准确性较高,但笔者在校勘过程中还是发现了少量错误,凡有改字之处,本书均出注说明。本书的"今译"和"注释",除参考上述著作外,还参考了近代与当代的一些唯识学著述,如正果法师的《佛教基本知识》、梅光羲的《相宗纲要》《相宗纲要续编》、熊十力的《佛家名相通释》、井上玄真的《唯识三十颂讲话》、罗时宪的《唯识方隅》(上编),以及吕澂、王恩洋等学者的唯识学著述,力求对《成论》能理解正确、表述无误。同时,与上海研究唯识学的老居士的交往,也使笔者获益匪浅。如顾兴根老居士对笔者介绍了关于《成论》卷第五中"牙影"一词的前人的一个见解，笔者深觉有理，在"今译"中采纳，并在"注释"中说明理由。现在此谨向顾老居士表示感谢。

本书著述虽经笔者反复斟酌，恐仍难免拙劣浅陋，乃至出现错误。只望抛砖引玉，为将来更为完善的译注本作一铺路石。

林国良
于上海大学文学院
2000年1月

第一章 论破我执与法执

【题解】

《成唯识论》（以下或简称本论）原著虽有严密的逻辑结构，但形式上不分章，而是按篇幅大致相等的原则分为十卷。此外，《成唯识论述记》介绍了对本论内容的三种科判。本论是依《三十颂》展开论述，现依三十颂来分：一是按相、性、位来分，唯识相是前二十四颂，唯识性是第二十五颂，唯识位是最后五颂。二是按相、性、行来分，唯识相是最初一颂半，唯识性是中间二十三颂半，唯识行是最后五颂。三是按境、行、果来分，唯识境是前二十五颂，唯识行是其后四颂，唯识果是最后的第三十颂。

现本书按其内在的逻辑结构，将原著分为六章。第一章的主要内容是论述破我执和法执。

破我执和法执，是佛教理论关注的中心问题之一。众生由我执和法执而流转生死、轮回六道，由破我执和法执而见道证道、成圣成佛。而我执与法执的根源在于人们将识自体变现的相分、见分或似我似法，执着为实我实法。本论在阐明了上述造论宗旨和对二执的总体批判后，进而对破我执和破法执分别进行论述。

我执的理论形态表现在外道（佛教外各学派）和部分小乘教派中。本论对外道和小乘的我执的虚妄性作了分析和批判；对我执的两种类别，即俱生我执和分别我执进行了论述，指出我执来自第七识和第六识的与生俱来的执着以及第六识由思辨分别而起的执着，并回答了由无我而产生的各种疑问。在破法执的论述中，本论对外道和小乘的观点分别进行了批驳。在破外道的法执中，本论主要批驳了数论和胜论的有关观点，同时对其他外道也作了或详或略的批驳。在破小乘的法执中，本论分别论述了色法、心不相应行法、无为法均非心外实有。进而，本论又对法执的两种类别，即俱生法执和分别法执进行了论述，指出法执也来自第七识和第六识的与生俱来的执着以及第六识由思辨分别而起的执着，并回答了由法空而产生的各种疑问。最后，本论对能变现似我似法的三类识的状况作了简单介绍。

第一节 概 论

一、造论宗旨

【原文】

稽首唯识性[1]，满分清净者[2]。

我今释彼说，利乐诸有情[3]。

【简注】

[1]稽首唯识性：此句意谓皈依法。法可用三自性来表示，三自性即

遍计所执性、依他起性、圆成实性。第五章说："谓唯识性，略有二种：一者虚妄，谓遍计所执；二者真实，谓圆成实性。……复有二性：一者世俗，谓依他起；二者胜义，谓圆成实。"

[2] 满分清净：即"满清净"和"分清净"。"满清净"，即完全清净，指佛；"分清净"，即部分清净，一般指菩萨，此处特指造《三十颂》的世亲。

[3] 有情：与众生同义，早期译为众生，玄奘译为有情。考虑到"众生"一词更为通俗流行，本书的译文大多作众生。

【今译】

皈依致敬唯识性，

皈依致敬证唯识性、说唯识理的佛，

皈依致敬造《三十颂》、显唯识理的世亲菩萨。

我现在解释世亲菩萨的《三十颂》，

是为了使所有众生获利益得安乐。

【评析】

此颂通常称为序颂，并非世亲的《三十颂》原有，而是护法所造。对此颂可作多种理解。颂中的第一句"稽首唯识性"，其中，"稽首"，形式上是指叩首的礼节，意义上则与归命同义，意谓皈依并致敬。然而皈依致敬的对象究竟为何者？对此最一般的理解是皈依佛法僧三宝并向三宝致敬。即将"满分清净"中的"满清净"，即完全清净，理解为佛，在三宝中指佛宝；"分清净"，即部分清净，理解为菩萨，在三宝中指僧宝。"唯识性"则指法宝。但在文章开始皈依致敬三宝是一般佛论的通例，而在此部讨论唯识学的专著中，对此颂则可作更为特定的理解，即"满清净"是指完全证得唯识真实本性并宣说唯识教理的佛；"分清净"则指颂主，即造《三十颂》、弘扬唯识教理的世亲。

【原文】

今造此论，为于二空[1]有迷谬[2]者，生正解故；生解为断二重障[3]故。由我法执[4]，二障具生；若证二空，彼障随断。断障为得二胜果故：由断续生烦恼障故，证真解脱[5]；由断碍解所知障故，得大菩提[6]。

【简注】

[1] 二空：指我空和法空。
[2] 迷谬：据《述记》，"迷"指对二空之理全然不解，"谬"指对二空之理持有谬见。
[3] 二重障：指烦恼障和所知障。
[4] 我法执："我执"，指不明我空之理而执着有实在自我。"法执"，指不明法空之理而执着有事物的实在本体。
[5] 真解脱：即涅槃。
[6] 大菩提：指佛的无上觉、无上智慧。据《述记》，此段是陈述安慧等论师的观点，即认为论主造论是"为令生解断障得果"。

【今译】

现在造这部论，是为了使那些对我空和法空的道理全然不解或持有谬见的人，能生起正确的见解；生起正确的见解，是为了断除烦恼障和所知障。由于具有我执和法执，上述二障便都生起；如果证得我空和法空，那二重障随即断除。断除二障是为了证得二种殊胜的果，即由断除使生死相续的烦恼障，而证得真正的解脱；由断除能障碍正确见解的所知障，而证得大菩提。

【评析】

此处以下论述本论的宗旨，此处首先说明唯识学之"所悟""所断"及"所得果"。唯识学之"所悟"为二空：我空与法空。我空，也称人我空、人无我或生空，意谓众生身心都由各种因素（即五蕴）和合而成，处在不断变化之中，因此在众生的身心中，找不出始终不变的因素可作为自我。小乘一般只是停留在这种"我空"的认识上，大乘则进一步指出"法空"。法空，也称法无我，意谓一切事物，包括组成众生身心的五蕴，本身也空，不存在始终不变的因素可作为它们的本体。唯识学之"所断"为二障：烦恼障与所知障。烦恼障是指以我执为首的贪、嗔、痴等各种烦恼，因各种烦恼能成为证涅槃的障碍，使众生流转生死轮回。所知障是指以法执为首的贪、嗔、痴等各种烦恼，因各种烦恼能障碍菩提妙智，使众生不能了解一切事物的真实本性。唯识学之"所得果"为涅槃与大菩提。菩提意谓觉或智慧，大菩提指能断一切世间烦恼而证得涅槃的智慧，这是佛的智慧，有别于二乘的智慧，具体包括大圆镜智、平等性智、妙观察智、成所作智。

佛教的小乘与大乘，以及小乘和大乘内的各宗，其理论有异有同。大略地说，小乘与大乘理论的相同处在于破我执，悟我空，证解脱；而大乘理论的特异之处在于破法执，悟法空，形成以大悲心为基础的菩提心。但大乘内各宗关于空的理解，在共同性中也有不同的侧重点。唯识学所说的法执等概念有其特定的含义，由此也影响到法空、空有之中道等观念，从而形成了唯识学特定的理论体系。本书下文对此将作详尽的讨论。

【原文】

又为开示谬执我法[1]、迷唯识者，令达二空，于唯识理如实知故[2]。

复有迷谬唯识理者，或执外境如识非无，或执内识如境非有，或执诸识用别体同，或执离心无别心所[3]。为遮此等种种异执，令于唯识深妙理中得如实解，故作斯论[4]。

【简注】

[1] 法：即一切事物。

[2] 于唯识理如实知故：据《述记》，此段是陈述火辨等论师的观点，即认为论主造论是为"令达二空，悟唯识性"。

[3] 心所：全称为心所有法，指伴随精神主体（即心）的活动而产生的各种心理功能及其活动。

[4] 故作斯论：据《述记》，此段是陈述护法等论师的观点，即认为论

主造论是为"破诸邪执,显唯识理"。

【今译】

造这部论也是为了开导指示那些错误地执着[存在真实的]自我和[真实的心外]事物、对唯识的道理全然不解的人,使他们能通达我空和法空,对唯识的道理如实地了知。

又有一些对唯识道理全然不解或持有谬见的人,有的执着外境如同内识,并非不存在;有的执着内识如同外境,并不存在;有的执着各种识作用不同,主体相同;有的执着只有心是存在的,心所并不存在。为了否定诸如此类的种种异端认识,使人们对唯识深刻微妙的道理能获得如实理解,所以造了这部论。

【评析】

此处是破除佛教内外对"我""法"的种种错误认识。第一段"谬执我法、迷唯识者"是总说凡夫、外道和佛教内部的错误认识。第二段"复有迷谬唯识理者"是指古印度佛教内部的一些错误认识,其中,"执外境如识非无"是小乘说一切有部的观点,"执内识如境非有"是大乘中观派的清辨等学者的观点,"执诸识用别体同"是某些大乘佛教学者(如一意识师)的观点,"执离心无别心所"是小乘经量部等的观点。第一、第四种观点是对唯识全然不解,第二、第三种观点是对唯识持有谬见。对这些观点,下文将一一破斥。

二、总破二执

【原文】

"若唯有识,云何世间及诸圣教[1]说有我法?"《颂》[2]曰:

"由假说我法,有种种相转[3]。

彼依识所变,此能变唯三:

谓异熟思量,及了别境识[4]。"

【简注】

[1]圣教:指佛与一切圣者的教导,即经、律、论三藏的典籍。

[2]颂:此处开始为世亲所造的《三十颂》。

[3]转:《述记》释为"起",即生起。

[4]"异熟"等二句:"异熟",指异熟识,即第八识;"思量",指思量识,即第七识;"了别境",指了别境识,即前六识。

【今译】

[问:]"如果只有识,为什么世人以及各种佛教典籍都说有自我有各种事物?"《三十颂》云:

"依据虚假的认识或假设,

[世人与佛典]说有'我'与'法'存在,

由此便有与之相应的种种现象生起。

这些与'我''法'相应的现象都是由识所变现,

那能变现现象的识只有三类,

即异熟识、思量识,以及了别境识。"

【评析】

此处开始论述世亲的《三十颂》。以下首先论述破我执和法执。此处引用《三十颂》第一颂和第二颂的前半颂,阐述了"实我""实法"的由来。唯识学首先面临的问题是:人们明明看到有各类众生,有各种事物,佛典中也有相应的概念,那样的话,"唯识"(即只有识存在)之说何以能成立?此处引用的颂文对此作了回答:通常说的自我与事物只是一种假说。如再严格地加以区分的话,世人与佛典对自我与事物的假说,依据并不相同。世人说"我""法",是基于虚假错误的认识,即将由识所变现的种种现象,认作是心外的真实存在,《述记》称为是"无体随情假"。佛典中说的"我""法",是基于假设,即将由识所变现的种种现象,假设性地建立相应的概念,《述记》称为"有体施设假"。[①] 而两种假中,"无体随情假"实际是遍计所执性,是无;"有体施设假"实际是依他起性,虽是假,却是有。因此,只有识真实存在(但这仅是一种简单的说法,严密完整的说法见后文),其余各种现象均由识所变现。

【原文】

论曰:世间圣教,说有我法,但由假立,非实有性[1]。我谓主宰[2],法谓轨持[3]。彼二俱有种种相转。我种

---

① (唐)窥基《成唯识论述记》卷第一,《大正藏》第43册,第238页。

种相，谓有情、命者[4]等，预流、一来[5]等。法种种相，谓实、德、业[6]等，蕴、处、界[7]等。转谓随缘施设有异。

【简注】

［1］性：唯识学中，"性"与"体"常能通用，故"性"表示本性、主体等含义。
［2］主宰："主"指独立自在，即不依赖其他条件而存在；"宰"指能起支配作用。
［3］轨持："轨"，轨范或规范，即事物具有确定的规范，因而是可以为人们所认识理解的；"持"保持，即事物能保持自己的性状，也就是具有确定的质的规定性。
［4］命者：与有情同义，指有一定寿命期限的有情。有情、命者均是"十六知见"（指没有获得正见的世人基于实我而产生的种种相关看法）的部分内容。
［5］预流、一来："预流"是声闻乘圣者四级果位中的初级果位，此位圣人最多只要在欲界的人间与天界各往返七生，就必定能证得阿罗汉果。"一来"是二果圣人的名称，此位圣人只要再在欲界的人间与天界往返受生一次，必能证得阿罗汉果。
［6］实、德、业："实"，即实体；"德"，即实体的性质；"业"，即实体的运动。这是古印度胜论学派所确定的六种主要范畴中的三种。
［7］蕴、处、界：即五蕴、十二处、十八界，这是佛教概括出来用以说明众生与世界万物的基本范畴。

【今译】

论云：世人以及佛典说有"我"有"法"，只是由假说而设立，并没有其真实的主体。

"我"是指［不依赖任何条件而］独立自主地对身心起支配作用［的实体］,"法"是指保持自己的质的规定性因而具有可认识性［的事物］。这二者都"转"而生起种种现象。"我"的种种现象,有［世人所说的］众生、命者等,也有［佛教所说的进入圣位的］预流、一来等。"法"的种种现象,有［胜论所说的］实体、［实体的］性质、［实体的］运动等,也有［佛教所说的］五蕴、十二处、十八界等。"转"就是指根据各种情况设立不同名称。

【评析】

此处以下阐释颂文。颂文第一句是"由假说我法",而此句最易产生混淆。比如,此处说诸法是假说,但本论下文却详论百法之性（性指自性、自相、自体）,并且还要区分诸法假实,如心法、心所法、色法总体上说是实法,心不相应行法则是假法。该如何正确理解此处的"由假说我法"?

首先,总的说来,唯识论要否定的是实我和心外实法。比如实法,下文破法执时,提出的问题是:"如何识外实有诸法不可得耶?"所以是破"识外实有诸法"。至于识内诸法,此类法是诸识相分,所以不破,不说其"不可得"。而实我要复杂些,笼统地说识外实我还不够,因为如下文所说,小乘某些教派说的实我,有即蕴我和离蕴我。说离蕴我是识外实我,不可得,当然没问题;但即蕴我则不能说是识外实我,因为五蕴中的识蕴、受蕴、想蕴等就是心（和心所）,将这些蕴视为我,当然不能说是识外我。所以，要破实我，不能笼统说破心外实我，而是要破"我谓主宰"。

即通常所说的"我"，或者说，世人观念中的"我"，具有"常"（始终不变）、"一"（纯粹单一，不能分解剖析）、"主宰"（能不依赖他物而独立存在，能自主地对身心起支配作用）等特征。但佛教认为，众生的身心都在不断变化，不存在始终不变的因素，故非"常"；众生身心由五蕴和合而成，其中找不到不能分解剖析的终极存在物，故非"一"；众生身心中的各种因素乃至世界上的一切事物都是由因缘具备而生，由因缘消失而灭，都不能超越因缘而独立存在，任何事物都不能超越因缘而对其他事物产生支配作用，因此并不存在独立的、不依赖任何条件的"主宰"力量。所以，"我谓主宰"的那种"我"（实我）不可得，不存在。

至于"法"，如上所说，要破的是"识外实有诸法"，而识内相分诸法并不破，那么，相分诸法具有什么性质？这就是世人也同意的"法谓轨持"。关于"轨持"，《述记》解释："轨谓轨范，可生物解；持谓住持，不舍自相。"[1] 这就是说："法"或事物，具有确定的质的规定性，山是山，水是水，因而人们能对其产生确定性的认识，不会将山当作水；另外，事物具有相对稳定性，山保持山的形相（自相），水保持水的形相，故而各事物保持各自的形相。事物具有"轨持"性，这是世人共同

---

[1]（唐）窥基《成唯识论述记》卷第一，《大正藏》第43册，第239页。

的看法，故而可认为是世俗谛中能成立的一个性质。而唯识学与世人包括外道看法的差别之处在于：唯识学既承认"法"的世俗谛的存在，又认为它们不是心外真实的存在，只是由心识变现出的东西，即"法"不是真实的外境，只是心识变现的内境。下文"破法执"中对此将作详论。此外，再从胜义谛看，在真胜义谛或最高胜义谛中，一切差别都绝迹泯相，真实存在的只是由空所显之理，故而"法"即一切有差别的事物，也不是真胜义谛中的存在。

因此，颂文第一句所破是实我实法，假我假法则并不破，因此也就不能说假我假法是无。如论中说："我种种相，谓有情、命者等，预流、一来等。"以有情来说，佛教的主旨就是有情解脱，如果有情是无，还用得着讨论有情如何解脱？再说"预流、一来等"，佛教解脱的果位包括小乘的预流、一来直至阿罗汉，还有大乘的菩萨直至佛，这样的话，"预流、一来等"怎能说是无？

综上所说，假我假法，有遍计所执性的假我假法，那是无；还有依他起性的假我假法，那就不是无，虽是假，是幻，却是有。比如，根身和器世间是有，众生的人格主体（假我）是有，修行者的修行主体（假我）是有，乃至作为修行果位的声闻四果、缘觉、菩萨、佛等都是有。

至于在依他起性的法中再区分实法和假法，可依有无自体（自性、自相）来分，即有自体的是实法，无自体的是假法；也可依有无种子来分，即有种子是实法，无种子的是假法。

【原文】

"如是诸相,若由假说,依何得成?"彼相皆依识所转变而假施设。识谓了别。此中识言,亦摄心所,定相应故。

变谓识体转似二分[1],相见俱依自证起故。依斯二分,施设我法;彼二离此,无所依故。或复内识转似外境。

我法分别熏习力故,诸识生时,变似我法。此我法相虽在内识,而由分别,似外境现。诸有情类,无始时来,缘此执为实我实法。如患梦者,患梦力故,心似种种外境相现,缘此执为实有外境。

【简注】

[1] 二分:指相分与见分,是唯识学心识结构学说中的两个概念,详见第二章。

【今译】

[问:]"上述各种现象,如果是出于假说,那这些假说的现象又是依据什么得以形成?"这些现象都是由识所转生变现,进而假立名称。识的作用是了别[即认识辨别]。这里所说的识,也包括心所,因为心所与心[识]必定相应。

[关于识变现似乎实在的自我和事物,有两种解释,第一种解释是:]变现指识的主体[即自证分]转生似乎实在的二分[即相分与见分],因为相分与见分都是依托自证分而生起。依托相分与见分,设立自我与各种事物;那自我与各种事物离开这二分,便无所依托。

［第二种解释是：］内识转生似乎实在的外境。

由于对自我与各种事物的虚妄的思辨分别所形成的熏习力量所致，各种识生起时，变现似乎实在的自我与各种事物。这自我与各种事物的形相虽在识内，但由于虚妄的思辨分别，便以似乎实在的识外之境显现。各类众生，无量时间来，认取这自我与各种事物的形相，执着为真实的自我和心外具有实体的事物。就像患眼病或做梦的人，由于患眼病或做梦的作用，心中有种种似乎实在的外境的形相显现，便认取这形相，执着为真实存在的外境。

【评析】

此处论述自我与各种事物都是由识变现的观点。本论首先对识的作用作了说明。识的作用就是"了别"。"了"即了解，认识；"别"即分别，辨别。所以，"了别"就是认知功能。八种识都能"了别"，即都有认知功能，但有"粗了别"与"细了别"之分。"粗了别"即进行明显的认识活动，这是前六识的功能；"细了别"即进行细微、难以觉察的认识活动，如第八识和第七识的认识活动。所以，"了别"是八种识都具有的功能。"识谓了别"，指明识的最基本功能是认知。但识的功能并非只有认知，如再配合其他心所，还能形成其他精神活动，如情感活动、意志活动和伦理活动等。这点留待后文再作分析。

此外，"唯识"之说法，并非仅仅说"只有识是真实的存在"。本论此处说明，"唯识"之"识"也包括心所，因为心所与心必定相应。而实际上，除心所外，由识（自证分）变现之法（相分与见分等）也与识一样存在，这一点后文将有阐述。至于"真实存在"之"真实"，则又有世俗谛与胜义谛之各层次的区分，下段的"评析"对此将作详论。

那么，识又是如何变现似乎实在的自我和事物的呢？这涉及心识结构的学说。关于心识结构，有安慧的"一分说"，难陀的"二分说"，陈那的"三分说"，护法的"四分说"。"二分说"指识的结构有两种成分：见分和相分。"三分说"增加自证分，"四分说"再增加证自证分。安慧是形式上的"三分说"，实际的"一分说"，即认为识的自证分变现见分和相分，但见分和相分没有实体，是遍计所执性，只有自证分有实体，所以实际只有自证分存在。关于心识的这些成分所起的作用，第二章将作详论。本论此处对"识变"提出的两种解释，《述记》认为，第一种解释是综合护法、安慧的观点而说的，第二种解释是难陀、亲胜的观点。但《藏要》的校勘指出，第一种解释中实际上没有安慧的观点；而说第二种解释是难陀的观点，似乎也没有确凿的证据。两种解释中，第一种解释认为，"变"就是自证分变现见分和相分，进而在见分和相分上施设我和法。第二种解释认为，"变"就是见分变现相分，相分实际是在识内，但由虚妄执着而似外境显现，众生进而将其执着为实我实法。《述记》认为，两种解释"无偏胜"，即无优劣之分。[①] 另一方面，在《述记》所说的第一种解释中，护法

[①] 参见（唐）窥基《成唯识论述记》卷第一，《大正藏》第43册，第242页。

和安慧的观点不同，近代学者称安慧的观点为唯识古学或无相唯识，称护法的观点为唯识今学或有相唯识。这两种观点的差异，本书第五章将作讨论。

另外，本论此后在对问题的论述中，经常同时介绍多种观点。而当多种观点同时并存时，有时有正误或优劣之分，有时并无正误或优劣之分，其行文方式大体有如下区分：如前一观点不写"有义"，后一观点写"有义"，则前一观点正确或优胜。如多种观点同时以"有义"开头，则往往是最后的观点正确或优胜。但少数情况下，多种观点同时标示"有义"，也有无正误或优劣之分的。还有一种情况就像此处一样，两种或多种解释不标示"有义"，都属正确的见解。

【原文】

愚夫所计实我实法都无所有，但随妄情而施设故，说之为假。内识所变似我似法虽有，而非实我法性，然似彼现，故说为假。

外境随情而施设故，非有如识；内识必依因缘生故，非无如境。由此便遮增减二执。境依内识而假立故，唯世俗[1]有；识是假境所依事故，亦胜义[2]有。

【简注】

[1] 世俗：一般指世俗谛，此处指世俗者，即世人。
[2] 胜义：一般指胜义谛，此处指掌握胜义谛者。

【今译】

　　愚夫所思量的真实的自我和心外具有实体的事物完全不存在，只是根据虚妄的认识而设立，所以说它们是假的。内识所变现的似乎实在的自我与事物，虽然［与识一样地］存在，但它们不具有愚夫所执着的真实的自我和事物的［主宰、作用等］性质，只是以似乎实在的形象显现，所以说它们是假的。

　　外境是根据虚妄的认识而设立的，并非如识那样真的存在；内识［包括相分内境］必定依赖因缘而生起，并非如外境那样实际不存在。这样就否定了增加不存在的外境和减去存在的内识两种执着。外境是依赖内识而虚假建立的，只是世人认为存在；内识是虚假的外境所依赖的主体，［不但世人认为存在，］掌握胜义谛者也认为存在。

【评析】

　　此处对识变现"我""法"的问题作了总结，并提出了唯识学的中道观。本论指出，世人思量的实我实法属假，实际并不存在；但识却并非不存在。这样，唯识学否定了该否定的，肯定了该肯定的；既不落入全面肯定（即世人虚妄认识）的错误，也不落入全面否定（即某些大乘学者"恶取空"）的错误，这就是唯识学的中道观。

　　境"唯世俗有"，识"亦胜义有"，这涉及唯识论的四重二谛理论。首先，《瑜伽论》提出了四种世俗；其次，《成论》提出了四种胜义；最后，《述记》（还有《义林章》）将四种世俗和四种胜义综合成四重二谛。二谛就是世俗谛和胜义谛，四重二谛就是将世俗谛和胜义谛各分为四种。四种世俗谛和四种胜义谛的名称，《述记》与《瑜伽论》《成论》不同，但含义与其相同（《义林章》所用的名称，与《瑜伽论》和《成论》相同）。

《述记》的四种世俗谛：[①] 一是假名无实谛（《瑜伽论》等称世间世俗），如瓶、盆等世间物体，还有我、有情等。二是随事差别谛（《瑜伽论》称道理世俗），如蕴、处、界等。三是证得安立谛（《瑜伽论》称证得世俗），如苦谛、集谛、灭谛、道谛等。四是假名非安立谛（《瑜伽论》称胜义世俗），如我空、法空之理，即真如。

《述记》的四种胜义谛：一是体用显现谛（《成论》等称世间胜义），即四种世俗谛中的第二世俗谛。二是因果差别谛（《成论》等称道理胜义），即第三世俗谛。三是依门显实谛（《成论》等称证得胜义），即第四世俗谛。四是废诠谈旨谛（《成论》等称胜义胜义），本无可言说，强名之为一真法界，如要对其诠释，则可按真如诠释。

四重二谛，下文（第九章）还将再作论述。此处说境"唯世俗有"，此"世俗有"，据《述记》，指第一假名无实谛，此谛与后三世俗谛相比，后三世俗谛都既是世俗谛又是胜义谛，但此假名无实谛只是世俗谛，不是胜义谛。此谛包括瓶、盆乃

[①] 参见（唐）窥基《成唯识论述记》卷第一，《大正藏》第43册，第244页。

至山河大地等世间物体，这些世间物体只是色香味触等境在一定条件下的聚合体，无实体，只有假名。此外，此谛还包括安立的我、有情，安立的我、有情也只是假名，并无实体。

此处说识"亦胜义有"，据《述记》，是指第一体用显现胜义谛，也就是第二随事差别世俗谛。这意味着识既具有世俗性质，也具有胜义性质。说识具有胜义性质，那是因为识有体，不是无；说识具有世俗性质，是因为真正的胜义谛是第四废诠谈旨胜义谛，是言语道断、心行处灭，即离言说离思维。所以说识"有"或说识"无"，都属戏论（注意：据此第四胜义谛，说识"无"，也不能认为是正确的观点）。而第一到第三胜义谛还都非离言说离思维，都具有世俗谛和胜义谛的双重属性。所以本论卷二说："若执唯识真实有者，如执外境，亦是法执。"而这里的"真实有"是指第四废诠谈旨胜义谛，即据第四胜义谛来看，识也不能说是"真实有"。

对此，中观宗的观点与唯识宗的观点有所区别。中观宗强调"诸法无自性"，故诸识也无自性，不可能是"胜义"有。对于本论将识的有无分不同层次论说，中观学者似乎很难接受。如法尊法师就指责唯识学者，说他们需要什么说法时就拿出什么说法。但唯识学将自己的理论特色描述为是"非空非不空"的中道观，上述二重四谛，正体现了此种"非空非不空"中道观，并以诸识"非空"，突显了自宗特色；又以诸识"非不空"，会通了般若经的思想。

第二节　破我执

一、破外道的我执

【原文】

"云何应知实无外境,唯有内识似外境生?"

实我实法不可得故。

"如何实我不可得耶?"

诸所执我,略有三种。一者执我,体常周遍,量同虚空,随处造业,受苦乐故。二者执我,其体虽常,而量不定,随身大小,有卷舒故。三者执我,体常至细,如一极微[1],潜转身中,作事业故。

初且非理。"所以者何?"执我常遍,量同虚空,应不随身,受苦乐等。又常遍故,应无动转,如何随身能造诸业?又所执我,一切有情,为同为异?若言同者,一作业时,一切应作;一受果时,一切应受;一得解脱时,一切应解脱,便成大过。若言异者,诸有情我,更相遍故,体应相杂。又一作业、一受果时,与一切我,处无别故,应名一切所作所受。若谓作受,各有所属,无斯过者,理亦不然。业果及身,与诸我合,属此非彼,不应理故。一解脱时,一切应解脱,所修证法,一切我合故。

中亦非理。"所以者何?"我体常住,不应随身而有舒卷,既有舒卷,如橐籥[2]风,应非常住。又我随身,应可分析，如何可执我体一耶？故彼所言，如童竖戏。

后亦非理。"所以者何？"我量至小，如一极微，如何能令大身遍动？若谓虽小，而速巡身，如旋火轮似遍动者，则所执我，非一非常，诸有往来，非常一故。

【简注】

［1］极微：指物质分到不可再分的微粒，与现代所说的物质基本单位大体同义。

［2］橐籥：即风箱。

【今译】

［问：］"如何可知实际上没有外境，只有内识转生似乎实在的外境？"

因为实在的自我与心外具有实体的事物是不可能有的。

［问：］"为什么实在的自我是不可能有的？"

那些对自我的执着，大略有三种。第一种执着是认为自我的主体始终不变，普遍存在［于六道的每一道中］，体积如虚空［普遍存在于十方世界］，能在各种地方造业并因此而受苦受乐。第二种执着是认为自我的主体虽始终不变，但体积不确定，能根据所进入的身躯的大小而有收缩或舒张。第三种执着是认为自我的主体虽始终不变，但极其细微，如同一个极微，在身内暗中运转，做各种事，造各种业。

第一种对自我的执着没有道理。［问：］"为什么呢？"如果认为自我的主体始终不变，普遍存在，体积如虚空，那应该不再跟随短暂有限的身躯而受苦受乐。此外，自我既然是始终不变、普遍存在，那就应该不存在活动运转，又怎么能跟随身躯而造各种业呢？此外，他们所执着的自我，对一切众生来说，是同是异？如果说众生的自我是相同的，那一众生造业时，一切众生应该都在造业；一众生受果报时，一切众生应该都在受果报；一众生得解脱时，一切众生应该都得解脱，但这样说就大错特错了。如果说众生的自我各不相同，那既然一切众生的自我都是普遍存在于一切空间，则他们的自我的主体应该互相混杂。此外，一众生造业、一众生受果报时，由于与一切众生的自我在地点上没有区别，应该称作是一切众生所造的业、所受的果报。如果说［自我是普遍存在的，］造业、受报仍然各属各的，便无上述过失，那道理上仍说不通。因为业、果报以及身躯，应与各个自我相合，如果说业力等属于这一众生就不属于那一众生，［而一切众生的自我则是普遍存在的，］这就不合理了。此外，一众生得解脱时，一切众生应该都得解脱，因为所修证的方法也应与一切众生的自我相合。

第二种对自我的执着也没有道理。［问：］"为什么呢？"如果自我的主体始终不变、稳定存在，就不应根据所进入的身躯的不同而有收缩或舒张；既然有收缩或舒张，就像风箱中的风，应该不是始终不变、稳定存在。此外，自我的主体既然能随着身躯的不同而变化，就应该可以分解剖析，那样的话，又怎么能认为自我的主体是单一呢？所以，他们的观点如同儿戏。

第三种对自我的执着也没有道理。［问：］"为什么呢？"既然说自我主体的体积极其微小，如同一个极微，那又如何能使这么大的身躯全身活动呢？如果说自我的主体虽小，但能迅速周游全身［从而使全身活动］，就像旋转点燃的木片而呈现出似乎不停地转动的火轮那样，则所执着的自我的主体，就不应是单一的也不应是始终不变的，因为一切有往来的东西，都不是始终不变的也不是单一的。

【评析】

　　此处以下本论分别破我执和法执，首先是破我执。关于我执，一般人所具有的只是一种虽根深蒂固却又模糊含混的观念，能理论化、体系化地表达此类观念的是外道（即佛教以外的学派）和部分小乘教派。因此，本论破我执，也以他们为代表。此处是破外道的我执，主要破当时印度外道的三类我执。第一类我执是胜论和数论外道的观点，第二类我执是尼犍子外道（也称无惭外道）的观点，第三类我执是兽主外道和遍出外道的观点。如同通常对自我的看法一样，这些观点认为，"我"的主体，应该具有"常"（始终不变）、"遍"（普遍存在于三界六道中）、"一"（即是单一纯粹形态的实体，无结构因而无法分解剖析）、"主宰"（即不依赖其他条件而对身心起支配作用）等特征。而本论指出，第一类我执所说的自我，其主体并不具有"常""遍"的特征；第二类我执所说的自我，其主体并不具有"一"的特征；第三类我执所说的自我，其主体并不具有"主宰"的特征。所谓的自我如果真的具有上述特征，将会产生难以解决的矛盾。

本论对这三类我执的破斥，其基本观点是没有实在的自我，所以，如果以实我进行推断，则无论说它具有什么性质都会与事实产生矛盾，因此都是错误的。但另一方面，唯识学认为每一众生都有自己的第八识，那么，能否将这第八识看作是每一众生实在的自我呢？应该说，这一看法也是不能成立的。现举两种观点的两个主要差别如下：一、一般所说的自我的主要特征是常，即永恒不变，但第八识的主要特征是非常非断。所谓非常，如本论第二章所说："谓此识无始时来，念念生灭，前后变异，因灭果生，非常一故。"所以第八识每一刹那都在变化，与永恒不变的自我绝不是一回事。但第八识又具非断性，即前后连续，保持相似性，这种相似性和连续性，使第八识具有一种"自我"的假象，但这不是"实我"，而是"假我"。二、这三种执着，都把自我与身体看作是可以分离的，从这一生到下一生，只不过是自我（或灵魂）从这一身体出来，钻进了那一身体。但唯识学认为，外部世界和众生的身体都是由第八识所变现、所执受，是第八识的相分境。

二、再破各种我执

【原文】

　　又所执我，复有三种：一者即蕴[1]，二者离蕴，三者与蕴非即非离。

　　初即蕴我，理且不然。我应如蕴，非常一故。又内诸色[2]，定非实我，如外诸色[3]，有质碍[4]故。心、心所法，亦非实我，不恒相续，待众缘故。余行余色，亦非实我，如虚空等，非觉性故。

中离蕴我，理亦不然。应如虚空，无作受故。

后俱非我，理亦不然。许依蕴立，非即离蕴，应如瓶等[5]，非实我故。又既不可说有为无为，亦应不可说是我非我。故彼所执实我不成。

【简注】

[1] 蕴：即五蕴，包括色蕴、受蕴、想蕴、行蕴、识蕴。
[2] 内诸色："内"指身内；"色"指物质。身内的物质，包括净色根和浮尘根。净色根就是五根，即眼根、耳根、鼻根、舌根、身根，是感官身中真正起认识作用的成分；浮尘根指净色根所依托的感官身中的其他部分。
[3] 外诸色："外"指身外。身外的物质，佛教称五境，包括色、声、香、味、触。
[4] 质碍：指物质（色法）有质体而相互妨碍，即一物占据某空间，其他物不能同时占据该空间。
[5] 应如瓶等：唯识学认为瓶等物体只是由实法（色、香、味、触）聚集而成的假法，详见下文。

【今译】

此外，对自我的执着，还有以下三种：第一种认为自我的主体就是五蕴，第二种认为自我的主体与五蕴相异，第三种认为自我的主体既非就是五蕴也非与五蕴相异。

第一种执着，认为自我的主体就是五蕴，道理上不对。[如果是那样的话，］自我应该像五蕴一样［有生灭而］非始终不变，［应该也有五种成分而］非纯粹单一。此外，［在五蕴的色蕴中，］构成身体的一切物质［包括净色根与浮尘根］，必定不是真实的自我，因为它们像身外的一切物质［即五境］一样，具有质体而互不相容，［而自我是不应具有质体而与身内其他物互不相容的。因此，色蕴的五根和五境都不是实我。再看包括五蕴中识蕴、受蕴、想蕴以及一部分行蕴的心和心所，小乘承认的六识］心与心所也不是真实的自我，因为它们不是一直连续的，需要依赖各种条件才能生起，［而自我应是始终存在而不间断的。因此，识蕴、受蕴和想蕴等都不是实我。］其余［除心所外的］行蕴以及［色蕴中的］法处所摄色也不是真实的自我，因为它们如同虚空等现象，不具有知觉性，［而自我不可能是没有知觉的。因此，五蕴都非实我。］

第二种执着，认为自我的主体与五蕴相异，道理上也不对。那样的话，自我应如虚空，不会造业，也不受果报。

第三种执着，认为自我的主体既非就是五蕴也非与五蕴相异，道理上也不对。既然承认依赖五蕴建立自我，又以非即五蕴非离五蕴来补救过失，［那么，这样的自我，］应像瓶等物体［一样是假法］，并非是实在的自我。此外，这样的自我，既然不能说是［由五蕴组成的］有为法或［与五蕴相异的］无为法，［那就像子虚乌有的东西，］也不应说是自我或非自我。所以，他们所执着的实在的自我是不能成立的。

【评析】

此处继续破对自我的错误观念，除凡夫、外道外，还包括小乘某些学派对自我的错误观点。

此处所破的三种错误观点中，第一种观点是一切凡夫众生的执着，即认为自我必定是自己身心中的某一部分。但如果仔细分析组成身心的五蕴，则没有一蕴符合所谓自我的特征。

第二种观点是数论学派等外道的执着，即认为自我具有独立的主体，是在五蕴之外的独立存在。但如果自我与身心无关，乃至与一切物质因素与精神因素无关（因为五蕴囊括了所有物质与精神因素）的话，那只能是一种虚空般的存在，不能起任何现实作用。

第三种观点是犊子部、正量部等小乘佛教学派的执着。一般的小乘学派也都主张无我，但犊子部等坚决主张有补特伽罗（我），此种自我依五蕴而存在但与五蕴不即不离，有独立的实体，非常非无常。本论指出，这样的说法具有不可克服的矛盾，所以是不能成立的。例如，这样的自我属于有为法还是属于无为法？如果是有为法，那就有生、住、异、灭等转变，具有无常性，由五蕴和合而成；无为法则没有生、住、异、灭等转变，具有常住不变性，非由五蕴因缘和合而成。他们所说的自我既然与五蕴不即不离，那就既不是有为法也不是无为法。但这就超出了一切存在的范畴，不可能是真实的存在。至于唯识学所说的真如等无为法，虽然依五蕴而建立并与五蕴不即不离，但只是一切事物的真实本性，不是脱离识的独立存在，所以不是实我实法，故而并无上述错误。

三、总破我执

【原文】

又诸所执实有我体,为有思虑,为无思虑?若有思虑,应是无常,非一切时有思虑故;若无思虑,应如虚空,不能作业,亦不受果。故所执我,理俱不成。

又诸所执实有我体,为有作用,为无作用?若有作用,如手足等,应是无常。若无作用,如兔角等,应非实我。故所执我,二俱不成。

又诸所执实有我体,为是我见所缘境不?若非我见所缘境者,汝等云何知实有我?若是我见所缘境者,应有我见非颠倒摄,如实知故。若尔,如何执有我者所信至教,皆毁我见,称赞无我,言无我见能证涅槃,执着我见沉沦生死。岂有邪见能证涅槃,正见翻令沉沦生死?

【今译】

此外,上述各种被认为真实存在的自我的主体,是有思维的,还是无思维的?如果是有思维的,应属无常,因为众生并非一切时候都有思维,[这意味着众生如果不思维时,那自我的主体也就不存在了;]如果是无思维的,那应如虚空,不会造业,也不受果报。所以这类对自我的执着,道理上都不能成立。

此外,上述各种被认为真实存在的自我的主体,是有作用的,还是没有作用的?如果是有作用的,那就像手、足等一样,应属无常;

如果是没有作用的，那就像子虚乌有的兔子角一样，应该不是真实的自我。所以，这两种对自我的执着，都不能成立。

此外，上述各种被认为真实存在的自我的主体，究竟是不是"我见"所能认识的对象？如果［此自我主体］不是"我见"的认识对象，那你们怎么知道真实存在自我？如果［此自我主体］是"我见"的认识对象，那应存在不属颠倒的"我见"，因为能对认识对象如实地认识。如果真是这样，为什么这些执着存在实我的小乘佛教徒所信奉的至尊的教义，都毁弃"我见"，称赞"无我见"，说"无我见"能证涅槃，执着"我见"只能沉沦于生死轮回之中？岂有邪见能证涅槃，而正见反使人沉沦生死？

【评析】

此处继续破我执。上文是分别破佛教内外各种学派关于我执的具体观点，此处则据理分析我执之虚妄。如数论认为"我"的主体是思，其特征是恒常不变；胜论等则不认为"我"的主体是思。而本论所作的分析表明，无论自我的主体有思维还是无思维，或有作用或无作用，都会落入两难境地。此外，从"我见"分析，所有大小乘佛教都对"我见"彻底否定，认为"我见"是错误的见解。但如果有真实的自我，那它必定是"我见"的认识对象，这样，"我见"也就不是错误的见解，而是正确的见解了。由此可见，必定不存在实我。至于虚空、真如等无为法，虽能成为心识的认识对象，但它们并非实我。如《述记》说：通常说佛有常乐我净，其中之"我"，必定不是实我，而只是一种假说，其本质是"离言"的，即不能用思维与语言来思考来表达的。[1]

【原文】

又诸我见，不缘实我，有所缘故，如缘余心。

我见所缘，定非实我，是所缘故，如所余法[1]。

是故我见，不缘实我，但缘内识变现诸蕴，随自妄情种种计度。

【简注】

[1]所余法：指其余的认识对象，即色、声、香、味、触、法六境。

【今译】

此外，一切"我见"不是在认识实在的自我，因为它要有被认识的对象，所以它也就像能认识其他事物的心识一样，[只是认识自己所变现的相分，虚妄地将此认作自我。]

一切被"我见"认识的对象，必定不是实在的自我，因为如果自我作为认识对象，那它也就像其他认识对象一样，[是由识所变现，非恒常非主宰。]

因此"我见"不能认识实在的自我，只能认识由内识变现的五蕴，并随着自己的虚妄认识而生起种种思量，[将它们认作实在的自我。]

---

① 参见（唐）窥基《成唯识论述记》卷第一，《大正藏》第43册，第248页。

【评析】

　　此处继上文对"我见"归谬后,再对"我见"之谬作因明学(佛教逻辑学)的论证。首先从"能缘"之见来看,其他心识只能认识由自识所变现的相分(详见下文),不可能认识心外之物,因此"我见"也是如此,必定不能认识自心之外的所谓真实的"我"。再从"所缘"之对象来看,所有识的认识对象都是由识自己所变现的相分,所以"我见"的认识对象也必定是由"我见"所变现的相分,而不是实在的自我。即使对于不承认存在相分的人来说,也可得出同样结论,因为色等六境是变化无常的,所以"我见"与缘六境的识一样,其认识对象也是变化无常,不可能是始终不变、永恒存在的自我。因此,无论从"能缘"还是从"所缘"来看,"我见"都不可能认识实我。至此,本论完成了对佛教内外各学派对实我谬执的破斥。

四、论俱生我执与分别我执

【原文】

　　然诸我执,略有二种:一者俱生,二者分别。

　　俱生我执,无始时来,虚妄熏习[1]内因[2]力故,恒与身俱,不待邪教及邪分别,任运而转,故名俱生。此复二种。一常相续,在第七识,缘[3]第八识,起自心相,执为实我。二有间断,在第六识,缘识[4]所变五取蕴相,或总或别,起自心相,执为实我。此二我执,细故难断,后修道[5]中，数数修习胜生空观，方能除灭。

分别我执，亦由现在外缘力故，非与身俱，要待邪教及邪分别，然后方起，故名分别，唯在第六意识中有。此亦二种。一缘邪教所说蕴相，起自心相，分别计度，执为实我。二缘邪教所说我相，起自心相，分别计度，执为实我。此二我执，粗故易断，初见道[6]时，观一切法生空真如，即能除灭。

【简注】

[1]熏习：前七识的现行活动，即或善或恶的思想、语言和行为会作用于第八识，其影响力能保留在第八识中，这一过程就称为熏习。

[2]内因：即第八识内的种子。

[3]缘：此处有二义，一是认取、认识，二是依托、凭借。参见下文所缘缘义。

[4]识：此处"缘识所变"之"识"，是指什么识，《成论》的各种注书解释不一。如《成唯识论演秘》（以下简称《演秘》）指出，有种观点认为此识是"除第六识，余七识"；《成唯识论义蕴》（以下简称《义蕴》）认为此识是指第八识；《成唯识论疏义演》（以下简称《义演》）认为此识是指第六识。这些注书各自说明了理由，本书译文统说"诸识"。

[5]修道：即修道位，是唯识修行五位中的第四位。

[6]见道：即见道位，是唯识修行五位中的第三位。

【今译】

而所有的我执，大略有二种：一是俱生我执，二是分别我执。

俱生我执，无量时间来，依赖由虚妄熏习而形成的〔第八识〕内种子的力量，始终与各种生命形态共存，不依赖错误的教义以及错误的思辨分别，自然而无条件地生起，所以称为俱生我执。俱生我执又有二种。第一种是始终连续的，在第七识中，认取和依托第八识的见分，生起第七识自心中的影像作为相分，将此执着为实在的自我。第二种是有间断的，在第六识中，或总体或局部地认取和依托诸识变现的五蕴形相，生起第六识自心中的影像作为相分，将此执着为实在的自我。这两种俱生我执，极其细微，所以很难断除，要到见道后的修道位中，经常修习殊胜的我空观，才能断除消灭。

分别我执，〔不但需依赖虚妄熏习所成的内种子的力量，〕也需依赖现时存在的外部条件的力量，所以并非始终与各种生命形态共存，要依靠错误的教义以及错误的思辨分别，然后才生起，所以称为分别我执，只在第六识中存在。分别我执也有两种。第一种是认取和依托错误的教义所说的五蕴的形相，生起第六识自心中的影像作为相分，思辨分别，思量推测，将其执着为实在的自我。第二种是认取和依托错误的教义所说的自我的形相，生起第六识自心中的影像作为相分，思辨分别，思量推测，将其执着为实在的自我。这两种分别我执，〔与俱生我执相比，〕较为明显，所以容易断除，在最初见道时，观一切事物无我所显示的真如之理，就能断除消灭。

【评析】

此处论述我执的类别。我执分为俱生我执与分别我执。俱生我执是与生俱来的，扎根于众生第八识的种子中，生生世世存在于众生的第七识与第六识中。其中，第七识将第八识的见分认作自我，由于第七识的认知活动是始终连续的，所以这类我执也是始终连续的；而第六识将诸识变现的五蕴相分境，或取总体或取其中某一蕴，认作自我，由于第六识的活动有间断，所以这类我执也有间断。俱生我执由于极其细微，所以其种子要在修道位十地中通过反复修习才能最终断除。

分别我执不但有第八识中的种子作为原因，也有现实因素作为条件才能生起，所以并非与生俱来，并且只是存在于第六识中。即第六识对五蕴或自我，依错误的教理或错误的思维（分别），生起我执。此类我执在见道时就能断除。

【原文】

如是所说一切我执，自心外蕴，或有或无；自心内蕴，一切皆有。是故我执皆缘无常五取蕴相，妄执为我。然诸蕴相，从缘生故，是如幻有，妄所执我，横计度故，决定非有。故契经说："苾刍[1]当知，世间沙门[2]、婆罗门等所有我见，一切皆缘五取蕴起。"

【简注】

[1] 苾刍：比丘的异译，指已受具足戒的男性僧人。
[2] 沙门：泛指出家修道者，包括佛教的出家人与佛教外的出家人。此处主要指后者。

【今译】

以上所说的两类我执,作为其依托的自心[识]之外的五蕴[即自识外的本质],有的存在,有的不存在;而作为其依托的自心[识]之内的五蕴[即相分],则一切情况下都存在。因此我执都是认取生灭无常的五蕴的形相,虚妄地将它们执着为自我。然而五蕴的形相是依据各种条件生起的,它们如同幻有,虚妄地将它们执着为自我,完全是因为偏执地思量推测的缘故,实在的自我肯定是不存在的。所以佛经上说:"比丘应当知道,世上沙门、婆罗门等所有的我见,一切都是认取五蕴而生起。"

【评析】

此处是讨论我执所依托的识外的五蕴(自识外五蕴,唯识学称为本质,参见后文"破法执"的评析部分)是否存在,文中的"自心"是指第七识与第六识,因为我执只存在于第七识和第六识中。所谓"一切我执,自心外蕴,或有或无",此问题可分三方面来讨论:一是第七识与第六识的区别。第七识的我执,必定有第七识外的本质(即第八识的见分)作为依托。第六识的我执,有无第六识外本质作为依托则不一定;因为第六识的思维,有时是依托外部对象而进行的,有时则无需外部对象就能进行。二是俱生我执与分别我执的区别。俱生我执必定有心外(即第七识和第六识外)的本质(即第八识的见分或诸识变现的五蕴相分境)作为依托。分别我执是第六识的执取,如上所说,第六识的执取,有无本质是不一定的。三是即蕴与离蕴的区别。依据五蕴执着有自我，这是有识外本质作为依托；脱离五蕴，第六识将纯粹虚幻的东西执着为自我，此类我执没有本质作为依托。而"自心内蕴"，指我执所依托的识内的影像相分。由于识在现行活动时，必定是以相分作为认识对象，所以无论是俱生我执还是分别我执，都有识内的影像相分作依托。因此，"自心内蕴，一切皆有"。这样，所谓的"我"，只不过是第七识与第六识的相分境，因此实我是完全不存在的。

五、答责难

【原文】

"实我若无，云何得有忆识、诵习、恩怨等事？"

所执实我，既常无变，后应如前，是事非有；前应如后，是事非无；以后与前，体无别故。若谓我用，前后变易，非我体者，理亦不然。用不离体，应常有故；体不离用，应非常故。

然诸有情，各有本识，一类相续，任持种子，与一切法，更互为因，熏习力故，得有如是忆识等事。故所设难，于汝有失，非于我宗。

"若无实我，谁能造业？谁受果耶？"

所执实我，既无变易，犹如虚空，如何可能造业受果？若有变易，应是无常。

然诸有情，心、心所法，因缘力故，相续无断，造业受果，于理无违。

"我若实无,谁于生死轮回诸趣[1]?谁复厌苦求趣涅槃?"

所执实我,既无生灭,如何可说生死轮回?常如虚空,非苦所恼,何为厌舍求趣涅槃?故彼所言,常为自害。

然有情类,身心相续,烦恼业力,轮回诸趣,厌患苦故,求趣涅槃。

由此故知,定无实我,但有诸识,无始时来,前灭后生,因果相续,由妄熏习,似我相现,愚者于中,妄执为我。

【简注】

[1]诸趣:指六趣(也称六道)或五趣。六趣指地狱、饿鬼、畜生(也作傍生)、人、阿修罗、天,是众生的六种生存形态。但《瑜伽论》是说五趣,玄奘一系唯识学也常说五趣,即上述六趣中除阿修罗。

【今译】

[问:]"如果没有实在的自我,那为什么会有记忆[曾经发生过的事]、认识[各种事物]、诵持[经书]、温习[文史]、恩[加于彼]、怨[害于此]等事呢?"

那被执着为实在的自我,既然始终不变,则后来的状况应与先前一致,记忆等事[先前没有,]后来也不应有;先前的状况应与后来一致,记忆等事[先前有,]后来也不应没有;因为在后与在前,自我的主体并无差别。如果说这是自我的作用前后有变化,并非自我的主体前后有变化,道理上也不对。因为那样的话,或者作用不离主体，应像主体一样始终存在；或者主体不离作用，应像作用一样并非始终存在。

应该说所有众生，都有各自的第八识，无量时间来以同样的无覆无记性连续存在，保持种子，并与一切事物相互为因，由此产生的熏习作用，使上述记忆等事得以存在。因此，你们所提出的质难，在于你们自己有错误，而不是我们的观点有错误。

［问：］"如果没有实在的自我，那是谁能造业？谁在受果报呢？"

那被执着为实在的自我，既然没有变化，就像虚空一样，又怎么可能造业受果报呢？如果有变化，就应属无常，［也不可能是实在的自我。］

应该说所有众生的心与心所，由于［第八识中种子］因缘的力量，前后相续，没有间断，［所以出现造业后受报的现象，］因此说造业受果报，并无违理之处。

［问：］"自我如果实际上不存在，那是谁在生生死死中轮回于各种生命形态之中？又是谁在厌憎痛苦而求入涅槃？"

那被执着为实在的自我，既然没有生灭，又怎么能说处于生死轮回中呢？既然自我始终不变，犹如虚空，那就不会被痛苦所烦恼，又有什么必要厌憎舍弃痛苦而求入涅槃？所以他们的说法总是自相矛盾。

应该说各类众生，［无量时间来一世生命连着一世生命，］身心总是连续不断，因此生起各种烦恼，造各种业，由于业力而轮回于各种生命形态中，由于厌憎痛苦而求入涅槃。

由此可知，肯定没有实在的自我，只有各种识，无量时间来，前识灭后识生，前因后果连续不断，由于虚妄的熏习作用，有似乎实在的自我的假象显现，愚人便将此假象虚妄地执着为实我。

【评析】

　　此处解答由否定实我而导致的各种疑问。论中的"忆识、诵习、恩怨等事"就是指日常生活中的各种行为和各种现象。唯识学认为，这些行为和现象都是由于前六识的现行活动熏习第八识，形成了第八识中相应的种子，这些种子又能生起现行活动，使各种行为和现象连续不断。所以在这些日常行为和现象中无需实在的自我。即使是佛教所说的造业、受果报、生死轮回等现象，也无需实我这样的概念。因为众生的生命一世连一世，无中断之时，而生命的各种活动就是在造各种业；由于造业，必定会受相应果报，从而使下一世的生命进入善恶诸趣，这就是轮回。所以，造业、受报、轮回等，也无需实我主持其事。因此，实我必定不存在，也无必要存在。至此，本论完成了对实我的破斥。

第三节　破法执

一、破外道的法执

（一）破数论的法执

【原文】

　　"如何识外实有诸法不可得耶？"

外道、余乘所执外法，理非有故。

【今译】

[问：]"为什么识外具有实体的一切事物是不可能有的？"

因为外道与小乘佛教所执着的识外具有实体的事物，按理而言并不存在。

【评析】

此处以下是破法执。本论对破实我与破实法，所提的问题有所区别。即对破实我，不作内外的区分，所提问题为："如何实我不可得耶？"而对破实法，则区分了识内和识外，所提问题为："如何识外实有诸法不可得耶？"这是因为所谓的"我"，"识内识外皆体是无"。而所谓的"法"，"识内可有，有似法故，但识外无"。[1] 所以，本论认为，识外法（即外境）无，识内法（即内境）可有。这是因为内境由识所变现，并不离识，故不违唯识之理。

但识内法虽有却并非都是实有。在"外境无，内境可有"的前提下，唯识学又对内境诸法的假实作了区分，本论将其分为三种形态，即实法、假法、非实非假之法。这可以看作是世俗谛意义上的区分，区分的依据是事物的成分和作用。

所谓实法，是指具有单一、独立的成分，能起现实作用

---

[1] 参见（唐）窥基《成唯识论述记》卷第一，《大正藏》第43册，第252页。

的事物。实法是由第八识中的种子生起。种子是指第八识具有的、能生起一切物质现象和精神现象的功能，这些功能被唯识学形象地比喻为种子。但由于种子没有形相，作为第八识的相分，只能为第八识现量认识，不能为其他识现量认识，所以，种子生实法的说法只是作为一种理论依据。就实而论，判断实法的主要依据是看该事物是否能独立地产生作用。如果一事物是单一成分（不是复合成分）、能独立存在（不是依附性地存在）、能起现实作用（不是错觉、幻觉等不能起真实作用）的事物，就说它是实法。就类别而言，实法包括心法（八识）、心所法和色法（精确地说，心所法与色法中也有假法，详见下文）。

所谓假法，指非独立存在但有现实作用的事物。这类事物是一种假象性的存在。假法的类别，据本论第五章（或卷第八）指出，有聚集、相续、分位三种。一、聚集假，这是实法的集合，如由色、香、味、触等基本物质现象聚合而成的世间各种物体。二、相续假，指一切事物在时间上的前后连续状态，如众生的身体每一瞬间都有变化，前后不同，但外观上却保持同一性，似乎是同一物，这是一种假象。一切连续存在的现象都是相续假。三、分位假，此类事物仅是实法的部分表现或不同状态。如水与波，波这种现象只是依附于水而存在，是水的翻动状态，因此可说波是水的分位。因此，分位假就是指依附于某一类或多类实法，具有与实法不同表现状态的现象。唯识学在对百法（即基本的物质和精神现象）分析其假实时，假一般指分位假。如嗔有实体（即是独立存在的现象），是实法；而忿、恨、嫉等都是嗔的不同表现，各以嗔的一部分为自体，所以都是假法。

所谓非实非假之法，指根本不存在因而没有现实作用的现象，即幻觉、错觉、想象等所显的事物，如由幻觉而见的空中第二个月亮等。这类事物可以说是假，但据唯识学的分类来说则是非假非实（参见本论卷第八，此处的非假，指非聚集假、分位假等依托实法的假法）。

以上是按世俗谛对事物的假实进行了区分，但如果按胜义谛（第三胜义谛以上的胜义谛）来区分，则一切事物都属假而非真，此时的区分依据是永恒不变性（即不生不灭）等，这可以说是在区分事物的假与真。而按唯识学的说法，一切事物都是依他起性，即使唯识学所说的八识也是如此，也不能执着为实有。如本论卷第二指出："诸心、心所，依他起故，亦如幻事，非真实有。为遣妄执心、心所外实有境故，说唯有识。若执唯识真实有者，如执外境，亦是法执。"所以，如果将识执为"真实有"，那也是法执。这是唯识宗与大乘其他宗的观点相一致之处，即一切事物都是假有，如《金刚经》所云："一切有为法，如梦幻泡影，如露亦如电，应作如是观。"[1] 所以一切事物都是假有，而与一切事物之"假"相对的"真"，指真如，只有真如具有永恒不变性。至于真如仅是理体，还是能生

---

[1] （后秦）鸠摩罗什译《金刚般若波罗蜜经》，《大正藏》第8册，第752页。

万物的本体,则唯识宗与大乘其他宗又有分歧。即唯识宗只是将真如视为二空所显之理,虽有实体,但与禅宗等其他中国大乘佛教宗派将其视为能生万物的本体不同。

【原文】

"外道所执,云何非有?"

且数论者,执我是思,受用萨埵、剌阇、答摩[1]所成大等二十三法。然大等法,三事合成,是实非假,现量所得。

【简注】

[1]萨埵、剌阇、答摩:有多种译法,简洁的译法为:勇、尘、暗,是数论理论体系中构成事物的三种基本要素。

【今译】

[问:]"外道所执着的识外具有实体的事物为什么不存在?"

且说数论,他们执着"神我"的主体是"思",它能受用由"勇""尘""暗"三基本要素所合成的"大"等二十三种基本事物,而这"大"等二十三种基本事物因为是由"勇"等三要素合成的,所以是具有实体的存在,不是[没有实体的]假象性存在,可以通过现量方式来认识。

【评析】

此处以下是分别破外道和小乘的法执,首先破外道法执。

外道中最主要的学派是数论与胜论，此处是破数论，首先阐述数论的观点。

数论是古印度六派哲学之一，其学说主要内容是二十五谛。二十五谛可分三部分：首先是自性，其次是二十三法，最后是神我。据《述记》，数论认为，自性本有常住，能生他物而不从他物生。神我的主体是思，当神我进行思维活动受用境界时，自性便生起大等二十三法（即二十三种基本事物）。其过程说法不一，一般说来，自性生起大，大生起我慢，我慢生起五唯（声、触、色、香、味），五唯生起五大（空、风、火、水、地），五大生起十一根（耳、身、眼、鼻、舌、语具、手、足、小便道、大便道、肉团心）。二十三法是由萨埵（勇）、刺阇（尘）、答摩（暗）三本事（基本要素）所构成。而当神我悟一切事物变化无常时，自性就不生二十三法，神我便解脱。①

此段阐述了数论的主要观点：神我的主体是思，能受用二十三法，二十三法由三本事合成，所以二十三法与三本事都是实有，都可以通过现量来认识。

所谓现量，量是尺度的意思，指认识形式，或判断知识真伪的标准。唯识学认为，认识形式有三种，称为"三量"，即现量、比量、非量。现量指直觉认识，即没有逻辑思维介入的认识，这是现量的狭义用法，也称真现量。另有似现量，指由

---

① 参见（唐）窥基《成唯识论述记》卷第一，《大正藏》第43册，第252—253页。

幻觉、错觉所致，或已加入了概念思维作用的认识。一般说现量，都是指真现量，主要是五种感觉的认识，还有唯识学所说的第八识的认识。至于第六识，其定中意识是现量；还有与五识同时生起的意识，当它刚认取对象的一刹那间是现量，其后生起了思辨分别活动时，则属比量或非量。比量指以比较、推理等逻辑思维的方式获得的认识，也有真比量与似比量之分，一般指真比量。非量即似现量与似比量的总称，是错误的认识。

古印度佛教内外的逻辑学都承认，通过现量方式获得的认识是正确的认识，现量能认识实法，这是因为现量的方式所认识的是"现实"的事物。这里说的"现实"，包括现时（非过去、未来）、现处（非他处）、明显（没被其他物体遮蔽而不能感觉）、真实（非错觉）。由于现量认识具有上述特点，所以能认识实法。而数论正是通过强调二十三法与三本事都属现量认识，所以说它们都是实法。

【原文】

　　彼执非理。"所以者何？"大等诸法，多事成故，如军、林等，应假非实，如何可说现量得耶？又大等法，若是实有，应如本事，非三合成。

【今译】

　　他们的执着没有道理。[问：]"为什么呢？"[首先，"大"等二十三种基本事物应非实有。因为]"大"等各种基本事物既然是由多种要素合成，就像军队、树林等群体，应该是假法而非实法，怎么能说可通过现量方式来认识？此外，"大"等基本事物如果是实法，就应像"勇"等要素一样，不必再由三要素合成。

【评析】

此处以下破数论的观点，分三层次。首先是指出二十三法非实有，因为它们是由三本事合成，但由其他事物合成的事物必定是假法，不是实法；而假法也不可能由现量进行认识。另一方面，如果一定要肯定二十三法是实有，能现量认识，那它们就不可能是由三本事合成。这就构成了数论观点的内在逻辑矛盾。

【原文】

萨埵等三，即大等故，应如大等，亦三合成。转变非常，为例亦尔。

又三本事，各多功能，体亦应多，能体一故；三体既遍，一处变时，余亦应尔，体无别故。

许此三事，体、相各别，如何和合共成一相？不应合时变为一相，与未合时体无别故。若谓三事，体异相同，便违己宗体、相是一。体应如相，冥然是一；相应如体，显然有三。故不应言三合成一。

【今译】

　　[其次，"勇"等三基本要素也非实有。因为]"勇"等三基本要素，如果就是与"大"等同样性质的事物，那也应像它们一样由三要素合成。[此外，如果三基本要素就是与"大"等同样性质的事物，那它们]也应像由它们转变而成的"大"等基本事物，不具有"常"，即始终不变的性质。

　　此外，三种基本要素[既然能造二十三种基本事物，表明]各自应具有多种功能，这样其[真实不变的]主体也应有多种，因为功能与主体是一致的，[而一要素有多种主体显然是荒谬的。如果因此补救说，三要素各自只有一个主体，]三主体普遍存在于一切事物中；既然如此，一处的事物变化时[即三主体的一部分变化时]，其余各处的事物也应变化，因为各种事物中三基本要素的主体并无区别。[但一处的事物变化时，其他各处的事物并不一定变化，由此可见这种补救仍属错误。]

　　如果同意三基本要素[所谓真实不变的]主体及其形相各不相同，那怎么能通过和合形成每一事物的一种形相？总不能[未和合时是三种形相，]和合时变成了一种形相，因为和合时与未和合时主体并无不同。如果说三种形相合成一种形相是由于三基本要素的主体虽不同而形相相同，这就违背了他们自己的"主体与形相是一致的"观点。这样的话，要么三基本要素的主体应如形相，实际上只有一种；要么形相应如主体，显然有三种。[这样就应该说：是一合成一，或是三合成三。]所以，不应说是三基本要素合成了每一事物的一种形相。

【评析】

此处是破数论观点的第二层次，指出三本事也非实有。本论通过数论观点所导致的诸多矛盾，揭示数论观点的错误。而这里的根本问题出在数论学派认为三本事有真实不变的主体，所以在三本事和合的过程中，主体应该前后没有不同。但按现代科学的观点，物体在发生化学变化，即形成质变时，参与变化的各原子的外层电子数目有得失，即物体的主体有变化。据此完全可以得出事物没有真实不变的主体，即诸法无我的结论。

【原文】

又三是别，大等是总，总、别一故，应非一、三。

此三变时，若不和合成一相者，应如未变，如何现见是一色等？若三和合成一相者，应失本、别相，体亦应随失。不可说三，各有二相，一总二别，总即别故，总亦应三，如何见一？

若谓三体，各有三相，和杂难知，故见一者，既有三相，宁见为一？复如何知三事有异？若彼一一皆具三相，应一一事能成色等，何所阙少，待三和合？体亦应各三，以体即相故。

又大等法，皆三合成，展转相望，应无差别，是则因果、唯量、诸大、诸根[1]差别，皆不得成。若尔，一根[2]应得一切境，或应一境一切根所得。世间现见情与非情、净秽等物，现、比量等，皆应无异，便为大失。

故彼所执实法不成，但是妄情计度为有。

【简注】

[1] 唯量、诸大、诸根：参见上文"数论"评析。其中，"唯量"即五唯（声、触、色、香、味），诸大即五大（空、风、火、水、地），"诸根"即十一根（耳、身、眼、鼻、舌、语具、手、足、小便道、大便道、肉团心）。

[2] 根：此处指五根中的任何一根。

【今译】

此外，三基本要素是部分，"大"等基本事物是总体，总体应与部分同一，这样就既不能说总体如部分是三非一，也不能说部分如总体是一非三。

这三基本要素转变时，如果不和合成一种形相，应该各自如同未变时一样，那怎么现在出现的是一个物体？如果三基本要素和合成一种形相，三要素应失去各自本来的、各不相同的形相，其主体也应随之丧失，［可见三要素的主体也并非是真实不变的存在。］也不能说三基本要素各有两种形相：一是总体形相，［用于和合时表现；］二是个别形相，［用于独立存在时表现。］因为总体形相就是个别形相，［这样的话，］总体形相也应有三种，怎么出现的是一个物体？

如果说三基本要素的主体各有三种形相，只因和合混杂而难以了知，所以看见的只是一种形相；那么，既然有三种形相，岂有只见一种之理？又怎么知道三基本要素的主体是不同的？此外，如果三基本要素的每一要素都具备三种形相，就应每一要素都能自己合成颜色等各种事物，又缺少了什么条件，非要依赖三要素和合成事物？［此外，如果每一要素都有三形相，］其［不变的］主体也应各自有三，因为［按他们的观点，］主体就是形相。

此外，"大"等基本事物既然都是三基本要素合成的，那相互之间应该没有差别，这样，因果、五唯、五大、十一根的差别都不能成立。如果是这样的话，那任何一种［进行感知活动的］根都应该能感得一切对象，或任何一种对象都应被一切根所感得。世界上现有的众生与非众生、清净与污秽的事物、现量与比量等都应该没有不同，这样就成大错了。

所以，数论学派所执着的心外具有实体的事物是不能成立的，只是虚妄的认识将它们思量为存在。

【评析】

此处是破数论观点的第三层次，是通过对三本事与二十三法相互关系的分析，证明它们都非实有。因为如果三本事与二十三法都是实有，那就会导致各种矛盾。这样，通过上述三层次的反复讨论，证明一切事物均非心外实有。至此，本论完成了对数论观点的破斥。

（二）破胜论的法执

【原文】

　　胜论所执：实等句义[1]，多实有性、现量所得。

【简注】

［1］句义：即范畴。

【今译】

胜论所执着的是："实体"等范畴，大多真实存在主体，大多是可以通过现量的方式来认识的。

【评析】

此处以下是破胜论的法执。胜论是古印度六派哲学之一，是与数论一样重要的佛教外的学派，其学说的主要内容是六句义或十句义。六句义就是六种范畴：一是实句义。"实"指一切事物的实体，包括地、水、火、风、空、时（时间）、方（方位）、我（自我）、意（意识）九种。二是德句义。"德"指一切事物的性质，包括色、香、味、触等二十四种。三是业句义。"业"指一切事物的运动，包括取、舍、屈、伸、行五种。四是大有句义。胜论认为在"实""德""业"之外，还存在"大有"，它是"实""德""业"的本体。五是同异句义。"同"指同类事物的共同性，"异"指各事物的特殊性。胜论认为"同异"也有独立存在的本体。六是和合句义（许多典籍介绍六句义，没有大有句义，而是将同异句义分为同句义和异句义两种）。胜论认为，在上述范畴之外，另有一法，是实，是常，能和合上述各种事物，所以将此法立为和合句义。十句义是在上述六句义中，除去大有，将同异分二，再加上有能、无能、俱分、无说四句义。胜论认为，十句义中，前九实有，第十无说句义非实有。此外，实等五句义可现量认识，和合等五句义不能现量认识。所以说，这些范畴，大多"实有性"，大多"现量所得"。而本论通过以下的破斥，指出它们都非心外实有。

【原文】

彼执非理。"所以者何？"诸句义中，且常住者，若能生果，应是无常，有作用故，如所生果；若不生果，应非离识实有自性，如兔角等。诸无常者，若有质碍，便有方分[1]，应可分析，如军、林等，非实有性；若无质碍，如心、心所，应非离此有实自性。

【简注】

[1] 方分：即方位和体积，指物质都处在一定的位置上，占有上下左右等一定的空间。

【今译】

他们的执着没有道理。[问：]"为什么呢？"在各种范畴中，且说[他们认为]始终不变地存在的范畴，如果这些范畴能生果，它们[就不是始终不变的,]应是变化无常的，因为有作用的缘故，所以应像它们所生的果[一样有生灭]；如果是[始终不变但]不能生果的范畴，那就应该不是脱离识而有真实存在的主体，[其所谓真实存在的主体由于不能生果，]就像兔子的角一样子虚乌有。再说那些［他们认为不是始终不变地存在而是］变化无常的范畴，如果这些范畴具有质体而互不相容，那就有［上下左右等］方位性的空间界面，应能加以分解剖析，就像军队、树林等群体，并没有真实存在的主体；如果它们并非具有质体而互不相容，那就像［非物质性的］心与心所一样，应该不是在心与心所之外有真实的主体。

【评析】

此处以下破胜论的法执，分五个层次。此处首先从总体上破胜论的各种范畴实有的观点。胜论认为在各种范畴中，有常住不变的，也有变化无常的。如十句义中的同、异、和合、有能、无能、俱分六种是常，业属无常，其余三句义中诸要素有常有无常。在常住不变的范畴中，有能生果的，如有能句义，还有实句义中的地、水、火、风四者中的母极微以及德句义中的十种；有不能生果的，如同、异、和合、无能、俱分，还有六句义中的大有，以及实句义中的其余五种。在变化无常的范畴中，有具有质碍的，如实句义中的地、水、火、风四者中的子极微；有无质碍的，如德句义中其余十四种，业句义及无说句义中的一部分。胜论认为，这些范畴大多实有。而本论通过分析指出，上述四种情况所涉及的范畴，或者非始终不变，或者可分解剖析，因此根本不可能是实有；或者纯属子虚乌有，或者只是不离心和心所之事物，并非心外另有实体。

【原文】

又彼所执地、水、火、风，应非有碍[1]实句义摄，身根所触故，如坚、湿、暖、动。

即彼所执坚、湿、暖等，应非无碍德句义摄，身根所触故，如地、水、火、风。

地、水、火三，对青色等，俱眼所见，准此应责。

故知无实地、水、火、风与坚、湿等各别有性，亦非眼见实地、水、火。

【简注】

[1] 有碍：即有质碍。

【今译】

此外，他们所说的[具有质体而互不相容的]地、水、火、风，应该不属具有质体而互不相容的"实体"范畴，因为地、水、火、风也能被身根所触得，就像[并非具有质体而互不相容的]坚、湿、暖、动[能被身根所触得]一样。

而他们所说的[并非具有质体而互不相容的]坚、湿、暖、动，应该不属并非具有质体而互不相容的"性质"范畴，因为坚、湿、暖、动也能被身根所触得，就像[具有质体而互不相容的]地、水、火、风[能被身根所触得]一样。

此外，能被身根所触得的地、水、火三者，与青色等颜色一样，都能被眼睛看见，由此也可对地、水、火与青色等属"实体"还是属

"性质"进行质疑。

因此可知,并不存在真实的地、水、火、风与坚、湿、暖、动的各自的主体,也不是眼睛看见了具有实体的地、水、火、风。

【评析】

此处是破胜论法执的第二层次,是分别破"实体""性质"等范畴的实有性。胜论认为,"实体"范畴的地、水、火、风是有质碍的,"性质"范畴中属"触"范畴的坚、湿、暖、动是无质碍的。但本论指出,上述分属两类范畴的事物都能为同一触觉所感知。因此,胜论的范畴分类是有问题的,乃至是自相矛盾的。同样,属于"实体"范畴的地、水、火与属于"性质"范畴中"色"范畴的青、黄、赤、白等颜色,都能被眼睛看到,因此产生了同样的问题与矛盾。而追根寻源的话,这类问题与矛盾的根源在于胜论认为上述范畴实有自性,实际上,这些范畴并无实体。

【原文】

又彼所执实句义中有碍常者,皆有碍故,如粗地等,应是无常。

诸句义中,色根[1]所取无质碍法,应皆有碍,许色根取故,如地、水、火、风。

又彼所执非实德等,应非离识有别自性,非实摄故,如石女儿。非有实等,应非离识有别自性,非有摄故,如空华等。

【简注】

[1] 色根：即物质性根，指五净色根，能引生五识，即五种感觉。

【今译】

此外，他们所说的"实体"范畴中具有质体而互不相容的、始终不变的事物，因为都具有质体而互不相容，就像大地等物体一样，所以［不是始终不变的而］是变化无常的。

而他们所说的各种范畴中能被物质性根［即五净色根］所认取的、并非具有质体而互不相容的事物，应该都具有质体而互不相容，因为他们赞同这些事物能被物质性根所认取，所以应像地、水、火、风一样［具有质体而互不相容］。

此外，他们所说的不属"实体"的"性质"等范畴，应该不是离识之外另有主体，因为它们既然不属"实体"范畴，［所以说它们另有主体，］那就像石女生子一样不可能。而不属"大有"的"实体"等范畴，应该不是离识之外另有主体，因为它们既然不属"有"，那就无异于虚空中幻现的花朵，［不可能有真实的主体。］

【评析】

此处是破胜论法执的第三层次，是再破"实体""性质"等范畴的实有性。本论指出，一切有质碍的物质必定是变化无常的，所以，胜论所说的"实体"范畴中既有质碍又恒常不变的事物是不可能成立的。其次，五根所认取的必定是有质碍的物质，不可能是无质碍的事物，所以胜论所说的能被五根认取的无质碍法也是不能成立的。最后，胜论的"实体""性质"范畴的各种事物必定不是离识另有主体，因为按胜论的观点来分析，"性质"范畴不属于"实体"范畴，故而"性质"范畴的各种事物不可能另有主体；而"实体"范畴不同于"大有"范畴，那么，既然"实体"范畴诸事物不属于"有"，故而它们的主体也无异于空中幻花。

【原文】

彼所执有，应离实等无别自性，许非无故，如实、德等。若离实等，应非有性，许异实等故，如毕竟无等。如有非无，无别有性，如何实等有别有性？若离有法，有别有性，应离无法，有别无性。彼既不然，此云何尔？故彼有性，唯妄计度。

又彼所执实、德、业性，异实、德、业，理定不然。勿此亦非实、德、业性，异实等故，如德、业等。又应实等，非实等摄，异实等性故，如德、业、实等。地等诸性，对地等体，更相征诘，准此应知。如实性等无别实等性，实等亦应无别实性等。若离实等有实等性，应离非实等有非实等性。彼既不尔，此云何然？故同异性，唯假施设。

又彼所执和合句义，定非实有，非有实等诸法摄故，如毕竟无。彼许实等现量所得，以理推征，尚非实有，况彼自许和合句义非现量得，而可实有？设执和合是现量境，由前理故，亦非实有。

【今译】

胜论所说的"大有",应该离"实体"等范畴外没有另外的主体,因为他们认为"大有"这一范畴并非不存在,而是像"实体""性质"等其他范畴一样地存在。[此"大有"]如果离开了"实体"等存在的范畴,应该没有"有"的主体,因为他们认为"大有"不同于"实体"等存在的范畴,[而那样一种既存在又不同于"实体"的东西只能]像"彻底的无"[即根本不存在的事物]。如果"大有"并非不存在,但无须另有"有"的主体使其存在,那为什么"实体"等范畴要另有"有"的主体使之存在?如果离开存在的东西要另有"有"的主体,那就应该离开了不存在的东西也另有"无"的主体。那样的说法既然不对,这里的说法为什么要肯定呢?所以他们说的"大有"的主体,只是妄加思量。

此外,他们执着"实体""性质""作用"的"同异性",[另有自己的主体,]不同于"实体""性质""作用"[的主体],道理上必定不对。否则的话,这"同异性"也就不是"实体""性质""作用"的同异性,因为它的主体不同于"实体"等的主体,就像"性质""作用"等不同于"实体"一样。再者,[如果上述说法是正确的话,]"实体"等事物应不属"实体"等范畴,因为它们与"实体"等范畴谈不上有相同性,就像"性质""作用"与"实体"范畴没有相同性。[如对"性质"或"作用"等范畴加以考察,也会得出与上述对"实体"范畴的考察相同的结论。]"地""水"等的"同异性"与"地""水"等主体的相互关系,如果再加质疑,道理与此相同。就像"实体"的"同异性"[以及"性质"的"同异性"]等,没有别的"实体"[以及"性质"]等的同异性使其成为"同异性"一样,在"实体"等之外,也应没有别的"实体"等的同异性[使它们成为同或成为异]。如果离开"实体"等有"实体"等的"同异性",那应离开"非实体"有"非实体"的同异性。那样的说法既然不对,这里的说法为什么是对的呢?所以,"同异性"只是假立的名称而已。

此外,胜论所说的"和合"范畴,必定不是具有实体的存在,因为"和合"范畴不属于"大有"以及"实体"等其余范畴的一切事物,所以就像根本不存在的东西。他们所认可的能通过现量方式来认识的"实体"等范畴,根据道理推断尚且不是具有实体的存在,何况他们自己也承认"和合"范畴不是现量方式所能认识,这一范畴岂能是具有实体的存在?进一步说,即使他们所执着的"和合"是现量方式的认识对象,按前面所说的道理,它也不是具有实体的存在。

【评析】

此处是破胜论法执的第四层次,是分别破"大有""同异""和合"等范畴实有。关于"大有",胜论认为,在"实体"等存在着的事物外,另有一实有主体的"大有",正是此"大有"使"实体"等存在;若没有这"大有",一切事物也就不能存在。本论指出,按胜论的观点,实际存在的就是"实体"等范畴,所以"大有"如果也存在,应该不离"实体"等范畴;如果一定要说"大有"不同于"实体"等范畴,那么,"实体"等范畴按胜论的说法是"有法"(即存在的事物),"大有"就只能是"毕竟无",即根本不存在的东西了。所以,或者"大有"不存在，或者"大有"存在但不离"实体"等范畴。因此，"大有"不可能实有主体。但如果"大有"的存在，并不需要一个独立的主体使其存在，那么"实体"等已经存在的事物，又何须"大有"使它们存在呢？此外，关于"同异性"范畴与"和合"范畴，胜论也认为它们都是与"实体"等范畴不同的、实有主体的范畴，但本论通过分析，认为胜论的观点是经不起推敲的，事实上这两个范畴与"大有"一样，都只是假立的名称，即概念性的存在，并不存在真实的主体。

【原文】

然彼实等，非缘离识实有自体现量所得，许所知故，如龟毛等。又缘实智，非缘离识实句自体现量智摄，假合生故，如德智等。广说乃至缘和合智，非缘离识和合自体现量智摄，假合生故，如实智等。

故胜论者实等句义，亦是随情妄所施设。

【今译】

而胜论所说的"实体"等范畴，并非可通过对所谓脱离识而真实存在的主体的现量认识来证明其存在，因为他们承认这些主体是他们"所知"的对象，[因而是意识的产物，并非现量认识，这些离识实有的主体也]就像乌龟的毛等东西一样子虚乌有。再者，那认识"实体"的智慧，也并非属于真能认识脱离识而存在的"实体"的主体的现量智，而必定是凭借各种条件和合后才生起的，如同认识"性质"

等其他范畴的智慧。广而言之，以至认识"和合"的智慧，也不属于能认识脱离识而存在的"和合"的主体的现量智，而都是凭借各种条件和合后生起的，与认识"实体"等的智慧一样。

所以，胜论学派的"实体"等范畴，也是根据虚妄的认识而建立的。

【评析】

此处是破胜论观点的第五层次，是再次从总体上破诸句义。胜论认为，"实体"等范畴是心外实有主体，所以能被心智现量认识。本论指出，无论从能认识的主体还是从被认识的对象来看，实体等范畴都非实有。从能认识的主体来看，能认识各种范畴的心智，是凭借各种条件而形成对各种范畴的认识，不是现量智，不能认识实有事物。从被认识的对象来看，这些范畴只是意识思维的产物，非现量认识的对象，所以也非实有主体。至此，本论通过五个层次的讨论，完成了对胜论法执的破斥。

(三) 破自在天等八种法执

【原文】

有执有一大自在天[1]，体实遍常，能生诸法。彼执非理。"所以者何？"若法能生，必非常故；诸非常者，必不遍故；诸不遍者，非真实故。体既常遍，具诸功能，应一切处、时顿生一切法。待欲或缘方能生者，违一因论；或欲及缘，亦应顿起，因常有故。

余执有一大梵、时、方、本际、自然、虚空、我等[2]，常住实有，具诸功能，生一切法，皆同此破。

【简注】

［1］大自在天：是自在天外道所信奉的创造世界的神。
［2］"大梵"等：此处所列七种事物，都是古印度佛教外各学派信奉的世界诞生的原因。

【今译】

有的学派执着存在一"大自在天"，其主体真实不虚、普遍存在、始终不变，能生起一切事物。他们的执着没有道理。［问：］"为什么呢？"如果有事物能生起其他事物，那该事物必定不是始终不变的；而一切非始终不变的事物，必定不是普遍存在的；而一切非普遍存在的事物，必定不是真实的存在。既然"大自在天"的主体是始终不变、普遍存在的，并具备一切功能，那它应在一切地点、一切时间顿时生起一切事物。如果要依赖愿望或条件才能生起其他事物，那就违背了"大自在天"是生起一切事物的唯一原因的论点；或者应说，愿望和条件也应是顿时生起的，因为"大自在天"作为因，是始终存在的，［但众所周知，实际的情况并非如此。］

其余的学派执着存在一大梵、时间、方位、混沌、自然、虚空、神我等，始终不变地存在，实有主体，具有一切功能，能生起一切事物，都可例同以上所论加以破除。

【评析】

　　此处是破八种外道相近的观点，这些观点的共同点是相信有一最初的存在，由它生起了世界万物。本论通过破侍奉大自在天外道的观点指出，这样一种最初的存在，如果它有真实不变的主体，就不可能生起其他事物；如果它能生起其他事物，它就不具有真实不变的主体，更确切地说，它本身也应是由其他事物生起的。这里，唯识学实际上是否定了一切形式的造物主概念，也否定了世界万物有一个开端的观点。近现代的佛教学者往往说佛教是"无神论"，其确切的含义包含以下要点：首先，佛教主张有六道众生的存在，其中有一类众生，佛教称为"天"，这类众生的福报比人好，能力比人强（具有神通），世人将他们称为"神"。佛教并不否认他们的存在，只是认为他们并不是造物主，也不能对人的命运起主宰作用。其次，世界的存在及世界的成住坏空的运动是永恒的，并没有一种力量能起主宰作用。人的命运也是由人的业力决定，并非由"天"或"神"决定。

（四）破声论的法执

【原文】

　　有余偏执明论[1]声常，能为定量，表诠诸法。有执一切声皆是常，待缘显发，方有诠表。彼俱非理。"所以者何？"且明论声，许能诠故，应非常住，如所余声；余声亦应非常声体，如瓶、衣等，待众缘故。

【简注】

[1] 明论：也称吠陀论，吠陀意思是明，即明诸实事。

【今译】

此外，有的学派偏狭地执着吠陀论的观点，认为声音是始终不变的，能作为确定的形式，表述诠释一切事物。有的执着一切声的主体都是始终不变的，[并非依赖音响等条件而生起，]只是依赖音响等条件而显现，发出声音，这样就有了诠释和表述。他们的执着都没有道理。[问：]"为什么呢？"且说吠陀论所说的声音，如果认为它们能诠释表述，那它们应该不是始终不变，这与[风声等]其余声音是一样的，其余声音也不应有始终不变的主体，就像瓶、衣服等物体一样，因为它们要依赖各种条件才能生起。

【评析】

此段是破声论的法执。声论是古印度哲学学派之一，主张观念的永恒性，认为声音是"宇宙实在"的存在方式，而人类语言是"宇宙实在"的表达形式。声论中有声生论和声显论两派。声生论认为声的主体本来并不存在，是待音响等条件而生起，生起后称为声音，生起后就始终存在，不再变化了。声显论认为声的主体本来就存在，始终没变化，只是待音响等条件而显现，所以声是始终存在的，声音则变化无常。本论指出，凡是声，无论是有诠表功能的语声，还是自然的音声，都是依赖一定的条件而生起而显发，所以都非恒非常，不具实体。而这个结论完全符合现代物理学的声学原理，即声音的生起依赖发音器官或器物，声音的传播依赖空气，离开了这些条件，就完全不存在声音。

（五）破顺世论等外道的法执
【原文】
　　有外道执地、水、火、风极微实、常，能生粗色；所生粗色，不越因量，虽是无常，而体实有。
　　彼亦非理。"所以者何？"所执极微，若有方分，如蚁行等，体应非实；若无方分，如心、心所，应不共聚生粗果色；既能生果，如彼所生，如何可说极微常住？

【今译】
　　有外道执着地、水、火、风的极微具有实体、始终不变，能生起明显易见的物质；所生的物质，其体积不超过作为因的极微，虽是无常，但它们的主体是真实的存在。
　　这种说法也没有道理。[问：]"为什么呢？"他们所说的极微，如果有[上下左右等]方位性的空间界面，即使像蚂蚁爬行的痕迹那样细微，其主体也不应是真实的存在；如果没有方位性的空间界面，那就如同心与心所，也就不应聚合生成明显物质的果；既能生果，那它们就应与所生的果一样有生灭，这样又怎能说地等四大的极微是始终不变、稳定存在的呢？

【评析】

　　此处以下主要是破顺世外道的观点，但部分段落中也包括胜论等学派的观点。顺世外道是古印度婆罗门教的支派，主张唯物论，认为地、水、火、风四大元素合成人的身心，人命终时，四大离散，一切归无，灵魂也不再存在。因此，此派否认轮回和业，提倡快乐主义。

　　本论破顺世论等学派的观点，分三个层次。此处是第一层次，是破能生果的四大的极微实有论。本论指出，四大的极微如果有方分，应该非实有；如果无方分，应该不能生果；如果能生果，应该非常住。

【原文】

　　又所生果，不越因量，应如极微，不名粗色；则此果色，应非眼等色根所取，便违自执。

　　若谓果色，量德合故，非粗似粗，色根能取；所执果色，既同因量，应如极微，无粗德合；或应极微亦粗德合，如粗果色，处无别故。

　　若谓果色，遍在自因，因非一故，可名粗者；则此果色，体应非一，如所在因，处各别故；既尔，此果还不成粗，由此亦非色根所取。

　　若果多分合故成粗，多因极微，合应非细，足成根境，何用果为？既多分成，应非实有，则汝所执，前后相违。

【今译】

　　此外，[他们认为，]所生的果的体积，不超过因的体积，那么，所生的物质应该如同极微，而不能称为明显的物质；这样的话，那作为果的物质，不应是眼根等物质根所能认取，而这就违背了他们自己的观点。

　　如果说作为果的物质，是因的体积与明显性相结合的产物，所以，非明显似明显，能被眼根等物质根所认取；那么，被认为作为果的物质，既然与因的体积相同，应该如同极微，没有明显性与其相合；或者，极微也应与明显性相合，如同作为果的明显物质，因为因果发生的位置没有变化。

　　如果说作为果的物质，普遍存在于自己的因[即极微]中，由于因不止一个，所以果也可称为明显；那么，这作为果的物质，其主体也不止一个，各自与对应的因相同，[由于作为因的极微没有和合，因而处在不同的位置上，所以果也各自]处在不同的位置上，[那样就不能说是形成了一个果；]即便这样，这处在不同位置上的果[由于体积与极微相同，所以]还是不能成为明显，因此也不能被物质根所认取。

　　如果说[作为因的极微是相互和合的，因而]果是多种成分和合而成，所以成为明显；那么，多种极微的因和合后，应该不是细微难见，完全能成为眼根等物质根的认识对象，[应该在因的状态中就被眼根等根所认识，]何必还要用到果呢？况且，既然是多种成分合成，就不应是具有实体的存在。那么，你们所说的，就是前后矛盾了。

【评析】

此处是破顺世论等学派的第二层次，是破所生的果（即物质）实有论。本论指出，顺世论的各种观点，比如，果的体积不超过因的体积，果（物质）是极微与明显性结合的产物，果（物质）普遍存在于因（极微）中，果（物质）是众多极微和合的产物，这些前提与其所推出的结论都是自相矛盾的。按唯识学的观点，这种矛盾的根源就在于这些学派执着极微及物质具有实在的主体。

【原文】

又果与因，俱有质碍，应不同处，如二极微。若谓果因体相受入，如沙受水，药入熔铜，谁许沙、铜，体受水、药？或应离变，非一非常。

又粗色果，体若是一，得一分时，应得一切，彼此一故，彼应如此。不许违理，许便违事。故彼所执，进退不成，但是随情，虚妄计度。

【今译】

此外，如果说果与因都具有质体而互不相容，那果与因就应该处于不同地点，如同两个极微［那样互不相干］。如果你们说果与因二者的主体能相互接受、相互进入，就像沙能接受水、药水能进入熔化的铜一样，但谁同意沙或铜的主体能接受水或药水的主体？或者应该说，［两个主体能相互接受也就能相互分离，能相互进入也就会出现改变,而]可分离的就不是单一物,可改变的就不是恒常物。

此外,作为果的明显物质,如果其主体是单一的,那如果获得作为果的一部分物质时,就应获得一切物质,因为这部分物质与其他部分物质的主体是同一的,其他部分物质应与这部分物质相同。如果不承认获得一部分物质就同时获得所有物质的说法,便违背了主体是同一的道理;如果承认这一说法,又违背了事实。所以他们所执着的观点,进退都不能成立,只是根据虚妄的认识而妄加猜度。

【评析】

此处是破顺世论等学派观点的第三层次,是合破因与果实有论。本论首先指出,如果因(极微)与果(物质)都有真实不变的实体,那两个实体互不相容,不可能在因所处的同一空间生起果。如果因与果能相容、能相互进入对方空间,那它们就不具有始终不变的实体。再者,从果的主体来看,如其是真实不变的,那它也必定是纯粹单一的,这样得到部分的某种物质就应得到全部的此种物质,但显然这不符合事实。所以顺世论等学派关于因与果实有自体的说法是不能成立的。

(六)总结

【原文】

然诸外道,品类虽多,所执有法,不过四种。一执有法与有等性,其体定一,如数论等。彼执非理。"所以者何?"勿一切法,即有性故,皆如有性,体无差别。便违三德、我等体异,亦违世间诸法差别。又若色等,即色等性,色等应无青黄等异。

二执有法与有等性,其体定异,如胜论等。彼执非理。"所以者何?"勿一切法,非有性故,如已灭无,体不可得。便违实等自体非无,亦违世间现见有物。又若色等,非色等性,应如声等,非眼等境。

三执有法与有等性,亦一亦异,如无惭等。彼执非理。"所以者何?"一异同前一异过故,二相相违,体应别故。一异体同,俱不成故。勿一切法,皆同一体。或应一异,是假非实,而执为实,理定不成。

四执有法与有等性,非一非异,如邪命等。彼执非理。"所以者何?"非一异执,同异一故。非一异言,为遮为表?若唯是表,应不双非;若但是遮,应无所执;亦遮亦表,应互相违;非表非遮,应成戏论。又非一异,违世共知有一异物,亦违自宗色等有法决定实有。是故彼言,唯矫避过。诸有智者,勿谬许之。

【今译】

然而,所有外道,虽然种类众多,但他们所执着的存在着的事物,不外乎四种。第一种执着是:一切事物,与其"有性""同异性"等性质,它们的主体必定同一,如数论等学派就持这样的观点。他们执着的观点没有道理。[问:]"为什么呢?"如果他们是正确的话,那一切事物就是其存在性("有性"),都与存在性一样,主体没有差别。这就违背了他们的"三要素的主体与自我等的主体不同"的观点，也不符合世间各种事物存在差别的事实。此外，如果颜色等同于颜色的主体，那颜色也就没有青色、黄色等差别了，[其他物质的情况也是如此。]

第二种执着是：一切事物，与其"有性""同异性"等性质，它们的主体必定相异，如胜论等学派就持这样的观点。他们执着的观点没有道理。[问：]"为什么呢？"如果他们是正确的话，那一切事物就没有存在性，如同已经消失的东西，主体不可能存在。这就违背了他们的"实体等的主体并非没有"的观点，也不符合有目共睹的世间有万物存在的事实。此外，如果颜色不同于颜色的主体，那颜色就如同声音等一样，不是眼睛认识的对象，[其他物质的情况也是如此。]

第三种执着是：一切事物，与其"有性""同异性"等性质，它们的主体既同一也相异，如无惭等学派就持这样的观点。他们执着的观点没有道理。[问：]"为什么呢？"说它们的主体同一，其错误便同第一种观点；说它们的主体相异，其错误便同第二种观点。同一与相异，二者性状相反，主体也应有别。同一与相异的主体相同，则二者都不能成立；否则的话，一切事物都成同一主体了。应该说，同一、相异这类概念，都是假名，并非是具有实体的存在，把它们执着为具有实体的存在，道理上必定不能成立。

第四种执着是：一切事物，与其"有性""同异性"等性质，它们的主体非同一非相异，如邪命等学派就持有这样的观点。他们执着的观点没有道理。[问：]"为什么呢？"非同一非相异的执着，与也同一也相异的执着，错误是相同的。此外，非同一非相异的说法，究竟是为了否定还是为了肯定？如果只是为了肯定，就不应既肯定非同一又肯定非相异；如果只是为了否定，就应无所执着；如果既是为了否定也是为了肯定，那二者应是互不相容；如果既非肯定也非否定，那就成了戏论。此外，非同一非相异的说法，不符合世人共知的、存在相同与相异的事物的事实，也违背了他们自己的"颜色等的存在，肯定是真实的存在"的观点。所以他们的上述观点，仅是强辩，以逃避错误。一切有识之士不要错误地对之赞同。

【评析】

　　此处是本论对外道观点之错误所作的总结。由于外道认为一切事物都有真实不变的主体，于是便产生了事物与其存在性、同异性等相互关系的问题。胜论认为存在性、同异性等范畴都实有主体，这样，一切事物与其存在性等范畴就具有不同的主体。而其他学派在此问题上，或说二者的主体同一，或说二者的主体既同一也相异，或说二者的主体非同一非相异。本论对上述说法一一批驳，指出它们都难以自圆其说，故而一切事物都实有主体的说法是不能成立的。

　　此外，佛教中也常有"非一非异"的说法，似乎与外道的说法相同。实际上，二者的根本区别在于：外道执着"诸法实有其性"；而佛教认为"诸法非实有其性"，其中，唯识学认为"诸法非心外实有"。对此，智旭在《成唯识论观心法要》（以下简称《观心法要》）中对此有段注释，颇能说明问题。其注释大意如下：佛法常说真俗二谛，非即非离；法与法性，非一非异。那只是一种否定性的表述，根本的要点在于无所执着，了知一切事物从缘而生，并无实在自性，如幻不实，就能正确地理解中道，远离断见、常见、说空、说有等戏论。而该派外道妄执一切事物实有自性，为避责难，胡说非有非无。岂能因其言论与佛法有表面的相似性，而认为它是正法？所以，上述四种说法，由于外道妄执心外实法，就都成了错误的说法。[1]

二、破小乘的法执

（一）色法非离识实有

【原文】

"余乘所执，离识实有色等诸法，如何非有？"

彼所执色、不相应行，及诸无为，理非有故。

且所执色，总有二种：一者有对，极微所成；二者无对，非极微成。

【今译】

［问：］"小乘佛教所执着的脱离识而真实存在的色法等各种事物，为什么不存在？"

因为他们所执着的脱离识的色法、心不相应行法以及所有无为法，按理而言，并不存在。

且说他们所执着的脱离识而存在的色法［即物质］，共有两种：

---

[1] 参见（明）智旭《成唯识论观心法要》卷第一，《卍新续藏》第51册，第309—310页。

一是有对色，［他们认为］是由极微构成；二是无对色，［他们认为］不是由极微所构成。

【评析】

　　此处以下破小乘的法执。唯识学所破的法执是指对心外实有之法的执着，就本论的五位百法体系来说，在识法、心所法、色法、心不相应行法、无为法五类法中，识与心所当然不在心外，因此，本论以下要论证的是其余三类法均非心外实有。首先是破色法心外实有。色法的类别一般分为五根、五境和法处所摄色十一类。这十一类法，又可分为有对色和无对色：有对色是指五根和五境，无对色是指法处所摄色。

　　"有对色"与"无对色"的"对"，指障碍，因为具有质体的物质都占据一定的空间，其他物质不能同时占据此空间，所以相互间形成障碍。小乘认为，有对色由极微合成。但关于有对色与极微的假实问题，小乘各部的说法也不尽相同。如说一切有部认为，有对色与极微均为实有。唯识学则认为，有对色非心外实有，但有对色是第八识的相分内境，所以可以说是心内实有。另外，有对色不是由极微合成，而是由自己的种子生起；而极微则纯属假说，唯识学将其归入法处所摄色（即意识所认识的物质），属假法。此外，唯识学提出的表色和无表色的概念，与小乘的说法也有所不同，详见下文。

　　本论破色法实有，包括：（一）破有对色与无对色实有，（二）破表色与无表色实有。

【原文】

彼有对色，定非实有，能成极微，非实有故。谓诸极微，若有质碍，应如瓶等，是假非实；若无质碍，应如非色，如何可集成瓶、衣等？

又诸极微，若有方分，必可分析，便非实有；若无方分，则如非色，云何和合承光发影？日轮才举，照柱等时，东西两边，光影各现，承光发影，处既不同，所执极微定有方分。又若见触壁等物时，唯得此边，不得彼分，既和合物即诸极微，故此极微必有方分。又诸极微，随所住处，必有上下、四方差别；不尔，便无共和集义。或相涉入，应不成粗。由此极微定有方分。执有对色，即诸极微，若无方分，应无障隔，若尔，便非障碍有对。是故汝等所执极微，必有方分；有方分故，便可分析，定非实有。故有对色实有不成。

【今译】

小乘所说的［由极微合成的］有对色，必定不是具有实体的存在，因为能合成有对色的极微，不是具有实体的存在。即各种极微，如果具有质体而互不相容，应该像瓶等物体，是假法而非具有实体的存在；如果并非具有质体而互不相容，应该如同非物质性现象，怎么会聚集形成瓶、衣服等物体呢？

此外，一切极微，如果有［上下及前后左右等］方位性的空间界面［即占有空间］，必定可分解剖析，那就不是具有实体的存在；如果没有方位性的空间界面［即不占空间］，那就如同非物质性的现象，怎么会合成一物体而接受光线并生起影子？试看太阳初升，照在柱子等物体上时，光线和影子会各自出现在柱子的两边，东边接受光线，西边出现影子，两种现象既然发生的地点不同，所说的物体的极微必定有方位性的空间界面，［否则的话，日照东边，西边出现的应是光而不是影。］此外，就像看见或触摸墙壁等物体时，只能见到或摸到某一面，无法同时见到或摸到其背面，既然和合而成的物体就是所有合成它的极微，所以这极微必定有方位性的空间界面。此外，各种极微，随其各自的所在之处，必定有上下及左右前后的位置区别，不然的话，就没有共同和合聚集成物体的道理了。或者，如果认为这些极微能够互相进入对方之中，那就不能合成明显可见的物质。因此，极微必定有方位性的空间界面。此外，他们执着有对色就是各种极微的和合，这样的话，如果极微没有方位性的空间界面，那有对色也应没有障碍阻隔，这就不是具有障碍的有对色了。因此，你们所说的极微，必定有方位性的空间界面；有方位性的空间界面，就可分解剖析，所以必定不是具有实体的存在。因此，有对色是具有实体的存在的观点是不能成立的。

【评析】

此处以下破小乘的有对色心外实有的观点，分三层次，此处为第一层次，是破能构成有对色的极微非实有。本论从互不相容性与占有空间性等来分析，指出如果极微有这些性质，就应该能被分解，不能说具有实体；如果极微没有这些性质，那也不可能由它们来构成物质。而小乘所说的极微是具有这些性质的，所以极微并不具有实体。这样，可初步推论，由极微构成的有对色，也不可能具有实体。故而极微与有对色均非实有。

【原文】

"五识岂无所依、缘色？"

虽非无色，而是识变。谓识生时，内因缘力变似眼等、色等相现，即以此相为所依、缘。

【今译】

［问：］"眼识等五识难道就没有其作为依托对象和认识对象的色法（物质）？"

虽然不是没有色法［作为五识所依托的与所认识的对象］，但这些色法都是由第八识所变现。即五识生起时，由第八识内的种子的力量变现似乎实在的眼根等五根和颜色等五境的形相，五识就以这些形相作为所依托的和所认识的对象。

【评析】

此处以下是破有对色的第二层次，是详尽分析由极微所构成的有对色非心外实有。这一层次又分三方面。本节是第一方面，是正面阐述唯识学关于有对色形成的观点。五识的生起，是内依五根，外取五境，而五根与五境在人们的经验中一般被认为是具有实体的存在。所以，当唯识学说色法非实有时，人们会产生的疑问就是如何解释五根、五境的存在。对此，唯识学的回答是：五根和五境并非心外实有，它们是由第八识变现，即是由第八识中各自的种子生起，所以只是第八识的相分。

【原文】

然眼等根，非现量得，以能发识，比知是有。此但功能，非外所造。外有对色，理既不成，故应但是内识变现，发眼等识，名眼等根。此为所依，生眼等识。

【今译】

但眼根等五根，并非可通过现量方式来认识，只是因为它们能引发五识，通过推理得知它们是存在的。此五根只是[能引发五识]的功能，所以并非识外[另有地、水、火、风四大等，由它们]造就[五根]。既然识外的有对色，按理而言不能成立，所以，它们应该只是由内识变现，由于它们能引发眼识等五识，所以称为眼根等五根。以它们为依托对象，能生起眼识等五识。

【评析】

此处是破有对色实有的第二层次的第二方面。在上节总论的基础上，本论以下再对五根非实有与五境非实有分别进行论述，本节是论述五根非心外实有。唯识学将五种感官分为浮尘根（也称扶根尘）与净色根。浮尘根就是显露在外的感官，可以被他人的五识现量认识。净色根是感官中真正起认识作用的成分，论中讨论的五根正是指净色根。如果常人的经验是正确的，五根是心外的真实存在，那应该能被五识现量认识，但实际上五根无形无相，人们的五识没法现量认识五根，只是通过意识的推理得知五根的存在。故而本论得出结论：五根并非像人们认为的那样是心外的真实存在，也不是由心外的四大种或极微构成。实际上，五根是由第八识变现，是第八识的相分境，能为第八识现量认识，所以是识内的实法。

【原文】

此眼等识，外所缘缘，理非有故，决定应许自识所变为所缘缘。

谓能引生似自识者，汝执彼是此所缘缘。非但能生，勿因缘等亦名此识所缘缘故。

眼等五识了色等时，但缘和合似彼相故。非和合相异诸极微，有实自体，分析彼时，似彼相识，定不生故。彼和合相既非实有，故不可说是五识缘，勿第二月等能生五识故。

非诸极微共和合位，可与五识各作所缘，此识上无极微相故。非诸极微有和合相，不和合时无此相故。非和合位与不合时，此诸极微体相有异，故和合位如不合时，色等极微，非五识境。

有执色等一一极微，不和集时，非五识境；共和集位，展转相资，有粗相生，为此识境。彼相实有，为此所缘。彼执不然。共和集位与未集时，体相一故。瓶、瓯等物，极微等者，缘彼相识，应无别故。共和集位，一一极微各各应舍微圆相故。非粗相识缘细相境，勿余境识缘余境故；一识应缘一切境故。许有极微，尚致此失，况无识外真实极微。

由此定知，自识所变似色等相，为所缘缘，见托彼生，带彼相故。

【今译】

　　[此外，五识也不缘识外色。因为]这眼识等五识，其识外的[亲]所缘缘，按理而言并不存在，因此必定应该承认，由自识所变现的[相分]，是[自识的亲]所缘缘[即直接的认识对象]。

　　凡能引生似乎实在的某一识[的事物]，你们就认为此事物是该识的所缘缘。但所缘缘并非只有能引生识的特点，[还须有成为认识对象的特点，]否则的话，[作为]因缘、等无间缘、增上缘[的事物，也有能直接生识或间接引生识的作用，]也可称之为此识的所缘缘了。

　　[经部认为，]眼识等五识在认识色等现象时，[不是认识各极微的形相，]只是认识极微和合后生起的似乎实在的该物体的形相，[所以和合相可作为五识的所缘缘。这也没有道理，]并非和合相在各种极微之外，有其真实的主体，因为在分解剖析该和合相时，与和合相

的似乎实在的形相相应的识，必定不能生起。物体的和合相既然不是具有实体的存在，所以不能说是引生五识的缘，否则的话，眼花后出现的第二个月亮等幻象也将被认为［是五识生起的缘，］能引生五识。［和合相既然不是缘，当然也不是所缘缘。］

［早期说一切有部执着和合时的各极微可单独为所缘缘，但］并非每一极微在共同和合形成物体时，［仍可单独为五识所认识，］可各自作为五识的认识对象，因为在五识上并无极微的形相。并非在各极微中有和合后物体的形相，因为不和合时并无这种形相。并非在和合状态中与不和合时，各极微的主体与形相有所不同，所以，在和合状态中与不和合时一样，色等的极微，决不是五识的认识对象，［所以也不是五识的所缘缘。］

［后期说一切有部执着和合聚集状态中的极微为所缘缘，］他们认为，色等的每一个极微，不和合聚集时，不是五识的认识对象；在共同和合聚集状态中，由于相互资助，［每一极微上都］有明显可见的形相生起，可作为与五识相对的外境。这明显可见的形相是真实存在的，可作为五识的认识对象，［所以和合聚集状态中的极微可作为所缘缘。］他们执着的观点是不对的。［一、］极微在共同和合聚集状态中与未聚集时，主体与形相是一致的，［和合聚集状态中的极微应与未和合时的极微一样，不能成为认识对象。］［二、如果五识能认识和合聚集状态中的极微，那么］瓶、杯等物体，如果其中包含的极微的数量相等，则认识这些物体形相而生起的识也应没有差别，［现在所见的瓶、杯等形相不同，即由瓶等生起的识不同，可见和合聚集状态中的极微不是五识的认识对象。］［三、如果说包含同等数量极微的瓶、

杯等物体，只是由于和合状态，使这些物体的形相各不相同，]那在共同和合聚集状态中，每一极微都应舍弃了各自的微圆的形相，[但既然极微只具有近于虚空的微圆形相，没有方位性的空间界面，那在和合状态中又怎会失去各自的本相，可见瓶、杯、盆等物体的形相差别，不在于极微，而在于瓶等假相。][四、如果五识能认识和合聚集状态中的极微，那认识瓶等物体的识也应是同样的五识，但]并非能认识明显形相的识也能认识极微的微细形相，[否则的话，为什么我们见到的只是瓶等物体，从来也没有见过极微？如果同意他们的说法，那]就会出现眼识能认识声音等诸如此类的荒谬现象；或者，出现眼识一种识就可以认识声音、气味等一切对象等诸如此类的荒谬现象。同意存在极微，尚且会导致这样的错误，况且并不存在识外真实的极微。

由此定能知道，诸识自己所变现的似乎实在的物质等的形相[即相分]，是[亲]所缘缘，因为见分依托它而生起，并带有其形相[作为认识对象]。

【评析】

此处是破有对色的第二层次的第三方面，是论述五境非心外实有。五境是五识的所缘缘，这是大小乘各学派的共同说法。但关于五境所缘缘是否心外实有、所缘缘的特点与类别等，各家观点并不一致。本论首先阐述所缘缘的含义。所缘缘的"所缘"，就是识（包括心所，下同）的认识对象；后一"缘"，指能使识生起的条件。所以，能成为某一识的认识对象并成为使其生起的条件的事物，就是该识的所缘缘。但唯识学又将所缘缘分为亲所缘缘和疏所缘缘，而小乘并无两种所缘缘的概念，小乘的所缘缘就是心的认识对象，似乎相当于唯识学的亲所缘缘，但又有所不同。所谓亲所缘缘，就是诸识直接依托和认识的对象，唯识学认为它就是诸识所变现的相分，是一切心和心所都具有的。关于疏所缘缘以及两种所缘缘的区别等问题，第五章中有详论。此处是讨论小乘的所缘缘非心外实有。

在阐述了唯识学的所缘缘的含义后，本论又对小乘四部关于所缘缘的观点进行了破斥。第一是破正量部以能生为所缘缘的观点。因为能生只是"缘"的含义，单有此一条件，还不足以成为所缘缘；还必须具备"所缘"的条件，才能成为所缘缘。如五净色根、种子等，虽能作"缘"，但无形无相，不能成为五识的"所缘"，所以不是五识的所缘缘。第二是破经部以极微的和合相为所缘缘的观点。和合相只是假法，不具有"能生"的功能，所以不具有"缘"的含义，故而也不是五识的所缘缘。第三是破早期说一切有部以和合状态中的极微为所缘缘的观点，事实上，极微在任何状态中都不能为五识所认识，即不会成为"所缘"，所以也不可能是五识的所缘缘。第四是破后期说一切有部以极微的和集位为所缘缘。该学派认为，极微在和集位时，和合在一起，但又保持各自的主体。由于各有主体，所以是实法，不是假法，因此有能生的作用，可作"缘"；由于和集位的极微展转相资，每一极微都有明显可见的形相，所以可作"所缘"。这样，和集位的极微可作所缘缘。本论对此观点作了详尽的批驳，指出他们的观点完全不能成立。至此可以得出结论，小乘的所缘缘心外实有的观点是不能成立的。小乘的所缘缘，与大乘的亲所缘缘一样，只是由诸识自己变现，是诸识的相分。故而五境也非心外实有。

【原文】

　　然识变时，随量大小，顿现一相，非别变作众多极微合成一物。为执粗色有实体者，佛说极微，令其除析，非谓诸色实有极微。诸瑜伽师，以假想慧，于粗色相，渐次除析，至不可析，假说极微。虽此极微，犹有方分，而不可析，若更析之，便似空现，不名为色。故说极微，是色边际。

　　由此应知，诸有对色，皆识变现，非极微成。

【今译】

　　然而识变现似乎实在的物质形相时，无论其体积是大是小，都是一下子出现全貌，并非另外变作许许多多的极微，然后再合成一种物体。对于那些认为明显可见的物体存在着真实主体的人，佛说极微，让他们逐步分解剖析，排除假象，并不是说一切物质真实存在极微。那些瑜伽师用假想的智慧，对明显物质的形相，逐步分析排除，到不能再分析的状态，便假说是极微。这极微虽然仍有方位性的空间界面，但无法再分析，若再对其分析，就有与空相似的形相出现，不能再称为物质了。所以说极微是物质的边界。

因此可知,一切有对色,都是识所变现,并非由极微构成。

【评析】

此处是破有对色心外实有观点的第三层次,主要论述极微属假说。本论指出,识变现相分的方式,是顿时变现其全体,而不是先变极微,再由极微合成作为相分的五境。所以,极微纯属假说。那么,唯识学的极微仅是假说的观点,是否有其合理性呢?这可与现代科学的研究作一比较。现代科学对于物质结构的研究虽然还没有得出最终结论,但至今为止的研究表明,现在发现的微观粒子都不能说是最基本的,它们都有内部结构,因此按唯识学的范畴来说,都非"一",因而都不是实法,只是假法。这样也完全可以说,极微只是假说。至此,本论完成了对有对色心外实有观点的破斥。

【原文】

余无对色,是此类故,亦非实有。或无对故,如心、心所,定非实色。诸有对色,现有色相,以理推究,离识尚无,况无对色,现无色相,而可说为真实色法。

【今译】

此外,无对色由于与有对色同属色[即物质]的类别,所以也不是[心外]具有实体的存在。或者说,由于无对色并非具有质体而互不相容，如同心、心所，所以必定不是具有实体的物质。一切有对色，显现出物质的形相，而据理推究，离开识尚且不存在，何况无对色，没有物质的形相显现，岂能说是脱离识而真实存在的物质？

【评析】

此处论述无对色非实有。无对色就是法处所摄色，包括：一、极略色，大体相当于五根、五境、四大种等物质的极微。二是极迥色，迥色就是明暗色，极迥色就是空界明暗色的极微。三是受所引色，相当于无表色，包括律仪无表、不律仪无表、非律仪非不律仪无表，详见下文。四是遍计所起色，也称影像色，指意识中生起的物质景象，这些物质景象虽有物质的形象但无实际作用。五是自在所生色，又称定果色，指由定力变化而生的物质。这五种无对色，唯识学认为前四种属假法，第五种是实法，当然这里说的实法也不是离识而实有。本论此处讨论的正是前四种无对色，它们都非实有。

【原文】

"表、无表色，岂非实有？"

此非实有。"所以者何？"且身表色，若是实有，以何为性？若言是形，便非实有，可分析故，长等极微，不可得故。若言是动，亦非实有，才生即灭，无动义故。有为法灭不待因故，灭若待因，应非灭故。若言有色，非显非形，心所引生，能动手等，名身表业，理亦不然。此若是动,义如前破;若是动因,应即风界,风无表示,不应名表。又触不应通善恶性。非显、香、味,类触应知。故身表业,定非实有。

然心为因,令识所变手等色相,生灭相续,转趣余方,似有动作,表示心故,假名身表。

语表亦非实有声性,一刹那声,无诠表故;多念相续,便非实故。外有对色,前已破故。

然因心故,识变似声,生灭相续,似有表示,假名语表,于理无违。

【今译】

［问：］"表色、无表色难道不是具有实体的存在?"

它们不是具有实体的存在。［问：］"为什么呢?"且说身表色,如果它是具有实体的存在,那它是以什么为主体?如果说是以形状为主体,那就不是具有实体的存在,因为形状可分析,长短等形状,分析到它们的极微时,这些形状就没有了。如果说身表色的主体是动作,那也不是具有实体的存在,因为动作刚发生就消失,并不存在动的真实含义。［事实上,］有为法的消失,并不需要什么因,消失如果需要因,应该不是消失,［而是果了。］如果说身表色的主体是某种色,此色既不是青、黄等显色,也不是长、短等形色,而是由心的功能所引生,能使手等身体部位活动,可将此色称为身表业［即身体显示的动作］,这样的说法,道理上也不通。这身表业如果说是动作,前面已经否定;如果是动作的原因,应该是风一类的现象，而风并不表现［动作］显示［心的作用］，所以不应称为"表业"。此外，［说风不是"表业"，还因为表业具有善恶性质，而风属触处，］触不应具有善恶性质。［此外，这身表色也］不是显色，以及香、味，［因为显色与香、味都不表现动作、显示心的作用，］与触的情况相类似。所以，身表业必定不是具有实体的存在。

［问："那身表是什么呢？"］应该说，［不是以物质为因，而］是以心为因，使第八识所变现的手等身体部位的形相，从当前的位置上连续地生起与消失，转变到其他位置上，似乎有手等身体动作显现，用以表示心的作用，所以假立名称为身表［即身体动作表示］。

语表也并非真实存在声音的主体，因为如果是一刹那的声音，就没有诠释表示的作用；如果是持续许多时间的声音，就没有实体。如果说其主体是心外的有对色，那在前面已经否定了心外有对色的真实存在。

应该说，［不是以口等为因，而］是以心作为因，由第八识变现似乎实在的声音，连续地生起消失，似乎有所表示，假立名称为语表，这样说并不违理。

【评析】

上文已破十一类色法（五根、五境、法处所摄色）心外实有，此处以下是破表色与无表色实有，首先是破表色实有。这里的表色，相当于表业，包括身表和语表。其中，身表，指眼识所缘三类色境中的表色。即唯识学所说的色境,包括显色、形色与表色,其中表色包括取、舍、屈、伸、行、住、坐、卧八种,指身体的各种动作。另外,说一切有部主张身业与语业有表业与无表业两种。身表以形色为主体,语表以言声为主体,无表业以法处色为主体,所以都是实有。唯识学则认为它们都非实有。因为身表的主体如果是形色或动作,那就不是实有。此外,身表的主体也不可能是显色,或香、味、触等。所以,身表非实有。而语表据理分析也非实有。实际上,唯识学所说的身表与语表的"表",都不是要表明存在真实的物质(动作与声音),而是要表明心。以心为因,所以有了众生的语言和行动,从而生起了善与恶。

【原文】

表既实无,无表宁实?然依思愿善恶分限,假立无表,理亦无违。谓此或依发胜身语善恶思种增长位立,或依定中止身语恶现行思立,故是假有。

【今译】

表色既然不存在实体,无表色岂能具有实体?然而,根据思心所以及由其产生的祈愿所作善恶的类别,假立无表色,也于理无违。即这无表色,或是依据正在引发行为和语言的或善或恶的思心所的种子的增长状态而假立,或是依据在定中能制止恶行恶语的现行思而假立,所以是［没有实体的］假象性存在。

【评析】

此处是破无表色实有。无表色是指一种内在的无形色法，具有防恶或妨善等功能，包括律仪无表、不律仪无表、非律仪非不律仪无表。律仪就是各种戒律（防恶），不律仪就是破坏戒律的各种因素（妨善），非律仪非不律仪就是既不属于戒律又不属于破坏戒律的一切因素。小乘认为无表色由四大所生，所以属于色法，只是无表色不具有可见性，不占据空间故而不障碍其他物体，所以是一种实有的无形物质。唯识学则认为无表色建立在思心所的种子或现行之上，所以并非实有，且本来也不是色法，只是就它所发动和所防护的身业、语业这些物质现象而言，称它为色法。进而，唯识学又将无表色分为两种：定道戒（即定共戒和道共戒，定共戒有漏，道共戒无漏）与散无表。定道戒依现行思假立，唯善；散无表依思种增长位和祈愿假立，有善有恶。文中"依定中止身语恶现行思立"指定道戒，而"依发胜身语善恶思种增长位立"是指"散无表"。

依"散无表"的定义来分析无表色的本质，其中，"依"表明"无表色"是假，所依的思的种子是实；"胜思"是为了区别于不引发"无表色"的思；"身、语"是表明"无表色"的"色"（即物质）的含义；"善"指律仪业，"恶"指不律仪业；"增长位"是与前后状态相区别而言，即在善恶思时种子增长，而在此之前种子未增长，在此之后种子不增长。故而无表色是依思种子而假立。

【原文】

"世尊经中说有三业，拨身、语业，岂不违经？"

不拨为无，但言非色。能动身思，说名身业；能发语思，说名语业；审决二思，意相应故，作动意故，说名意业。起身、语思，有所造作，说名为业。是审决思所游履故，通生苦乐异熟果故，亦名为道。故前七业道[1]，亦思为自性。或身、语表由思发故，假说为业，思所履故，说名业道。

由此应知，实无外色，唯有内识变似色生。

【简注】

[1] 前七业道：即十业道中的前七业道。十业道分十恶业道与十善业道。十恶业道指：(1)杀生。(2)偷盗。(3)邪淫。(4)妄语。(5)两舌，即说离间话。(6)恶口，即恶语、恶骂。(7)绮语，即杂秽语、无义语等。(8)贪欲。(9)嗔恚。(10)邪见。离此十恶，则为十善。此十业道中，前三种属身业，中间四种属口业，后三种属意业。故前七业道属身、口二业。

【今译】

[问：]"世尊在经中说有身、语、意三业，现在你们否定身业和语业，岂不是违背佛经？"

并不是否定身业和语业，说它们不存在，而是说它们不是你们所执着的真实的物质。凡能发动行为的思心所，称它们是身业；凡能引发语言的思心所，称它们是语业；还有进行考虑的思心所和作出判断的思心所，这两种思心所与意识相应，能发动意识，所以称它们为意业。能发动生起行为和语言的思心所，因为有所作为，所以称为业。它们也是进行考虑的思心所和作出判断的思心所的通道，既能生起苦的异熟果，也能生起乐的异熟果，因此也称为道。所以，[十业道中的] 前七业道，也都以思心所为主体。或者说，身表与语表，由于它们由思心所所发动，所以假说为业；同时，它们又是思心所的通道，所以称为业道。

因此可知，实际上并没有心外的物质，只有内识变现似乎实在的物质生起。

【评析】

此处解答由无表色非实有引起的疑问，阐述唯识学关于业的观点，即身、语、意三业的本质是思，这是与其"唯识所变""唯心所造"的根本观点相一致的。至此，本论否定了有对色与无对色、表色与无表色心外实有的观点，得出了"心外物质实际上不存在，存在的只是由内识变现的似乎实在的物质"的结论。

（二）心不相应行法非离识实有

【原文】

不相应行，亦非实有。"所以者何？"得、非得等，非如色、心及诸心所，体相可得；非异色、心及诸心所，作用可得。由此故知，定非实有，但依色等分位假立。此定非异色、心、心所有实体用，如色、心等，许蕴摄故。或心、心所及色、无为所不摄故，如毕竟无，定非实有。或余实法所不摄故，如余假法，非实有体。

【今译】

心不相应行法，也不是具有实体的存在。[问：]"为什么呢？"得、非得等[各种心不相应行法]，并非像物质、心以及各种心所那样，有其主体的形相可认识；也并非在物质、心以及各种心所之外，有作用可认识。由此可知，得、非得等必定不是具有实体的存在，只是依据物质、心、心所的各种状态而假立。它们必定不是在物质、心、心所之外有真实的主体和作用，因为就像物质、心[分别属色蕴、识蕴]一样，你们也同意它们属五蕴[之一，即行蕴，而不像真如与五蕴非异非一。]或者说，它们不属于心、心所以及物质、无为法，而是像根本不存在的东西，必定不是具有实体的存在。或者说，它们不包括在上述心等有实体的事物之中，而是像瓶等没有实体的事物，并非真实存在主体。

【评析】

此处以下破心不相应行法离识实有。心不相应行法，全称为非色非心不相应行法，即此类事物不属物质、不属心，也不属与心相应的心所。小乘俱舍宗认为心不相应行法有十四种：得、非得、命根、众同分、无想定、灭尽定、无想天、名身、句身、文身、生、住、异、灭。大乘的心不相应行法共二十四种,是以小乘的十四种为基础,将其中的非得改为异生性,并将生、住、异、灭改为生、老、住、无常(小乘《品类足论》等论也用此四名称),再增加十种:流转、定异、相应、势速、次第、时、方、数、和合性、不和合性。唯识学认为,心不相应行法是依据色法、心、心所这三类实法而假立,是这三类实法的不同表现形态,所以本身不是实法。此段是总论心不相应行法非实有,下文是对小乘的十四种心不相应行法分别论证其非实有。

【原文】

且彼如何知得、非得,异色、心等,有实体用?

"契经说故。如说:'如是补特伽罗成就善恶,圣者成就十无学法[1]。'又说:'异生不成就圣法,诸阿罗汉不成就烦恼。'成、不成言,显得、非得。"

经不说此异色、心等有实体用,为证不成。亦说轮王成就七宝[2],岂即成就他身、非情?若谓于宝有自在力假说成就,于善恶法,何不许然,而执实得?若谓七宝在现在故,可假说成,宁知所成善恶等法,离现在有?离现实法,理非有故。现在必有善种等故。

又得于法,有何胜用?若言能起,应起无为;一切非情,应永不起;未得已失,应永不生。若俱生得为因起者,所执二生,便为无用。又具善、恶、无记得者,善、恶、无记,应顿现前,若待余因,得便无用。若得于法,是不失因，有情由此成就彼故；诸可成法，不离有情，若离有情，实不可得。故得于法，俱为无用。得实无故，非得亦无。

然依有情可成诸法分位，假立三种成就：一种子成就，二自在成就，三现行成就。翻此，假立不成就名。此类虽多，而于三界见所断种，未永害位，假立非得，名异生性，于诸圣法，未成就故。

【简注】

[1] 十无学法：指得阿罗汉果的无学圣者所成就的十种无漏法。即无学正见、无学正思维、无学正语、无学正业、无学正命、无学正精进、无学正念、无学正定、无学正解脱、无学正智。其中，前八种就是八正道，到无学位则加上解脱、正智。

[2] 七宝：有多种说法。此处是说转轮王七宝，所以是指象宝、马宝、主兵臣宝（将军宝）、主藏臣宝（居士宝）、女宝、珠宝、轮宝。

【今译】

且说他们怎么知道，"得""非得"，在物质、心等之外，有真实的主体和作用？

[小乘答：] "是佛经中说的。如经中说：'就这样，众生成就善恶，圣者成就十无学法。'又说：'凡夫不成就圣法，一切阿罗汉不成就烦恼。'这里说的成就、不成就，正是表示'得''非得'。"

此段经文并不是说"得""非得"在物质、心等之外，有真实的主体和作用，以此作为证明是不能成立的。经中也说转轮王成就七宝，难道他就变成了［象、马、女人等］众生的身体，或［轮、珠等］非众生？如果说这是将转轮王对七宝具有自在变化力，假说是成就，那将善恶现象的形成假说是成就，为什么不可以，而要执着为真实的"得"？如果说七种宝是现在存在的，所以可假说是成就，那怎么知道所形成的善恶现象是离开现在而存在的？所谓离开现在的真实现象，在道理上是不会存在的。所以，现在必定存在善恶等种子，［是此类种子，而不是"得"，成就了善恶现象。］

此外，"得"对于事物又有什么特殊作用呢？如果说它是能生起一切事物的因，那么，一切众生应该因为有"得"而生起圣者的无为法；或者，一切草木等非众生类因为没有"得"，所以应该永不生起；或者，没有得到的东西和已经消失的东西，应该永远不再生起。如果说未得到或已消失的东西是以与生俱来的"得"作为因，所以还能生起，那你们所执着的大小二生这两种生起的缘就没用了。此外，如果存在具有善、恶、无记性的与生俱来的"得"，善、恶、无记性应该顿时显现在前，如果还要依赖其他原因，那［所谓独立存在的］"得"就没用了。如果说"得"对于一切事物，是保持不失的因，一切众生由这"得"而成就善恶等事物；那么，一切可以成就的事物，是不能离开众生的，如果离开众生，实在不能成就什么事物。所以，"得"对于事物，全无用处。"得"实际上没有，"非得"也同样没有。

然而，依据众生可以成就的各种事物的类型，可以假立三种成就：一是种子成就，二是自在成就，三是现行成就。对与此相反的情况，假立不成就的名称。不成就的类型虽多，但对三界见道位所断烦恼的种子在还没有永远断除的状态时，假立"非得"的名称，称作凡夫性，即对各种佛法还未成就。

【评析】

此处破心不相应行法中的"得"与"非得"实有。得，就是获得，或是形成、成就。小乘认为"得"是一种具有实体的存在，它是事物形成的原因。本论对此观点进行了批驳，指出"得"并非是一种实体性的存在，因为它不能真正地对形成事物起作用。事物的形成有其本身的原因，如现行的事物是由其种子在一定的条件下现行而形成的，而种子又是由现行事物熏成的。此外，修禅定而获得的神通力量也能随心所欲地形成各种事物。所以，"得"只是一种假说。

"得"，具体表现为三种成就：种子成就、自在成就、现行成就。

据《瑜伽论》，[①] 种子成就是指烦恼种子、一部分无记性种子以及生得善种子未受损害而存在，不由任何功用而能生起现行，这就称为种子成就。其中，未受损害是指烦恼种子未被禅定制伏，无记性种子未被圣道断除，生得善种子未被邪见损害。进而，（无覆）无记有四类，即异熟无记、工巧无记、威仪无记、变化无记，其中，异熟无记的种子属种子成就，变化无记的种子不属种子成就，其他两类种子一般属种子成就，也有例外，见下文自在成就。

[①] 参见（唐）玄奘译《瑜伽师地论》卷第五十二，《大正藏》第30册，第587页。

自在成就指凭借修行的力量而生的善法种子，以及变化无记心的全部种子，还有工巧、威仪无记心中一部分因反复生起现行而力量强盛的种子，此类种子能自在地生起现行，称为自在成就。

关于各类种子与上述两种成就的关系，《义演》说："应作四句分别。第一云有唯种子成就，非自在，谓异熟生无记种子。第二唯自在成就，非种子，谓变化无记。第三亦自在成就，谓威仪、工巧二无记极串习者，名自在成就；若任运记者，摄入种子成就。第四二种俱非者，谓色等法。"①

现行成就是指一切现行事物的形成。《大乘阿毗达磨杂集论》（以下简称《杂集论》）说："现行成就者，谓诸蕴界处法，随所现前若善若不善若无记，彼由现行成就故成就。"② 由此可见，五蕴、十二处、十八界一切法的现行，都是现行成就。

对与三种成就相反的现象，则假立"非得"。而当"非得"是指见道位所断的烦恼种子尚未断除，那就是唯识学所说的"异生性"，"异生"指凡夫，非圣人。

【原文】

复如何知异色、心等有实同分[1]？

"契经说故。如契经说，此天同分，此人同分，乃至

---

① （唐）如理《成唯识论疏义演》卷第二，《卍新续藏》第49册，第523页。
② （唐）玄奘译《大乘阿毗达磨杂集论》卷第五，《大正藏》第31册，第719页。

广说。"

此经不说异色、心等有实同分,为证不成。若同智言[2],因斯起故,知实有者,则草木等应有同分。又于同分起同智言,同分复应有别同分。彼既不尔,此云何然?若谓为因,起同事欲,知实有者,理亦不然;宿习为因,起同事欲,何要别执有实同分?

然依有情身心相似分位差别,假立同分。

【简注】

[1] 同分:即共性。众生的同分称众同分,包括天同分、人同分等,佛教中说的同分一般指众同分。
[2] 同智言:即同智和同言。同智指对同一类有情或事物有相同的认知,同言指对同一类有情和事物能作出相同的表述。

【今译】

此外,你们怎么知道在物质、心等之外,存在具有实体的同分呢?

[小乘答:]"是佛经中说的。如经中说:这是天道众生的同分,这是人一类众生的同分,以至详细解释各类众生的同分。"

这些经中并不是说在物质、心等之外,另有具有实体的同分,以此作为证明是不能成立的。如果说[人们在认识天、人等有情时的]同智同言,是依靠这同分而产生的,因此知道它是具有实体的存在,[那么人们在认识草木等无情事物时也能产生同智同言,那就要说]草木等也有同分。此外,人们在认识同分本身时[与认识天、人一样，也有］同智同言产生，那么，这同分还应另有实体性的同分作为自己的依托。这样的说法既然不对，上述说法为什么是对的呢？如果说以同分为因，产生众生共同的行为和愿望，所以知道同分是具有实体的存在，道理上也不对；以宿世的习气为因，也可产生众生共同的行为和愿望，何必要执着另有具有实体的同分呢？

应该说是依据众生身心相似的状态而假立同分。

【评析】

此处破心不相应行法中的"众同分"（众生共性）实有主体。小乘有部等执着众同分实有，本论对此进行批驳，乃至用归谬法指出，如此"则草木等应有同分"。即佛教说同分，一般是指众同分，即众生的共性，虽然后来《俱舍论》《顺正理论》等经典还说了法同分，而这些经典说的法同分，是指识的所缘境，如《俱舍论》说："法同分者，谓一法界唯是同分。若境与识定为所缘，识于其中已生生法，此所缘境说名同分。"[1] 另一方面，小乘认为色法是独立的存在，这些经典不说色法有同分，如《顺正理论》说："如是同分，世尊唯依诸有情说，非草木等。"[2] 这样，草木等应该没有同分。所以，本论此处的破斥就是：人们在认识草木等法时，也产生同智和同言（即共同的认知和共同的表述），如果同智和同言要依靠实有同

---

[1] (唐) 玄奘译《阿毗达磨俱舍论》卷第二，《大正藏》第29册，第10页。
[2] (唐) 玄奘译《阿毗达磨顺正理论》卷第十二，《大正藏》第29册，第400页。

分才能生起，那么，草木等也应有实有同分。既然你们不承认草木等有同分，那么，人们认识五蕴等有情现象时，产生同智和同言也不依赖实有同分，所以同分非实有。

而据现代学术来看，共性（同分）本是对同类事物共同属性的一种抽象，故而肯定没有实在的主体，这可以说是与唯识学的观点一致的。至于所谓建立在众生共性基础上的各种现象，如共同的智力和语言、共同的行为和愿望等，按唯识学的观点，实际上都是以宿世的习气为因，即以先前世的身口意三业熏成的种子为因，而共同的业形成了共相种，共相种能产生共同的智力、语言、行为、愿望等。所以，众同分（即众生共性）纯属假立。

关于众同分的类别，一般说只是依三界、五趣（六道）、四生等建立众同分。而《瑜伽论》更是广泛地建立众同分，比如，依社会阶层的等级（婆罗门等四种姓），依男女、性格、容貌体形等，依人的谋生方式，依人的道德属性，直至依修行的层次等，都可建立众同分。[①]

【原文】

复如何知异色、心等，有实命根？

"契经说故。如契经说：'寿、暖、识三，应知命根，说名为寿。'"此经不说异色、心等，有实寿体，为证不成。

[①] 参见（唐）玄奘译《瑜伽师地论》卷第五十二，《大正藏》第30册，第587页。

又先已成色不离识,应此离识无别命根。又若命根异识实有,应如受等,非实命根。

"若尔,如何经说三法?"

义别说三,如四正断[1]。

"住无心位,寿、暖应无。"

岂不经说,识不离身。

"既尔,如何名无心位?"

彼灭转识,非阿赖耶。有此识因,后当广说。此识足为界、趣、生[2]体,是遍恒续异熟果故,无劳别执有实命根。然依亲生此识种子,由业所引功能差别,住时决定,假立命根。

【简注】

[1] 四正断:也称四正勤,诸经论解释稍有不同。据《瑜伽论》,即勤勉精进地断除已生起的恶事,勤勉精进地使未生的恶事不致生起,勤勉精进地使未生的善事得以生起,勤勉精进地增长已生的善事。

[2] 界、趣、生:界指三界,即欲界、色界、无色界,是各类众生所居的世界。趣指五趣或六道,就是将所有众生的生存形态分为五种或六种类型。生指四生,是众生形成生命的四种方式,即胎生(由母胎而生,如人)、卵生(由卵而生,如鸟)、湿生(从湿气中生起)、化生(由过去的业力忽然变化而成)。

【今译】

此外,你们怎么知道在物质、心等之外,另有具有实体的命根?

［小乘答：］"是佛经中说的。如经中说：'在寿命、体温、识三者中，应该知道命根称为寿命。'"

［虽然命根就是寿命，但］这段经文不是说在物质、心等之外，另有真实的寿命的主体，以此作为证明是不能成立的。此外，先前已经证明物质不离识，可知离开识没有另外的命根。再者，命根如果是在识之外具有实体的存在，［如上所述，它也不应是真实的物质，而］应与受、想等一样，［是心所之类的东西，这样就］不是真实的命根了。

［小乘问：］"如果是这样，怎么经中说有寿命、体温、识三种现象呢？"

［都是同一阿赖耶识，］从不同意义上说有三种现象，就像四正断一样。

［小乘责难：］"在无心位中，寿命与体温应该不存在，［既然三者同一，识也应不存在。］"

经中不是说，识不会离开众生的身体。

［小乘问：］"既然如此，怎么又叫无心位？"

无心位中消失的是前六转识，不是阿赖耶识。无心位中有阿赖耶识作为因，后面要详细解释。这阿赖耶识足以成为三界、五趣、四生的主体，因为它是普遍存在、始终地延续的异熟果，所以无需另外执着存在命根的实体。而就依能直接生起这第八识的种子上，由先前业力所引的那部分特定功能，即能使身心存在时长确定的功能，假立命根的名称。

【评析】

此处是破心不相应行法中的"命根"实有的观点。命根，也称寿，即寿命。佛教认为，众生由过去世的业，决定了这一世寿命的长短，这就是命根。但对命根是实是假，佛教内有不同看法。

小乘有部认为，命根有实体，在一期生命中能维持暖与识。如《俱舍论》说："命根者何？颂曰：命根体即寿，能持暖及识。"[①]

但大乘唯识学则认为，寿、暖、识三者，是同一主体的三种现象。其中，识是指阿赖耶识。暖即体温，是必然与众生身体相伴随的一种现象，而众生的身体是第八识的相分境，所以暖是第八识相分中的一种现象，是不离第八识的。至于寿或命根，是指第八阿赖耶识的种子。众生由于先前世的业力决定了此世的生存时间，即寿命的长短，这寿命的长短在入胎前的阿赖耶识种子中已经决定了。故而命根并非离第八识而独立存在，并非另有实体，只是假立，是依直接生第八识的种子上决定寿命长短的那部分功能而假立。

【原文】

复如何知二无心定、无想异熟，异色、心等，有实自性？

---

① （唐）玄奘译《阿毗达磨俱舍论》卷第五，《大正藏》第29册，第26页。

"若无实性，应不能遮心、心所法，令不现起。"

若无心位有别实法，异色、心等，能遮于心，名无心定，应无色时有别实法，异色、心等，能碍于色，名无色定。彼既不尔，此云何然？又遮碍心，何须实法，如堤塘等，假亦能遮。

谓修定时，于定加行，厌患粗动心、心所故，发胜期愿，遮心、心所，令心、心所渐细渐微，微微心时，熏异熟识，成极增上厌心等种，由此损伏心等种故，粗动心等暂不现行，依此分位，假立二定。此种善故，定亦名善。无想定前求无想果故，所熏成种，招彼异熟识，依之粗动想等不行，于此分位，假立无想；依异熟立，得异熟名。故此三法，亦非实有。

【今译】

此外，怎么知道［无想定和灭尽定］两种无心定以及无想天的异熟果，在物质、心等之外，有实在的主体？

［小乘答：］"如果它们没有实在的主体，应该不能制止心、心所的活动，使之不能现行生起。"

如果无心位另有实在的东西，与物质、心等不同，能制止心的活动，称为无心定；那在无色界中，应该另有实在的东西，与物质、心等不同，能障碍物质使之不能现行生起，称为无色定。这样的说法既然不对，前面的说法为什么是对的呢？此外，要制止、障碍心的活动，何必一定要实在的东西，像堤岸、池塘等［假法能阻挡水流］，假法也能制止心的活动。

[所谓无心定,]是指在修定时,在辅助入定的各种修行中,由于厌恶明显躁动的心与心所,便发起强烈的期待和愿望,制止心与心所的活动,使心与心所的活动逐渐变细变微,当心和心所的活动变得极其微弱时,便熏异熟识,形成极有效的厌恶心和心所活动的种子,由此削弱和制伏心和心所活动的种子,使明显躁动的心和心所暂时不生起现行活动,依据这种状态,假立[无想定和灭尽定]两种无心定。由于这类种子属于善,所以两种无心定也称为善。由于在修无想定前,人们求的是无想果,[将此果当作是涅槃,]这样熏成的种子,招致无想天的异熟识,依靠这异熟识,明显躁动的思想等不再现行活动,对这种状态,假立无想的名称;由于是依靠异熟识而立名,因而也得到[无想]异熟的名称。所以,两种无心定与无想天也都没有实体存在。

【评析】

此处是破心不相应行法中的无想定、灭尽定以及无想天实有的观点。前两种无心定是修行的境界,依赖的是厌恶心(即厌恶一切六识及其心所活动的心理)的种子,所以不离识。后一无想天,属异熟果报,依赖的是异熟识,所以也不离识。所以两种无心定及无想天均非心外实有。关于无想定、灭尽定以及无想天,下文还有详尽论述。

【原文】

　　复如何知诸有为相,异色、心等,有实自性?

　　"契经说故。如契经说:'有三有为[1]之有为相。'乃至广说。"

　　此经不说异色、心等有实自性,为证不成。非第六声[2],便表异体。色、心之体,即色、心故。非能相体,定异所相;勿坚相等,异地等故。若有为相异所相体,无为相体,应异所相。又生等相,若体俱有,应一切时,齐兴作用。若相违故,用不顿兴,体亦相违,如何俱有?又住、异、灭,用不应俱。

　　能相、所相,体俱本有,用亦应然,无别性故。若谓彼用,更待因缘,所待因缘,应非本有;又执生等,便为无用。

　　所相恒有,而生等合,应无为法亦有生等。彼、此异因,不可得故。

　　又去来世,非现非常,应似空华,非实有性。生名为有,宁在未来?灭名为无,应非现在。灭若非无,生应非有。又灭违住,宁执同时?住不违生,何容异世?

　　故彼所执,进退非理。

　　然有为法,因缘力故,本无今有,暂有还无,表异无为,假立四相。本无今有,有位名生;生位暂停,即说为住;住别前后,复立异名;暂有还无,无时名灭。前三有故,同在现在;后一是无,故在过去。

　　"如何无法与有为相?"

表此后无，为相何失？生表有法先非有，灭表有法后是无，异表此法非凝然，住表此法暂有用。故此四相于有为法，虽俱名表，而表有异。此依刹那假立四相，一期分位，亦得假立。初有名生，后无名灭，生已相似相续名住，即此相续转变名异。是故四相，皆是假立。

【简注】

[1] 三有为：各种典籍解释不同。许多典籍的解释中，三有为是指有为法的生、住、异、灭四相中的三相，如生、住、灭，或生、异、灭，或生、住异、灭等。此外，有的典籍将三有为与有为相（即所相和能相）分开解释，三有为指欲界、色界、无色界的有为法，或后文所说的"现所知法"（如物质、心等）、"现受用法"（即日常生活中的各种事物）和"有作用法"（如眼根等五根一类的事物，虽无形，但从其作用上可知其存在）；有为相则指生、住、异、灭四相中的三相。

[2] 第六声：指八转声中的第六转声。八转声指梵语中名词、代词与形容词词尾的八种变化，其中第六转声指"属格"，形式为"……的"，表示从属的含义。

【今译】

此外，你们怎么知道生、住、异、灭等有为现象，在物质、心等有为法之外有实在的主体呢？

[小乘答：]"是佛经中说的。如经中说：'有三种有为法的有为现象。'以至作了详细解释。"

这段经文并不是说这些现象在物质、心等之外有实在的主体，用作证明是不能成立的。并非"有为法的有为相"中的"的"字，就表示有为现象与有为法具有不同的主体。物质、心的主体［并非离开物质、心另有主体，而］就在物质、心中。并非［能表现事物的］现象，其主体必定不同于被表现的事物［的主体］；否则的话，［地的］坚硬、［水的］湿润等现象就不同于地、水等物质了。如果生、灭等有为现象［的主体］不同于这些现象所表现的事物的主体，那么无生、无灭等无为现象的主体，也应不同于真如、虚空等无为法了。此外，如果生、灭等四种现象［都各有主体］，其主体都同时共存，就应在一切时间，一起产生作用。如果说这四种现象互不相容，所以作用不会同时产生，那么它们的主体也互不相容，怎么会同时共存？况且，住、异、灭三种现象［互不相容，三者的］作用又岂能同时共存。

如果说生、灭等四种现象与这些现象所表现的有为法，各自的主体都是本来就有，那么这四种现象的作用也应本来就有，因为作用与主体不应有不一致性。如果说［这些有为现象和有为法虽然本来各有主体，但］它们的作用的生起，还要等待因和缘［即主要条件和辅助条件］，那么，所等待的因和缘，就不应是本来存在，［这就与你们所说的一切有为法的主体本来就有，因而因和缘也本来就有的观点相矛盾了］；此外，［如果因缘确实本来就有，那么一切事物都已经能生起或消灭，］则你们执着的［能生起或消灭一切事物的、实在的］生、灭等范畴，就没有用了。

如果说物质、心等有为法［过去、现在、未来］始终存在，而有生、灭等现象与之和合［而成生灭］，那么真如、虚空等无为法［也始终存在，也应有生、灭等与之和合]，也应有生、灭等现象。[因为既然有为法与无为法都始终存在，]要找彼此的不同原因是找不到的。

此外，过去与未来，并非现在存在，也非永恒存在，应该像空中幻花，不存在真实的主体。[你们执着生属未来，住、异、灭属现在。]生称为有，岂是在未来？灭称为无，应该不属现在。灭如果不属无，生应该不是有。此外，灭与住相违，岂能执着同时而有？住与生不相违，怎么可以异世而存？

所以，他们的执着，进退都不成道理。

然而，有为法由于因缘的作用，本来无，现今有，暂时有，还归无，为了表示与无为法不同，假立四种现象。本来无，现今有，有的状态称为生；生的状态暂时稳定，就说是住；住的状态前后不同，又立异的名称；暂时有，还归无，无时称灭。前三种状态是有，同属现在；后一状态是无，所以在过去。

[问：]"为什么灭这种属于无的现象，可以作为有为法的现象？"

这表明有为法以后必然归于无，因此，无作为有为法的现象，有何过失？生表示有为法先前非有，灭表示有为法以后是无，异表示有为法并非凝固静止，住表示有为法暂时有用。所以这四种现象对于有为法，虽然都称为表示，而表示的内容不同。这是依据一刹那间假立四种现象，如果依据一期生命的状态，也可以假立四种现象。最初的存在称为生；最后不存在了，称为灭；生了以后，以相似的状况延续下去，称为住；正是这延续过程中的变化，称为异。因此这四种现象，都是假立。

【评析】

　　此处是破心不相应行法中的生、住、异、灭四种现象实有。此四相也可作三相，如《瑜伽论》就说生、住异、灭三相，这是从过去、现在、未来三世而说。此有为四相或三相，可用于描述一切法，也可描述有情一期生命。

　　从一切法来说，一切法都是生生灭灭，故有生和灭。但一切法在生起时，有其特定作用，显示其存在，这就是住。而这种住也并非长住不变，而是刹那变异，这就是异。

　　再从有情的一期生命来说，众生的此一期身心本无今有，这是生；众生的身心暂存，即处于相对稳定期，这是住；众生的身心连续变异衰败，这是老；众生身心连续变坏，直至消亡，这是无常。

　　此有为四相，小乘有部认为实有，因为三世（过去、现在、未来）法实有。此外，生、住、异、灭是四本相，进而还有四随相或四小相，即生生、住住、异异、灭灭。举例来说，一有为法，如色，其生起，不是自己能生起，而是要依赖"生"来生起此色。但此"生"也是有为法，其本身也不能自己生起，所以需要"生生"使"生"生起。但这也不会导致无穷延伸，即"生"生起某法和"生生"，"生生"生起"生"。同样，住、异、灭与住住、异异、灭灭的关系也是如此，后者成就前者。

　　所以《大毗婆沙论》说："诸行生时，九法俱起。一者法，二者生，三者生生，四者住，五者住住，六者异，七者异异，八者灭,九者灭灭。此中生能生八法,谓法及三相四随相,生生唯生一法。"① 所以一有为法生时,九法俱起。

但大乘唯识学认为四相假立,因为过去、未来法无体,非实有,所以只是依现在假立四相。生等四种现象,与物质现象和精神现象是不一不异的关系,并非在物质与精神现象之外另有实在的主体。本论对小乘的观点作了多层次的批驳,指出他们的观点并不能成立;生等四种现象只是依据物质现象与精神现象在时间延续上表现出的状态差异而假立,并不存在真实的主体。

【原文】

复如何知异色、心等,有实诠表名、句、文身[1]?

"契经说故。如契经说:'佛得希有名、句、文身。'"

此经不说异色、心等,有实名等,为证不成。若名、句、文异声实有,应如色等,非实能诠。谓声能生名、句、文者,此声必有音韵屈曲,此足能诠,何用名等?若谓声上音韵屈曲,即名、句、文,异声实有,所见色上形量屈曲,应异色处,别有实体。若谓声上音韵屈曲,如弦管声,非能诠者,此应如彼声,不别生名等。又谁说彼定不能诠?

---

① (唐)玄奘译《阿毗达磨大毗婆沙论》卷第三十九,《大正藏》第27册,第200页。

"声若能诠,风铃声等应有诠用。"

此应如彼,不别生实名、句、文身。若唯语声能生名等,如何不许唯语能诠?

"何理定知能诠即语?"

宁知异语别有能诠?语不异能诠,人天共了。执能诠异语,天爱[2]非余。

然依语声分位差别,而假建立名、句、文身。名诠自性,句诠差别,文即是字,为二所依。此三离声,虽无别体,而假、实异;亦不即声。由此法、词二无碍解[3],境有差别。声与名等,蕴、处、界摄,亦各有异。且依此土,说名、句、文依声假立,非谓一切诸余佛土,亦依光明妙香味等,假立三故。

【简注】

[1] 身:表示复数。

[2] 天爱:即痴人。

[3] 法、词二无碍解:属四无碍解中的两种,四无碍解的其余两种是义无碍解、辩无碍解。

【今译】

此外,怎么知道在物质、心等之外,有实在的、具有诠释表述功能的名词、句子、文字?

[小乘答:]"是佛经中说的。如经中说:'佛掌握了稀有的名词、句子、文字。'"

这段经文不是说在物质、心等之外有实在的名词等,用作证明是不能成立的。如果名词、句子、文字是在声音之外的具有实体的存在,那应该像［声音之外的］色［以及香、味］等一样,不具有真实的诠释功能。如果说声能产生［具有实体的］名词、句子、文字,那么,此声必定有音韵的抑扬顿挫,这就足以产生诠释功能,何必还要用［另有实体的］名词等来诠释呢?如果说声上的音韵的抑扬顿挫,就是名词、句子、文字,它们与声不同,有实体存在,那么人们看到的物体形状上的高低起伏,也应与物体不同,另有实体。如果说声上的音韵的抑扬顿挫,如同弦管乐器的声音,并不具有诠释功能,［而需要以语声为基础的名词等来诠释,］那语言的声响与乐器的声响是同样的,也不应另外产生名词等。况且,谁说乐器的声响必定没有诠释功能?

［小乘:］"声如果有诠释功能,那风声、铃声等也应有诠释的作用。"

语言的声响应该如同风、铃的声响,不另外产生具有实体的名词、句子、文字。如果只有语言的声响能产生名词等,那为什么不允许［不需要名词等,］语言的声响单独就有诠释功能?

［小乘问:］"什么道理一定说能进行诠释的就是语声?"

难道在语声之外还有什么能诠释的东西?语声无疑能进行诠释,这是人天共知的。执着能诠释［的是名词等,其主体］不同于语声,只有你们这些痴人,再也没有其他人了。

然而,依据语声的状态差别,也可假立名词、句子、文字。名词诠释事物的本身,句子诠释事物的差别,文字是最基本的单位,是名词和句子的基础。这三者离开声响，虽然没有另外的主体，但三者是假象性存在，声是具有实体的存在，还是有差别，所以三者并不就是声。进一步说，名词等三者是法无碍解的所缘，声是词无碍解的所缘，此二无碍解的所缘境也有差别。此外，声与名词等三者，所属的蕴、处、界，也各不相同。况且，依据这片佛土，说名词、句子、文字是依赖声而假立，并非说所有其他佛土都是这样，其他佛土也有依赖光明或殊妙的香味等，假立这三者的。

【评析】

　　此处是破心不相应行法中的名词、句子、文字实有。小乘认为，名词等三者离声而有独立的实在的主体，本论对此种观点进行了分析，指出这会导致一系列荒谬的结论。而唯识学认为，对事物进行诠释，本是语声的功能。名词等三者只是依据语声而假立，根据作用而区分，所以名等三者并不具有实体，即三者并不是脱离语声而独立存在。三者中，文字是名词与句子的基本单位；名词可诠释事物的特性，即表达概念；句子则可诠释事物之间的差别，即表达判断与推理。名词等三者不即声又不离声。名词等三者不即声，是因为它们有种种差别。以四无碍解为例，四无碍解是：（1）法无碍解，指善于以名词、句子、文字来领悟、诠释和表达事物。（2）义无碍解，指通达名词、句子、文字所包含的内容和道理。（3）词无碍解，指精通各种语言，包括方言。（4）辩无碍解，指善于自在无碍地宣说正理。而名词等三者与声在四无碍解中，名等三者属法无碍解的所缘境，声属词无碍解的所缘境。再看它们所属的蕴、处、界：在五蕴中，声属色蕴，名等三者属行蕴；在十二处中，声属声处，名等三者属法处；在十八界中，声属声尘界，名等三者属法尘界。所以，名词等三者与声有着种种差别，但三者也不离声，因为三者是依语声而假立。

本论进而指出，依（语）声假立名句文，是此土（我们这个娑婆世界）的特点。在其他佛土，也可依色（光）、香、味等假立名句文，来表达意义。

【原文】

有执随眠[1]异心、心所，是不相应行蕴[2]所摄。彼亦非理。名贪等故，如现贪等，非不相应。

【简注】

[1] 随眠：烦恼之异名。
[2] 不相应行蕴：行蕴包括心相应法（即心所）和心不相应行法。"不相应行蕴"就是心不相应行法。

【今译】

有的学派执着：随眠与心、心所不同，属不相应行蕴范畴。他们的执着没有道理。譬如，既然称为贪等［的随眠］，就与现行的贪等［心所一样并非与心不相应，所以］不属心不相应行法。

【评析】

　　此处破小乘关于随眠属心不相应行法的观点。随眠原是烦恼的异名。关于随眠之体，小乘有众多的说法。说一切有部认为贪等烦恼就是随眠，属与心相应之法。大众部、化地部等认为现行生起的烦恼称为缠，熏成种子之法为随眠，与心不相应。经部认为烦恼在觉醒活动的状态称为缠，相对地，烦恼作为眠伏状态中的种子称为随眠，与心非相应非不相应。唯识学对于随眠的看法，与经部有相似之处。《述记》指出随眠的两个性质：一、"我今大乘随眠即是心、心所法，第八识中诸染污种"。所以，随眠就是第八识中的烦恼种子。那么，种子为何说是"心、心所法"呢？因为种子本是第八识的功能，或者说，是第八识的相分，所以应从属于第八识而属识蕴；此外，随眠的现行就是烦恼，属心所；这样，随眠就是"心、心所法"。二、"非遮彼不相应，我即是相应，此非一、异故"。[1] 也就是说，随眠既然是"心、心所法"，或者说是第八识的种子，所以不是与心不相应之法；但这并非说随眠就是相应法，因为随眠毕竟是种子，而据第二章，种子与第八识不一不异，这样，随眠与心非相应非不相应。所以，随眠不属心不相应行法。

【原文】

　　执别有余不相应行，准前理趣，皆应遮止。

---

[1] （唐）窥基《成唯识论述记》卷第二，《大正藏》第43册，第289页。

【今译】

执着还有其他不相应行的说法，则按上述理由，都可否定破除。

【评析】

此处破其余的心不相应行法。以上已破小乘所说的十四种心不相应行法实有主体，此外，小乘有说不失、增长等是心不相应行法或实有主体，也可依此而破。至于唯识宗的二十四种心不相应行法，都属假法，都非实有主体。至此，本论完成对心不相应行法实有的破斥。

（三）无为法非离识实有

【原文】

诸无为法，离色、心等，决定实有，理不可得。且定有法，略有三种：一现所知法，如色、心等；二现受用法，如瓶、衣等。如是二法，世共知有，不待因成。三有作用法，如眼、耳等，由彼彼用，证知是有。无为非世共知定有，又无作用，如眼、耳等，设许有用，应是无常。故不可执无为定有。

然诸无为，所知性故，或色、心等所显性故[1]，如色、心等，不应执为离色、心等实无为性。

又虚空等，为一为多？若体是一，遍一切处，虚空容受色等法故，随能合法，体应成多，一所合处，余不合故。不尔，诸法应互相遍。若谓虚空不与法合，应非容受，如余无为。又色等中，有虚空不？有应相杂，无应不遍。一部一品结法断时，应得余部余品择灭。一法缘阙得不生时，应于一切得非择灭。执彼体一，理应尔故。若体是多，便有品类，应如色等，非实无为；虚空又应非遍容受。

余部所执离心、心所实有无为，准前应破。

又诸无为，许无因果故，应如兔角，非异心等有。

然契经说有虚空等诸无为法，略有二种。一依识变，假施设有。谓曾闻说虚空等名，随分别有虚空等相，数习力故，心等生时，似虚空等无为相现。此所现相，前后相似，无有变易，假说为常。二依法性，假施设有。谓空、无我所显真如，有无俱非，心言路绝，与一切法非一、异等，是法真理，故名法性；离诸障碍，故名虚空；由简择力灭诸杂染，究竟证会，故名择灭；不由择力，本性清净，或缘阙所显，故名非择灭；苦乐受灭，故名不动；想受不行，名想受灭。此五皆依真如假立，真如亦是假施设名。遮拨为无，故说为有；遮执为有，故说为空；勿谓虚幻，故说为实；理非妄倒，故名真如。不同余宗离色、心等有实常法，名曰真如。故诸无为，非定实有。

【简注】

[1]"然诸无为"三句："所知性"，唯识典籍中有两解：一、无为法是圣者根本智的所知境。二、无为法是凡夫从圣者处所知之境。下文"一依识变"中的"曾闻说"，大体相当于第二解，即已证道的

佛菩萨告诉人们有虚空无为等无为法。"所显性"相当于"二依法性"中的"法性",即无为法是二空所显的一切事物所具有的真实本性。

【今译】

[外道和部分小乘学派认为,]"各种无为法,在物质或心等之外,一定有实体存在"。[此观点]按理而言不能成立。且说肯定存在的事物,大致有三种:一是现量所知[即通过现量方式能知其存在]的事物,如色[等五境]、心与心所。二是现实中能应用的事物,如瓶、衣服等。这两类事物,为世人所共知,无须通过证明就能成立。三是能发挥作用的事物,如眼根和耳根等,[虽然无形,但]由它们的作用,能证知它们是存在的。无为法并非世人共知其肯定存在,又不像眼根和耳根等能发挥作用,假设承认它们是有作用的,则反而变成无常了。所以,不可执着无为法一定有实体存在。

然而,所有无为法,或是[圣者,或是凡夫从圣者处]所知[的色、心等]事物的本性,或是由[二空]所显的色、心等事物的本性,所以就像色、心等不离识一样,不应执着离开色、心等而有无为法的真实主体。

此外,虚空无为等无为法,[如果有实在的主体,]则其主体是一是多?如果主体只有一个,普遍存在于一切地方,那么,由于虚空能容纳万物,随着能与它相合的物体的增多,它的主体也应成为多个,因为一个主体在一处与物体相合后,就不能在其他地方与其他物体相合了。不然的话,所有物体都应相互存在于对方之中。如果说虚空不与物体相合，那就应该不能容纳物体，这样，虚空无为就与其他无为相同了。此外，色等各种物体中，到底有没有虚空？如物体中有虚空，那么虚空与各种物体相混杂，〔其主体不应是一；〕如物体中没有虚空，那虚空就不是普遍存在的。〔对于择灭无为来说，如果主体只有一个，那在见道位所断烦恼四部、修道位所断烦恼一部，共五部九品烦恼中，〕任何一部、一品烦恼断除时，其他部、品的烦恼也应断除，即择灭。〔对于非择灭无为来说，如果主体只有一个，〕那么一种烦恼由于缺乏条件而不生起时，一切烦恼也应不生起。他们执着无为法的主体只有一个，理论上就会得出上述结论。但如果认为无为法的主体是多个，那主体之间就会有种类差别，就应像物质等一样，并非真实的无为法；此外，虚空也不应普遍存在、能容纳万物。

小乘其他学派所执着的离开心与心所真实存在的无为，如上所论，应能破除。

此外，所有无为法，既然承认它们没有因果，应该如同子虚乌有的兔子角，并非能离心等之外而真实存在。

然而佛经中说有虚空无为等各种无为法，这大略有两种情况。第一种情况，〔这些无为法没有所依托的实体，〕只是依据识所变现，假立无为法的存在。即修行者曾经听到〔佛菩萨等圣者〕说虚空无为等的名称，随即根据这名称思辨分别有虚空无为等形相，由于经常思量的作用，心或心所生起时，有与虚空无为等相似的无为法的形相显现。这显现的形相，前后相似，没有变化，就假说它们是始终不变的。第二种是依据事物的本性，假立无为法的存在。也就是说，空、无我所显示的真如，说它有说它无都不对，因为思想和语言的途径都无法接近它，它与一切事物既非同一也非相异，是一切事物的真理，所以称为法性［即一切事物的本性］；不存在任何对其他事物的障碍，所以称为虚空无为；由判断选择的力量，灭除一切有漏法，证得最根本的真理，所以称为择灭无为；不由选择作用，本性清净，或缺少条件，［有为法不生］显现了本性清净，所以称为非择灭无为；苦与乐的感受都消灭，所以称为不动无为；思想和感受都停止活动，所以称为想受灭无为。这五种名称都是依据真如而假立，真如也是借名言而设立的名称。要避免否定为无，所以说是有；要避免执着为有，所以说是空；并非虚幻，所以说是真实；代表真理而非虚妄颠倒，所以说是真如。不同于其他宗，他们认为脱离物质、心等，有真实永恒的某种存在，叫作真如。所以，一切无为法并非一定存在实体。

【评析】

此处破无为法心外实有。本论指出，外道和部分小乘学派的无为法心外实有的观点是错误的。无为法表现为两种情况。一是法性（即事物的真实本性）的显现，这类无为法只能由证道者证知。二是由识所变，即一般人听到证道者说的法性，在自己的意识中变现类似的形象，将此类形象执着为实有。在这两种情况中，无为法都不能脱离识而独立存在。而执着无为法离识实有主体，只能导致一系列的谬误。

此外，关于无为法，有三无为、六无为等多种说法。本论此处说了六种无为法，即虚空无为、择灭无为、非择灭无为、不动无为、想受灭无为、真如无为。以下对六种无为法作一简述。

一、虚空无为。关于虚空无为,各宗有不同看法。唯识宗认为,虚空无为是真如的表现,真如是显现空无的真理,真理寂灭,脱离各种障碍,犹如虚空。以比喻得名,称虚空无为。

二、择灭无为。"择"是简择,即判断、选择。"灭"是断障。"择灭无为"就是由无漏智慧的力量,断灭一切有漏法,所证的真如。

三、非择灭无为。有两种非择灭无为。本论说:"不由择力,本性清净,或缘阙所显,故名非择灭。"即第一种就是真如,真如本来清净,并非由智慧择灭才变得清净。而第二种是缘缺所显,这是指一切有为事物本是因缘和合而生,如果所需的缘不存在,未来的事物就不能生起。一些典籍举例:如眼识与意识专注于色时,耳识等因为缘不具备而不生。《成唯识论疏抄》(以下简称《疏抄》)指出:"若小乘萨婆多宗解非择灭者,但由缘阙所显名非择灭,即不约真如本性清净名非择灭。何以故?小乘无(疑"无"字衍——作者注)不立有真如,如何得言真如本姓清净故?大乘中立有真如,真如体清净,得名非择灭也。"[①] 所以缘缺所显的非择灭,在小乘有部那里,这种说法与真如无关,因为小乘根本没有真如的概念。

四、不动无为。色界第四禅,苦受和乐受都消失。苦乐受的性质是动转,脱离了苦乐受的动转性所显的真如,就是不动

[①] (唐)灵泰《成唯识论疏抄》卷第四,《卍新续藏》第50册,第182页。

无为。

五、想受灭无为。由想受灭所显的真如，称为想受灭无为。得想受灭无为，有几种说法。一是灭尽定，得想受灭无为。《显扬论》说："想受灭者，谓离无所有处欲，入灭尽定，于其中间不恒现行心心法及恒行一分心心法灭而离系性。"[1] 即灭尽定中，前六识及其相应心所，还有污染的第七识及其相应心所，都已制伏断灭，只是其中的想心所和受心所的作用显著，所以该定称想受灭。由想受灭所显的真如，称为想受灭无为。此外，还有说灭无所有处欲或灭无所有处想受就得灭受想无为。如《杂集论》说："想受灭者，谓已离无所有处欲，止息想作意为先故，诸不恒行心心法及恒行一分心心法灭无为。"[2] 又如，《大乘百法明门论解》说："想受灭者，无所有处想受不行所显真理。"[3]

此外，对灭受想无为还有更广义的说法。《成唯识论疏抄》说："第四禅立不动无为，若断第四禅舍受，亦得想受灭无为，乃至已上皆然。"[4]《宗镜录》说："想受灭无为，从第四禅已上，至无所有处已来，舍受不行，并粗想亦无，显得真如，名想受灭无为。"[5] 所以，第四禅及从第四禅至无所有处，只要灭了受

---

[1] （唐）玄奘译《显扬圣教论》卷第一，《大正藏》第31册，第484页。
[2] （唐）玄奘译《大乘阿毗达磨杂集论》卷第二，《大正藏》第31册，第702页。
[3] （唐）窥基注解，（明）普泰增修《大乘百法明门论解》卷下，《大正藏》第44册，第52页。
[4] （唐）灵泰《成唯识论疏抄》卷第四，《卍新续藏》第50册，第184页。
[5] （宋）延寿《宗镜录》卷第五十八，《大正藏》第48册，第751页。

和想，就得想受灭无为。

怎样看待上述各种说法？《瑜伽论记》说："如彼无为，其实无间道已得想受灭无为，后久时方得彼定。"[1]所以，想受灭无为与灭尽定的关系是：先得想受灭无为，后入灭尽定。因此可说，灭尽定必得想受灭无为，想受灭无为未必得灭尽定。

六、真如无为。如本论卷第九说："真谓真实，显非虚妄；如谓如常，表无变易。"所以，"真"即真实，"如"即如常，也就是始终不变的本性。真如也就是一切法始终不变的真实本性。

六无为相互间的关系，如论中所说，前五种无为都是依据真如而假立，而"真如亦是假施设名"。那么，第六种真如无为是不是也只是假立？或许可说，是假立也不是假立。首先，法性离言，真如只是法性的"假施设名"，这样第六种真如无为当然也是"假施设名"，即真如也是在离言法性上安立的假名，离言法性本无法言说，但为了使修学者能证离言法性，所以要言说，言说的离言法性就称真如。但另一方面，在三自性中，圆成实自性直接就说是真如，如《解深密经》说："云何诸法圆成实相？谓一切法平等真如。"[2]所以，在离言名言法体系中，真如只是假名；而在三自性体系中，不再说真如是假立，而说真如是"实性"，即实有自性。

但真如不同于上述外道和小乘所说的离识实有的无为法，

---

[1]（唐）遁伦《瑜伽论记》卷第八，《大正藏》第42册，第496页。
[2]（唐）玄奘译《解深密经》卷第二，《大正藏》第16册，第693页。

真如与现实中一切事物包括识的关系，是非即非离、不一不异，即真如并不就是现实中的事物，但也不离现实中的一切事物，所以并无外道和小乘的无为法与事物相异之谬误。此外还需指出的是，唯识学说真如，虽然说其有实体（真如是圆成实性，实性即实体），但真如是一切事物内蕴的真实本性，而不是大乘其他学派所说的能生万物的本体。这是唯识学派与中国大乘佛教主流学派主要的分歧之处，因为后者非常强调真如能生万法。

三、总破法执

【原文】

外道、余乘所执诸法，异心、心所非实有性，是所取故，如心、心所。能取彼觉，亦不缘彼，是能取故，如缘此觉。

诸心、心所，依他起[1]故，亦如幻事，非真实有。为遣妄执心、心所外实有境故，说唯有识。若执唯识真实有者，如执外境，亦是法执。

【简注】

[1] 依他起：指心和心所是依各种缘而生起，详见第五章。

【今译】

外道和小乘等学派所执着的［色法、心不相应行法、无为法等］

各种事物，在心和心所之外并无真实存在的主体，因为它们是被心和心所认识［的相分］，就如［能认识的］心和心所［的见分一样，都不离内自证分］。能认识［色法等］各种事物的心和心所，也不认识心外实在的事物，因为它们是能认识［的见分，只认取自心或心所内的相分，］就像能认识此心或心所的所有［他人］的心和心所一样，［他们也只认识他们自心或心所内的相分。］

一切心与心所，都是依他起，也如同［魔术中］幻变所现的事物，并非真实存在。为了破除虚妄地执着心和心所外真实存在事物，才说唯有识。如果执着唯有识是真实的存在，那与执着心外事物真实存在一样，也是法执。

【评析】

此处是对前文破法执的总结。外道与小乘关于心外事物实有的观点都不能成立。人们以为实在的事物，实际上只是识内的相分；将它们看作是实在的外境，只是人们的虚妄执着。而此处第二自然段所表现的观点，更是玄奘唯识学的精华。唯识学实际上也有许多教派，而玄奘大师的唯识学，则是融会贯通了相宗与空宗的唯识学（当然是以唯识学为其根本特征）。

虽然唯识学所有教派都承认依他起性如幻，但本论此处更明确地指出，心和心所作为依他起性也如幻，不能执为真实有。对此，可从四重二谛来进一步理解。四重二谛说对世俗谛与胜义谛作了精细的区分，指出世俗谛与胜义谛由粗入细各可分四重。在第一胜义谛中，可认为心与心所实有；而到了第四胜义谛，则心与心所也不能认为实有，将其执着为实有，也属法执。即如此处所说："若执唯识真实有者，如执外境，亦是法执。"关于四重世俗谛与四重胜义谛，详见前文评析。

四、论俱生法执与分别法执

【原文】

　　然诸法执，略有二种：一者俱生，二者分别。

　　俱生法执，无始时来虚妄熏习内因力故，恒与身俱，不待邪教及邪分别，任运而转，故名俱生。此复二种：一常相续，在第七识，缘第八识起自心相，执为实法；二有间断，在第六识，缘识[1]所变蕴、处、界相，或总或别，起自心相，执为实法。此二法执，细故难断，后十地中，数数修习胜法空观，方能除灭。

　　分别法执，亦由现在外缘力故，非与身俱，要待邪教及邪分别，然后方起，故名分别，唯在第六意识中有。此亦二种：一缘邪教所说蕴、处、界相，起自心相，分别计度，执为实法；二缘邪教所说自性等相，起自心相，分别计度，执为实法。此二法执，粗故易断，入初地时，观一切法法空真如，即能除灭。

【简注】

　　[1]识：同俱生我执中所说，可称"诸识"。

【今译】

　　而所有法执，大略有两种：一是俱生法执，二是分别法执。

　　俱生法执，无量时间来，由于依赖由虚妄熏习而形成的〔第八识〕内种子的力量，始终与各种生命形态共存，不依赖错误的教义以及错误的思辨分别，自然而无条件地生起，所以称为俱生法执。俱生法执又有两种：一是始终连续的，在第七识中，认取和依托第八识，生起第七识自心中的影像作为相分，将此执为实在的事物；二是有间断的，在第六识中，或总体或部分地认取和依托诸识所变现的五蕴、十二处、十八界的形相，生起第六识自心中的影像作为相分，将此执为实在的事物。这两种法执，极其细微，所以很难断除，在菩萨见道后的十地修行中，经常修习殊胜的法空观，才能将其断除消灭。

　　分别法执，〔除由第八识内种子的力量外，〕也由现时存在的外部条件的力量而形成，并非一直与各种生命形态共存，要依赖错误的教义以及错误的思辨分别，然后才生起，所以称为分别法执，只是在第六识中存在。分别法执也有两种：一是认取和依托错误的教义所说的五蕴、十二处、十八界的形相，生起第六识自心中的影像作为相分，思辨分别，思量推测，将此执为实在的事物；二是认取和依托错误的教义所说的事物的主体等的形相，生起第六识自心中的影像作为相分，思辨分别，思量推测，将此执为实在的事物。这两种法执明显，所以容易断除，菩萨进入初地时，观一切事物的法空真如，就能将其断除消灭。

【评析】

此处论述俱生法执和分别法执，本论在此详细分析了两类法执的来源、特点、类型以及断除的时机和条件。这里，唯识学关于俱生法执的阐述，与前文关于俱生我执的阐述，都说明了唯识学建立八识学说的旨趣。可以认为，唯识学建立八识学说的旨趣之一，就是要说明我执与法执的来源，这来源正是第七识对第八识的执着，这种执着是与生俱来的，也是无始以来一直存在的，是众生生死轮回的根源。（另有一部分法执是来自第六识所生起的执着。）小乘佛教只认识到我执，没认识到法执。大乘佛教的修行，既要断我执，也要断法执。因此，唯识学关于法执的阐述，既具有理论的重要意义，也具有修行的重要意义。

【原文】

如是所说一切法执，自心外法，或有或无；自心内法，一切皆有。是故法执皆缘自心所现似法，执为实有。然似法相，从缘生故，是如幻有；所执实法，妄计度故，决定非有。故世尊说："慈氏当知，诸识所缘，唯识所现，依他起性，如幻事等。"

【今译】

如上所述的［被第七识和第六识的］一切法执［所执着的事物］，如果说是［在第七识和第六识］自心之外［作为其相分生起之依托］

的事物，则有的存在，有的不存在；如果说是自心之内［作为相分的］事物，则一切都存在。因此，一切法执都是认识自心所变现的似乎实在的事物，将其执着为心外真实存在的事物。然而，那作为识之相分的似乎实在的事物，是依赖各种条件而生起，［即由心识所变，种子所生，不同真如，］因此它们如同幻变所现的事物；将它们执着为心外真实存在的事物，纯属虚妄思量，肯定不存在。所以世尊说："弥勒应当知道，一切识的认识对象，都只是识所变现，属依他起性，如同幻变所现的事物。"

【评析】

此处进一步论述法执的虚幻性。法执只是第七识和第六识有，所以本段中的"自心"就是指此二识。此二识内的相分，有的是依托二识外的事物（即本质）而生起；有的则没有识外所依托的事物，纯属幻觉。如第七识是执着第八识为实法，所以，第七识的"自心外法"定有；第六识有可能是在认识外境，也有可能是在思考道理，思量过去未来乃至产生幻觉，所以第六识的"自心外法"或有或无。至于此二识的"自心内法"，是指此二识的相分，而相分是识生起时必定具有的，所以在一切情况下都存在。此外，凡是识的"自心外法"，其作用无非是投影到识内，形成识的"自心内法"，识能认识的只是"自心内法"。故而本论得出结论："诸识所缘，唯识所现。"既然作为我们认识对象的一切事物都是"唯识所现"，故而一切对事物的执着，即法执，都属虚妄。至此，本论完成了对法执的破斥。

第四节　余　论

一、总结与答疑

【原文】

如是外道、余乘所执离识我、法，皆非实有。故心、心所，决定不用外色等法为所缘缘，缘用必依实有体故。现在彼聚心、心所法[1]，非此聚识亲所缘缘，如非所缘，他聚摄故。同聚心所，亦非亲所缘，自体异故，如余非所取。由此应知，实无外境，唯有内识似外境生。是故契经伽他中说："如愚所分别，外境实皆无，习气扰浊心，故似彼而转。"

【简注】

[1]彼聚心、心所法：识及其相应心所称为"聚"，即每一识与心所的聚合。

【今译】

上述被外道和小乘等学派所执着的脱离识而存在的自我和事物，都不是具有实体的存在。所以，心和心所必定不是以识外的色、声等事物作为所缘缘，因为要能作为缘发生作用，必定要依托真实存在的主体，［而识外的色等事物并不是具有实体的存在。］现时存在的［自身或不同众生的识与心所的聚合相互之间，]那一识与心所的聚合，不是这一识与心所的聚合的亲所缘缘，就像非认识对象不是亲所缘缘一样，因为那是属于自识之外的他识的聚合。同一聚合中，心所也不是识的亲所缘缘，因为主体不同，就像其他非此心的认识对象不是此心的亲所缘缘一样。由此可知，实际上没有外境，只有由内识生起的似乎实在的外境。因此《厚严经》的颂中说："如愚人所思量分别的外境，实际上完全不存在，由于习气扰乱污浊了心，所以有似乎实在的外境生起。"

【评析】

此处再次通过对亲所缘缘的讨论重申"实无外境"的观点。亲所缘缘就是识（或心所）自己的相分，所以，自身内不同心与心所的聚合，相互间不能作为对方的亲所缘缘；他人的心与心所的聚合，不能作为自己识的亲所缘缘；同一聚合中，心所不能作为识的亲所缘缘。这样，一切自识（或心所）之外的东西都不能作为自识（或心所）的相分，相分完全是由自识（或心所）变现。由此可见，外境并不存在，只是心被无始时来的习气所污染，所以把内境思量为外境。

【原文】

有作是难，若无离识实我、法者，假亦应无。谓假必依真事、似事、共法而立，如有真火，有似火人，有猛赤法，乃可假说此人为火。假说牛等，应知亦然。我、法若无，依何假说？无假说故，似亦不成，如何说心似外境转？

彼难非理。离识我、法，前已破故。依类依实[1]，假说火等，俱不成故。

【简注】

[1] 依类依实：据《述记》，"类者性也，即是同异"，"实者即是彼实句义"。即"类"指同异性，"实"指实体。

【今译】

有人提出这样的质难：如果没有脱离识真实存在的自我与事物，那假象性的自我和事物也应该没有。即假象性的事物必定依据真事、相似的事，以及共同现象而建立假说，就像有真火，有像火一样的人，有猛烈的形相和赤红的颜色，才可以假说某人像一团火。假说人［善负重］像牛一样等例子，可以知道也是如此。自我或事物如果实际没有，那依据什么作出假说？没有假说，相似也不能成立，怎么能说心生起似乎实在的外境？

这样的质难没有道理。脱离识的自我与事物，前面已经否定，［可见依据真实的自我和事物进行假说是不能成立的。其次，］无论是依据同异性［即相同的类型］还是依据实体来假说某人像团火［或像条牛］，在道理上都不能成立。

【评析】

此处是答外道的质难，破外道的"假必依真"的观点。该观点以胜论为代表。胜论认为，必须有真事，有似事，有共法，才能使假说成立，如文中所举"某人像团火"之例子。因此，必定有真我真法，然后方能有识所变现的似我似法。本论在破胜论的此种观点时，首先指出依真事不能成立假说，因为我法的真事，即心外实我实法，不能成立，这已在前文作了充分阐述。故而本论接着要阐述的是依似事与共法也同样不能成立假说，而这一阐述是根据胜论的同异性范畴与实体范畴来进行的。

【原文】

依类假说，理且不成。猛赤等德，非类有故。若无共德而假说彼，应亦于水等假说火等名。若谓猛等虽非类德而不相离，故可假说，此亦不然。人类猛等，现见亦有互相离故。类既无德，又互相离，然有于人假说火等，故知假说，不依类成。

【今译】

首先，〔必定要〕依据同异性来进行假说，在道理上不能成立。猛烈、赤红等性质，〔赤红是火的颜色的性质，猛烈是火的活动势用中的一种性质，〕并非同异性〔这一范畴中〕有这样的性质。如果〔同异性与火的颜色〕没有共性而能假说人是火，那应该也可以对水等事物假说火等名称。如果说猛烈和赤红虽不是同异性的性质，但也与同异性不相分离，所以可以假说，这也不对。人的同异性〔即共性]，与猛烈的动作或赤红的面容等，在现实中也可发现有互相分离的，[即也有人并无猛烈的动作或赤红的面容，或者说此类动作、面容等并非是人类的共性。]既然同异性中没有猛烈等性质，同异性与猛烈等性质又可互相分离，却将人假说是火，由此可见，[假说虽能成立，但]假说不必依据同异性而成立。

【评析】

此处破胜论"依类假说"的观点。此处的讨论纯粹是依据胜论的范畴进行的，极不直观，需对胜论的范畴有相当的了解，方能循其思路而入，现对其简单剖析如下。本论首先指出"德非类有"，其后指出"德类相离"。"德"即性质，"类"指同异性，此处的讨论侧重同异性之"同性"，即共同性。胜论认为，火有色等十一种"德"（性质），赤色就是诸色之一；而同异性范畴中无"德"，当然也就没有色德，更谈不上赤色。所以，"德非类有"（即"德"只属色范畴，不属同异性范畴。注意：此处的关键是，胜论认为"德""类"均有实体，故而最终只能得出"德非类有"的结论）。这样所作的假说，也就不能说是依类假说，或者说是没有共同性的假说。其次是"德类相离"。以人的类别或共性来说，人中也并非都有赤红的面容等特征。《述记》还举了这样一个例子：同一人，贫穷时没有猛烈的动作和血红的面色，富贵后则有。① 因此，赤色之

---

① 参见（唐）窥基《成唯识论述记》卷第二，《大正藏》第43册，第295页。

"德"与人之"类"别或共性也是分离的。由此可见，假说并不必依"类"，即同异性或共性而成立。

【原文】

依实假说，理亦不成。猛赤等德非共有故，谓猛赤等在火、在人，其体各别，所依异故，无共假说，有过同前。若谓人、火，德相似故，可假说者，理亦不然。说火在人，非在德故。由此假说，不依实成。

【今译】

其次，〔必定要〕依据实体来作出假说，在道理上也不能成立。因为猛烈、赤红等性质并非火与人共有，即猛烈、赤红在火、在人，其主体各不相同，所依托的对象相异，还是属没有共同点的假说，错误同前。如果说某人与火在某种性质上有相似之处，可作这样的假说，在道理上也不对。在"某人是团火"这一假说中，"是团火"是指人，不是指某种性质。由此可见，〔假说虽能成立，但〕假说不必依据实体而成立。

【评析】

此处破胜论"依实假说"的观点。如按实体来分析，《述记》指出，猛烈、赤红要成为共法，它们应该作为一个实体，一头在人，一头在火，这样，人与火的猛烈、赤红才能说是共法。但事实上，人与火具有不同的实体，故说人与火的猛烈、赤红是共法，这种说法是不能成立的。如果没有共法而能成立假说，那也可假说水是火。① 此外，如果说某人与火在某种性质上相似，这类通常意义上能够成立的说法，对胜论的观点来说，并不如此简单。因为胜论认为，性质是具有实体的范畴。这样一来，要么说人像火，要么说人的性质像火，这是两个不同的命题。而如果是说性质相似，则猛烈与猛烈相似，赤红与赤红相似，不应混为一谈，更不能越过某种具体的性质而直接得出"某人像团火"的结论。综上所述，本论认为，假说并不必依同异性范畴或实体范畴而成立。

【原文】

又假必依真事立者，亦不应理。真谓自相[1]，假智及诠，俱非境故。谓假智、诠，不得自相，唯于诸法共相而转，亦非离此有别方便，施设自相为假所依。然假智、诠，必依声起，声不及处，此便不转。能诠、所诠，俱非自相。故知假说，不依真事。由此但依似事而转，似谓增益，非实有相。声依增益似相而转，故不可说假必依真。是故彼难，不应正理。

然依识变，对遣妄执真实我、法，说假似言。由此契经伽他中说："为对遣愚夫，所执实我、法，故于识所变，假说我、法名。"

---

① 参见(唐)窥基《成唯识论述记》卷第二，《大正藏》第43册，第296页。

【简注】

[1]自相：往往与自性、自体同义。相与性，从词义上说，含义不同，相指表现于外的相貌，性指内在的性质。自相与自性，有时也有这样的区别，但有时又是同义，如"地为坚相"或"地为坚性"是同样的含义，"坚"是地的自相、自性，或自体。此处"体"，可指色法的质碍之体；也可指心法的非质碍之体，即以含义或特性等为体，如《述记》说，"识、受等体有差别故……据了别、领纳各各不同故"，即识以了别为体，受心所以领纳为体。然而，无论是自相、自性、还是自体，都不具实体的含义。实体是法执虚构的存在，是唯识论所要破的对象；而自相、自性、自体都是指法的特性，如色法的质碍特性、心法的了别特性，以及各心所法各自的特性。

【今译】

此外，假说必定依据真事而建立，也不合理。真指事物的自相，[只能由现量智来证知，而进行推理和假说等活动的智慧不是现量智，只是缘名句文等假法之智，]假智和语言诠释都不以事物的自相为对象。即假智和语言诠释都不能触及事物的自相，只是依据事物的共相而生起，也不是离开这共相另有变通方法可设置出事物的自相来作为假智等的依据。而假智和语言诠释，必定依赖声音而生起，没有声音的情况下，它们也无法生起。[既然涉及语声，]那能诠释的语声与所诠释的对象，都不是事物的自相。由此可知，假说不必依据真事。因此，假说只是依据似乎实在的事而生起，似乎实在[的事指识所变现的影像，]是增加出来的东西，并非真实存在的性状。语声依据这增加出来的似乎实在的性状而生起，所以不能说假说必定依据真事而建立。因此，他们的质难不符合正确的道理。

然而，依据识所变现的见分和相分，为对治破除被人们虚妄执着的真实的自我与真实的事物，也可以有假说的似乎实在的自我和事物的说法。因此，《厚严经》的颂中说："为对治破除愚人所执着的真实的自我和真实的事物，所以对识所变现的见分和相分，假说自我与事物的名称。"

【评析】

此处破小乘的"假必依真"的观点。这里说的"真"，也不是指心外实体，因为心外实体前文已破。这里的"真"，是指事物的自相。自相与共相相对，自相是指一事物自身特定的性状，而共相是同类事物共同的性状。如眼见到某一青色，这是此青色的自相，而语言说到青色，则说的是所有青色的共相。五识进行的是现量认识，所以能认识事物的自相。意识一般进行比量认识，所以只能认识共相，故而是假智。语言也只能诠释共相，例如说火并不能触及火的自相，故而不会被火烧口。所以，用语言作出的假说，也不必依据真事。因此，小乘的"假必依真"的观点也是不能成立的。至于唯识学的假说，是依据识所变现出的见分与相分而说，是为了对治世人执着的真我真法观念，所以与外道和小乘的说法并不是一回事。

二、三类能变识略释

【原文】

识所变相,虽无量种,而能变识,类则唯三。一谓异熟,即第八识,多异熟性故;二谓思量,即第七识,恒审思量故;三谓了境,即前六识,了境相粗故,"及"言显六合为一种。

此三皆名能变识者,能变有二种。一因能变,谓第八识中等流、异熟二因习气[1]。等流习气[2],由七识中善、恶、无记熏令生长。异熟习气[3],由六识中有漏善恶熏令生长。二果能变,谓前二种习气力故,有八识生,现种种相。等流习气为因缘故,八识体相差别而生,名等流果,果似因故。异熟习气为增上缘,感第八识,酬引业[4]力,恒相续故,立异熟名;感前六识,酬满业[5]者,从异熟起,名异熟生,不名异熟,有间断故。即前异熟及异熟生名异熟果,果异因故。此中且说我爱执藏、持杂染种、能变果识[6],名为异熟,非谓一切。

【简注】

[1] 习气:即现行活动所熏习的气分,一般认为是种子的异名。

[2] 等流习气:又称名言习气、名言种子,指能生起同类事物的种子。"等"是相似的含义,"流"即流类,"等流"意即同类。

[3] 异熟习气:也称有支习气、业种子,指能招感三界异熟果,即来

世果报的种子。

[4] 引业：指能带来总报，即主要果报的业。所谓主要果报，如生于六道中的哪一道。

[5] 满业：指能带来别报，即差别果报的业。所谓差别果报，如同生为人，但有贫富、智愚等差别。

[6] "我爱执藏"等：详见下文。

【今译】

识所变现的现象虽有无数种，但能变现现象的识，则只有三类。一是异熟识，即第八识，其主要性质是异熟性；二是思量识，即第七识，其性质是始终审察思量［第八识见分］；三是了境识，即前六识，其性质是认识对象的粗显的状况。颂中的"及"字表示前六识合为一种类型。

这三类都称为能变识，是因为能变有两种。一是因能变，即第八识中等流、异熟两类种子。等流种子是由前七识的善性、恶性、无记性的现行活动熏第八识，使第八识中相应的种子生起或增长。异熟种子是由前六识的有漏的善性、恶性的现行活动熏第八识，使其中的相应种子生起或增长。二是果能变，指由前两类种子的力量，有八识［各自的主体］生起，并变现出［见分和相分等］种种形相。其中，由等流种子作因缘［即主要力量］，不同的八识的主体和性状便得以生起，这称为等流果，因为果与因相似。以异熟种子为增上缘［即辅助力量］，感生第八识之果，使由"引业"生起的主要果报的力量始终连续，建立异熟的名称；感生前六识之果，使由"满业"生起的差别果报从异熟的第八识生起，［这样感生的前六识］称为异熟生，不称为[真]异熟,因为有间断。正是上述的[真]异熟与异熟生称为异熟果,因为果与因有差异。此颂中只说被我爱执藏、持有漏种子、能变现两种异熟果的第八识,名为异熟识,并不说所有的识都是异熟识。

【评析】

此处概要说明识的状况,因为前文论述了我执和法执的根源在于人们将识所变现的种种现象执着为心外实境,因此下文将转而论述能变现种种现象的识的性质。识共有八种,就能变角度来说,八识可分为三类能变识,而能变又可分为因能变与果能变。

据本论定义,因能变与果能变是相对成立的一对概念。因能变指种子,具体包括两类种子(等流种子与异熟种子),将种子称为因能变,作为与果能变相对成立的概念,是特指种子能生起现行八识(此处及以下都略而不说心所);而果能变就是现行八识,作为果能变,指其能生起见分和相分,如《述记》说:"此果能变即自证分能变现生见、相分果。"[①]

对上述概念再作些解释,因能变中的等流种子(或等流习气),就是八识各自的种子;异熟种子(或异熟习气)是帮助某一期生命中现行八识生起的过去世的善恶业种子,因为某一期生命中,现行第八识是异熟果,现行六识有异熟生部分(第

---

① (唐)窥基《成唯识论述记》卷第二,《大正藏》第43册,第299页。

七识则不由异熟种子生起，而是由等流种子生起)。

而果能变指八识的自证分生起见分和相分，这是在陈那、护法之后的唯识理论，但在此之前，如世亲时代，并无自证分、见分和相分的概念，所以，在陈那之前的唯识理论，果能变可指八识变现了其所缘境。

但《述记》将因能变和果能变的范围都扩大了。《述记》说："谓因即能变名因能变，谓此二因能转变，生后自类种、同类现行，及异熟果故。"又说："种因变唯在第八，现因变通余七识。"这样，不但种子生现行、种子生种子是因能变，连现行七识熏种子也是因能变。而果能变范围也被扩大了："此中果变，谓有缘法能变现义，故种子非。若体是果而能转变，种子亦是。"①所以，在某种意义上，种子也可以是果能变。这样的说法，貌似完整严密，但实际上是取消了两类能变理论的独特含义和独特价值。

就独特含义来说，本论的因能变和果能变，是指因果关系中特殊的一类因果关系。即一般说的因果关系，包括种子生现行、现行熏种子、种子生种子。而因能变是相对于果能变而成立，实际讨论的只是种子生三能变识（即现行八识）的因果关系。就这个特殊的含义，可以讨论一个问题，即色法种子生色法现行，能不能包括在因能变概念中？显然不能。因为因能变与果能变相对成立，种子所生的现行，此现行要能变现见分

---

① (唐) 窥基《成唯识论述记》卷第二,《大正藏》第43册,第298、299页。

和相分，而色法显然没有见分和相分。同理，种子"生后类自种"，显然也不属因能变。所以，种子生色法或种子生种子，当然是因果关系，但不是与果能变相对成立的因能变含义。

再就两类能变的独特价值来说，三能变理论的基础实际是果能变。就因能变或一般的因果关系来说，种子生诸转识、种子生二取（即能取的七识和所取的根身、器世间）、种子生十一识，这些先前的唯识经典中都提出过；而现行八识生起后由自证分变现见分和相分，这一果能变思想是本论所要着重阐述的（当然，自证分变现见分和相分的思想，印度的陈那、安慧、护法等诸论师都有论述，但果能变概念则由本论提出）。果能变概念为相分（一切法）的理论研究奠定了基础，进而提出的理论包括：相分生起的方式有因缘变和分别变理论，相分存在的方式有三类境理论，相分延续的方式有相分熏种理论。由此来看，三能变思想是世亲晚年在《三十颂》中提出，玄奘的《成论》阐释三能变而提出因能变和果能变思想，进而奠定了相分（一切法）的理论基础。而关于因能变与果能变的关系，本论明确指出："一因能变，谓第八识中等流、异熟二因习气。……二果能变，谓前二种习气力故，有八识生，现种种相。"所以，因能变就是种子，果能变就是八识（自证分）生见分和相分。

第二章 论第八识

【题解】

本章的主要内容是论述和论证第八识，分为两大部分：一是论述第八识的性质，二是论证第八识的存在。

第八识可以说是唯识学中最重要的一个概念，同时又是一个超出了人们经验范围的概念，故而本论对第八识作了详尽的论述。首先，佛典中给予此识众多的名称，本论对其中最重要的若干名称，如阿赖耶识、异熟识、一切种识，各自代表的含义及性质分别作了阐述。这些名称代表了第八识的最主要性质，即在凡夫位，此现行识是先前世各种善恶业所引生的果；此识能保存和储藏有漏七识等一切有漏事物的种子，使之长存不失；此识中的种子能生起现行有漏事物，同时，现行事物也在此识中熏成了自己的新种，此相生相熏的过程使因果链相续不断，无有尽期；此外，此识还被污染的第七识执着为内在的自我，成为众生与生俱来的我执的根源。在对第八识名称的论述过程中，本论还对种子作了详论，包括种子的含义、种子的起因、种子的特征，以及熏习成种等。此外，本论还阐述了第八识的其余性质，如第八识作为识，有其现行活动作用，有其认识对象，还有伴随其而产生的一些心理活动；第八识在保存储藏善恶事物的种子时，本身也有特定的伦理属性，即无覆无记性；第八识作为因果链的主体，乃至作为众生和世界的主体，既有其相续不断的性质（非断），也有其非始终不变的性质（非常），第八识的这种"非常非断"性，既使因果律、生死轮回等佛教理论得以牢固确立，又使唯识学所说的第八识不同于外道所说的实我实法。最后，唯识学作为一种佛教理论，其特定的目的也是为佛教修行服务，而佛教修行的最终目的是要除去一切污染的东西，证得其完全清净的本性。根据唯识学的观点，一切污染的根源在于第八识中污染的种子。第八识中有清净的种子，也有污染的种子，唯识学修行的目的就是断除第八识中的污染种子，使第八识转变为完全清净的识。故而何时制伏污染的现行，何时断除污染的种子，本章也有专论。

由于第八识的概念超出了人们的经验范围，所以本论对第八识的存在进行了论证。论证分为两部分。一是引用大乘经和小乘经中关于第八识的直接或间接的说法，来证明第八识的存在。二是对第八识的存在从理论上提出了十种证明，而其论证的原则是"圣言量"，即以佛经的说法为准。论证的过程一般是先提出佛经中的有关说法，然后进行论述，指出如果没有第八识，则这些说法不能成立。

第一节　第八识综述

一、第八识的主体与种子

（一）第八识的主体性状

【原文】

虽已略说能变三名，而未广辨能变三相[1]。且初能变，其相云何？颂曰：

"初阿赖耶识，异熟一切种。

不可知执受，处了常与触，

作意受想思；相应唯舍受；

是无覆无记。触等亦如是。

恒转如暴流，阿罗汉位舍。"

论曰：初能变识，大、小乘教名阿赖耶[2]，此识具有能藏、所藏、执藏义故。谓与杂染[3]互为缘故，有情执为自内我故。此即显示初能变识所有自相，摄持因果为自相故。此识自相，分位[4]虽多，藏初[5]过重，是故偏说。

【简注】

［1］相：如第一章的"自相"注释所说，自相与自性等有时同义，所以此"相"的含义包括性质和相状，简称性状。

［2］阿赖耶：意思是藏。阿赖耶识或藏识，是第八识众多名称中的一

个重要名称。

[3] 杂染："染"，指烦恼。"杂染"，则指包括善、恶、无记一切性质的事物，是一切有漏事物的总称。

[4] 分位：即表现形态。

[5] 初：《藏要》本作"识"。《大正》本亦作"识"，其校勘记："'识'，元、明、宫、圣本作'初'。"《述记》释此句时，说了"最初舍"与"过失重"二义。《成唯识论了义灯》（以下简称《了义灯》）等多种注书，"识"字均作"初"。故本书作"初"。

【今译】

虽然已经简略地说了三类能变识的名称，但还未详细辨析三类能变识的性状。且说第一能变识，它的性状如何呢？颂云：

"第一能变识即阿赖耶识，

也称异熟识和一切种识。

它的［认识对象］'执受'和'处'

以及［现行活动的作用］'了'，凡夫都难以知道；

与它始终相应的心所有触、作意、受、想、思；

［而受心所中，］与它相应的只有舍受；

此识的伦理属性是无覆无记性。

触等五种遍行心所［与阿赖耶识一样，］

也具有上述各种性质［但不是一切种］。

阿赖耶识如暴流，始终不断地生起而又前后不同地转变，

只有到阿罗汉位才舍弃。"

论云：第一能变识［即第八识］，大乘与小乘都称之为阿赖耶识，

因为此识具有能藏、所藏、执藏三种含义。即此识与一切有漏事物相互作为缘，众生将它执着为内在的自我。这些特点就显示了第一能变识所具有的自身性状，因为它是以保持因果作为其自身性状。第八识的自身性状，形态虽然很多，但藏识的名称在证果时最先舍弃，且执藏的作用过失最重，所以偏重藏的含义而说第八识为阿赖耶识。

【评析】

　　此处开始论述第八识的性状，首先论述阿赖耶识的自相。"相"，在唯识学中有时与"性"通用，此处的"相"，既指性质，也指表现状况。所以，"自相"，即自身性状，或特性。第八识的自相表现在阿赖耶识的名称中。第八识有众多的名称，其中最重要的有三种名称：阿赖耶识、异熟识、一切种识。阿赖耶是藏的意思，具有能藏、所藏、执藏三义。其中，能藏和所藏是相对成立的。阿赖耶识能保持一切有漏事物的种子，就此种情况来说，阿赖耶识是能藏，种子是所藏。另一方面，阿赖耶识是一切有漏事物的"所熏"和"所依"，即有漏事物在阿赖耶识中熏成自己的种子，并以此识为根本依托对象，就此种情况来说，有漏事物是能藏，阿赖耶识是所藏。这就是论中所说的"与杂染互为缘"。最后，阿赖耶识始终被第七识执着为内在自我的本体，这是其执藏的含义。由于阿赖耶识中的种子能生起一切事物，而一切事物在现行活动时又在阿赖耶识中熏成自己的种子，所以，阿赖耶识是以保持因果作为其自身性状，即自相。

阿赖耶识的性状除自相外，还有果相（作为果的性状）与因相（作为因的性状）。三相中，自相是总体，果相与因相是自相的两个侧面，自相包含果相与因相，或者说自相就表现为果相与因相。下文将对果相和因相详加论述。

【原文】

此是能引诸界、趣、生[1]善、不善业异熟果[2]故，说名异熟。离此，命根[3]、众同分[4]等恒时相续胜异熟果，不可得故。此即显示初能变识所有果相。此识果相虽多位多种，异熟宽、不共，故偏说之。

此能执持诸法种子令不失故，名一切种。离此，余法能遍执持诸法种子不可得故。此即显示初能变识所有因相。此识因相虽有多种，持种不共，是故偏说。

初能变识，体相虽多，略说唯有如是三相。

【简注】

[1] 界、趣、生：即三界、五趣、四生，详见第一章注。
[2] 异熟果：指由先前世的善恶业所感招的、作为报应的后世的果。
[3] 命根：据上章，指众生寿命。
[4] 众同分：据上章，指众生共性。

【今译】

这第一能变识，是由能引导众生生于三界、六道、四生的种种善业与不善业所引生的异熟果，所以称为异熟识。离开这异熟识，命根、众同分等始终连续的殊胜的异熟果，就不可能有。这异熟识的名称，就表明了第一能变识所具有的作为果的性状。此识的作为果的性状虽有许多形态许多种类，但异熟果的含义最宽并且不用于表示其他事物，所以偏重这些特点而称此识为异熟识。

这第一能变识能保持一切事物的种子，使之不丧失，所以称为一切种识。离开这一切种识，要想再找到其他的东西能普遍地保持一切事物的种子，就不可能了。这一切种识的名称，就表明了第一能变识所具有的作为因的性状。此识的作为因的性状虽有许多种类，保持种子是它与前七识的不同之处，所以偏重这一特点而称此识为一切种识。

第一能变识的主体性状虽然很多，但简略地说只有这样三种性状。

【评析】

此处论述第八识的果相与因相。根据果相说，第八识也称异熟识。所谓异熟，早期译为果报，玄奘译为异熟，指根据过去善恶业而得的总报（指果报的总体状况，如是生而为人，还是为畜生等），不同于别报（指果报的具体状况，如人的贫富、智愚等），别报只是异熟生。具体地说，第八识是异熟，前六识是异熟生。异熟有三种含义：一是变异而熟，即由因至果必经变异而成熟。如造杀业而堕地狱，地狱果报成熟时，杀业已变异而不存在，此众生已不能再造杀业而是纯受苦。所以杀业变异消失而地狱报成熟。二是异时而熟，即由因至果必隔世而成熟。三是异类而熟，即果报与业因的性质属不同类型，业因有善、恶、无记性，而果报只是无记性。《述记》说："今依论文，但取后解。"① 圆测《解深密经疏》说："三中唯取第三异类，以前二名通余果故。"② 即在上述三种含义中，唯识学取第三种异类熟的含义。

第八识的果相有"多位多种"。"多位"指三位或五位。三位：一是我爱执藏位，此位的对象包括凡夫、二乘有学、从初地到七地的菩萨，此位中的第八识称为阿赖耶识。二是善恶业果位，此位的对象包括以上众生再加二乘的无学和从八地到十地的菩萨，即除佛之外的一切众生，此位中的第八识称为异熟识。三是相续执持位，此位的对象包括从凡夫到佛，从无穷的过去到无尽的未来，此位中的第八识称为阿陀那识。五位则指凡夫位、二乘有学位、二乘无学位、菩萨位、如来位。"多种"指四果或三果。四果包括异熟果、等流果、士用果、增上果。三果是上述四果除士用果。

第八识的果相，用异熟识表示最为恰当，如三位中，异熟识可用于我爱执藏位和善恶业果位；五位中，异熟识可用于前四位，除佛位，故而异熟识这一名称的范围最宽。此外，上述四果中，异熟果外的其余三果可通用于其他事物，异熟果则只能表示第八识，这是其"不共"的含义。根据这些特点，第八

---

① （唐）窥基《成唯识论述记》卷第一，《大正藏》第43册，第238页。
② （唐）圆测《解深密经疏》卷第三，《卍新续藏》第21册，第246页。

识被称为异熟识。

根据因相看,第八识也称为一切种识,因为第八识能保持各种事物的种子,这是其余识所不具有的功能。第八识的因相也有多种,在六因中,第八识有同类因、俱有因、相应因、能作因四种因;持种属能作因,只有第八识能持种,所以称"不共"。

(二)种子的含义
【原文】

一切种相,应更分别。此中何法名为种子?谓本识中亲生自果功能差别[1]。此与本识及所生果,不一不异。体用因果,理应尔故。虽非一、异,而是实有;假法如无,非因缘故。

"此与诸法,既非一、异,应如瓶等,是假非实。"

若尔,真如应是假有,许则便无真胜义谛。然诸种子,唯依世俗说为实有,不同真如。

种子虽依第八识体,而是此识相分,非余,见分恒取此为境故。

诸有漏[2]种与异熟识,体无别故,无记性摄;因果俱有善等性故,亦名善等。诸无漏种,非异熟识性所摄故,因果俱是善性摄故,唯名为善。

"若尔,何故《决择分》说'二十二根[3],一切皆有异熟种子,皆异熟生'?"

虽名异熟，而非无记，依异熟故，名异熟种。异性相依，如眼等识。或无漏种，由熏习力，转变成熟，立异熟名，非无记性所摄异熟。

【简注】

［１］功能差别："功能"指种子，"差别"指功能类别非一。《述记》指出，现行七识，虽能熏种，是因缘，但不能称功能，"功能显种子相"。

［２］有漏：与无漏相对。漏即烦恼，众生处在生死苦海之中，不断除烦恼，都属有漏；进入圣位，断除烦恼，称为无漏。

［３］二十二根："根"取"能生"的含义。"二十二根"指（眼、耳、鼻、舌、身）五净色根、男女二根、命根、意根、（忧、喜、苦、乐、舍）五受根、（信、精进、念、定、慧）五善根，以及（未知当知根、已知根、具知根）三无漏根。

【今译】

对一切种的性状，应作进一步分析。这里究竟是什么东西称作种子？这就是第八识中能直接生起各自果的各种功能。种子［即功能］与第八识及所生的果，既非同一也不相异。因为第八识是主体，种子是功用；种子是因，所生是果；理应既非同一也不相异。种子与上述二者虽然既非同一也不相异，但种子是具有实体的存在，［能作为生起一切事物的真实原因；而有为法的生、住、异、灭四种现象中的生，虽与所生的事物非一非异，但它们是没有实体的］假象性存在，如同虚无，不具有因缘的性质。

［责难：］"［生这种现象与所生事物不具有因果关系，所以与种子不一样，但］种子与一切事物既然非同一非相异，那它们应该像瓶等物体，是假象性的存在而非具有实体的存在。"

如果是这样，那真如［与一切事物也是非同一非相异，］也应是假象的存在，而如果同意这种说法，那就没有真胜义谛了。但一切种子，只是依据世俗谛说是真实的存在，所以与真如不同。

种子虽然依赖第八识的主体，但只是第八识的相分，而不是其他"三分"，第八识的见分始终将这种子相分作为认识对象。

一切有漏的种子与异熟识，它们的体性并无区别，都属无记性；但因为生起种子的因和种子所生的果都具有善、恶、无记三性，所以也可说种子具有善等三性。一切无漏种子，其体性并不属于异熟识的体性，由于其生起的因与所生的果都属善的性质，所以无漏种子只说是善性的。

［问：］"如果是这样，为什么《瑜伽师地论·摄决择分》说'二十二根，每一根都有异熟的种子，都是异熟生'？"

虽然二十二根的种子都称异熟，但不是无记性的，［因为它们的主体不是异熟性的，］只是所依托的识是异熟识，所以称异熟种子。［问："如果这样的话，它们虽不是无记性的，但依托的识是无记性的，那它们也应是无记性的。"］这是性质不同事物的相依托关系，就像眼识等前六识与异熟识也是性质不同事物的相依托关系一样，［但眼识等也是有善恶性的。］此外，无漏种子由于熏习的力量而转变成熟，所以建立异熟的名称，但不是无记性范畴的异熟，［而只是善性的。］

【评析】

此处以下详论种子，首先论述种子的含义、性质等。种子是指第八识中能直接生起各种果的功能，所以种子只是一种比喻，精确地说，不但物质世界中的植物种子是现行，不是唯识学所说的种子；就是佛教所说的四大种（地、水、火、风）也是现行，也不是第八识中的种子。另一方面，种子是第八识的相分，因此，根据心识结构的"四分说"，作为相分的种子，就是第八识的一部分，是由第八识变现的，进而，有漏种子的伦理属性同第八识，是无记性的；但根据能熏现行和所生现行的三性差别，也可说种子有三性。而无漏种子只是善性，它们只是依托异熟识而存在，其主体并不是异熟识的主体。

那么，这样的种子是否实有呢？论中说："然诸种子，唯依世俗说为实有，不同真如。"但根据对世俗谛和胜义谛的不同说法，这里的种子是否实有，也有多种说法。如果将世俗谛和胜义谛都分为四层，则据《述记》，此处文字的意思是：种子实际上既是胜义，也是世俗，是道理世俗。为了表示与真如的不同，所以论中说种子只是世俗谛实有。但如果像《瑜伽论》那样，将胜义谛只理解为非安立谛，而不是四层胜义谛，这样胜义谛与世俗谛就截然分开，这时真如只是胜义谛，而种子只是世俗谛。此外还有一种理解：真如无论在胜义谛还是世俗谛都是真，而种子只是在世俗谛中真，推入胜义谛则属虚妄假法。[1]

（三）种子起因的三种观点
【原文】

此中有义：一切种子，皆本性有，不从熏生，由熏习力，但可增长。如契经说："一切有情无始时来有种种界，如恶叉聚[1]，法尔而有。""界"即种子差别名故。又契经说："无始时来界，一切法等依。""界"是因义。《瑜伽》亦说："诸种子体，无始时来，性虽本有，而由染净新所熏发。诸有情类，无始时来，若般涅槃法者，一切种子皆悉具足；不般涅槃法者，便阙三种菩提[2]种子。"如是等文，诚证非一。

又诸有情，既说本有五种姓别，故应定有法尔种子，不由熏生。又《瑜伽》说："地狱成就三无漏根，是种非现，又从无始展转传来，法尔所得，本性住姓。"由此等证，无漏种子，法尔本有，不从熏生；有漏亦应法尔有种，由熏增长，不别熏生。如是建立，因果不乱。

有义：种子皆熏故生，所熏、能熏俱无始有，故诸种子无始成就。种子既是习气异名，习气必由熏习而有，如麻香气，华熏故生。如契经说："诸有情心，染、净诸法所熏习故，无量种子之所积集。"论说："内种定有熏习，

---

[1] 参见（唐）窥基《成唯识论述记》卷第二，《大正藏》第43册，第303页。

外种熏习或有或无。"又名言等三种熏习[3]，总摄一切有漏法种，彼三既由熏习而有，故有漏种必藉熏生。无漏种生亦由熏习，说："闻熏习，闻净法界等流正法而熏起故。""是出世心种子性故。"

有情本来种姓差别，不由无漏种子有无，但依有障、无障建立。如《瑜伽》说："于真如境，若有毕竟二障种者，立为不般涅槃法姓；若有毕竟所知障种非烦恼者，一分立为声闻种姓，一分立为独觉种姓。若无毕竟二障种者，即立彼为如来种姓。"故知本来种姓差别，依障建立，非无漏种。所说成就无漏种言，依当可生，非已有体。

【简注】

[1] 恶叉聚：树名或果实名，此果实也称金刚子，其果核可作念珠之用。此果实都是三粒一蒂，且落地后多聚集在一处。故"恶叉聚"常作"众多"之譬喻。

[2] 三种菩提：菩提就是觉悟或智慧，三种菩提指声闻菩提、独觉菩提和无上（即佛）菩提。

[3] 名言等三种熏习：三种熏习能熏成三类习气：（1）名言习气，也称等流种子，是直接生起各种事物的因缘。（2）我执习气，是使众生产生自己与他人有差别的观念（即产生我执）的种子。（3）有支习气，也称异熟种子、业种子，是帮助生起来世善恶果报的种子。

【今译】

关于种子的起因[有三种观点。]第一种观点认为，一切种子都是第八识本性中本来就存在的功能，不是从熏习而生；靠熏习的力量，只能使其增长。就像《无尽意经》中说的："一切众生无量时间来有种种界，就像密集相聚的果实，这是自然而有的。"其中的"界"就是各类种子的名称。此外，《阿毗达磨经》说："无量时间来的界，一切事物都是依它而生起。"其中的"界"是因的含义。《瑜伽论》也说："一切种子的主体，虽无量时间来在第八识本性中本来就存在，但依靠污染的或清净的事物的新的熏习而生长。各类众生无量时间来，如果能证入涅槃的，那是一切种子［包括无漏种子］都已完全具备；不能证入涅槃的，则缺少了三种菩提种子。"类似的文字，可以引证的绝不在少数。

此外，一切众生，既然已经说他们本来具有五类种姓的差别，所以应该必定存在自然而有的［相应的］种子，它们不是由熏习而生的。此外，《瑜伽论》说："地狱的众生也成就［未知当知根、已知根、具知根］三种无漏根，但它们只是种子，不是现行，它们又是从无量时间中展转传来，自然而有的，是本性中长住不变的种姓。"由这类引文可以证明，无漏的种子是自然具备、本来存在的，不是从熏习而生。因此，有漏法也应该自然就有种子，由熏习使其增长，但不是熏习能使其生起。这样建立种子的理论，方可因果不乱。

第二种观点认为，种子都由熏习而生，所熏成的种子与能熏种子的一切事物在无量时间中都一直存在，所以一切种子无量时间来早就形成。种子既然是习气的不同名称，那习气必定是由熏习而生起，就像麻的香气是由花的熏染而生起的一样。如《多界经》说："一切众生的心，由于被污染的和清净的一切事物所熏习，因此是无量种子的积集之处。"《摄论》说："第八识内的种子必定有熏习，外部世界中的种子或许有熏习或许没有熏习。"此外，名言种子等三类种子的熏习，总的包括了一切有漏法种子的熏习，那三类种子既然是依赖熏习而生起，所以一切有漏种子必定是凭借熏习而生起。无漏种子的生起也依赖熏习，就像《摄论》说："所谓闻熏习，就是听闻与清净法界相应的正法，而熏习生起种子。""此类种子的性质属出世心种子。"

众生本来具有的种姓差别，不是依据有没有无漏种子，而是依据有没有烦恼障与所知障的种子而建立。如《瑜伽论》说："对于真如境界，如果有最终不能断的二障种子，则立为不能证入涅槃种姓；如果有最终不能断的所知障的种子但没有最终不能断的烦恼障的种子，则一部分立为声闻种姓，一部分立为独觉种姓。如果没有最终不能断的二障种子，就立为如来种姓。"所以可知本来具有的种姓差别，是依据二障的种子而建立，不是依据无漏种子而建立。上文所引的地狱众生成就无漏种子的说法，是依据将来可以生起而说的，不是说这些无漏种子在地狱众生中已经具有实体。

【评析】

此处以下讨论种子的起因，有三种观点。第一种观点是护月的种子本有说，认为一切种子始终存在于第八识中。第二种观点是难陀的种子新熏说，认为一切种子都是由熏习而新生。这两种观点都属偏颇之见，下文将对他们进行批驳。这两种观点都引用五种姓理论来证明自己的正确性，五种姓理论是唯识学特有的一种理论。唯识学认为一切众生先天具有的种姓（即由阿赖耶识中所具有的种子决定的本性）可分为五类，每一众生所具有的种姓决定了他在修行中将来能证得的果位，并且是无可改变的。这五类种姓是：（1）声闻乘定姓，只能证得阿罗汉果位。（2）缘觉乘定姓，只能证得辟支佛果位。（3）如来乘定姓，能证得菩萨和佛的果位。以上三种称为三乘定性。（4）不定姓，即此类众生具有上述三乘的种子，但能修成何种果位则不确定，要看所遇到的条件。（5）无种姓，也称一阐提种性，即此类众生不具有三乘种子，不能修成三乘果位，即上文所说的不能入涅槃者。五种姓理论与中国佛学的各学派产生了严重分歧，中国佛学的各学派基本上都不同意众生的本性有差别、有一类众生不能成佛的观点，而是主张一切众生都具有佛性，都有成佛的可能，乃至从本性上说，一切众生都是佛。

【原文】

有义：种子各有二类。一者本有，谓无始来异熟识中，法尔而有生蕴、处、界功能差别。世尊依此说诸有情无始时来有种种界，如恶叉聚，法尔而有。余所引证，广说如初。此即名为本性住种。二者始起，谓无始来，数数现行熏习而有。世尊依此说有情心，染净诸法所熏习故，无量种子之所积集。诸论亦说：染净种子由染净法熏习故生。此即名为习所成种。

若唯本有，转识不应与阿赖耶为因缘性，如契经说：

"诸法于识藏，识于法也尔，更互为果性，亦常为因性。"此颂意言：阿赖耶识与诸转识，于一切时，展转相生，互为因果。《摄大乘》说："阿赖耶识与杂染法，互为因缘，如炷与焰，展转生烧；又如束芦，互相依住。唯依此二，建立因缘，所余因缘，不可得故。"若诸种子，不由熏生，如何转识与阿赖耶有因缘义？非熏令长，可名因缘。勿善恶业与异熟果为因缘故。又诸圣教说有种子由熏习生，皆违彼义。故唯本有，理教相违。

【今译】

　　第三种观点［即正确的观点］认为，种子可分两类。一类是本来就存在的种子，即无量时间来在异熟识中自然而有的能生起五蕴、十二处、十八界的不同功能。世尊据此说一切众生无量时间来有各种各样的种子，就像密集相聚的果实，这是自然而有的。其他的引证，也如前详说。这类自然而有的种子就称为本性住种。另一类是新生的种子，即无量时间来由于经常受现行的熏习而生起的。世尊据此说众生的心，由于被污染的和清净的事物所熏习，是无量种子的积集之处。各种论也说：污染的或清净的种子是由污染的或清净的事物熏习才生起的。这类新熏而生的种子就称为习所成种。

　　如果种子只是本来就存在的，那前七转识就不应与阿赖耶识相互形成因缘关系，就像《阿毗达磨经》说："一切事物对于阿赖耶识，以及阿赖耶识对于一切事物，有交替互为果的性质，也始终有互为因的性质。"此颂的意思是说：阿赖耶识与一切转识，在一切时间中，都是展转相生，互为因果。《摄论》说："阿赖耶识与一切有漏的事物，互为因缘，就像灯芯与火焰，灯芯产生火焰，火焰燃烧灯芯，循环不已；又像直立的芦苇束，互相支撑。只有依据种子与现行的事物这二者，才能建立因缘，其他的因缘是找不到的。"如果一切种子不是由熏习而生起，那前七转识怎么能与阿赖耶识形成因缘的关系？并非熏习使其增长，就可称为因缘。否则的话，[善恶业的现行熏异熟果的种子使之增长时，]善恶业与异熟果的关系也可称为因缘了。此外，各种佛典都说有种子由熏习而生，所以都与他们的观点不相同。因此，说种子只是本来就存在，是违背正理与佛典的。

【评析】

此处论述种子起因的第三种观点，即护法的种子本新说。此说认为种子既有本有，也有新熏。本论在阐述了自己的观点后，对上述两种观点的偏颇之处进行了批驳，此处首先对种子唯本有论进行了批驳，批驳的依据是大乘经论的有关说法。其中的核心思想是：种子生现行，现行熏种子，这本是唯识学的根本理论之一。如果种子只是本有的，那就要否定现行熏种子，从而使唯识学的理论体系瓦解。故而种子应该也有由熏习而新生的。

【原文】

若唯始起，有为无漏[1]无因缘故，应不得生。有漏不应为无漏种，勿无漏种生有漏故，许应诸佛有漏复生，善等应为不善等种。

分别论者[2]，虽作是说："心性本净，客尘烦恼所染污故[3]，名为杂染；离烦恼时，转成无漏。故无漏法非无因生。"而心性言，彼说何义？若说空理，空非心因，常法定非诸法种子，以体前后无转变故。若即说心，应同数论，相虽转变，而体常一，恶、无记心，又应是善。许则应与信等相应，不许便应非善心体，尚不名善，况是无漏？有漏善心，既称杂染，如恶心等，性非无漏，故不应与无漏为因，勿善恶等互为因故。若有漏心，性是无漏，应无漏心，性是有漏。差别因缘，不可得故。又异生心，若是无漏，则异生位，无漏现行，应名圣者。若异生心，性虽无漏，而相有染，不名无漏，无斯过者，则心种子，亦非无漏，何故汝论说有异生唯得成就无漏种子？种子现行性相同故。

然契经说心性净者，说心空理所显真如，真如是心真实性故；或说心体非烦恼故，名性本净。非有漏心，性是无漏，故名本净。

由此应信，有诸有情，无始时来，有无漏种，不由熏习，法尔成就，后胜进位[4]，熏令增长，无漏法起以此为因；无漏起时，复熏成种。有漏法种，类此应知。

诸圣教中，虽说内种定有熏习，而不定说一切种子皆熏故生，宁全拨无本有种子？然本有种，亦由熏习令其增盛，方能得果。故说内种定有熏习。

其闻熏习，非唯有漏，闻正法时，亦熏本有无漏种子，令渐增盛，展转乃至生出世心，故亦说此名闻熏习。闻熏习中，有漏性者，是修所断，感胜异熟，为出世法胜增上缘；无漏性者，非所断摄，与出世法，正为因缘。此正因缘，微隐难了，有寄粗显胜增上缘，方便说为出世心种。

依障建立种姓别者，意显无漏种子有无。谓若全无无漏种者，彼二障种永不可害，即立彼为非涅槃法；若唯有二乘无漏种者，彼所知障种永不可害，一分立为声闻种姓，一分立为独觉种姓；若亦有佛无漏种者，彼二障种俱可永害，即立彼为如来种姓。故由无漏种子有无，障有可断不可断义。然无漏种，隐微难知，故约彼障，显姓差别。不尔，彼障有何别因，而有可害不可害者？若谓法尔有此障别，无漏法种，宁不许然？若本全无无漏法种，则诸圣道永不得生，谁当能害二障种子，而说依障立种姓别？

既彼圣道，必无生义，说当可生，亦定非理。

然诸圣教，处处说有本有种子，皆违彼义。故唯始起，理教相违。

由此应知，诸法种子，各有本有、始起二类。

【简注】

［1］有为无漏：指道谛中的所有无漏法。

［2］分别论者：据《述记》，指小乘的大众部、一说部、说出世部、鸡胤部。

［3］"心性本净"二句：这是在叙述"分别论者"的观点，同时《说无垢称经》卷第二中也有此说法。
［4］胜进位：此处指加行位最后的胜进道，由此而进入见道位。

【今译】

如果种子只是新生的，那道谛中的各种有为无漏法就没有本有的种子作为因缘，应该不能生起。因为有漏的事物不应成为无漏事物的种子，否则的话，无漏种子也应该能生起有漏的事物，如果赞同这样的观点，那所有的佛应该都会再生起有漏烦恼，善等事物也应该熏成不善等事物的种子了。

虽然持"分别论"观点的人这样说："心的本性本来清净，但被客尘烦恼所污染，所以称为杂染；脱离烦恼时，转变成无漏。所以无漏的事物［虽不需要本有种子，却也］并非是无因而生。"但"心的本性本来清净"这句话，究竟说的是什么意思？如果"本来清净"是指空的道理，但空并不是无漏心的因，［空是始终不变的，］始终不变的事物必定不是其他事物的种子，因为始终不变的事物的主体前后没有转变。如果这句话说的就是心的主体，那就与数论的观点相同，即形相虽有转变，但主体始终不变、前后同一，［这样的话，恶心、无记心与善心就都是本来清净的，］恶心、无记心也应是善的。赞同这一说法，那恶心、无记心应该与信等善心所相应；不赞同这一说法，那恶心与无记心的主体就不应是善心的主体，它们连善也谈不上，何况说是无漏呢？至于有漏的善心，既然称为混杂污染，那就应该与恶心等一样，本性不是无漏，所以不应作为无漏的因；否则的话，善恶等心也可互相作为因了。如果有漏的心，本性是无漏，那么无漏的心，本性就应是有漏。[如果只允许有漏事物的本性是无漏，不允许无漏事物的本性是有漏，]那么这种区别对待的根据又何在呢？此外，凡夫的心，如果本性是无漏，那么凡夫位中，这无漏心生起现行活动，凡夫应该称为圣人。如果说凡夫的心，本性虽是无漏，但表现是有污染的，所以不能称是无漏的，因此没有上述将凡夫称为圣人的错误；但这样的话，凡夫心的种子[由于现行有污染，]也就不是无漏的，那为什么你们的论中说"有的凡夫[不能形成无漏的现行]只能形成无漏种子"？要知道种子与现行的本性与表现应是一致的。

然而佛经中说"心的本性本来清净"，是指心空之理所显示的真如，因为真如是心的真实的本性；或者，这是说[依他起的]心的主体不是烦恼，所以称为本性本来清净。不是说有漏的心，其本性是无漏的，所以称本来清净。

由此应该相信，有一类众生，无量时间来，存在无漏种子，它们不是由熏习而生起的，而是自然就有的，在[在加行位最]后[见道位前的]胜进位中，熏习使其增长，无漏法的现行生起是以此无漏种子作为因；[至见道位，]无漏法生起现行时，又熏成了无漏种子。有漏事物的种子，要知道也与此相同。

各种佛典中，虽然说内种必定有熏习，但不是说一切种子必定都是由熏习而生起，怎么能完全否定而说没有本来就存在的种子呢？然而本来就存在的种子，也是由熏习使其增长强盛，才能形成果。所以说内种必定有熏习。

那闻熏习，并非只熏新生的有漏善性种子，在听闻正法时，也熏本来就存在的无漏种子，使其逐渐增长强盛，展转直至生起出世心，因而也把这称作闻熏习。在闻熏习中，所熏的有漏善性的种子，是修道位中最终要断除的对象，它们能感招殊胜的异熟果，是出世法的殊胜的增上缘；而所熏的无漏的种子，属非所断［即不需要断除的对象］，它们是出世法的真正因缘。但这真正的因缘，极其隐微，难以了知，所以有些佛典借助粗显的殊胜的增上缘［即有漏善性的种子］，将其方便地说成是出世心的种子。

依据二障建立种姓差别，其用意在于显示无漏种子的或有或无。即如果完全没有无漏种子，那些众生的二障种子就永远不能断除，就称他们为不能入涅槃者；如果只有二乘的无漏种子，那些众生的所知障的种子就永远不能断除，就将其中一部分称为声闻种姓，一部分称为独觉种姓；如果也有佛的无漏种子，那些众生的二障种子都可永远断除，就将他们称为如来种姓。因而依据无漏种子的或有或无，二障就有能断除或不能断除的含义。但无漏种子，极其隐微，难以了知，所以就依据二障可断或不可断来显示种姓差别。不然的话，那二障有什么其他原因而有可断或不可断的差别呢？如果说自然就有二障的这种差别，那么说无漏种子自然就存在或有或无的差别，为什么不能承认是对的呢？如果本来就完全没有无漏法的种子，那一切圣道就永远不能生起，又有什么因素将来能断除二障种子，从而可以说依据二障而建立种姓差别呢？

既然那圣道［如果没有种子］，必定没有能生起的道理，因此，［认为"地狱的众生也具有三种无漏根，但它们是种子，不是现行"的说法，］是依据将来可以生起而说的，也必定没有道理，［因为没有因怎么会有果呢?]

而各种佛典中,处处都说有本来就存在的种子,与他们的说法完全相反。所以说种子只有新生的,与正理和佛典都相违背。

由此可知,一切事物的种子,都有本有的与新生的两类。

【评析】

此处是种子起因的第三种观点"种子本新说"破第二种观点"种子唯新熏说"。主要内容有三:

一、有为无漏问题。本论依据有为无漏现象对"种子唯新熏说"提出质难。按俱舍宗的说法,四谛中,苦谛和集谛是有漏法,灭谛是无为无漏法,而道谛是有为无漏法。即道谛中的所有法,虽性质属无漏,但还是有为,而非无为,所以称有为无漏。[1] 考察种子与上述诸法的关系,有漏法由种子生起,已如上所说。而涅槃、真如等无为无漏法是本来存在的事物之理,所以不是由种子生起的,因为一切由种子生起的东西,理论上说应该都会消失毁灭,所以不生不灭的存在就是无为无漏法。至于道谛中的各种法,其性质虽属无漏,但也是由种子生起,即由种子而转变成现行。有生起且有作为(即依之修道),这就是有为无漏法。现在的问题是:这些有为无漏法的种子又是由何而来?如果它们不是本有的,而是新熏的,那么最初它们是怎么被熏成的?因为众生一直是众生,其心一直是

---

[1] 参见(唐)圆晖《俱舍论颂疏论本》卷第一,《大正藏》第41册,第818页。

污染的，而污染的现行是不可能熏成无漏种子的。由此应该承认，有为无漏的种子是本有的，不是新熏成的。但这里又涉及所谓"心性本净"的问题。小乘的"分别论者"认为，心性本净，所以修行证道只是除去覆盖在心上的客尘污染，恢复其清净本性，并不需要无漏种子。本论指出，心性本净，只是指心空之理所显之真如。这就意味着：按唯识学的观点，心性本净只是指无为无漏。真如等无为无漏法确实没有种子，但道谛中的一切有为无漏法，还是需要种子的；而此类种子只能是本有的，不可能是新熏成的。但这样一来，就产生了熏习的作用问题，既然有本有种子，又何须新熏？

二、本有与新熏的关系问题。本论认为，无漏种子虽本有，但力量微弱，要依赖熏习而增强，依赖不断地熏习而不断地增强，直至转变成现行。

三、五种性问题。上述"种子唯新熏说"认为，众生种性差别的根源在于有无二障种子。而本论认为，种性差别的根源在于有无无漏种子。依据此处文字，这无漏种子应是有为无漏法的种子。而统观全论，本论在此问题上的根本思想是：无为无漏法是一切事物、一切众生都具有的。如真如是一切事物之理，当然应为一切事物所具有，故而本论卷第十（本书第六章）指出："十真如者，一遍行真如。谓此真如，二空所显，无有一法而不在故。"所以真如是一切事物都具有的。再看涅槃："涅槃义别，略有四种。一、本来自性清净涅槃，谓一切法相真如理……一切有情平等共有。"所以，四种涅槃中的本来自性清净涅槃也是一切众生所共有的。而据此处，五种性的差别，或者说，能否成佛的差别在于有无有为无漏种子。所以，据本论（而不是据其他论）来精确地表述唯识学的五种性思想，应该这样说：一切众生都有自性涅槃（即通常说的佛性），但不一定都有有为无漏法的种子。如一阐提就没有有为无漏法的种子，故而一阐提不能成佛。定性二乘依据他们本有的无漏种子的类型，也只能成就二乘无学果，不能成佛。如来种性必定能成佛，不定种性则有可能成佛。这是唯识学的"种子本新说"的结论，其要点是无漏法种子只是本有，不能新熏。但大乘的"真如缘起说"对此则有不同的说法，其要点简略地说就是：真如能熏无明，无明能熏真如，故而无漏法的种子也能新熏。这样本有与新熏就没有根本性的区别，即使没有本有的无漏种子，也能新熏而成。所以，一切众生本来都有佛性，某种意义上说，也本来都有一切有漏、无漏种子。这是属于不同的理论体系得出的不同结论，此处不作展开。

（四）种子的特征

【原文】

　　然种子义，略有六种。一刹那灭，谓体才生，无间必灭，有胜功力，方成种子。此遮常法。常无转变，不可说有能生用故。

　　二果俱有，谓与所生现行果法，俱现[1]和合，方成种子。此遮前后及定相离。现种异类，互不相违，一身俱时，有能生用；非如种子，自类相生，前后相违，必不俱有。虽因与果，有俱不俱，而现在时，可有因用。未生已灭，无自体故。依生现果，立种子名，不依引生自类名种，故但应说与果俱有。

三恒随转，谓要长时一类相续，至究竟位，方成种子。此遮转识，转易间断，与种子法，不相应故。此显种子自类相生。

四性决定，谓随因力，生善恶等功能决定，方成种子。此遮余部，执异性因，生异性果，有因缘义。

五待众缘，谓此要待自众缘合，功能殊胜，方成种子。此遮外道执自然因，不待众缘，恒顿生果；或遮余部缘恒非无。显所待缘，非恒有性，故种于果，非恒顿生。

六引自果，谓于别别色心等果，各各引生，方成种子。此遮外道执唯一因，生一切果；或遮余部执色心等，互为因缘。

唯本识中功能差别，具斯六义，成种，非余。外谷、麦等，识所变故，假立种名，非实种子。

此种势力，生近正果，名曰生因，引远残果[2]，令不顿绝，即名引因。

内种必由熏习生长，亲能生果，是因缘性。外种熏习，或有或无，为增上缘办所生果，必以内种为彼因缘，是共相种[3]所生果故。

【简注】

[1] 现：据《述记》，"现"须具备三义：显现、现在、现有。显现区别于果不能显现的现象，现在区别于过去和未来的现象，现有区别于假法。

[2] 近正果、远残果：内种的近正果是由业种引生的一期之身（即这一生的身体），远残果是死后的尸体。外种的近正果是芽、茎等，远残果是枯枝败叶等。

[3] 共相种：指能生起众生共同享用境界（如山河、大地等）的种子。

【今译】

而种子的含义，大略有六种。一是刹那就灭，即种子的主体刚生起，毫无间隔地必定就消失，[虽是毫无间隔地必定就消失，]但还是有显著的功能作用，[这样的存在物]才成为种子。这否定了[无为法或世人所说的自我等]始终不变的事物作为种子的可能性。始终不变的事物没有转变，所以不能说它们有能生起其他事物的作用。

二是与果共存，即与由其所生的、作为果的现行事物，都是当下和合的，[这样的存在物]才成为种子。这否定了种子与果前后出现以及必定分离的观点。现行[事物]与种子虽非同类，但并非互不相容，可以同时存在于一身，有相互相生的作用；不像种子与种子自类相生时，前种与后种互不相容，必定不能同时共存。虽然因与果的关系，有[种子与现行的]同时共存和[种子与种子的]不能同时共存两种关系，但要现在可有因的作用的，[才称作种子。]而还没生起的和已经消失的种子，[现时]都没有自己的主体，[现时没有因的作用，不能称为种子。]依据能生现行果的因，建立种子的名称；而不是依据能引生同类的因，称为种子，所以只应说种子与果同时共存。

三是始终不断地生起，即要能长时期、同类性质地相连续，直至［成佛的］究竟位，［这样的存在物］才成为种子。这否定了前七识［作为种子以及保存种子的可能性］，因为第七识有［在十地中有有漏与无漏相互间的］转变，前六识则经常会间断，都与种子这类存在不相应，［只有第八识能保持同类性质直至究竟位，故而第八识是一切种识。］这性质显示了种子是自己同类相生，［从而持续存在的。］

四是性质确定，即具有根据因的力量而生起善恶等果的确定性的功能，［这样的存在物］才成为种子。这否定了小乘佛教所执着的"这类性质的因生起那类性质的果也符合因缘的含义"的观点。

五是依赖各种条件，即要依赖能帮助自己生起果的各种条件的会合，功能显著，［这样的存在物］才成为种子。这否定了外道执着的靠自然的因，不需要各种条件，永远能立即生果的观点；也否定了小乘佛教认为所需的条件永远不会缺少的观点。这显示所需的条件并非永远具备的性质，所以种子对于果来说，并非是永远能立即生起果。

六是引生自己的果，即对于色［物质］、心等一个个的果，一个个地引生，［这样的存在物］才成为种子。这否定了外道执着的只存在唯一的因，它能生起一切果的观点；也否定了小乘佛教执着的色与心等可互为因缘的观点。

只有第八识内的各种功能，具有这六种含义，能成为种子，再也找不出其他东西能符合这六种含义的了。［外种，即识外的种子，如］外部世界中的谷、麦等［的种子］，只是由第八识所变现的现行事物，假立种子的名称，并非真实的种子。

这内、外种子的势能作用，能生近期根本性果的，称为生因；能引以后残留果，使其不致立即消失的，就称为引因。

内种必定由熏习而生起和增长，能直接生果，在四缘中属因缘的性质。外种［只是现行，外种的］熏习，有的有，有的没有，对形成所生果来说属增上缘，必须以内种作为外种的因缘，因为外种只是第八识内的共相种子所生的果。

【评析】

此处论述种子的特征。种子的第一个特征是刹那灭，这表明种子是处在不停运动之中。它们不是在第八识大仓库中放了千万年的陈腐霉变的储藏物，而是亘古常新的，随灭随生的。种子的第二个特征是与果（现行事物）共存，这与植物种子不同，一般情况下，植物生起时种子已消失。因果同时，是唯识学的种子的特征。种子的第三个特征是始终不断地生起，即能持续地存在，这一特征决定了只有第八识能保持种子，因为前六识及其他事物都没有永恒性；第七识虽是无量时间始终存在，但也有十地中的转变。种子的第四个特征是性质确定，即善种生善果，恶种生恶果。这里说的是现行果，而不是异熟果。因为对于异熟果来说，不管种子是什么性，果总是无记性的。种子的第五个特征是生果需依赖各种条件，这样，每一众生的第八识中虽有惊人数量的种子，或者说具有极为多样的可能性，但真正能成为现实的，只是一小部分。种子的第六个特征是能引生各自的果，所以因果明确，决不杂乱。

符合上述六种含义的种子，是第八识内的种子，至于外部物质世界中植物类的种子，按唯识学的术语来说，也属现行，它们本身就是由众生第八识中的共相种子生起的。所以，要获得现行果，须以内种作为因缘。如以众生第八识中各自的不共种子为因缘，生起众生各自物质身中的五根（即净色根）；以共相种子为因缘，生起山河大地等物质世界的一切事物，包括众生的非五根的那部分物质身（即浮尘根）。

（五）熏习的含义
【原文】

"依何等义立熏习名？"所熏、能熏，各具四义。令种生长，故名熏习。

"何等名为所熏四义？"一坚住性。若法始终一类相续，能持习气，乃是所熏。此遮转识及声、风等，性不坚住，故非所熏。

二无记性。若法平等，无所违逆，能容习气，乃是所熏。此遮善染势力强盛，无所容纳，故非所熏。由此如来第八净识，唯带旧种，非新受熏。

三可熏性。若法自在，性非坚密，能受习气，乃是所熏。此遮心所及无为法，依他、坚密，故非所熏。

四与能熏共和合性。若与能熏同时同处，不即不离，乃是所熏。此遮他身、刹那前后，无和合义，故非所熏。

唯异熟识，具此四义，可是所熏，非心所等。

"何等名为能熏四义？"一有生灭。若法非常，能有作用生长习气，乃是能熏。此遮无为，前后不变，无生长用，故非能熏。

二有胜用。若有生灭，势力增盛，能引习气，乃是能熏。此遮异熟心、心所等，势力羸劣，故非能熏。

三有增减。若有胜用，可增可减，摄植[1]习气，乃是能熏。此遮佛果，圆满善法，无增无减，故非能熏。彼若能熏，便非圆满，前后佛果，应有胜劣。

四与所熏和合而转。若与所熏同时同处，不即不离，乃是能熏。此遮他身、刹那前后，无和合义，故非能熏。

唯七转识及彼心所，有胜势用而增减者，具此四义，可是能熏。

如是能熏与所熏识，俱生俱灭，熏习义成，令所熏中种子生长，如熏苣藤，故名熏习。能熏识等从种生时，即能为因，复熏成种。三法展转，因果同时，如炷生焰，焰生焦炷；亦如芦束，更互相依。因果俱时，理不倾动。

能熏生种，种起现行，如俱有因[2]得士用果[3]。种子前后自类相生，如同类因[4]引等流果[5]。此二于果，是因缘性。除此余法，皆非因缘，设名因缘，应知假说。

是谓略说一切种相。

【简注】

[1]摄植：《辩中边论述记》卷上："前约熏种行名摄植。"

［2］俱有因：六因之一，简略地说，同时存在的事物，相互佐助，是俱有因。小乘典籍中常举的例子，如心王与心所是俱有因，四大种是俱有因。更广义地，如《大毗婆沙论》卷第十六说："云何俱有因？谓一切有为法。"

［3］士用果：五果之一，狭义是指由人为作用生起的结果，即一切人借助于各种工具所做成的一切事；广义地说，是一切因借助于一切缘生起的各种果。

［4］同类因：六因之一，指与果的善恶性质相似的因。

［5］等流果：五果之一，指与因的性质属于同类的果。

【今译】

［问：］"依据什么含义建立熏习的名称？"［熏习分为所熏与能熏，］所熏、能熏各有四种含义。使种子生起或增长，就称为熏习。

［问：］"什么是所熏的四种含义？"一是稳固性。如果某种事物，始终保持同一性质，连续不断，能保持种子，才是所熏。这否定了前七转识以及声音、风等物质作为所熏的可能性，因为它们没有稳固不变的性质，所以不是所熏。

二是无记性。如果某种事物，能同等对待其他一切事物，不拒绝任何东西，能容纳种子，才是所熏。这否定了善恶势力强盛的东西作为所熏的可能性，因为它们不能容纳性质相反的东西，所以不是所熏。因此，如来清净的第八识，只是带有旧种，不会受熏成新种，［因为它是圆满的善，不会再受熏生起恶的种子，或增加善的种子。］

三是可熏性。如果某种事物，独立存在，其性质非坚实密闭，能接受种子，才是所熏。这否定了心所以及无为法作为所熏的可能性，因为心所［不是独立存在，而］是依赖心而存在，无为法坚实密闭，所以都不是所熏。

四是与能熏共和合性。如果某种事物，与能熏同时同处存在，并非就是能熏又不脱离能熏，才是所熏。这否定了其他众生［的第八识作为自己前七识所熏的可能性］，也否定了自己的在瞬间前后出现的第八识、后作为前所熏的可能性，因为此二者与能熏没有和合性，所以不是所熏。

只有异熟识具有这四种含义，可以是所熏，心所等都不具有这四种含义，所以都不是所熏。

［问：］"什么是能熏的四种含义？"一是有生灭。如果某种事物，不是始终不变，能对种子的生起或增长产生作用，才是能熏。这否定了无为法作为能熏的可能性，因为它们前后不变，没有使种子生起或增长的作用，所以不是能熏。

二是有显著的作用。如果某种事物，有生有灭，并且势力强盛，能引生种子，才是能熏。这否定了异熟识及其心所作为能熏的可能性，因为它们的势力微弱，所以不是能熏。

三是有增有减。如果某种事物，有显著的作用，并且其作用有时增强有时减弱，能培植种子，才是能熏。这否定了佛果作为能熏的可能性，因为佛果已达圆满，其善的性质不可能增加不可能减少，所以不是能熏。如果佛果也属能熏，那它就不是圆满的，前后的果位，应有高低优劣之分。

四是与所熏和合并共同生起。如果某种事物，与所熏同时同处存在，并非就是所熏又不脱离所熏，才是能熏。这否定了其他众生［的前七识作为自己第八识能熏的可能性］，以及自身在瞬间前后出现的前七识、前作为后能熏的可能性，因为上述情况下都没有和合性，所以不是能熏。

只有前七转识及其心所，有显著的作用并有增减，具备这四种含义，可以是能熏。

这样，上述能熏［的前七识及其心所］与所熏的第八识，同生同灭，熏习的意义于是成立，使所熏的第八识中的种子生起或增长，就像用香花熏苣藤一样，所以称为熏习。能熏的前七识及其心所从第八识中的自种生起现行时，其现行就能作为因，又熏成第八识中的新的自种。这三者展转相生而又因果同时，就像灯芯产生火焰，火焰又燃烧灯芯一样；又像直立的芦苇束，交替支撑。因果同时具备，这道理是不能动摇的。

作为能熏的现行事物生起种子，种子又生起现行事物，就像俱有因生起士用果。种子前后同类相生，就像同类因引生等流果。这两种情况对于果来说，是因缘的性质。除此之外，其余的事物都不是因缘，假如有叫因缘的，应该知道那只是假说。

以上大略说明了一切种识的性状。

【评析】

此处论述有关熏习的问题。如上所述，种子有新熏而成的，那样就有了熏习的概念。所谓熏习，就是使种子生起或增长。既然有熏习，也就有所熏与能熏。所熏有四种含义，而符合这四种含义的，只有作为异熟识的第八识。这是容易理解的，因为所熏就是熏成种子之处，这当然是在第八识中，只有第八识能接受种子并永恒地保持种子。能熏也有四种含义，而符合这四种含义的是前七识及其相应心所。那么，五位法中的其他事物为什么不是能熏呢？这可对五位法中的其余法逐一分析。首先，不生不灭、不增不减的无为法不是能熏，此点已在文中有清晰的论述。其次，色法（即物质）与心不相应行法不是能熏，这与能熏的第二种特征"有胜用"有关。据《述记》，"有胜用"包括两种类型：一是"能缘势用"，就是具有认识作用。心与心所具有认识作用，色法只是第八识的相分，不是能缘，所以其熏习是"相分熏"，不是"能缘熏"（即"见分熏"）。这样，色法就不是能熏。二是"强盛胜用"，按此标准，异熟心（指异熟第八识以及前六识中的异熟生部分）也不是能熏，因为异熟心等虽有"能缘用"，但无"强盛用"。[①] 而心不相应行法，上述两种用都没有，所以也不是能熏。因此，"有胜用"是指有"强盛用"的能缘心，这就是前七识及其相应心所。至于与第八识相应的五个遍行心所，到底是能熏还是所熏？在论述能熏的第二种性质"有胜用"时，本论就指出"此遮异熟心、心所等"，所以与异熟第八识相应的五遍行心所不是能熏。此外，它们也不是所熏，下文在讨论颂文"触等亦如是"中提出了相应的理由。如：相应五遍行心所如果也是所熏，那加上第八识，一现行就能熏成六个种子，等等。所以，

---

① 参见（唐）窥基《成唯识论述记》卷第三，《大正藏》第43册，第313页。

与第八识相应的五遍行心所,既不是能熏,也不是所熏。

由此可知,熏习就是前七识及其相应心所对第八识的熏习。

此外,能作因缘的只有两种事物,即种子与现行,表现为以下三种情况:一是现行熏成种子,二是种子生起现行,三是种子引生新的同类种子。

二、第八识的行相和所缘

(一)概说

【原文】

此识行相、所缘云何?谓不可知执受、处、了。了谓了别,即是行相,识以了别为行相故。

【今译】

这第八识的现行活动作用以及认识对象是什么呢?这就是难以了知的"执受""处"与"了"。"了"指了别[即认识辨别],这就是识[与心所]的现行活动作用,因为识是以了别为其现行活动的作用。

【评析】

此处以下论述识的行相与所缘,首先论述行相。行相的概念,佛典中大量运用,本论中也出现了五十多次。《述记》和《了义灯》等对行相概念作了深入阐释。

就本论的行相概念来说,"见分名行相"是其核心。其后的展开，是以识与心所各自的功能来说行相："故识行相即是了别，了别即是识之见分。"而心所见分的功能不是了别，如受心所见分的功能是领纳。所以，"心与心所……行相各别，了别、领纳等作用各异故"。即识的行相是了别，受的行相是领纳，其他心所各有各的行相，所以，心与心所的行相各不相同。这可以说是从能缘的功能角度来说行相。

《述记》对行相的解释是："行于境相，名为行相。"其中，"境"是所缘境，如自证分缘见分，见分是所缘境；见分缘相分，相分是所缘境。"境相"的"相"，有两种解释。一、"相"指体，如自证分缘见分，就是缘见分体，"识自体分以了别为行相故。行相，见分也。类体亦然，相者体也，即谓境相，行于境相，名为行相。"即自证分和见分都有了别作用，所以自证分缘见分也是行相。二、"相"指相状，如见分缘相分，就是缘相分的相状，"行境之相状名为行相"。[①] 这两种解释中，前解通无分别智，因为无分别智缘真如体；后解不通无分别智，因为真如无相，无分别智缘真如也无相。此补充使行相的含义更为全面。

由此来看，"行于境相，名为行相"，是着眼于能缘缘所缘来说行相，而且偏重于所缘的一面。其中，"相"指体，补充了自证分缘见分和无分别智缘真如的情况。

此外，《述记》还补充了一种解释："行境之行解相貌。"

[①] (唐) 窥基《成唯识论述记》卷第三,《大正藏》第43册, 第315页。

这可以解释后得智与分别心的行相，即后得智与分别心上有对境的理解，但与"行于境相，名为行相"相比，这不是行相的本义。《述记》指出："然本但是行于相义，非是行解义。"①《了义灯》举例："本识任运无行解故。"②由此可见，此解不能解释第八识的行相，所以不是普遍成立的解释。

那么，本论的从识与心所的作用说行相，与《述记》的从"行于境相"说行相，是什么关系？《了义灯》说："识即能了，行于境相；受即领纳，行于境相。云作用各异，约取境用异。"③由此来看，"行于境相"着眼于"取境"，而了别、领纳则是"用异"。这样就使两种说法获得了统一的解释。

【原文】

处谓处所，即器世间[1]，是诸有情所依处故。

执受[2]有二，谓诸种子及有根身。诸种子者，谓诸相、名、分别习气。有根身者，谓诸色根及根依处[3]。此二皆是识所执受，摄为自体，同安危故。

执受及处，俱是所缘。阿赖耶识因缘力故，自体生时，内变为种及有根身，外变为器，即以所变为自所缘，行相仗之而得起故。

此中了者，谓异熟识于自所缘有了别用，此了别用，

---

① （唐）窥基《成唯识论述记》卷第三，《大正藏》第43册，第315页。
② （唐）惠沼《成唯识论了义灯》卷第三，《大正藏》第43册，第723页。
③ （唐）惠沼《成唯识论了义灯》卷第三，《大正藏》第43册，第723页。

见分所摄。

【简注】

[1] 器世间：指山河大地等物质世界。
[2] 执受：指保持并使之生起感受的对象。关于执受对象，此前的佛教典籍都说是有根身，而本论说执受对象不但是有根身，还有种子。《了义灯》对此解释是：说有根身有执受，是据"令生觉受而说"；而说种子是有执受，是据"同安危说"。
[3] 诸色根及根依处：如第一章注释所说，"色根"就是物质性的根，即五根，也称净色根；"根依处"也就是扶根尘或浮尘根，是净色根的依存处。两者合称"有根身"，即感官身，或者说，是具有感觉功能的身体。

【今译】

"处"指处所，即器世间［也就是物质世界］，这是各类众生依之生存之处。

"执受"有两种，即各类种子以及"有根身"。各类种子是指相［一切事物］、名［事物的名称］以及分别［识及心所］的习气［即种子］，"有根身"是指净色根和浮尘根［形成的感官身］。此二者都为第八识所摄持领受，因为第八识将它们纳入自体之内，与它们共安同危。

"执受"与"处"，都是第八识的认识对象。阿赖耶识由因缘的力量生起自己的主体时，在内变现为种子与有根身，在外变现为器世间，并以所变现的事物作为自己的认识对象，其现行活动作用也依仗这认识对象而得以生起。

颂中所说的"了",指异熟识对自己的认识对象有了别的作用,这了别的作用属见分的功能。

【评析】

此处论述第八识的"所缘"和"能缘"。第八识的"所缘"就是第八识的认识对象,包括"处"与"执受"。"处"即器世间,指山河大地等物质世界。精确地说,《大毗婆沙论》认为器世间至色究竟天为止,即包括欲界和色界,不包括无色界(无色界没有色法)。唯识学认为,器世间是众生各自的第八识变现,所以是第八识的认识对象。"执受"包括诸种子及有根身。诸种子是一切法种子,此处用"诸相、名、分别习气"来表述。这里的"习气"就是种子。"相"等三者指"相、名、分别、正智、真如"迷悟五法之前三法,即迷之一切现象。此三法的种子就是一切有漏种子,不包括无漏种子,因为无漏种子是由无漏的第八识执受的,不是由阿赖耶识执受的,所以不是这里要说的。"执受"一词具有多种含义,其中,"执"有两种含义:一是摄为自体,即将对象纳入自己的主体;二是持令不坏,即保持对象,使之不坏。"受"也有两种含义:一是领以为境,即将对象作为自己的认识对象;二是令生觉受,即使之生起觉受。真正完全符合此四义的,只有"有根身",故而有的论只说有根身有"执受",不说种子也是执受对象。而本论认为这两类都是第八识的执受对象,且这两类执受对象,也都是由第八识变现。所以，第八识的认识对象都是由第八识自己变现。

第八识的"能缘"是"了"，"了"就是第八识见分的了别功能，也就是认识作用。在"见分名行相"的定义中，"所缘"与"行相"的关系，就是认识对象与认识作用的关系。八识都是自己变现自己的认识对象，同时生起认识作用对其进行认识。例如，眼等五识是各自变现相分内的色等五境进行认识；第八识也是如此，变现种子、有根身以及器世间这三类对象进行认识。

（二）立二分说

【原文】

然有漏识，自体生时，皆似所缘、能缘相现；彼相应法，应知亦尔。似所缘相，说名相分；似能缘相，说名见分。

若心、心所，无所缘相，应不能缘自所缘境；或应一一能缘一切，自境如余，余如自故。若心、心所，无能缘相，应不能缘，如虚空等；或虚空等亦是能缘。

故心、心所，必有二相。如契经说："一切唯有觉，所觉义皆无，能觉所觉分，各自然而转。"

【今译】

而有漏的识，当其主体生起时，都有似乎实在的所缘相状和似乎实在的能缘相状显现；其所有的相应心所，应知也是如此。似乎实在的所缘相状，称为相分；似乎实在的能缘相状，称为见分。

如果八种识及其相应心所没有它们的所缘相状存在，那它们应该不能认识自己所认识的对象；或者是每一识或每一心所都能认识一切对象，因为在这种情况下，这一识或心所的认识对象如同其他识或心所的认识对象，反之亦然。另一方面，如果八种识及其相应心所没有它们的能缘相状存在，那它们就没有认识功能，就应如同虚空等存在；或者说虚空等存在也有认识功能。

所以，识与心所必定有相分和见分。就像《厚严经》中所说的："一切存在中，只有觉是真实的，所觉的一切实际上是不存在的，能觉与所觉两种成分，都是从觉上自然而生起。"

【评析】

此处以下论述护法的心识结构"四分说"。如前所说，心识结构的理论，有安慧的"一分说"、难陀的"二分说"、陈那的"三分说"、护法的"四分说"。

此处首先针对安慧的"一分说"成立"二分说"。即安慧认为识的自证分是依他起性，见分和相分都是遍计所执性，所以实际只有自证分一分。此处是从"三分说"来成立"二分说"，即有漏识自体生时，会变现见分和相分，这与难陀的"二分说"稍有不同。难陀的"二分说"，见分就是识体，相分由见分变现；而此处所立的二分，都是由识自体变现。此"二分说"认为，识与心所现行生起时，都会变现两种成分，即所缘与能缘，若没有所缘相和能缘相，识与心所就无法进行认识，而所缘与能缘也就是相分和见分。

据《述记》，此处的"二分说"是对小乘正量部的相应观点以及大乘的"一分说"等进行的批驳，其中的"一分说"，是安慧的观点。[1]但《藏要》的校勘提出疑问，"安慧释无文"，即安慧的《三十颂释》中没有只立自证分的论述。不知《述记》此说的依据何在？[2]

（三）立三分说

【原文】

执有离识所缘境者，彼说外境是所缘；相分名行相；见分名事，是心、心所自体相故。心与心所，同所依、缘，行相相似。事虽数等[1]，而相各异，识、受、想等相各别故。

达无离识所缘境者则说：相分是所缘，见分名行相，相、见所依自体名事，即自证分。此若无者，应不自忆心、心所法，如不曾更境，必不能忆故。心与心所，同所依根，所缘相似，行相各别，了别、领纳等作用各异故。事虽数等，而相各异，识、受等体有差别故。

然心、心所一一生时，以理推征，各有三分，所量、

---

[1] 参见（唐）窥基《成唯识论述记》卷第一，《大正藏》第43册，第242页。
[2] 参见欧阳竟无编《藏要》第四册，上海书店，1991年版，第599页。

能量、量果[2]别故，相、见必有所依体故。如《集量论》伽他中说："似境相所量，能取相自证，即能量及果，彼三体无别。"

【简注】

[1] 事虽数等：据《述记》，此句的意思是："识、受等体，各是一故。"译文没有直译。
[2] 所量、能量、量果：认识作用的三种要素，其中，能量是认识的主体，所量是认识的对象，量果是认识的结果。就像用尺量布，尺是能量，布是所量，量得的尺寸是量果。

【今译】

执着被认识对象是脱离识而存在的人，他们说外部事物是所缘（认识对象）；相分是行相；见分称作事，是识与心所各自的主体。识与心所，依托的是同样的根，缘的是同样的境，所以它们的行相是相似的。识与心所的主体虽都称见分，但相状不同，因为识与作为心所的受、想等，相状各不相同。

通达被认识对象不脱离识的人则说：相分是所缘，见分称行相［即起现行活动作用的成分］，相分与见分所依赖的主体称为事，即自证分。这自证分如果没有，识与心所就应该不能自己记住自己的活动，就像对没有遇到过的对象，必定不能记起一样。识与心所，其活动依托的根是相同的，所认识的对象是相似的，而它们的行相各不相同，因为［识的行相是］了别，［受等心所的行相是］领受等，作用各不相同。识与心所的主体虽然都称自证分，但各自的相状不同，因为识与受等心所具有不同的主体。

而每一识或心所生起时，从理论上推断，各有三种成分，即有所量、能量、量果的区别，因为相分与见分必定有所依赖的主体。正如《集量论》的颂中所说："似乎实在的对象的相分是所量，能认识相分的见分以及自证分，就是能量及量果，这三者主体没有区别［都是同一识的不同成分］。"

【评析】

此处是成立"三分说"，即陈那的"三分说"。"三分"就是相分、见分、自证分。其中，自证分是主体，其作用除变现见分和相分外，还有就是"自忆"，即能记忆自己的现行活动。另一方面，在"三分说"中，识和心所的认识活动主要是见分的活动，所以，识的主体的记忆活动也就是对见分活动的"自证"（即自行证明），故而此分称为"自证分"。三分用所量、能量、量果来分析，相分是所量，见分是能量，自证分是量果。而"二分说"缺少了量果，故而其对心识结构的描述是不完整的。此外，本论此处首先介绍了小乘各部执着认识对象心外实有的观点，而从对此观点的批驳来看，"二分说"也不如"三分说"那样合理圆满。

再看自证分的"自忆"，实际上这是说，自证分能记住当时的活动结果；而以后回忆起当时的事，实际是由与第六识相应的念心所。即记住是诸识自证分的功能，回忆则是第六识相应的念心所的功能。而第六识的念心所之所以能回忆当时的事，也正是因为当时识的自证分记住了此事。如当下回忆起昨天见过一道红光，昨天见红光的是眼识和五俱意识，其自证分记住了此事，所以当下的念心所能调动其当时的自证分，从而回忆起此事。所以，诸识的自证分虽都能"自忆"，但第八识、第七识和前五识都没有回忆功能，只有第六识及其念心所有回忆功能，当然，其回忆所呈现的也主要是前六识过去的经历。

（四）四分说

【原文】

又心、心所，若细分别，应有四分。三分如前，复有第四证自证分。此若无者，谁证第三？心分既同，应皆证故。又自证分，应无有果，诸能量者，必有果故。不应见分是第三果，见分或时非量摄故，由此见分不证第三，证自体者必现量故。

此四分中，前二是外[1]，后二是内。初唯所缘，后三通二。谓第二分，但缘第一，或量非量，或现或比。第三能缘第二、第四。证自证分唯缘第三，非第二者，以无用故。第三、第四，皆现量摄。

故心、心所，四分合成，具所、能缘，无无穷过。非即非离，唯识理成。

是故契经伽他中说："众生心二性，内外一切分，所取能取缠，见种种差别。"此颂意说：众生心性，二分合成，若内若外，皆有所取、能取缠缚。见有种种，或量非量，或现或比，多分差别。此中"见"者，是见分故。

如是四分，或摄为三，第四摄入自证分故。或摄为二，后三俱是能缘性故，皆见分摄，此言见者，是能缘义。或摄为一，体无别故。如《入楞伽》伽他中说："由自心执着，心似外境转，彼所见非有，是故说唯心。"如是处处说唯一心。此一心言，亦摄心所。

故识行相即是了别，了别即是识之见分。

【简注】

[1] 前二是外：四分都是识的成分，可说都在识内。所以，内外不是从识内识外而说，实际是从体用而说。即后二分是体，前二分是用，所以就体用而分内外。此外，五识等的相分是依外境变现影像，见分是缘影像认识外境，所以"前二是外"，如《述记》卷第三说："但由见分似外缘外，故名为外，非体是外。"

【今译】

此外，如对心与心所再作仔细区分，应该有四种成分。三种成分如前所述，另有第四种成分是证自证分。这证自证分如果没有，那是什么来证知第三自证分？识与心所的成分既然都是相同的，应该都有能证者。［所以，见分既然需要自证分来证知，那自证分也需证自证分来证知。］此外，［证自证分如果没有，］则自证分应该没有量果，而所有的能量必定有量果，［自证分是能量，需以证自证分为量果。］不应认为见分是第三自证分的量果，因为见分有时属于非量［即错误的认识］，因此见分不能证知第三自证分，证知作为主体的自证分必须是属现量［的证自证分］。

这四种成分中，前两种是外，后两种是内。［四分中，］第一相分只是被认识的对象，后三分既可作被认识的对象，又可作能认识的主体。即第二见分，只认识第一相分，或得出正确的认识，或得出错误的认识；［在正确的认识中，］或属现量，或属比量。第三自证分能认识第二见分和第四证自证分。证自证分只认识第三自证分，而不认识第二见分，因为［见分由自证分认识，］证自证分无需认识见分。第三自证分与第四证自证分都属现量。

所以，识与心所都是四种成分合成，这四种成分具足了所缘和能缘，因此没有需要建立无穷成分的错误。［四种成分有差别，］并非就是同一现象；［四种成分都是同一识或心所，所以也］并非相互脱离，唯识道理于是成立。

因此《厚严经》的一首颂中说："众生心二性，内外一切分，所取能取缠，见种种差别。"这首颂的意思是说：众生的心性，都由内与外二分合成，无论是内分还是外分，都有所取和能取交织缠绕，互相束缚。见分有各种类别，或属正确的认识方法，或属错误的认识方法，或是现量，或是比量，表现出多种差别。颂中的"见"，就是指见分。

上述四种成分，或可归结为三种，因为第四证自证分可归入自证分中。或可归结为两种，因为后三种成分都有能缘的性质，都可归入见分，这里所说的见分，是就能缘的意义而言。或可归结为一种，因为四种成分的主体没有差别。正如《入楞伽经》的一首颂所说："由于自心的执着，心中有似乎实在的外部对象生起，他们所看见的实际并不存在，因此说唯有一心。"像这样唯有一心的说法在经中处处可见。这里所说的一心，也包括心所。

所以，识的行相就是了别，[能起]了别[作用的]就是识的见分。

【评析】

此处论述心识结构的护法"四分说"。"四分"就是在"三分"上再加证自证分。其理由有二：一是自证分仍需"能证"，二是自证分也应有量果，所以需有第四分。而自证分与证自证分能相互作为能证，相互作为量果，所以无需在"四分"上再加无穷多"分"。识与心所的"四分"即四种成分，相互间有差别，特别是第八识，其相分的器世间、有根身，与其他"三分"有明显的差别，但既然作为第八识的相分，当然不能脱离第八识，这样，唯识的道理也就确立了。

将唯识学的心识结构理论与现代科学进行比较，是一项十分有意义的工作。例如，以四分说，尤其是相分说，来解释感觉，似乎与现代生理学、心理学不谋而合。以视觉（眼识）为例，现代科学认为，人看到物体，实际上是经过了一系列的转换过程。首先是视觉器官接受刺激，通过加工把刺激的物理能量转换为神经脉冲；然后，此神经脉冲经神经通道传输到大脑皮层的视觉中枢；最后，在中枢部分，刺激信息被加工为人们实际体验到的具有各种不同维量（性质、强度等）的视觉。所以，实际上，人并不是真的看到外界的物体，看到的只是经过一系列转化后的东西。这一过程如用唯识学的"四分说"来说明，是相当吻合的。即眼根与境（认识对象）相接触，眼识就从种子状态被激发，开始现行活动。眼识的主体（在"三分说"中是自证分，在"四分说"中还要再加上证自证分）变现出与对象相似的影像（即形成相分），同时对此影像进行识别（此主体的识别功能就是见分），并在同时生起的想心所的协助下完成认识过程（即形成视觉）。这些活动本是同一过程，但唯识学为了说明问题，所以将它们作了区分。从比喻的角度来说，这里说的变现出的相分，相当于刺激物的物理能量最终在大脑皮层中枢形成的信息；见分相当于对此信息分析辨识的作用。自证分和证自证分作为识的主体，是与相分和见分同时生起，共同活动的。实际的认识过程似乎只要"三分"就可以了，而证自证分的提出，体现了"四分说"的逻辑严密性，即自证分仍需要有能证者。

（五）第八识的认识对象详析
【原文】

　　所言"处"者，谓异熟识由共相种成熟力故，变似色等器世间相，即外大种及所造色[1]。虽诸有情所变各别，而相相似，处所无异，如众灯明，各遍似一。

　　"谁异熟识，变为此相？"

　　有义：一切。所以者何？如契经说："一切有情，业增上力，共所起故。"

有义：若尔，诸佛菩萨应实变为此杂秽土，诸异生等应实变为他方此界[2]诸净妙土。又诸圣者，厌离有色，生无色界，必不下生，变为此土，复何所用？是故现居及当生者，彼异熟识，变为此界。经依少分说一切言，诸业同者，皆共变故。

有义：若尔，器将坏时，既无现居及当生者，谁异熟识变为此界？又诸异生，厌离有色，生无色界，现无色身，预变为土，此复何用？设有色身，与异地器，粗细悬隔，不相依持，此变为彼，亦何所益？

然所变土，本为色身依持受用，故若于身，可有持用，便变为彼。由是设生他方自地[3]，彼识亦得变为此土。故器世间将坏初成，虽无有情，而亦现有。此说一切共受用者。若别受用，准此应知。鬼、人、天等，所见异故。

【简注】

[1] 外大种及所造色："外"，指身外。"大种"，也称"能造色"，即地、水、火、风四大种。"所造色"是五根、五境，其中，内大种造内色（即五根），外大种造外色（即五境）。当然，在唯识学中，大种和所造色都是现行，都由自种生起，但依生因、依因、养因、持因、养因也可说四大种造所造色，详见下文。

[2] 他方此界："他方"，指此三千大千世界外的其他三千大千世界。"此界"，指欲界，乃至特指此娑婆世界。

[3] 自地：指三界九地中的同一"地"。九地，即欲界为一地，色界有四地，无色界有四地，共九地。但无色界没有色法（物质），所

也没有器世间（即物质世界），因而器世间只存在于前五地。

【今译】

颂中所说的"处"，指异熟识由共相种子成熟的力量，变现似乎实在的色、声等器世间的形相，即身外的地、水、火、风四大种以及所造色［即五境］。虽然一切众生各自变现各自的器世间，但［所变的器世间］形相相似，处所相同，就像众多的灯点亮后，其光都能普遍照耀，好像一盏灯一样。

［问：］"是谁的异熟识变现了这器世间的形相？"

［在这个问题上有三种观点。］第一种观点认为，是一切众生。原因何在呢？正如《立世经》中所说的："［器世间］是一切众生以业力作为增上缘而共同变现生起。"

第二种观点认为，如果上述说法是正确的，那一切佛菩萨应该真实地变现出我们这片混杂污秽的国土，而一切凡夫应该真实地变现出其他三千大千世界以及此娑婆世界的各种清净美妙的佛菩萨的国土。此外，所有因厌恶而脱离欲界与色界并生到无色界的圣者，必定不再下生到欲界与色界，那么他们的异熟识再变现出这片国土又有何用？因此，是现在居住在这世界中以及即将要出生在这世界中的众生，他们的异熟识变现出这世界。上段经文是依据一部分众生说一切众生，实际上是说由一切业力相同的众生共同变现出这世界。

第三种观点认为，如果第二种观点是正确的，那这物质世界将要毁坏时，既然没有现在居住以及即将要降生的众生，又是谁的异熟识变现出这世界呢？此外，那些因厌恶而脱离欲界与色界并生到无色界的凡夫，[寿命非常之长，如非想非非想众生寿命为八万大劫，虽然将来还可能下生到欲界或色界，但]现在没有物质性的身体，预先变现出这片国土，对他们又有什么用处？即使假设［大众部的说法没错，]无色界的众生仍有物质性的身体，但此物质身与异地的物质世界，粗细不同，上下遥遥相隔，[异地的物质世界对此物质身]不能起到依靠支持的作用，这样变现出彼地世界又有什么益处？

然而众生所变现的国土，原是为了自己物质身体获得支持和受用，所以，如果能使自身获支持和受用，就变现出那片国土。因此，[是欲界和色界各地的众生变现了自地的所有国土，]如果一众生要[从这一三千大千世界的自地]生到其他三千大千世界的自地，该众生的异熟识仍要变现出这片国土。所以，当这物质世界将要毁坏时或刚出现时，虽然没有众生，但该物质世界仍表现为存在。这是说众生共同受用的世界。如果是众生各自受用的世界，依此道理可知[是各类众生各自变现]，如鬼、人、天等，虽处在同一世界中，但各自所见的世界各不相同。

【评析】

此处论述作为第八识"所缘"之一的物质世界（即器世间）的由来。按唯识学的观点，物质世界是由众生的第八识变现出的，但这只是一种粗略的说法，若对此问题作更为精确的探讨，有三种观点。第一种观点认为，是一切众生的第八识变现出物质世界。第二种观点认为，是现在居住在这世界中以及将要出生在这世界中的众生，他们的第八识变现出这世界。第三种观点，即本论的观点认为，第一种说法失之过宽，第二种说法失之含糊。

首先，三界九地中，无色界（共四地）没有物质，所以无色界的众生没有物质身，也不需要物质世界作为其物质身的依止，因此，他们无需变现出物质世界。其次，色界（共四地）的众生与欲界（共一地）的众生，他们的物质身不同，所需的物质世界也不同，色界的物质极为精细，欲界的物质极为粗劣，所以，色界众生变现欲界的物质世界也属无益。因此，应该说是色界四地与欲界一地（共五地），各地的众生各自变现各自的物质世界。所以，这一三千大千世界与其他三千大千世界的众生（除无色界），只要他们是处在同一地（如欲界），就要变现出所有同一地的物质世界。这样才能解释下述现象：当某一世界刚诞生或将要毁灭而没有众生时，该世界仍能存在，因为是其他三千大千世界的众生仍在变现出此世界。此外，虽然实际上是每一众生各自变现各自的物质世界，但由于业力相同的众生聚集在相同的空间（即欲界和色界四地的各地），所以他们具有共相种子，这类共相种子，使每一地众生各自变现的物质世界具有相同的性状，似乎是同一世界。但另一方面，每一类众生乃至每一众生都有自己特定的业力，所以也都有各自的不共相种子，故而在同一世界中各自变现的东西也不尽相同。唯识学常举的一个例子是：如一条清溪，人看见的是清水，天道众生见到的是宝庄严地，鱼见到的是窟宅，鬼见到的则是血水脓河。

【原文】

诸种子者，谓异熟识所持一切有漏法种，此识性摄，故是所缘。无漏法种，虽依附此识，而非此性摄，故非所缘；虽非所缘，而不相离，如真如性，不违唯识。

有根身者，谓异熟识不共相种成熟力故，变似色根，及根依处，即内大种及所造色[1]。

有[2]共相种成熟力故，于他身处，亦变似彼，不尔，应无受用他义。此中有义：亦变似根。《辩中边》说："似自他身五根现故。"有义：唯能变似依处，他根于己非所用故。似自他身五根现者，说自他识各自变义。故生他地，或般涅槃，彼余尸骸，犹见相续。

【简注】

[1] 所造色：此处由内大种所造之色，是指"根依处"，也就是五根所依的浮尘根，具体说是色、香、味、触构成的身体（构成身内的物质中没有声）。而"色根"，指五净色根。
[2] 有：据上文"谓由共相种成熟力故，变似色等器世间相"，此处"有"实际也是"由"。

【今译】

所谓各类种子，是指异熟识所保持的一切有漏事物的种子，它们从属于此识的主体，所以是此识见分的所缘。无漏现象的种子，虽然也依附于第八识，但不从属于此识的主体，所以不是此识见分的所缘；虽然不是此识的所缘，但也不与此识分离，就像真如是识的真实本性，[虽不是识的所缘也不离识一样,] 所以不违背唯识的道理。

所谓有根身，是指由异熟识中不共相种子成熟的力量，变现出似乎实在的五净色根，以及根依处，[后者是由] 身内的四大种及所造色 [即色、香、味、触构成]。

由于第八识中共相种子成熟的力量，[自己的第八识] 在他人的身体处，也能变现似乎实在的他人 [的身体]，不然的话，就没有可以利用他人身体的道理了。在这一问题上 [有两种观点]，第一种观点认为，[自己的第八识] 也能变现似乎实在的他人的五根。诚如《辩中边论》所说："变现似乎实在的自己与他人的身体中的五 [净色] 根。"第二种观点认为，[自己的第八识不能变现似乎实在的他人的五根,] 只能变现似乎实在的他人五根所依的身体，因为他人的根并不能为自己所使用。[至于《辩中边论》所说的,]"变现似乎实在的自己与他人的五 [净色] 根"，是说自己的第八识与他人的第八识各自变现的意思。[因为能变现似乎实在的他人的身体,] 所以，一众生 [从三界九地中的自地] 生往他地后或入涅槃后，其留下的尸体仍可见 [在一段时间内] 连续存在。

【评析】

此处论述第八识的另两类认识对象：种子与具有感觉功能的身体。作为第八识认识对象的种子是有漏种子，它们是由第八识变现，与第八识具有同一主体，是第八识的相分。无漏种子与第八识并非同一主体，只是依附于第八识而存在。第八识的另一认识对象是具有感觉功能的身体。粗略地说，众生的身体是由众生各自的不共相种子生起的；而严格地说，只有身体中的五根是不共相种子生起的，非根的那部分身体仍是共相种子生起的，所以后者可为众生共同受用。受用他人的身体，听起来不可思议，实际上并不稀奇，如食用动物的肉、器官移植等，都属此类情况。而这类受用与受用石头、木料等属同样的性质。石头等物体能为众生共同受用，是因为它们是该世界的众生共同变现。因此，众生的身体既然也能为众人共同受用，所以应该也是由本人与其他众生共同变现。

【原文】

　　前来且说业力所变外器内身界地差别。若定等力所变器身，界地自他则不决定。所变身、器，多恒相续；变声、光等，多分暂时，随现缘力，击发起故。

　　略说此识所变境者，谓有漏种，十有色处[1]，及堕法处所现实色[2]。

【简注】

[1] 十有色处：指眼、耳、鼻、舌、身五根以及色、声、香、味、触五境。

[2] 堕法处所现实色：即定果色，也就是由定力所引生的实在的物质，是法处所摄色中的一种，是实法。

【今译】

　　前面只说了由业力所变现的身外的物质世界以及［第八识］内身

体在［三界九地中］各界地的不同状况。至于由定力等力所变现的物质世界以及身体，则可以变作自界自地的，也可以变作他界他地的。［定力等］所变现的身体与物质世界，大多是始终连续的；但所变现的声音、光等物质，大多是暂时的，随现实条件的作用，受击发而生起。

第八识所变现的对象大略说来，包括有漏的种子，五根和五境，以及由定等所引生的物质。

【评析】

此处论述由定力等力变现的物质世界与身体，并对第八识变现的对象作一总结说明。如论中所述，众生变现自界自地的物质世界以及身体，只是指由业力变现，不包括由定力等变现。如果是由定力等变现，则众生也可变现他界他地的物质世界与身体以及声、光等物质现象。

论中的"定等力"，包括定力、通力、借识力、大愿力、法威力。其中定力和通力只是第六识和第八识所具有。以通力变现他界根身为例，欲界众生修成天眼通和天耳通，第八识缘天眼和天耳，就是缘上界的根身。所以，若依业力，第八识只能缘由业而生起的自界自地根身；若依通力，第八识也能缘上界根身。

第八识变现的对象，如按具体形态来说，有前述三种对象：有漏种子、有根身、器世间；如按概念范畴的类别来说，则包括有漏种子以及色法中的实法。如前所述，色法共有十一类，即五根、五境和法处所摄色。五根和五境，此处称为"十有色处"。五根都是实法；五境按类别来说是实法，具体地说，每一境中都有实有假，如色境中，青、黄、赤、白是实法，其余是假法；法处所摄色，如前所说，共有五种，其中只有定果色是实法。而有根身是由净色根（即五根）与浮尘根构成，其中，净色根是实法，浮尘根是由色、香、味、触等实法聚集而成的假法。器世间则是由色、声、香、味、触五境聚集而成的假法。

此外，第八识变现的相分境中，还有四大种。那么，四大种与上述由第八识变现的诸法又是什么关系呢？通常，四大种称能造色，五根、五境等称所造色。按小乘的说法，是能造色造就了所造色，其关系类似于现代科学所说的，由基本元素形成了各类物质。但唯识学的说法与上述说法不一样。唯识学并不认为所造色真的是由能造色构成。因为，四大种也是现行，所造色也是现行。作为现行，它们都是由各自的种子而生起。实际上，四大种只是所造色的增上缘。说四大种造就了所造色，只是从权的说法。即四大种有五种"因力"，据此可权且说是四大种造就了所造色。这五种"因力"，一是生因，即所造色的种子要依赖四大种的种子引生，大种的种子生起时，所造色种子才能生起。二是依因，所造色生起后所占据的空间，不离大种所占据的空间。三是立因，即当大种变异时，所造色也随之变异；大种坏时，所造色也坏。四是持因，所造色能相似相续地生起不绝，是由大种摄持令住的力量，若没有大种的这种力量,所造色就会间断。五是养因,即由于大种资养的作用,所造色得以增长。由此可见,所造色虽是由因缘(即自己的种子)而生起,但四大种是它们生起和增长的极为重要的增上缘。

【原文】

"何故此识不能变似心、心所等为所缘耶?"

有漏识变,略有二种:一随因缘势力故变,二随分别势力故变。初必有用,后但为境。异熟识变,但随因缘,所变色等,必有实用;若变心等,便无实用,相分心等,不能缘故。须彼实用,别从此生。变无为等,亦无实用。故异熟识不缘心等。至无漏位,胜慧相应,虽无分别,而澄净故,设无实用,亦现彼影。不尔,诸佛应非遍智。

故有漏位,此异熟识但缘器、身,及有漏种。在欲、色界,具三所缘;无色界中,缘有漏种,厌离色故,无业果色,有定果色,于理无违,彼识亦缘此色为境。

"不可知"者,谓此行相极微细故,难可了知。或此所缘,内执受境,亦微细故;外器世间,量难测故,名不可知。

"云何是识取所缘境行相难知?"

如灭定中,不离身识,应信为有。然必应许灭定有识,有情摄故,如有心时。无想等位,当知亦尔。

【今译】

"是什么原因导致这第八识不能变现似乎实在的心、心所、心不相应行法、无为法作为认识对象?"

有漏识变现［事物，即自识的相分］，大略有两种情况：第一种是根据因缘［即种子］的力量而变现，第二种是根据思辨分别的力量而变现。第一种变现的事物［不但是被认识的对象，而且］必定有实际作用，第二种变现的事物只是被认识的对象。异熟识变现［的事物］，只是根据因缘［即种子］的力量而变，变现出的色、声等［物质］，必定有实际作用；如果是变现心或心所等，就没有实际作用，因为作为相分的心或心所，［就如境中之影像，］不能具有认识作用。［问："这样的话，为什么心与心所等要从第八识的种子而生起？既然第八识不变现它们作为认识对象，那就没有必要生起它们。"］必须要有前七识及心所发挥实际的作用，所以要它们另外从这第八识的种子生起。此外，第八识如果变现无为法等，［也如境中之影像，非真实存在，］也没有实际作用。所以异熟识不认识心、心所等。［以上是在有漏状态中，如果］到无漏状态中，第八识既然与［大圆镜智的］殊胜智慧相应，所以虽然没有思辨分别，但心体明净，尽管［作为相分的心与心所］没有实际作用，第八识中也能显现它们的影像。不然的话，所有的佛就应该没有无所不知的智慧。

所以，在有漏状态中，这异熟识只认识器世间、有根身以及有漏种子。在欲界和色界，异熟识完全具备这三种所认识的对象；在无色界，异熟识只认识有漏的种子，因为此界众生由厌恶而脱离物质，所以没有作为业力之果的物质，［因而没有物质身和物质世界；但由于有作为定力之果的物质,〔所以,如果说在无色界中异熟识也具备上述三种认识对象,〕也并无违理之处,因为在此界的第八识也可以将这由定力而生起的物质作为认识对象。

颂中所说的"不可知",指第八识的现行活动的作用极其细微,难以了知。也是指这第八识的认识对象,就其在内所执受的种子、五根而言,极其细微难知;就其在外所变现的物质世界而言,也极其广大难测,所以称作"不可知"。

〔问:〕"为什么这第八识在认识对象时的现行活动的作用是难以了知的?"

例如,在灭尽定中,不脱离身体的第八识,仍应确信其存在。而必须肯定灭尽定有第八识,是因为进入灭尽定的仍是众生,所以在此状态中的众生应该像在有心理活动状态中的众生一样有第八识。无想定与无想天等状态中,须知也是如此。〔既然灭尽定、无想定等所谓"无心"状态中都有第八识,可见第八识的现行活动的作用是多么细微难知。〕

【评析】

此处继续讨论第八识变现的对象,并阐述颂文的"不可知"含义。如上所述,除种子外,第八识直接变现的实际上是色法,那么为什么第八识不直接变现五类法中的其余四类法呢?本论指出,第八识的"变"只是"因缘变",不是"分别变"。那么,"因缘变"与"分别变"的区别何在呢?这涉及相分生起的方式。在识或心所的自证分生起时,即有见分和相分生起。见分与自证分总是同一种子生起；而见分与相分，可以是同一种生起，也可以是不同种生起。"因缘变"是指见分与相分不同种生起的情况，而"分别变"指见分与相分同种生起的情况。例如第六识的大部分思维活动，包括思考过去、未来，思考道理，乃至思考幻想的东西等，此时第六识的相分没有自己的种子，完全是依赖见分的思辨分别力而生起，所以，相分与见分、自证分同种。此种自证分变现相分的方式称"分别变"。此外，第七识见分在认识第八识的见分，由我执生起实我观念时，第七识见分并非是真实地认识第八识的见分，而只是第七识见分的虚妄计度，也属"分别变"。相反，自证分在变现见分和相分时，如果相分不是由见分种子生起，而是有自己的种子，由自己的种子生起，这就是"因缘变"。第八识、前五识以及五俱意识（即与五识同时存在的意识），其相分的生起，都属"因缘变"。由"因缘变"生起的相分，有实体（即属实法），有真实的作用。由此可能会产生的一个问题是：如果因缘变的相分是由自己的种子生起，那为什么不说是自种变，而要说是由自证分变？如五境、五根，或者说器世间、有根身，既有自己的种子，为什么要说是由第八识变现？这是因为：一、从色法与心法的关系来看，《百法论》说色法是"二所现影故，"① 即最终来说，色法是识与心所变现的影像。二、从种子与第八识的关系来看，种子是第八识的功能。三、从自证分与相分的关系来看，

---

① (唐) 玄奘译《大乘百法明门论》，《大正藏》第31册，第855页。

自证分生起，相分才能生起；或者说，自证分种子生起自证分时，自证分种子引相分种子生起相分的现行事物。由此种种原因，因缘变的相分，说是自证分变。

最后，本论对第八识在有漏、无漏状态中的认识对象作了总结，对第八识的"行相"与"所缘"的"不可知"性作了具体说明，至此完成了对第八识的"行相"与"所缘"的论述。

三、第八识的相应心所

【原文】

此识与几心所相应？常与触、作意、受、想、思相应。阿赖耶识无始时来，乃至未转[1]，于一切位，恒与此五心所相应，以是遍行心所摄故。

【简注】

[1]未转：即"未转依位"，指成佛前的一切位次。

【今译】

这第八识与几种心所相应呢？它始终与触、作意、受、想、思五种心所相应。阿赖耶识无量时间以来，[直至遥远的未来，]只要还未成佛，在一切位次中，永远与这五种心所相应，因为它们属遍行心所。

【评析】

此处以下论述与第八识相应的五种遍行心所。遍行心所共五种：触、作意、受、想、思。遍行心所就是普遍活动的心所，或者说是普遍存在的心理活动或心理功能。这里的"普遍活动"或"普遍存在"具有"四一切"的含义，包括："一切性"（也称"一切处"，性或处都指三性），指遍行心所能伴随着善性、恶性、无记性的一切心而生起；"一切地"，指遍行心所存在于有寻有伺地、无寻唯伺地、无寻无伺地等一切地；"一切时"，遍行心所存在于有心位的一切时中；"一切俱"，指遍行心所能同时生起。"四一切"在第四章将作详尽讨论。第八识在凡夫位只与五种遍行心所相应；成佛后，除与五遍行心所相应外，还能与善等心所相应，下文将作介绍。

关于五遍行心所的顺序，《瑜伽论》《百法论》是作意、触、受、想、思，即作意在触之前；而本论是触、作意、受、想、思，即触在作意之前。此外，再加上触顺生受等说法，似乎五遍行心所是先后生起。但实际上，五遍行心所是同时生起，因为遍行心所的含义，就是识生起时，遍行心所必定同时生起。假设某一识生起，第一刹那，作意生起，触等四心所还未生起，那么，触等四心所还能称遍行心所吗？因此，首先要确定的是，五遍行心所同时生起；进而，在讨论现行心所各自的功能时，会涉及此一心所对其他心所功能的影响，这样一一论述各心所的功能，似乎是各心所先后生起。但这样的先后生起，可以说是从逻辑上的分析、功能上的分析，而不应由此产生错觉，认为各遍行心所是先后生起。

此外，关于作意与触的先后说明问题，《述记》的解释是：

"问：何故《百法》等，作意为初，此论中所明，触为先说？答：和合三法摄心、心所令同取境，是触胜能。警心、心所令皆能起，作意胜力。此约和合，触乃先明；彼论约警，作意初说。各据一门，不相违也。"①

【原文】

触谓三和，分别变异，令心、心所触境为性，受、想、思等所依为业。谓根、境、识更相随顺，故名三和；触依彼生，令彼和合，故说为彼。三和合位，皆有顺生心所功能，说名变异；触似彼起，故名分别[1]。根变异力，引触起时，胜彼识境，故《集论》等但说分别根之变异。

和合一切心及心所，令同触境，是触自性。既似顺起心所功能，故以受等所依为业。《起尽经》说："受、想、行蕴，一切皆以触为缘故。"由斯故说，识、触、受等，因二三四，和合而生。《瑜伽》但说与受、想、思，为所依者，思于行蕴为主胜故，举此摄余。《集论》等说为受依者，以触生受，近而胜故。谓触所取可意等相，与受所取顺益等相，极相邻近，引发胜故。

然触自性，是实非假。六六法[2]中，心所性故，是食[3]摄故，能为缘故，如受等性，非即三和。

---

① (唐) 窥基《成唯识论述记》卷第三,《大正藏》第43册,第331页。

【简注】

[1]"触似彼起"二句："似",据《述记》,指"领似",即承继了相似的功能。"分别",据《述记》,"即是领似异名"。

[2]六六法：有两种说法。一是据《俱舍论》等,指六内处、六外处、六识身、六触身、六受身、六爱身。二是据《识身足论》,指六识、六触、六受、六想、六思、六爱。

[3]食：指四食,即段食、触食、思食、识食,详见后文。

【今译】

　　触指"三和"状态,具有"分别"和"变异"的功能,以使心与心所接触认识对象为其自性,以成为受、想、思等生起的依托为其作用。即根、境与识三者相互之间完全适从顺应,所以称"三和";触依赖三者而生起,同时又使三者和合,所以说是三者的和合状态。三者[在种子状态和未和合状态没有生起其他心所的功能,在]和合状态都有顺而生起其他心所的功能,这称为"变异";此时触心所也承继了三者的[顺而生起其他心所的]功能,这称为"分别"。三者引触生起时,根的作用胜过识与境,所以《集论》等只说触继承了根的"变异"功能。

　　和合一切心及其相应心所,使每一心与相应心所的聚合一起接触境,这是触的本性。触心所既然有承继三者和合状态顺而生起其他心所的功能,因而以成为受等心所生起的依托为其作用。《起尽经》说："受蕴、想蕴、行蕴,它们的生起都以触为条件。"因此可以说,识是因根与境二者和合而生起,触是因上述三者和合而生起,受等心所是因上述三者与触和合而生起。《瑜伽论》只说受、想、思,以触为依托，是因为思是行蕴中的最主要的心所，作用最强，举思心所为例就可概括行蕴中的其他心所。《集论》等只说触为受的依托，是因为触生起受，最直接故而最为优胜。即触所认取的是否舒适合意等状态与受所认取的是否顺利有益等状态，极其相近，所以触引发受的作用最为优胜。

然而触的本性，是具有实体的存在而非假象性的存在。在六识等六种存在中，它属心所的性质；此外，它又是四食之一的触食，又能作为其他心所生起的条件，所以应该像受等心所一样，有真实的本性，并非就是识等三者和合后的假象性存在。

【评析】

此处以下分别论述五种遍行心所，此处首先论述触心所。唯识学的大多数心所都有一般心理学的含义，但触心所纯属唯识学的特定范畴。论中说，触心所是在识、根、境三者和合时生起，又能使三者和合；触心所的自性是使心、心所一起触境；又能生起受等其他心所。这些说法都是从触心所的功能来说的。因为，触作为遍行心所，必定是与现行识同时生起，不可能是在识现行生起后再生起触；此外，识、根、境三者和合，识已接触境，不是等后起的触的作用再去接触境，所以，触必定与识同时生起。另外，五遍行心所也是同时生起，不是先生起触，再由触引生受等其他心所。论中的上述说法，只是从功能上、逻辑上说，触有加强识、根、境三者和合的功能，有使识与其他心所接触境的功能，有生起受等其他心所的功能，而受等其他心所则没有这些功能。以下对遍行心所的论述也是如此，从功能上、逻辑上看，似有先后，但实际都是同时生起。

此外，唯识学讨论百法，都要区分其假实，而区分假实的依据是有无自性。此处的性为体性，指本质属性，即本性或特性。有独立本性的，就称为实法或实有；无独立本性而仅仅依附于其他法的，就称为假法或假有。八识都是实法，心所有假有实，而包括触在内的五遍行心所都是实法。这里所说的实法，不是指识外实有之法，识外实法是遍计所执性；而百法中有为法的实法与假法，都属依他起性，实法是不离识的实法，假法则是在实法基础上形成。

【原文】

作意谓能警心为性，于所缘境引心为业。谓此警觉应起心种，引令趣境，故名作意。虽此亦能引起心所，心是主故，但说引心。有说令心回趣异境，或于一境持心令住，故名作意，彼俱非理。应非遍行，不异定故。

【今译】

作意是以使心警觉，为其自性；以将心引导到所要认识的对象上，为其作用。即作意能使应生起的心的种子警觉从而生起心，并将已生之心引导到对象上，所以称作意。虽然作意也能引导生起心所，但心是主，［心所是从，］所以只说引导生起心。有说是使心转移到与前不同的对象上，有说是保持心停留在同一对象上，称为作意，这两种说法都没有道理。［如果前一种说法是对的，那］作意就不是遍行心所；［如果后一种说法是对的，那］作意就与定没有区别了。

【评析】

此处论述作意心所。作意心所虽与普通心理学中的"注意"有相似之处，但主要是唯识学的心理范畴。唯识学认为，心与心所都是由各自的种子生起的，作意心所的特性就是作意（实际可看作是其种子）能使特定的心与心所的种子警觉而生起现行，（其现行）将现行心、心所引向认识对象，即使特定心、心所从种子状态转变为现行活动状态。

论中说，作意若是"令心回趣异境"，那么作意就不是遍行心所。因为那样的话，心住当前境时（即不是"回趣异境"），就没有作意心所，这样，作意就不是遍行心所。

【原文】

　　受谓领纳顺违俱非境相为性；起爱为业，能起合离非二欲故。
　　有作是说：受有二种。一境界受，谓领所缘；二自性受，谓领俱触。唯自性受是受自相，以境界受共余相故。彼说非理，受定不缘俱生触故。若似触生，名领触者，似因之果，应皆受性。又既受因，应名因受，何名自性？若谓如王，食诸国邑，受能领触所生受体，名自性受。理亦不然，违自所执，不自证故。若不舍自性，名自性受，应一切法皆是受自性。故彼所说，但诱婴儿。

然境界受，非共余相，领顺等相，定属己者，名境界受，不共余故。

【今译】

受是以领受顺境、逆境以及非顺非逆境等各种状态为其自性；以生起爱欲为其作用，因为它能生起求合的欲望、求离的欲望以及既不求合也不求离的欲望。

有人这样说：受有两种。一是境界受，就是领受所认识的对象；二是自性受，就是领受与其同时生起的触觉。只有自性受是受的自身状态，因为境界受是受心所与其他心和心所共同领受到的状态。他们的说法没有道理，因为受心所必定不认取与其同时生起的触。如果他们说，因为受是继触而生起，与触相似，所以称作领受触，那与因相似的果，应该都具受的性质。此外，[在这种情况下，]触既然是受的因，那此受应该称作因受，为什么要称作自性受？如果他们说，就像说国王能取食国土[生产的粮食]一样，[触如国土，受如粮食，受领受触，实际是]受心所领受触所生的受心所的主体，所以可称自性受。此理由也不对，因为这违背了他们自己执着的观点，[自己领受自己的主体，就是自己证明自己的存在，而他们的观点是心与心所不能自己认识自己，故而]不能自己证明自己的存在。如果他们说，不舍弃本性，称作自性受，那[想、思等]一切事物[都不会舍弃自己的本性，]应该都是自性受。所以他们所说的，只能诱骗婴儿。

而境界受也不是受心所与其他心与心所共同领受的状态，领受顺境、逆境等状态，肯定是属于受心所自己的功能，所以称作境界受，因为这种领受不是与其他心与心所共同的领受。

【评析】

此处论述受心所。受心所属普通心理学范畴，指情绪或情感体验。受心所是遍行心所，所以与八识都相应。其中，受心所与前六识能形成各种苦乐和不苦不乐的感受，而与第七识、第八识只形成不苦不乐的舍受。

【原文】

想谓于境取像为性；施设种种名言为业，谓要安立境分齐相，方能随起种种名言。

【今译】

想心所是以在对象上认取其影像为其自性；以建立种种名称为其作用，即先要区分对象的类别状况，才能进而用种种名称来进行表达。

【评析】

想心所也属普通心理学范畴，是一个认知性的心理范畴，具有多种认知功能。据本论说，想心所的本性是"于境取像"，此"像"就是对于对象形成的认识，此认识表现为感觉、知觉、表象和概念等，当然，如下所说，这些主要是想心所与第六识共同形成的认识。

具体地说，想心所有各种分类。首先，根据当前与非当前之时间上区分，想心所可分为当前想与过去未来想。其次，根据想心所与语言的关系来区分，想心所分为两类，即随觉想和言说随眠想：[①] 随觉想是指能用语言来进行表达的人、天的想，言说随眠想是指不能用语言来进行表达的婴儿、动物等的想。此外，第六意识也可分为五俱意识与独散意识，而五俱意识又可分为五同缘意识与五不同缘意识。相对于上述分类来说，当前想与五识和五同缘意识形成的是感觉，当前想与五不同缘意识形成的是知觉，过去未来想及言说随眠想与独散意识形成的是表象，随觉想与独散意识形成的是概念。上述认识，除感觉（现量）外，都包括正确认识（比量）或错误认识（非量）。想心所与第七识形成的认识，由于第七识在凡夫位恒有我执法执，所以形成的认识是错误的认识（非量），即实我实法。想心所与第八识形成的，也是与五识的感觉同类的现量认识。以上是凡夫位的八识与想心所的认识特点，而在佛位，八识及想心所的认识都是现量认识，但能认识一切事物和现象。

此外，在八识中，只有与第六识共起的想心所能将此种认识用语言进行表达，其余七识均无此功能。所以，想心所是遍行心所，但"随起种种名言"却不是与诸识共起的想心所的普

---

① 参见 (唐) 玄奘译《瑜伽师地论》卷第五十五，《大正藏》第30册，第601页。

遍作用。

【原文】

　　思谓令心造作为性；于善品等役心为业，谓能取境正因等相，驱役自心，令造善等。

【今译】

　　思心所是以使心有所作为为其自性；以在或善或恶或无记状态中使心活动为其作用，即以能认识对象的正、邪、非正非邪等状况作为因，驱使自心造善业、恶业或无记业。

【评析】

　　思心所在唯识学中的含义是：以使心活动（造意业）乃至作出行为和语言的反应（造身业和语业）为特性。同时此心所也属普通心理学范畴，大体相当于现代心理学所说的意向或意志。在现代心理学中，意向是指不明确的需求意念，意志是指有意识、有目的、有计划地调节和支配自己行动的心理过程。在唯识学中，思心所是遍行心所，所以能与八识共起。其中，只有第六识的"思"，是一种明确的心理活动，相当于意志；前五识的"思"，都只相当于意向。第八识与第七识并非普通心理学范畴，所以，思心所与此二识结合所产生的作用当然不能用普通心理学范畴来简单地比附，但大致上也可说是相当于意向。

【原文】

此五既是遍行所摄，故与藏识决定相应。其遍行相，后当广释。此触等五与异熟识，行相虽异，而时、依同，所缘、事等，故名相应。

此识行相，极不明了，不能分别违顺境相，微细、一类相续而转，是故唯与舍受相应。又此相应受唯是异熟，随先引业转，不待现缘，任善恶业势力转故，唯是舍受。苦乐二受，是异熟生，非真异熟，待现缘故，非此相应。又由此识常无转变，有情恒执为自内我，若与苦乐二受相应，便有转变，宁执为我？故此但与舍受相应。

"若尔，如何此识亦是恶业异熟？"

既许善业能招舍受，此亦应然。舍受不违苦乐品故，如无记法，善恶俱招。

"如何此识非别境等心所相应？"

互相违故。谓欲，希望，所乐事转，此识任运，无所希望；胜解印持决定事转，此识瞢昧，无所印持；念唯明记曾习[1]事转，此识昧劣，不能明记；定能令心专注一境，此识任运，刹那别缘；慧唯简择德等事转，此识微昧，不能简择。故此不与别境相应。此识唯是异熟性故，善、染污等亦不相应。恶作等四，无记性者，有间断故，定非异熟。

【简注】

［1］习：据后文，为"串习"，即熟悉习惯。

【今译】

　　这五种心所既然都属遍行心所范畴，所以与第八识必定相应。它们的普遍活动的状况，后面还要详细解释。这触等五种心所与异熟识，各自现行活动的作用虽然不同，但同时生起，依托的对象相同，所认识的对象［相分］相似，主体相似，所以称相应。

　　这第八识的现行活动作用极不明了，不能分辨逆境或顺境等状态，极其细微，以同一类无覆无记性连续生起，因此只与舍受相应。此外，这与第八识相应的受只是真异熟，因为它是依据先前世能招引主要果报的业而生起，不依赖现时的条件，自然地顺应先前的善业或恶业的力量而生起，所以只是舍受。至于苦受与乐受，它们是异熟生，不是真异熟，它们要依赖现时的条件，所以不与第八识相应。此外，由于这阿赖耶识始终没有转变，所以有情［的第七识］永远将其执着为内在的自我，如果它与苦受、乐受相应，就应有转变，有情［的第七识］又怎么能将其执着为自我呢？所以这第八识只与舍受相应。

　　［问：］"如果第八识只与舍受相应，为什么此识也是恶业所招的异熟？"

　　既然同意善业能招舍受，恶业应该也能招舍受。舍受与苦乐状态都不相冲突，就像无记性质的现象，善业、恶业都能招之。［所以只与舍受相应的第八识也可以是恶业招致的异熟。］

　　［问：］"为什么这第八识不与别境心所等其他心所相应？"

　　因为它们与第八识互不相容。即［在别境心所中，］欲心所是希望，在乐于观察的对象上生起，而这第八识自然而无条件地生起，没有什么希望；胜解心所是由于对认识对象加以确认和把握而生起，而这第八识懵懂暗昧，没有什么确认和把握的功能；念心所只是由于清楚记忆已经熟悉习惯的事而生起，而这第八识暗昧低劣，不能清楚地记忆；定心所能使心专注于某一对象上，而这第八识自然而无条件地生起，每一瞬间都认取处于变化中的相分境；慧心所只是由于对功德过失等状况进行判别选择而生起，而这第八识极为暗昧，不能判别选择。所以，这第八识不与别境心所相应。此外，由于这第八识只是异熟无记的性质，所以善心所、烦恼心所也不与之相应。恶作等四种不定心所［通三性，其中属］无记性质的，也有间断，所以必定不是真异熟，［因而也不与第八识相应。］

【评析】

此处论述第八识与五遍行心所相应而不与其余心所相应的原因。虽然五遍行心所与第八识的行相，即现行活动的作用并不相同，因为第八识的行相是"了"，即起认识作用，而五遍行心所各有各的行相，如触是使识、根、境三者和合，作意是使识从种子状态警醒，等等；但五遍行心所还是与第八识相应，这是由于"时、依同，所缘、事等"。所谓"时同"，指遍行心所与异熟识同时生起；"依同"，指所依相同，具体是指二者有同一的俱有依与等无间缘依，下文将详细论述。所谓"所缘、事等"，"等"是相似的意思。"所缘等"，指遍行心所与异熟识虽有各自的相分，但二者的相分相似，因为认识的是同一境。"事"，指体事，即自体。"事等"，据《述记》，指"体各唯一"。① 由于上述原由，五遍行心所与第八识相应。此外，第八识不与别境心所、善心所、烦恼心所、不定心所相应，其理由本论有清晰的论述。

四、第八识的伦理属性

【原文】

"法有四种，谓善、不善、有覆无记、无覆无记。阿赖耶识何法摄耶？"

此识唯是无覆无记，异熟性故。异熟若是善、染污[1]者，流转还灭应不得成。又此识是善、染依故，若善、染者，互相违故，应不与二俱作所依。又此识是所熏性故，若善、染者，如极香臭，应不受熏；无熏习故，染净因果俱不成立。故此唯是无覆无记。覆谓染法，障圣道故；又能蔽心，令不净故。此识非染，故名无覆。记谓善恶，有爱非爱果及殊胜自体可记别故。此非善恶，故名无记。

【简注】

[1] 染污：包括不善性以及有覆无记性。

【今译】

[问：]"事物有四种性质，即善性的、不善性的、有覆无记性

---

① （唐）窥基《成唯识论述记》卷第三，《大正藏》第43册，第332页。

的、无覆无记性的。阿赖耶识属于哪一种呢？"

阿赖耶识只是无覆无记性，因为它是异熟的性质。异熟如果是善性的或污染性的，那六道流转与还归寂灭就都不能成立。此外，此识为善性的以及污染性的事物的依存之处，〔此识如果是善性的，就不能成为污染性的事物的依存之处，反之亦然，所以，〕如果它本身是善性的或污染性的，那就与性质相反的事物互不相容，就不应同时作为二者的依存之处。此外，此识具有能被熏习的性质，如果它是善性的或污染性的，那就会像极香或极臭的东西，应该不会受熏；而如果没有熏习，那污染的或清净的因果就都不能成立。所以此识只是无覆无记性的。〔所谓无覆无记，〕覆指污染性现象，因为能障碍圣道，又能蒙蔽心，使心不清净。此识并非污染性的，所以称为无覆。记指善恶，因为善恶有使人喜爱的果与不喜爱的果，还有各自善恶性质明确的主体可作区别。第八识非善非恶，所以称作无记。

【评析】

此处论述第八识的伦理性质。第八识的伦理性质是无覆无记性，否则的话，流转六道与证得寂灭都不可能。因为如果第八识可善可恶，那么，当众生处在善道中，善道中的第八识应该是善性，那就不应生不善，所以就不会再流落恶道，因而也就不在六道中流转，从而一直处于善道中，但有漏善并不是解脱；而当众生处在恶道中，则恶道中的第八识既然一直是恶，那就不应生善，那也不可能证得解脱。此外，如果第八识的伦理性质是善性或污染性的，那与第八识的熏习等其他性质也会发生矛盾，使第八识的其他性质不能成立。所以，第八识是无覆无记性的。

【原文】

"触等亦如是"者，谓如阿赖耶识唯是无覆无记性摄，触、作意、受、想、思亦尔，诸相应法必同性故。

又触等五如阿赖耶，亦是异熟，所缘、行相俱不可知，缘三种境，五法相应，无覆无记。故说"触等亦如是"言。

有义：触等如阿赖耶，亦是异熟，及一切种，广说乃至无覆无记。"亦如是"言无简别故。

彼说非理。"所以者何？"触等依识，不自在故，如贪、信等，不能受熏，如何同识能持种子？又若触等，亦能受熏，应一有情有六种体，若尔，果起，从何种生？理不应言从六种起，未见多种生一芽故。若说果生，唯从一种，则余五种便为无用。亦不可说次第生果，熏习同时，势力等故。又不可说六果顿生，勿一有情一刹那顷，六眼识等俱时生故。

"谁言触等亦能受熏、持诸种子？"

不尔，如何触等如识，名一切种？

"谓触等五，有似种相，名一切种。触等与识，所缘等故；无色触等，有所缘故；亲所缘缘，定应有故。此似种相，不为因缘生现识等，如触等上似眼根等，非识所依，亦如似火，无能烧用。"

彼救非理。触等所缘似种等相，后执受处，方应与识而相例故。由此前说一切种言，定目受熏、能持种义。不尔，本颂有重言失。

又彼所说"亦如是言无简别故，咸相例"者，定不成证。勿触等五，亦能了别；触等亦与触等相应。由此故知，"亦如是"者，随所应说[1]，非谓一切。

【简注】

[1] 随所应说：据《述记》，第四种观点认为，五遍行心所与第八识性质相同之处除上述五种外，还可加上"断舍随所应"，即断舍位与第八识相同。

【今译】

[关于颂中说的]"触等五种心所也是如此"，[有四种观点。第一种观点认为，]就像阿赖耶识只属于无覆无记性一样，触、作意、受、想、思五种遍行心所也只属于无覆无记性，因为所有与阿赖耶识相应的心所，必定与此识性质相同。

[第二种观点认为，]触等五种心所，与阿赖耶识一样也是异熟；它们的认识对象和现行活动的作用，也都是不可知的；它们也能认识种子、有根身以及器世间；每一遍行心所与第八识、其余四种遍行心所都是相应的；[此外，触等五种心所也都是]无覆无记性。所以说"触等五种心所也是如此"。

第三种观点认为，触等五种心所就像阿赖耶识一样，也是异熟，也称一切种，广而言之乃至也是无覆无记性。颂中的"也是如此"一语，是说它们与阿赖耶识没有区别。

［第四种观点认为，］第三种观点的［"也称一切种"的］说法没有道理。［问：］"为什么呢？"触等五种心所依赖识，不能独立存在，就像贪等烦恼心所或信等善心所一样，所以它们不能受熏习，这样的话，又怎么能像识一样保持种子呢？退一步说，如果触等五种心所也能受熏习，那一众生应该同时有［第八识和五遍行心所］六个含藏种子的主体，这样的话，当异熟果生起时，是从哪个主体的种子生起的？按理不能说是由六个种子共同生起，从未见过有多个种子生一个芽。如果说果只从一个种子生起，那其余五个种子就没有用了。也不可说是依次生果，因为［如果五心所也受熏习的话，心与五心所的］熏习是同时的，因而受到的熏习力量也是相同的，［因此不可能是依次生果。］又不可说有六个果一下子生起，否则的话，一众生一刹那间就会有六个眼识等同时生起。

［对方辩解：］"谁说触等五种心所也能受熏习、保持各类种子？"

不然的话，你们为什么说"触等五心所与第八识一样，也称一切种"？

［对方补救：］"这是说触等五心所，其相分中都有形似种子的影像，［故而将触等五心所也］称为一切种。这是因为触等五心所与第八识，它们所认识的对象是相同的；也是因为即使是无色界众生的触等五心所，也有所认识的对象；也是因为亲所缘缘，必定应该存在。这形似种子的影像，不能作为因缘而生起现行的识等，就像在触等心

所相分上显现的与眼根等相似的影像，也不能使眼识等依之而生起，这也如同形似火的东西不能有燃烧作用一样。"

他们的补救没有道理。因为触等五心所所认识的形似种子的影像，要到颂中后一句"执受处"，才能与第八识相互例同。因此，颂中前面所说的"一切种"，定是着眼于受熏习、能保持种子等意思。不然的话，这首颂就有重复言说的过失。

此外，他们所说的，"'也是如此'这句话，是指与第八识没有区别，都是互相例同的"，必定不能证明成立。否则的话，触等五心所，也能与识一样有了别功能；触等五心所也［应像与识相应那样］与触等五心所相应，［即自己与自己相应。］由此可知，"也是如此"的说法，是根据触等五心所能够与第八识相应的性质而说的，并非指能与第八识的一切性质相应。

【评析】

此处是讨论颂中"触等亦如是"一句的含义。此句颂文表示触等五种遍行心所与第八识在性质上有相同之处，但究竟有哪些相同处呢？在这问题上有四种观点。第一种观点认为二者都是无覆无记性。第二种观点认为有五种性质相同：异熟，不可知，缘三种境，五法相应，无覆无记。这两种观点都没有错误，所以文中没有标示"有义"二字。第三种观点则在第二种观点所说的五种性质相同上再加上"一切种"，而这一说法是错误的，所以第四种观点对此作了批驳。此外，据《述记》所说，第四种观点在第二种观点的五种相同基础上，再加上"断舍位"（即解脱位）相同，这样共有六种性质相同。

而论中"勿触等五，亦能了别"，意思是说，了别只是识的功能，不是诸心所的功能，诸心所另有各自的功能。就五遍行心所而言，如前所说，作意是"警心"，触是"令心、心所触境"，受是"领纳"，想是"于境取像"，思是"令心造作"。进而，其他心所也有各自特定的功能。

五、第八识的非断非常性

【原文】

"阿赖耶识为断为常？"

非断非常，以恒转故。恒谓此识无始时来，一类相续，常无间断，是界、趣、生施设本故；性坚持种，令不失故。转谓此识无始时来，念念生灭，前后变异，因灭果生，非常一故，可为转识熏成种故。恒言遮断，转表非常。犹如暴流，因果法尔。如暴流水，非断非常，相续长时，有所漂溺；此识亦尔，从无始来，生灭相续，非常非断，漂溺有情，令不出离。又如暴流，虽风等击，起诸波浪，而流不断；此识亦尔，虽遇众缘，起眼识等，而恒相续。又如暴流，漂水上下，鱼草等物，随流不舍；此识亦尔，与内习气、外触等法，恒相随转。如是法喻，意显此识，无始因果，非断常义。谓此识性，无始时来，刹那刹那，果生因灭，果生故非断，因灭故非常，非断非常是缘起理。故说此识，恒转如流。

【今译】

　　[问：]"阿赖耶识是有间断的，还是始终不变的？"

　　非间断非始终不变，因为它是"恒转"的。说其"恒"，是因为此识无量时间来，始终以同一类无覆无记性相连续，永无间断，是三界、五趣[或六道]、四生建立的根本；也是因为此识本性坚固，能保持种子，使之不失。说其"转"，是因为此识无量时间来，每一瞬间都在生生灭灭，前后瞬间都有变化不同，因灭了，果生起，并非始终同一；也是因为此识可被前七转识熏习而生成种子。说"恒"是要否定有间断，说"转"是要表明并非始终不变。犹如暴流，因果自然。就像暴流中的水，并非有间断，也并非始终不变，而是长期连续不断，能使物体漂溺其中；此识也是如此，从无量时间来，生生灭灭，永远连续，非始终不变，非有间断，使众生漂溺在生死之中不能出离。又像暴流中的水，虽遇风等击起波浪，但水流不断；此识也是如此，虽遇各种条件而生起眼识等各种事物，但此识永远连续不断。又像暴流，其中的水在忽上忽下地漂流，鱼、草等物随流漂游而不离水；此识也是如此，与识内的种子以及识外的触心所等事物，永远相伴随而生起。上述显示正法的比喻，意在表明此识具有无量时间来的因果，以及非有间断非始终不变的性质。即此识的主体，无量时间来，每一刹那都有果生起、因消失，果生起所以非有间断，因消失所以非始终不变，非有间断非始终不变，就是缘起正理。所以说此识"恒转如流"。

【评析】

　　此处论述阿赖耶识的非常非断性质。其中，"常"指恒常不变,"断"指断灭或间断。阿赖耶识的非常非断性是一个非常重要的命题,因为它涉及佛教的轮回主体与无我观的相互关系。因为如果阿赖耶识是恒常不变的,那佛教的无我观就不能成立,而应该说有阿赖耶识这样一个自我的实体存在;而如果阿赖耶识会断灭,那轮回的主体就不再存在,轮回学说也因此而不能成立。而唯识学关于阿赖耶识的"恒转"性,说明阿赖耶识既是永恒的,又是刹那刹那变化的,因而阿赖耶识既可充当轮回的主体,又不同于其他学派所说的始终不变的自我的实体。

【原文】

"过去未来,既非实有,非常可尔,非断如何?断岂得成缘起正理?"

过去未来,若是实有,可许非断,如何非常?常亦不成缘起正理。岂斥他过,己义便成?若不摧邪,难以显正。前因灭位,后果即生,如称两头,低昂时等。如是因果相续如流,何假去来,方成非断。

"因现有位,后果未生,因是谁因?果现有时,前因已灭,果是谁果?既无因果,谁离断常?"

若有因时,已有后果,果既本有,何待前因?因义既无,果义宁有?无因无果,岂离断常?

"因果义成,依法作用。故所诘难,非预我宗。"

体既本有,用亦应然。所待因缘,亦本有故。

由斯汝义因果定无，应信大乘缘起正理。谓此正理，深妙离言。因果等言，皆假施设。观现在法，有引后用，假立当果，对说现因；观现在法，有酬前相，假立曾因，对说现果。假谓现识似彼相现。如是因果，理趣显然，远离二边，契会中道。诸有智者，应顺修学。

有余部说：虽无去来，而有因果恒相续义。谓现在法，极迅速者，犹有初后生灭二时，生时酬因，灭时引果，时虽有二，而体是一。前因正灭，后果正生，体相虽殊，而俱是有。如是因果，非假施设，然离断常，又无前难。谁有智者，舍此信余。

彼有虚言，都无实义。何容一念而有二时？生灭相违，宁同现在？灭若现在，生应未来。有故名生，既是现在，无故名灭，宁非过去？灭若非无，生应非有。生既现有，灭应现无。又二相违，如何体一？非苦乐等，见有是事。生灭若一，时应无二；生灭若异，宁说体同？故生灭时，俱现在有，同依一体，理必不成。

经部师等因果相续，理亦不成，彼不许有阿赖耶识能持种故。

由此应信大乘所说因果相续缘起正理。

【今译】

［问：］"过去与未来既然不是真实存在，阿赖耶识非始终不变还可以成立，非有间断如何说得通？但阿赖耶识有间断的观点岂能使缘

起正理得以成立？"

过去与未来如果是真实存在，可以承认阿赖耶识非有间断，可这样的话，非始终不变又怎么能成立呢？但阿赖耶识如果是始终不变的，也不能使缘起正理得以成立。岂有光驳斥他人的错误，自己的主张就能成立的？如果不摧毁他们的邪见，就难以显示正理。前一因消失的同时同地，后一果就生起，就像秤的两头，一头降低的同时另一头就升高。因果就是这样相连续如暴流，何必要借助过去和未来，才成立非间断？

［问：］"［如果过去和未来不是真实的存在，那么］在因当前存在的状态中，后继的果还未生起，那因又是谁的因？在果当前存在时，先前的因已经消失，那果又是谁的果？既然没有因果，又是什么东西离间断离始终不变？"

如果因存在时，后继的果也已经存在，果既然本来就存在，那又何必要依赖前因？因的意义既然没有，果的意义又岂能存在？［这样仍是］无因无果，岂能离间断离始终不变？

［对方解答质难：］["未来事物的因果，虽然其主体本来存在，但］因果意义的成立，是依据事物的作用，［而不是依据事物的主体。即未有作用名未来，正有作用名现在，作用已灭名过去。现时存在因的作用，至于果的作用则还未生起。但因的意义既然成立，果的意义也就成立。］所以你们上面所责难的观点，与我宗的观点无关。"

未来事物的主体既然是本来存在，其作用也应本来存在，［因为体用应该是一致的。］［对方补救："未来事物的主体和作用虽然都是本来存在，但由于缺少发生作用的条件，所以未来的作用现在还没有产生。"]［既然一切事物的主体本来就已存在，那么作用产生］所依赖的条件也应本来就存在，［怎么能说缺少条件呢？这样果的主体与作用本来就存在，也就无需因，而无因也无果。］

因此，你们所说意义上的因果必定不存在，应该相信大乘的缘起正理。即这一正理深刻微妙，难以言表。［按这一正理，］因果等说法，都是假立名称而已。观察现在的事物，其中有能引生将来果的作用，［就在心中变现将来果的形相，将此］假立为将来的果，相对［于这假立的将来果］而说现在的事物为因；观察现在的事物，其中有承延先前的状况，［就在心中变作过去的形相，将此］假立为过去因，相对［于这假立的过去因］而说现在的事物为果。假是指在现在的识上有似乎实在的将来果或过去因的形相显现。这样建立的因果，其理论的旨趣是很明显的，即远离间断与始终不变两个极端，契合中道。一切有智者都应顺应而修学。

上座部说，虽然没有过去与未来，但有因果永恒连续的含义。即当前存在的事物，即使变化最迅速的，仍有初生与后灭两个时期，初生时承延因，后灭时引生果，时期虽有两个，但主体是同一的。前面的因正消失时，后面的果也正在生起，其主体表现出的两个现象虽然不同，但都是存在的。这样的因果并非假立，却离间断离始终不变，又没有前面的"因是谁的因、果是谁的果"的困难。哪一个有智之士会舍弃这一观点而相信其他观点？

他们只有虚假的言论，根本没有真实的道理。怎能容许一瞬间有两个时期？生与灭互不相容，怎么能同在现在？灭如果在现在，生应该在未来。存在所以称为生，生既然在现在，那不存在就称为灭，灭难道不是在过去？灭如果不是不存在，生也不应是存在。生既然是现时存在，则灭应该是现时不存在。此外，生灭二者互不相容，怎么能是同一主体？并没有见到过苦与乐会同时出现的事。生与灭如果是同一的，那时期不应是两个；生与灭如果是不同的，怎么能说主体相同？所以，生灭的时间都在现时，两者依赖同一主体，［这样的说法，］按理而言必定不能成立。

经部等学者所持的因果相连续的观点，按理而言也不能成立，因为他们不承认有阿赖耶识能保持种子。

因此应该相信大乘所说的因果相续的缘起正理。

【评析】

此处是破小乘因果之理。小乘执着一切事物有实体，因此，前因后果就有了时间上的差别，过去与未来的事物都有实体，因灭果生，因果的道理才能成立。而唯识学否认过去未来的事物有实体，所以因果关系不是通过时间上的先后表现出来的，因果只是假立名称，是根据当前的事物而假立，所以因果是同时成立并相续不断。而这正是第八识存在的方式，第八识中的种子生起现行之时，正是现行熏成新种之际。旧种、现行、新种，三法同时，这就是唯识学所说的因果同时之义。

此外，据《述记》，经部师的因果相续观点主要是："色心中诸功能用，即名种子，前生后灭，如大乘等，为因果性，相续不断,甚为胜义。"① 但其中假说的种子,由于经部师不承认有第八识,所以也不能相续,因而上述观点不能成立。

六、第八识的伏断位次

【原文】

"此识无始恒转如流,乃至何位,当究竟舍?"阿罗汉位,方究竟舍。谓诸圣者,断烦恼障,究竟尽时,名阿罗汉。尔时,此识烦恼粗重,永远离故,说之为舍。

此中所说阿罗汉者,通摄三乘无学[1]果位,皆已永害烦恼贼故,应受世间妙供养故,永不复受分段生[2]故。云何知然?《决择分》说:"诸阿罗汉、独觉、如来,皆不成就阿赖耶故。"《集论》复说:"若诸菩萨得菩提时,顿断烦恼及所知障,成阿罗汉及如来故。"

"若尔,菩萨烦恼种子未永断尽,非阿罗汉,应皆成就阿赖耶识,何故即彼《决择分》说'不退菩萨亦不成就阿赖耶识'?"

彼说二乘无学果位回心趣向大菩提者,必不退起烦恼障故,趣菩提故,即复转名不退菩萨。彼不成就阿赖耶识,即摄在此阿罗汉中。故彼论文,不违此义。

又不动地[3]以上菩萨,一切烦恼永不行故,法驶流中任运转故[4],能诸行中起诸行故,刹那刹那转增进故,此

---

① (唐) 窥基《成唯识论述记》卷第三,《大正藏》第43册,第340页。

位方名不退菩萨。然此菩萨，虽未断尽异熟识中烦恼种子，而缘此识我见、爱等，不复执藏为自内我，由斯永舍阿赖耶名，故说不成阿赖耶识。此亦说彼名阿罗汉。

有义：初地以上菩萨，已证二空所显理故，已得二种殊胜智故，已断分别二重障故，能一行中起诸行故，虽为利益起诸烦恼，而彼不作烦恼过失，故此亦名不退菩萨。然此菩萨虽未断尽俱生烦恼，而缘此识所有分别我见、爱等，不复执藏为自内我，由斯亦舍阿赖耶名，故说不成阿赖耶识。此亦说彼名阿罗汉。故《集论》中作如是说："十地菩萨虽未永断一切烦恼，然此烦恼，犹如咒药所伏诸毒，不起一切烦恼过失。一切地中，如阿罗汉已断烦恼，故亦说彼名阿罗汉。"

彼说非理。七地以前，犹有俱生我见、爱等，执藏此识为自内我，如何已舍阿赖耶名？若彼分别我见、爱等不复执藏，说名为舍，则预流[5]等诸有学位，亦应已舍阿赖耶名。许便违害诸论所说。

"地上菩萨所起烦恼，皆由正知，不为过失。非预流等得有斯事，宁可以彼例此菩萨。"

彼六识中所起烦恼，虽由正知，不为过失，而第七识有漏心位，任运现行，执藏此识，宁不与彼预流等同？由此故知，彼说非理。

然阿罗汉断此识中烦恼粗重究竟尽故，不复执藏阿赖耶识为自内我，由斯永失阿赖耶名，说之为舍，非舍一切第八识体。勿阿罗汉无识持种，尔时便入无余涅槃[6]。

【简注】

[1] 无学：与有学相对，指学道圆满，无需进一步修学。三乘都有无学果位，分别是阿罗汉、辟支佛（独觉）、如来。
[2] 分段生：两种生死之一，主要指凡夫的生死。详见下文。
[3] 不动地：指菩萨十地中的第八地。
[4] 法驶流中任运转故：《义演》卷第三释："法，谓真如无相海也。驶流者，即六度等舟。"
[5] 预流：声闻乘四级果位的第一级。
[6] 无余涅槃：也称无余依涅槃，是灰身灭智的涅槃，是二乘追求的目标。

【今译】

[问：]"阿赖耶识无量时间来如暴流般始终不断地生起，要到什么阶段，才能彻底舍弃此识？"要到阿罗汉位，才彻底舍弃。即一切圣者在断烦恼障，到彻底断尽时，称阿罗汉。此时，阿赖耶识中的烦恼种子，已经永远地远离，称之为舍弃。

[在这一问题上有三种观点，前两种是正确的观点。第一种观点认为，]这里所说的阿罗汉，将三乘的无学果位统统包括在内了，因为他们都已永远消灭了烦恼的贼害，都应受世间的美妙供养，都永远不再受分段生死了。怎么知道是这样的呢？《瑜伽师地论·摄决择分》说："所有的阿罗汉、独觉、如来，都不再具有阿赖耶识。"《集论》又说："一切菩萨如果得菩提时，立即断除烦恼障和所知障，成

为阿罗汉以及如来。"

[问：]"如果是这样的话，菩萨在烦恼种子还未永远断尽、还不是你们所说意义上的阿罗汉时，应该都具有阿赖耶识，为什么在同样那篇《摄决择分》中却说'不退菩萨也不具有阿赖耶识'？"

《摄决择分》说二乘在无学果位上回心趋向大菩提者，由于必定不会退转而再生起烦恼障，由于趋向大菩提，就此转变称为不退菩萨。他们不再具有阿赖耶识，因此也就包括在这一意义的阿罗汉中。所以论中的那段文字并不违背颂中所说的道理。

[第二种观点认为，不退菩萨还应包括八地以上的菩萨。]八地以上的菩萨，因为一切烦恼永不现行生起，能在真如无相海中行六度而无功用，能在每一种修行中进行一切修行，每一刹那都有增进，所以到这一位上方可称为不退菩萨。而这类菩萨虽然还未断尽异熟识中的烦恼种子，但缘此识的[第七识的]我见、我爱等四种根本烦恼不再将此识执藏为内在的自我，因此他们的第八识永远舍弃了阿赖耶的名称，所以说不具有阿赖耶识。此颂中也将他们称作阿罗汉。

第三种观点认为，初地以上的菩萨，由于已经证得我空和法空所显示的真理，已经获得[根本智和后得智]两种殊胜的智慧，已经断除分别烦恼障和分别所知障，能在每一种修行中进行一切修行，所以虽然为使众生获利益而做各种事业从而表现出各种烦恼，但他们不犯与烦恼相应的过失，所以也称他们为不退菩萨。而这类菩萨虽然还未断尽俱生烦恼，但缘此识[即第七识]的所有分别我见、我爱等烦恼[已经断除，第七识]不再将此识执藏为内在的自我，因此他们的第八识也舍弃了阿赖耶的名称，所以说不具有阿赖耶识。此颂中也将他们称作阿罗汉。所以《集论》中有如此的说法："十地中的菩萨虽未永远断除一切烦恼，但这烦恼就像被咒语或药物所压伏的各种毒素，不会生起一切烦恼和过失。"十地中一切地的菩萨，都像阿罗汉一样，已经断除了烦恼，所以也可将他们称作阿罗汉。

这种说法没有道理。因为菩萨在七地结束以前，仍有俱生我见、我爱等，将此识执藏为内在的自我，怎么能说已经舍弃了阿赖耶的名称？如果说他们的分别我见、我爱等［已断除，故而第七识］不再将此识执藏为内在的自我，称为舍弃，那预流等一切有学位也应已经舍弃阿赖耶的名称。赞同这样的观点，就违背了各种论的说法。

［第三种观点补救：］"初地以上菩萨所表现出的烦恼，都来自正知，所以不成为过失。这不是预流等能做到的事，怎么能将他们与地上菩萨相比？"

虽然地上菩萨前六识中所表现出的烦恼，是来自正知，不成为过失，但他们的第七识处在有漏心的状态，自然而无条件生起的现行活动是执藏第八识，怎么不与预流等相同？因此可知，他们的说法没有道理。

而阿罗汉由于断尽阿赖耶识中的烦恼种子［从而永远制伏其现行活动］，不再将阿赖耶识执藏为内在的自我，因此永远失去阿赖耶的名称，这被说成是舍弃，但并非真的舍弃一切第八识的主体。否则的话，阿罗汉［在断尽烦恼种子时］就没有识来保持［其他］种子，这时就要进入无余依涅槃。

【评析】

此处论述阿赖耶识之污染的性质何时能断除，或者说阿赖耶识的名称何时能舍弃。在这一问题上有三种观点。第一种观点是根本性的观点，阿赖耶识是在阿罗汉位断除。阿罗汉的梵文意译为"应"，有三种含义：一是应断，即已断除了应断除的一切烦恼；二是应供，即一切功德已经圆满，应受人、天的供养；三是应不受，即已经灭除了牵引生死的惑业，应永不再受分段生死。具有这三种含义的是三乘无学，即二乘的阿罗汉、辟支佛以及大乘的如来。但《瑜伽论》又说到不退菩萨也断除了阿赖耶识，而对不退菩萨的不同理解引起了关于阿赖耶识断除位的不同说法。窥基在《述记》中说：不退有五种。一是信不退，这是指十信中的第六心以上。二是住不退（也称位不退），指十住中的第七住以上。三是证不退，这是指初地以上。四是行不退，这是指八地以上。五是烦恼不退，指由无漏道断烦恼的一切圣者，[①] 由二乘无学回心转向大乘的渐悟菩萨也属烦恼不退菩萨。关于不退菩萨断阿赖耶识，第一种观点是，二乘回向大乘的渐悟菩萨，属上述断阿赖耶识的不退菩萨。第二种观点是，八地以上的菩萨也是上述不退菩萨，因为到了第八地，虽然没有断尽烦恼种子，但一切烦恼已经永远不能现行活动，纯粹无漏相续永不间断，故而第七识的我见、我爱等已不生起，不再执着第八识为自我。因此，阿罗汉与不退菩萨

---

① 参见（唐）窥基《成唯识论述记》卷第三，《大正藏》第43册，第341页。

（八地以上菩萨）都应被认为断除了阿赖耶识的污染性质，舍弃了阿赖耶识的名称。这两种说法都是护法的主张。而第三种观点认为，初地至七地的菩萨也属上述断阿赖耶识的不退菩萨，因为他们也已能断除阿赖耶识的污染性质，舍弃其名称。这是难陀等论师的主张，但这种说法是有问题的。因为初地至七地的菩萨仍有俱生我见、我爱，他们的第七识仍是有漏的，仍在执着第八识，所以还不能说已断除阿赖耶识的污染性质，舍弃了其名称。此外，这里所说的舍弃阿赖耶识的名称，是指舍弃其执藏的含义，不是指舍弃其能藏和所藏的含义。舍弃了阿赖耶识的名称后，第八识的主体仍然存在，并不断灭。

【原文】

然第八识虽诸有情皆悉成就，而随义别立种种名。

谓或名心，由种种法熏习种子所积集故；或名阿陀那，执持种子及诸色根，令不坏故；或名所知依，能与染净所知诸法为依止故；或名种子识，能遍任持世出世间诸种子故。此等诸名，通一切位。

或名阿赖耶，摄藏一切杂染品法，令不失故，我见、爱等执藏以为自内我故。此名唯在异生、有学，非无学位、不退菩萨有杂染法执藏义故。

或名异熟识，能引生死、善不善业异熟果故。此名唯在异生、二乘、诸菩萨位，非如来地犹有异熟无记法故。

或名无垢识，最极清净，诸无漏法所依止故。此名唯在如来地有，菩萨、二乘及异生位，持有漏种，可受熏习，未得善净第八识故。如契经说："如来无垢识，是净无漏界，解脱一切障，圆镜智[1]相应。"

　　阿赖耶名，过失重故，最初舍故，此中偏说。异熟识体，菩萨将得菩提时舍，声闻、独觉，入无余依涅槃时舍。无垢识体，无有舍时，利乐有情，无尽时故。心等通故，随义应说。

　　然第八识总有二位。一有漏位，无记性摄，唯与触等五法相应，但缘前说执受、处境。二无漏位，唯善性摄，与二十一心所相应，谓遍行、别境各五，善十一。与一切心恒相应故，常乐证知所观境故，于所观境恒印持故，于曾受境恒明记故，世尊无有不定心故，于一切法常决择故，极净信等常相应故，无染污故，无散动故。此亦唯与舍受相应，任运恒时平等转故，以一切法为所缘境，镜智遍缘一切法故。

【简注】

[1] 圆镜智：即大圆镜智，是佛的智慧，能像镜子般如实地映现一切事物。唯识学认为，大圆镜智是成佛后第八识转变其污染性而完全清净后获得的。

【今译】

　　而第八识虽是一切众生都具有，但随含义不同而建立种种名称。

即有时称作心，这是指第八识是由种种事物的熏习而形成的各类种子的集合体；有时称作阿陀那，这是指第八识能牢固地保持种子以及各种具有感觉功能的根，使之不坏；有时称作所知依，这是指第八识能作为一切所知的、污染的或清净的事物的依止之处；有时称作种子识，这是指第八识能普遍地保持世间或出世间的有漏或无漏的种子。上述名称在一切位中都通用。

有时称作阿赖耶，这是指第八识保持含藏一切善性、恶性、无记性的事物的种子，使之不丧失，而［第七识］我见、我爱等执藏此识，以此识为内在的自我。这一名称只在凡夫和有学位的圣者［包括八地以下的菩萨］中适用，并非无学位的圣者或八地以上的菩萨也有善恶混杂的现象和执藏的含义。

或者称作异熟识，这是指第八识能引生导致生死以及善或不善业的异熟果。这一名称只在凡夫、二乘以及一切菩萨位中适用，并非如来地仍有异熟无记性的现象。

有时称作无垢识，此时第八识最为清净，是各种无漏现象的依止之处。这一名称只在如来地适用，因为在菩萨、二乘以及凡夫位中，第八识保持有漏的种子，可受熏习，还未获得纯善纯净的第八识。正如《如来功德庄严经》中所说："如来的无垢识，是清净无漏的存在，它已解脱了一切障碍，与大圆镜智相应。"

阿赖耶识的名称，因其过失最重，也因其在证道过程中最先舍弃，所以颂中着重指出。异熟识的性质，菩萨将得菩提时予以舍弃，而声闻与独觉要到入无余依涅槃时予以舍弃。无垢识的主体，［如来］永无舍弃之时，因为使众生获利益得安乐是没有穷尽之时的。心等

[包括所知依、执持识等] 各种名称，应该说是通用于一切位，只是根据不同的含义而用不同的名称。

而第八识共有两种状态。一是有漏状态，[该状态中的第八识] 属无记性，只与触等五种遍行心所相应，只认识前面所说的"执受""处"等对象。二是无漏状态，[该状态中的第八识] 只属善性，与二十一个心所相应，即五个遍行心所、五个别境心所、十一个善心所。因为 [遍行心所] 与一切心永远相应；[就别境心所而言，无漏第八识] 永远乐于证知所观察的对象，[所以与善的欲心所相应；] 对所观察的对象始终能确认与把握，[所以与善的胜解心所相应；] 对已经熟悉习惯的事物始终能清楚地记忆，[所以与善的念心所相应；] 世尊没有不定的心，[所以与定心所相应；] 对一切事物始终能作出抉择，[所以与善的慧心所相应。][无漏第八识] 与极其清净的信等心所永远相应，[所以与十一个善心所相应；] 没有污染，[所以不与根本烦恼和随烦恼相应；] 没有散乱活动，[所以不与不定心所相应。] 这无漏第八识也只与舍受相应，自然地、永恒地、无差别地生起，以一切事物为认识对象，因为大圆镜智能普遍地认识一切事物。

【评析】

此处论述第八识的各种名称。第八识有多种名称，适用于各种情况。心、阿陀那、所知依、种子识，适用于一切场合。阿赖耶识适用于凡夫、二乘有学、八地以下菩萨。异熟识适用于凡夫、二乘以及一切菩萨。无垢识适用于佛。佛的无垢识，只是舍弃阿赖耶识与异熟识的污染性质,并非是舍弃第八识的主体。此外,第八识在有漏状态中属无覆无记性,只与五遍行心所相应;而转变成无漏后,属善性,与五遍行心所、五别境心所和十一善心所相应。

第二节　第八识存在的证明

一、经文的证明

（一）大乘经的证明

【原文】

　　"云何应知此第八识,离眼等识,有别自体？"

　　圣教正理为定量故。谓有[1]《大乘阿毗达磨契经》中说:

　　"无始时来界,一切法等依,

　　由此有诸趣,及涅槃证得。"

　　此第八识自性微细,故以作用而显示之。颂中初半显第八识为因缘用,后半显与流转还灭作依持用。

　　"界"是因义,即种子识无始时来展转相续,亲生诸法,故名为因。"依"是缘义,即执持识无始时来与一切法,等为依止,故名为缘。谓能执持诸种子故,与现行法为所依故,即"变为彼",及"为彼依"。"变为彼"者,谓变为器及有根身;"为彼依"者,谓与转识作所依止。以能执受五色根故,眼等五识依之而转;又与末那为依止故,第六意识依之而转。末那、意识，转识摄故，如眼等识，依俱有根。第八理应是识性故，亦以第七为俱有依。是谓此识为因缘用。

"由此有"者，由有此识；"有诸趣"者，有善恶趣。谓由有此第八识故，执持一切顺流转法[2]，令诸有情流转生死。虽惑、业、生，皆是流转，而趣是果，胜故偏说。或诸趣言，通能、所趣，诸趣资具，亦得趣名。诸惑、业、生，皆依此识，是与流转作依持用。

"及涅槃证得"者，由有此识，故有涅槃证得。谓由有此第八识故，执持一切顺还灭法，令修行者证得涅槃。此中但说能证得道，涅槃不依此识有故。或此但说所证涅槃，是修行者正所求故。或此双说涅槃与道，俱是还灭品类摄故。谓涅槃言，显所证灭；后证得言，显能得道。由能断道，断所断惑，究竟尽位，证得涅槃。能所断证，皆依此识，是与还灭作依持用。

又此颂中，初句显示此识自性无始恒有，后三显与杂染、清净二法总别为所依止。杂染法者，谓苦、集谛，即所、能趣，生及业、惑。清净法者，谓灭、道谛，即所、能证，涅槃及道。彼二皆依此识而有。依转识等，理不成故。

或复初句显此识体无始相续，后三显与三种自性[3]为所依止，谓依他起、遍计所执、圆成实性，如次应知。

今此颂中，诸所说义，离第八识，皆不得有。

【简注】

[1] 有:《藏要》本作"言",《大正》本及《述记》等多种注书均作"有",故本书作"有"。

[2] 顺流转法:指有漏种子。《述记》卷第四:"现行染法名为流转,种子染法名顺流转。"

[3] 三种自性:即遍计所执自性、依他起自性、圆成实自性。详见第五章。

【今译】

［问：］"怎么知道这第八识在眼识等六识之外,另有自体？"

佛典以及正理可作为确定的标准。如在《大乘阿毗达磨经》中有这样的说法：

"［此识］无量时间来是［一切事物的］因,

是一切事物平等无差别的依存之处,

因为有此［识］就有了六道众生,

以及涅槃与能证得涅槃的道。"

这第八识的自体极其隐微细密,因而以它的作用来显示它的自体。此颂的上半首显示第八识作为因缘的作用,下半首显示第八识对于生死流转以及还归寂灭也起到了依托支持的作用。

颂中的"界"是因的含义,指种子识［即第八识］无量时间来展转相续,直接生起各种事物,所以称为因。"依"是缘的含义,指执持识［即第八识］无量时间来对一切事物都是平等无差别的依存之处,所以称为缘。也就是说,［种子识］能保持一切种子,［执持识］对现行事物来说成为依存之处,这就是颂中的"变为彼"以及"为彼依"。所谓"变为彼",是指第八识变现出器世间以及有根身;所谓"为彼依",是指第八识对前七转识来说成为依存之处。因为第八识能保持五根使之生觉受,眼识等五识是依托五根而生起,[所以也是展转地依托第八识而生起;]又因为第八识对第七末那识来说是依存之处,第六意识是依托第七识而生起,[所以也是展转地依托第八识而生起。]末那识与意识都属转识,[都需俱有依,]就像眼识等五识必须依托作为俱有依的五根一样。而第八识按理应[与其他识一样都]是识的性质,也[应有俱有依,所以是]以[始终连续不断的]第七识为俱有依。这就是第八识作为因和缘的作用。

上述颂中的"由此有",是指由于有这第八识;"有诸趣",是指有或善或恶的五趣[或六道]。即由于有这第八识,所以能保持一切顺应生死流转的种子,使所有众生流转生死[轮回于五趣之中]。虽然[除五趣外,]烦恼,[善、恶、无记性]三业,[胎生、卵生、湿生、化生]四生,都是流转,但五趣是果,作用特殊,所以颂中只说"诸趣"。或者,"诸趣"的说法,是能趋向五趣的烦恼、三业等与所趋向的五趣的统称,在这里,一切烦恼、三业等趋向五趣的资助性的现象也获得了"趣"的名称。一切烦恼、三业、四生,都依赖于第八识,它们为众生的流转生死起到了依托与支持的作用。

颂中的"及涅槃证得",是指由于有第八识,所以有涅槃和能证得涅槃的道[即方法]。即由于有第八识的缘故,就能保持一切顺应还归寂灭的无漏种子,使修行者证得涅槃。颂中的"证得"只指能证得涅槃的道,因为涅槃不是依赖第八识而有的。或者说,颂中只是说所证得的涅槃,因为它是修行者根本的追求。或者颂中是说涅槃与道二者都属于还归寂灭类型。即"涅槃"的说法是显示所证得的寂灭，其后"证得"的说法是显示能证得涅槃的道。依靠能断的道，断除所断的烦恼，到彻底断尽的状态，证得涅槃。能断与所断、能证与所证，都依赖此识，此识对还归寂灭起到依托支持的作用。

此外，上述颂中，第一句显示第八识的主体无量时间来始终存在，后三句显示第八识对混杂污染的事物和清净的事物，或总体或个别地作为它们的依存之处。混杂污染的事物是指苦谛和集谛，即[苦谛是]所趣、[集谛是]能趣，[总的说就是]四生以及业和烦恼。清净的事物是指灭谛和道谛，即[灭谛是]所证、[道谛是]能证，[分别是]涅槃和道。混杂污染的事物和清净的事物都依赖第八识而存在。如果说它们是依赖前七转识而存在，那在道理上是不能成立的。

或者还可以说：第一句显示第八识的主体无量时间来一直连续，后三句显示第八识是三种自性的依存之处，要知道这三种自性依次是依他起性、遍计所执性、圆成实性。

现在此颂中所说的一切内容，离开第八识都不能存在。

【评析】

此处以下论证第八识的存在。这一论证是从佛典的依据以及从正理的依据两方面来进行的。首先从佛典来看，大乘与小乘的许多经典都直接或间接地论述过此识的性质。本论先引大乘经的例证。此处是引《大乘阿毗达磨经》的一首颂为例证，该颂认为，有某种存在，无量时间中一直在发挥作用，是一切事物的因，六道流转与还归寂灭，都依靠此种存在。从此颂可以看出，这样的一种存在完全符合唯识学第八识的含义。

【原文】

即彼经中复作是说：

"由摄藏诸法，一切种子识，

故名阿赖耶，胜者我开示。"

由此本识具诸种子，故能摄藏诸杂染法，依斯建立阿赖耶名。非如胜性转为大等，种子与果体非一故，能依、所依俱生灭故，与杂染法互相摄藏，亦为有情执藏为我，故说此识名阿赖耶。

已入见道诸菩萨众，得真现观，名为胜者，彼能证解阿赖耶识，故我世尊正为开示。或诸菩萨，皆名胜者，虽见道前未能证解阿赖耶识，而能信解，求彼转依，故亦为说。非诸转识有如是义。

【今译】

仍是在《大乘阿毗达磨经》中，又有这样的说法：

"由于能保持含藏各种事物［的种子］，

这一切种子识，

所以称为阿赖耶识，

对于优秀者，我作这样的开导启示。"

由于这第八识具备各种种子，所以能保持含藏一切混杂污染的有漏事物，据此建立阿赖耶的名称。并非［如数论所说，］由殊胜的自性转变为"大"等二十三种事物，因为种子与果的主体并非同一，［故非数论的自性起用；］能依与所依同生同灭，［故非数论的先后生起；］此识与有漏的事物［及其种子］互相作为能藏与所藏，此识也被众生执藏为自我，所以说此识名为阿赖耶识［即藏识］。

已入见道位的所有菩萨，获得了真正的现量观照，称为"胜者"［即优秀者］，他们能证知理解阿赖耶识，所以我们的世尊正面为他们开导启示这些内容。或者说，一切菩萨都称为"胜者"，虽然在见道位前的菩萨还没有证知理解阿赖耶识，但他们对此能信奉理解，追求转依证果，所以也为他们说此道理。并非前七转识有上述阿赖耶的各种含义。

【评析】

此处继续引大乘经为证，所引的是《大乘阿毗达磨经》的另一首颂，该颂已经明确地说明了此识的功能，即保持一切事物的种子；该颂还将此识称为一切种子识，以及阿赖耶识。因此，第八识的提法是有大乘经的依据的。

【原文】

《解深密经》亦作是说：
"阿陀那识甚深细，一切种子如暴流，
我于凡愚不开演，恐彼分别执为我。"

以能执持诸法种子，及能执受色根、依处，亦能执取结生相续，故说此识名阿陀那。无姓[1]有情，不能穷底，故说甚深；趣寂种姓[2]，不能通达，故名甚细。是一切法真实种子，缘击便生转识波浪，恒无间断，犹如暴流。凡即无姓，愚即趣寂。恐彼于此起分别执，堕诸恶趣，障生圣道，故我世尊不为开演。唯第八识有如是相。

《入楞伽经》亦作是说：

"如海遇风缘，起种种波浪，

现前作用转，无有间断时。

藏识海亦然，境等风所击，

恒起诸识浪，现前作用转。"

眼等诸识，无如大海恒相续转起诸识浪，故知别有第八识性。

此等无量大乘经中，皆别说有此第八识。

【简注】

[1] 无姓：指"五种性说"中的无三乘种姓众生，他们不能证得解脱。
[2] 趣寂种姓：指"五种性说"中的定姓二乘，他们只能证得阿罗汉、辟支佛，不能证得佛果。

【今译】

《解深密经》也有这样的说法：

"阿陀那识极为深隐极为细微，

一切种子犹如暴流,

我对凡夫和愚者不说明此识,

恐怕他们生起虚妄分别,将此识执着为自我。"

因为此识能保持一切事物的种子,也能执受五根及其所依托的身体,并能执着地求取一世又一世的生命延续,所以说此识名阿陀那。无三乘种姓的众生,对此识不能穷根究底,所以说是极为深隐;追求寂灭的定性二乘种姓的众生,对此识不能证得,所以说是极为细微。此识中的一切事物的真实种子,遇到条件的击发便生起诸转识的层层波浪,永无间断,犹如暴流。颂中的"凡"就是指无三乘种姓的众生,"愚"就是指追求寂灭的定姓二乘。唯恐他们对此道理由虚妄分别生起执着,堕落到各种恶道中,障碍生往圣道,所以我们的世尊不为他们说明此识。只有第八识具有上述性状。

《入楞伽经》也有这样的说法:
"就像大海遇到刮风,激起层层波浪,

产生当前的作用,一直连续没有间断的时候。

藏识的大海也是如此,遇到各种境界的风的冲击,

始终生起诸转识的波浪,产生当前的作用。"

眼识等诸识,都不能像大海那样始终连续生起各种识的波浪,所以知道另外存在第八识的主体。

许许多多这样的大乘经,都说另外存在这第八识。

【评析】

此处继续引大乘经为证。所引是《解深密经》与《入楞伽

经》的有关颂，两颂对第八识的存在也提供了有力的依据。前经所说的阿陀那识与后经所说的藏识，都具有能永无间断地生起诸转识的功能，所以符合第八识的含义。而上述两个名称在唯识学中，藏识就是阿赖耶识的含义，阿陀那识则是第八识的异名，后一名称可通用于凡夫和圣者，而前一名称的应用范围有局限。

【原文】

诸大乘经，皆顺无我，违数取趣[1]；弃背流转，趣向还灭；赞佛、法、僧，毁诸外道，表蕴等法，遮胜性等。乐大乘者，许能显示无颠倒理，契经摄故，如《增壹》等，至教量摄。

又圣慈氏，以七种因，证大乘经真是佛说。一先不记故。若大乘经，佛灭度后，有余为坏正法故说，何故世尊非如当起诸可怖事先预记别？二本俱行故。大、小乘教，本来俱行，宁知大乘独非佛说？三非余境故。大乘所说，广大甚深，非外道等思量境界，彼经论中，曾所未说，设为彼说，亦不信受。故大乘经非非佛说。四应极成故。若谓大乘是余佛说，非今佛语，则大乘教是佛所说，其理极成。五有无有故。若有大乘，即应信此诸大乘教是佛所说，离此大乘不可得故。若无大乘，声闻乘教亦应非有，以离大乘，决定无有得成佛义，谁出于世说声闻乘？故声闻乘是佛所说，非大乘教，不应正理。六能对治故。依大乘经勤修行者，皆能引得无分别智，能正对治一切烦恼，故应信此是佛所说。七义异文故。大乘所说，意趣甚深，不可随文而取其义，便生诽谤，谓非佛语。是故大乘真是佛说。如《庄严论》颂此义言："先不记俱行，非余所行境，极成有无有，对治异文故。"

【简注】

［1］数取趣：《俱舍论记》卷第二十九说："数取趣，我之异名。"或译为补特伽罗、人、众生。趣指五趣或六道。数取趣指始终轮回于五趣或六道之中的有情。

【今译】

所有的大乘经，都赞同无我，反对有我；背弃流转生死，趋向还归寂灭；赞扬佛、法、僧，驳斥各种外道见解；肯定五蕴等正法，否定数论的胜性等邪见。所以一切喜爱大乘佛法的人，都承认这些大乘经能显示无颠倒的正理，因为它们也属佛所说的经，就像《增一阿含经》等经一样，属于至尊的佛的教导。

此外，弥勒圣者用七种理由来证明大乘经真是佛说。一是先不记。如果大乘经是佛灭度后有人为破坏正法而说的，为什么世尊没有对此像预言其他将来要出现的可怕事件那样事先作出预言？二是本俱行。［佛灭度后，］大、小乘教，本来同时流行，怎么知道唯独大乘不是佛说？三是非余境。大乘的内容广大而深奥，并非是外道等人所能思量的境界，他们的经论中从来没有说过这样的内容，即使对他们说，他们也不能相信接受。所以大乘经不是非佛所说。四是应极成。如果说大乘是过去佛或他方佛所说，并非释迦佛所说，那大乘教是佛所说，这道理还是完全成立。五是有无有。如果承认有大乘，就应相信所有这些大乘教法都是佛所说，离开佛说的大乘教法，大乘是不可能有的。但如果没有大乘，那声闻乘教也应该没有，因为离开大乘教法，必定没有能成佛的道理，那又是谁出现在世上说声闻乘的教义？所以认为声闻乘是佛所说，大乘则不是，是不能与正理相应的。六是能对治。依照大乘经勤奋修行的人，都能受引导而证得无分别智，从而能根本对治一切烦恼，所以应该相信这是佛所说。七是义异文。大乘的内容，意境极为深远，不能随便拿段文字来断章取义，然后就发出诽谤，说这不是佛说的。因此，大乘真是佛说。如《庄严论》用以总结这一道理的颂中所说的："先不记俱行，非余所行境，极成有无有，对治异文故。"

【评析】

　　此处论述大乘经的正宗性和权威性，申明大乘经与《阿含经》等小乘经一样，都是佛说。因为大乘经后出，所以佛教内外都有一些学者认为大乘经并非佛说。本论指出，大乘经的主要教义也是主张无我，倡导还归寂灭，因此，在这些问题上与小乘的教义并无二致。而弥勒对此问题的详尽论述更为透彻地说明大乘真是佛说。因此，大乘经关于第八识的相应论述，应该能作为第八识存在的有力证明。

（二）小乘经的证明
【原文】

余部经中，亦密意说阿赖耶识有别自性。

谓大众部阿笈摩[1]中，密意说此名根本识，是眼识等所依止故，譬如树根是茎等本。非眼等识有如是义。

上座部经、分别论者，俱密说此名有分识。有谓三有，分是因义，唯此恒遍，为三有因。

化地部说此名穷生死蕴。离第八识无别蕴法穷生死际，无间断时。谓无色界，诸色间断；无想天等，余心等灭；不相应行，离色、心等无别自体，已极成故。唯此识名穷生死蕴。

说一切有部《增壹经》中，亦密意说此名阿赖耶，谓爱阿赖耶、乐阿赖耶、欣阿赖耶、喜阿赖耶。谓阿赖耶识是贪总、别三世境故，立此四名。有情执为真自内我，乃至未断，恒生爱着，故阿赖耶识是真爱着处。不应执余五取蕴等，谓生一向苦受处者，于余取蕴不生爱着，彼恒厌逆余五取蕴，念我何时当舍此命、此众同分、此苦身心，令我自在受快乐故。五欲亦非真爱着处，谓离欲者，于五妙欲虽不贪着，而爱我故。乐受亦非真爱着处，谓离第三静虑染者，虽厌乐受，而爱我故。身见亦非真爱着处，谓非无学信无我者，虽于身见不生贪着，而于内我犹生爱故。转识等亦非真爱着处，谓非无学求灭心者，虽厌转识等，而爱我故。色身亦非真爱着处，离色染者，虽厌色身，而爱我故。不相应行，离色心等无别自体，是故亦非真爱着处。异生、有学起我爱时，虽于余蕴有爱、非爱，而于此识，我爱定生。故唯此是真爱着处。由是彼说阿赖耶名，定唯显此阿赖耶识。

【简注】

［１］阿笈摩：意译为圣教，旧译为阿含。

【今译】

在小乘的经中，佛也用隐密的意思说阿赖耶识另有主体。

如大众部的经中，佛用隐密的意思说此识名为"根本识"，是眼识等其他识的依存之处，就像树根是树茎的根本一样。而眼识等其他识则没有这样的含义。

上座部的经和分别论师都用隐密的意思说此识名为"有分识"。"有"指三界，"分"是因的意思，即只有这"有分识"是永恒的、普遍存在的，为三界存在的因。

化地部的经说此识名为"穷生死蕴"。而离开第八识，则五蕴中没有其他什么东西能存在于无穷的生生死死中而永不间断。如无色界中，一切物质性的东西已不存在；无想天中，六识心都停止了活动；而心不相应行法离开了物质与心就没有独立的主体，这在前面已经证明。所以只有这第八识，可称为"穷生死蕴"。

说一切有部的《增一阿含经》中，也用隐密的意思说此识名为阿赖耶,即爱阿赖耶、乐阿赖耶、欣阿赖耶、喜阿赖耶。即阿赖耶识是对过去、现在、未来的状况或全部或部分地贪恋,所以建立这四种名称。众生将它执着为真正的内在的自我,只要这种执着没有断尽,就会永远对它生起爱的执着,所以阿赖耶识是爱的真正执着对象。不应认为五蕴中的其他东西是爱的真正执着对象,如生在一直受苦的恶道的众生,对于第八识之外的其他五蕴并不生起爱的执着,他们一直厌恶排斥其他五蕴,一直想着我什么时候能抛弃这命运、这恶道众生的共同遭遇、这苦难的身心,使我获得自在、享受快乐。五欲也不是爱的真正执着对象,如脱离欲界的众生,他们虽然对于美妙的五欲不生贪恋执着,但仍然爱"我"。快乐的感受也不是爱的真正执着对象,如脱离了三禅的束缚[进入四禅以上]的众生,他们虽然厌弃快乐感受,但仍爱"我"。身见也不是爱的真正执着对象,如还未到阿罗汉果位但深信无我的修行者,虽然对于身见不生起贪恋执着,但对于内在的自我仍生起爱。各种转识及其心所也不是爱的真正执着对象,如还未到阿罗汉果位而在修无心定的修行者,他们虽然厌恶转识及其心所,但仍爱"我"。物质身也不是爱的真正执着对象,脱离色界[进入无色界]的众生,虽然厌恶物质身,但仍爱"我"。心不相应行法,脱离物质与心等,就没有什么独立的主体,因此也不是爱的真正执着对象。可见从凡夫到有学位者在生起"我爱"时,虽然对于其他五蕴有爱有不爱,但对于这第八识,"我爱"必定会生起。所以,只有这第八识是爱的真正执着对象。由此可见,《增一阿含经》所说的阿赖耶的名称,必定只是指这第八阿赖耶识。

【评析】

此处引小乘经证第八识之存在。小乘经中对第八识也有间接或较为直接的论述。如大众部经中说的根本识，上座部经中说的有分识，化地部经中说的穷生死蕴，其性质都不是眼识等六识所具有，因此，实际上他们所说的性质都是对第八识性质的描述。而说一切有部经中所说的阿赖耶，不但其性质与唯识学所说的第八识性质相同，且名称也完全一致。因此，第八识的存在，实际上也可从小乘经中找到依据。

二、理论上的十种证明

（一）由持种心证有第八识

【原文】

已引圣教，当显正理。

谓契经说："杂染、清净诸法种子之所集起，故名为心。"若无此识，彼持种心不应有故。谓诸转识，在灭定等，有间断故；根、境、作意、善等类别，易脱起故，如电、光等，不坚住故；非可熏习，不能持种，非染、净种所集起心。此识一类，恒无间断，如苣藤等[1]，坚住可熏，契当彼经所说心义。若不许有能持种心，非但违经，亦违正理。

谓诸所起染、净品法，无所熏故，不熏成种，则应所起，唐捐其功。染、净起时，既无因种，应同外道执自然生。

色、不相应，非心性故，如声、光等，理非染、净内法所熏，岂能持种？又彼离识无实自性，宁可执为内种依止？

转识相应诸心所法，如识间断，易脱起故，不自在故，非心性故，不能持种，亦不受熏。

故持种心，理应别有。

【简注】

[1] 如苣藤等：据《述记》卷第四，"'等'取衣等"。此句大意：像苣藤、衣服等世间物体，从产生形成后至毁坏消失前的全部存在过程中，是一直存在而没有间断的，绝没有时而存在时而不存在的情况出现。以此来譬喻第八识，诚如《述记》说的，并不是完全成立的譬喻，只是取其部分相似之处。

【今译】

已经引用了佛典的论述，现在要进一步显示正确的道理。

如经中说："所有混杂污染或清净事物的种子的聚集和生起，就称为心。"如果没有此识，那经中所说的能保持种子的心也就不应有。因为前六转识在灭尽定［以及无想定、无想天、极重随眠、闷绝］等位中是有间断的；［即使在非间断位，由于六识生起所需的］根、境、作意［等条件各不相同，未必同时具备，以及］善、恶、无记性等状况的前后差别，六识也经常会前后脱节地生起，就像闪电、光线等现象，没有稳定性；所以前六转识不能受熏习，不能保持种子，不是由混杂污染或清净事物的种子的聚集和生起活动所形成的心。而第八识能保持同一类无记性,永无间断,就像苣藤等物［从生起后至坏灭前的整个过程中始终存在而不间断一样］,具有稳定性,可受熏习,符合该经所说的［能保持种子的］心的定义。如果不承认有能保持种子的心,不但违背经文,且也违背正理。

即一切所生起的或混杂污染的或清净的事物,如果没有第八识作为熏习的对象,就不能熏成种子,那么这些事物的生起也就没有什么意义了。此外,混杂污染的或清净的事物的生起,既然没有作为因的种子,那应该与外道执着的自然而生的观点相同。

物质与心不相应行法,不具有心的性质,就像声音、光等一样,按理不能被或混杂污染的或清净的心与心所等熏习,岂能保持种子?此外,物质与心不相应行法脱离识并无独立存在的主体,怎能将它们执着为内在种子的依存之处?

与前六转识相应的一切心所,由于与前六转识一样有间断,经常会前后脱节地生起,不是独立存在,不具有心的性质,所以不能保持种子,也不受熏习。

故而能保持种子的心,理应另有存在。

【评析】

此处以下是依据正理对第八识的存在进行证明,共有十种证明。此处是第一种证明,即从保持种子之心的存在来论证第八识的存在。此处的证明以及以后的证明,其方式一般是:首先引述经文有关第八识的性质,然后论述第八识外的一切事物都不具有此类性质,最后得出第八识存在的结论。所以其证明方法是依据"圣言量",即以佛经为根本依据。

此处的论证也是如此,首先引用经文,说明有能保持种子的心存在,进而论述六识(因为小乘只承认六识存在)、色法、心不相应行法等都不具有受熏、持种的性质。如六识不能受熏,所以不能形成种子;六识有间断,所以不能永无间断地保持种子。因此,应该另有一识受熏习、保持种子,而此识就是唯识学所说的第八识。

【原文】

有说:六识无始时来,依根、境等前后分位,事虽转变,而类无别。是所熏习,能持种子。由斯染、净因果皆成,何要执有第八识性?

彼言无义。"所以者何?"执类是实,则同外道;许类是假,便无胜用,应不能持内法实种。

又执识类,何性所摄?若是善恶,应不受熏,许有记故,犹如择灭;若是无记,善恶心时,无无记心,此类应断。非事善恶,类可无记,别类必同别事性故。

又无心位,此类定无,既有间断,性非坚住,如何可执持种、受熏?又阿罗汉或异生心,识类同故,应为诸染,无漏法熏,许便有失。

又眼等根,或所余法,与眼等识,根、法类同,应互相熏,然汝不许,故不应执识类受熏。

又六识身,若事若类,前后二念,既不俱有,如隔念者，非互相熏，能熏、所熏必俱时故。

执唯六识俱时转者，由前理趣，既非所熏，故彼亦无能持种义。

【今译】

有种观点说："六识无量时间来，依据根、境［和善、恶、无记三性］等前后状态的不同，这些识的主体虽有［善恶等的］转变，但类别却没有什么不同。正是这识的类别能受熏习，能保持种子。这样，有漏的和无漏的因果都能成立，何必要执着另有第八识的主体？"

他们的说法没有道理。［问：］"为什么呢？"如果执着六识的类别是实在的，就与外道的观点相同；如果赞同六识的类别是假象，就没有什么真实的用处，应该不能保持心和心所等的真实种子。

此外，他们所执着的六识的类别，属于什么性质？如果是善的或恶的，应该不能受熏习，因为已经肯定它们有特定的性质，［那它们就不会接受相反性质的东西的熏习，］就像择灭无为不能受熏习一样；如果六识的类别的性质是无记性的，那在善性的六识心或恶性的六识心活动时，就没有无记性的六识心，六识的类别应该中断。不能说某一识的主体是善的或恶的，而其类别可以是无记性的，不同的类别必定与不同的主体相应。

此外，在无心位中，［由于六识已停止活动，］则六识的类别必定不存在，既有间断，则其性质并非稳固，怎么可认为它能保持种子、能受熏习？此外，由于阿罗汉与凡夫的心，他们的六识类别都相同，则阿罗汉的六识应该受一切有漏事物的熏习，而凡夫的六识应该受无漏现象的熏习，赞同这样的观点显然是错误的。

此外，眼根等根，或心所等其余事物［即法］，与眼识等六识［你们称作次第灭根］，或都作为根［则眼根等根与眼识等次第灭根类别应相同］，或都作为法［则心所等法与识等法］类别应相同，应该都能互相受熏，但你们也不同意［眼根等根与心所等法能受熏］，所以不应执着六识的类别能受熏习。

此外，从六识来看，无论是其主体还是其类别，前后两个识，既然不是同时存在，而是像其他两个时间上相继出现的东西，那就不能互相熏习，因为能熏与所熏必定要同时存在，［才能具备熏习的含义。］

有种观点认为："［并非是六识的类别，］只是同时生起的六识，［能受熏和保持种子。］"但按前述道理，［六识不是所熏，］既然不是所熏，所以它也没有能保持种子。

【评析】

此处继续阐述关于第八识存在的第一种证明，是破各种认为六识能受熏持种的观点。小乘的一种观点认为，六识虽有间断，但六识的类别是稳定的，能保持种子。而本论指出，类别只是假法（用现代的学术术语来说，类别是一种抽象），所以不可能有保持种子的功能。至于认为类别是实法，则是外道的观点，根本不是佛教应取的立场。此外，从六识类别的性质看，由于其有善恶，所以不可能受熏习；由于其在无心位有间断，所以也不可能保持种子。此外按小乘的观点，由于他们不承认有第七识和第八识，所以，六识的前一识都作为后一识的根（称次第灭根或意根），如前一眼识是后一眼识的根，等等。这样，六根与六识就属同类，它们的类别应相同，所以应能相互受熏。此外，心所、色法、心不相应行法都属于"法"，也应与作为"法"的六识，类别相同，相互受熏。但实际上，小乘也不能同意根、境、识能相互受熏。此外，前后出现的两个同类识也不能使熏习的意义成立。最后，同时生起的六识也不能受熏和保持种子，因为六识并非是所熏。而对此段论述，一些注书还有一种解释，即六识同时生起，前五识是能熏，第六识是所熏，所以第六识受熏和持种。但如前所说，第六识并非是所熏，所以并不能持种。综上所说，六识不能受熏持种。

【原文】

　　有执色心自类无间，前为后种，因果义立。故先所说，为证不成。彼执非理，无熏习故。谓彼自类，既无熏习，如何可执前为后种？又间断者，应不更生。二乘无学，应无后蕴[1]，死位色心为后种故。亦不应执色心展转互为种生，转识、色等，非所熏习，前已说故。

　　有说："三世诸法皆有，因果感赴，无不皆成，何劳执有能持种识？然经说心为种子者，起染净法，势用强故。"彼说非理。过去未来，非常非现，如空华等，非实有故，又无作用，不可执为因缘性故。若无能持染净种识，一切因果皆不得成。

有执大乘遣相空理为究竟者，依似比量[2]，拨无此识及一切法。彼特违害前所引经。知断证修，染净因果，皆执非实，成大邪见。外道毁谤染净因果，亦不谓全无，但执非实故。若一切法，皆非实有，菩萨不应为舍生死精勤修集菩提资粮。谁有智者，为除幻敌，求石女儿[3]，用为军旅？

故应信有能持种心，依之建立染净因果，彼心即是此第八识。

【简注】

[1] 应无后蕴：《述记》卷第四释："彼色生色，心复生心，二乘后蕴如前余位无断绝故。"

[2] 似比量：指错误的推理方式得出的认识，与真比量相反。

[3] 石女儿："石女"即没有生育能力的女人。"石女儿"即石女生的儿子，所以也属虚妄。

【今译】

有种观点认为："物质与心的自类之间能无间断地生起，在前的就作为在后的种子，因果的意义于是成立。所以先前关于第八识的证明，不能成立。"他们的观点没有道理，[因为在他们说的前后而不是同时生起的情况下，]并不存在熏习的含义。既然它们的自类没有熏习，怎么可以认为在前的是在后的种子？此外，[在无色界中，物质身等已经消失，此界众生］不应［以后生到有物质的色界或欲界中，物质身］间断后再生起。此外，二乘无学，应该没有最后蕴断绝之事，［从而不能入无余依涅槃，］因为他们死时的物质与心可以作为其后蕴的种子。也不应认为物质与心相互间作为对方的种子而循环生起，因为前六转识、物质等并不受熏习，这在前面已经说过。

有种观点说："过去、现在、未来的一切事物都存在，因果感应而出现，无一不能成立，何劳执着存在能保持种子的第八识？而经中说心是种子，生起污染的与清净的事物，是因为心的势力作用强盛。"他们的说法没有道理。过去与未来的事物，非始终不变非现时存在，如空中幻花，［对现在而言，］并非实际存在，又不起作用，不能认为它们具有因缘的性质。如果没有能保持污染或清净事物的种子的识，则一切因果都不能成立。

有人执着大乘为排除假象而建立的空的理论，认为这是最为透彻的道理，他们依照错误的推理，否定第八识以及一切事物的存在。这完全违背与损害了前面所引的经文的含义。他们认为知苦断惑、证灭修道以及染净因果都完全没有真实性，这就成了大邪见。因为外道诋毁诽谤染净因果，也不是说它们完全不存在，只是认为它们并非实有。如果一切事物都完全不是真实存在，那菩萨就不应为舍弃生死而精进地修习和积集菩提的资粮了。哪一位有智之士会为了消除虚幻的敌人而去征招石女的儿子作为军队？

所以应该相信存在能保持种子的心，依据此心建立染净因果，此心就是这第八识。

【评析】

　　此处继续阐述关于第八识存在的第一种证明，是破各种无需第八识来受熏持种的观点。批驳的主要依据仍是前面所述的一些观点，即有善恶的心不能受熏，有间断的心不能持种，物质不受熏习，过去未来的事物没有实体不能持种等。此处值得注意的是大乘关于"性空"的理论。由"性空"理论导致的"恶取空"（即否定一切的观点）是完全不足取的。但另一方面，大乘空宗由"一切法无自性"的观点出发，也不承认有第八识；认为六识与外境，要说有都有（即世俗有），要说空都空（胜义空），所以无需建立第八识来保持一切事物的种子。这是大乘空宗与相宗的根本分歧所在，难以取得一致。按唯识学的立场，第八识必定需要建立，也必定是一种真实的存在。

（二）由异熟心证有第八识

【原文】

　　又契经说："有异熟心，善恶业感。"若无此识，彼异熟心不应有故。谓眼等识，有间断故，非一切时是业果故，如电、光等，非异熟心。异熟不应断已更续，彼命根等，无斯事故。眼等六识业所感者，犹如声等，非恒续故，是异熟生，非真异熟。定应许有真异熟心，酬牵引业，遍而无断，变为身、器，作有情依。身、器离心，理非有故。不相应法，无实体故。诸转识等，非恒有故。若无此心，谁变身、器？复依何法，恒立有情？

又在定中，或不在定；有别思虑，无思虑时，理有众多身受生起。此若无者，不应后时身有怡适，或复劳损。若不恒有真异熟心，彼位如何有此身受？

非佛起余善心等位，必应现起真异熟心，如许起彼时，非佛有情故。

由是恒有真异熟心，彼心即是此第八识。

【今译】

此外，经中说："存在异熟心，它是由善恶等业所感应而来的果。"如果没有第八识，经中说的异熟心也就不应有。如眼识等六识，因为它们有间断，并非在一切时间中都能作为［不间断的］业果而存在，就像闪电、光线等一样［有间断］，所以不是真异熟心。真异熟不应在中断后再继续，那［依赖识而假立的］命根［和暖］等，尚且没有中断后再继续的事，［何况异熟心的主体会中断后再继续。即使是］眼识等六识中属于由业所感的那部分六识，也像声音等现象，并非一直连续，仅是异熟生，并非真异熟。所以必定应该承认有真正的异熟心，它感应能带来主要果报的业，普遍存在而不间断，变现出众生各自的有根身和共同的器世间，作为众生的依存之处。有根身和器世间脱离此心，绝无存在之理。［对方质难："如果是这样的话，则命根、众同分等，普遍存在而不间断，是真异熟，足以成为众生的依存之处，何须第八识存在？"命根等］不相应法，并无实体，［怎能成为众生的依存之处？］各种转识［即你们承认的六种转识］等不是始终不间断的存在，［也不能成为众生的依存之处。］所以如果没有此心，那是什么变现出众生的身体和物质世界？又是依据什么能始终确立众生的存在？

［再以修禅定为例，］或能入定，或不能入定［而处于散乱状态中］；或［在定中］有［意识的］思维活动，或没有思维活动，［但无论哪种情况下，］按理都应有许多身体的感受生起。如果［在定中］没有身体的感受，就不会在出定后身体有舒适感，或有劳累感。如果不是始终存在真正的异熟心［保持这些感受］，怎么会在出定后有这些身体的感受？

除佛之外的一切众生在生起其余善心［和无漏心］时，必定应该同时现行生起真异熟心，就如［你们也］同意的生起六识中善恶心时有真异熟心一样，［只不过你们认为真异熟心就是业所感的六识心。为什么生起善心等时都会现行生起真异熟心？因为］都是非佛的众生。

因此必定始终存在真异熟心，那心就是这第八识。

【评析】

此处是关于第八识存在的第二种证明，是从存在异熟心论证存在第八识。本论首先引用经文，肯定了异熟心的存在。但这异熟心到底是什么呢？小乘只承认六识，但六识，包括业所感的那部分六识，都有间断，不能持续存在，所以六识不能成为众生的真正依存之处，而所感的六识也只是异熟生，不是真异熟。另外，像命根之类的事物，虽能普遍存在，无间断，是真异熟，但不是实法，无实体，也不能成为众生的依存之处，所以也不可能是经中说的异熟心。再从修禅定的体验来看，在入定过程中，实际上有许多身体的感受，但由于五识包括身识都已停止活动，所以当时不能觉知，但出定后会出现相应的觉知，可见这些身体的感受是被某种东西保存了下来。但由于在定中，五识乃至第六识都停止了活动，所以不可能由六识来保存，而应当认为另有一心在保存这些感受，此心是真异熟心，能在一切状态中存在而不间断。故而如果没有第八识，就不存在经中说的真异熟心；要使经中说的真异熟心成立，只有承认存在第八识。

（三）由五趣、四生的主体证有第八识

【原文】

又契经说："有情流转五趣、四生。"若无此识，彼趣、生体不应有故。谓要实有、恒、遍、无杂，彼法可立正实趣生。非异熟法，趣生杂乱，住此起余趣生法故。诸异熟色[1]及五识中业所感者，不遍趣生，无色界中，全无彼故。诸生得善及意识中业所感者，虽遍趣生，起无杂乱，而不恒有。不相应行，无实自体。皆不可立正实趣生。

唯异熟心及彼心所，实恒遍无杂，是正实趣生。此心若无，生无色界，起善等位，应非趣生。设许趣生摄诸有漏，生无色界，起无漏心，应非趣生，便违正理。勿有前过及有此失，故唯异熟法，是正实趣生。由是如来非趣生摄，佛无异熟无记法故；亦非界摄，非有漏故，世尊已舍

苦、集谛故，诸戏论种已永断故。正实趣生，既唯异熟心及心所，彼心、心所离第八识，理不得成，故知别有此第八识。

【简注】

[1] 诸异熟色：异熟法包括异熟色法和异熟心法，指由过去世业力决定的此世的身心状况。据《义林章》，异熟色法，包括五根和五境十处，除法处所摄色。按小乘说法，声处不属异熟色；但在大乘，声处亦通异熟。异熟心法，八识中，除第七识；心所中，包括遍行、别境心所，以及不定心所中的眠心所。

【今译】

此外，经中说："众生流转五趣、四生[等各种生命形态]。"如果没有这第八识，那在五趣、四生中流转的主体就不应存在。即必须是具有实体、[在一期生命中]始终存在而不间断、[在三界九地中能]普遍存在、[生在某一生命形态中]不杂乱[地生起其余生命形态的存在]，那样的存在才能成为真正实在的五趣、四生的主体。不具异熟性质的事物，在五趣、四生的存在中表现出杂乱性，处在某一趣某一生中会生起其他趣其他生的东西。各种异熟性质的物质，以及五识中由业所感应而得[的那部分五识]，[虽不杂乱,]但不是普遍存在于五趣、四生中，无色界中就完全没有这些东西。各种与生俱来的善以及第六识中由业所感应而得[的那部分第六识]，虽然普遍存在于五趣、四生中，其生起也不杂乱，但不是[在一期生命中]始终存在[而是有间断的]。心不相应行法，没有实体。因此以上这些都不能作为真正实在的五趣、四生的主体。

只有第八异熟心及其心所，具有实体、始终不断、普遍存在而不杂乱，是真正实在的五趣、四生的主体。这第八异熟心如果不存在，[而以异熟生的心或异熟生的物质为生命形态的主体，] 那么生到无色界而处在善心 [或有覆无记性心的] 状态中，应该不属五趣、四生范畴，[因为此时并不存在异熟生的心或异熟生的物质。] 退一步说，假如肯定五趣、四生包括了一切有漏生命，[因而无色界有漏的生命仍属五趣、四生范畴，] 那么，生到无色界，生起无漏心时，应该不再属五趣、四生范畴，但这样说显然也违背了正理。要想没有前一错误又没有后一错误，就应承认只有真异熟心，是真正实在的五趣、四生的主体。因此，如来不属五趣、四生，因为佛没有异熟无记性的心法和色法；如来也不属三界范畴，因为世尊不属有漏，因为世尊已经舍弃了苦谛与集谛的一切现象，因为世尊的一切戏论的种子已经永远断除。真正实在的五趣、四生的主体，既然只是异熟心及其心所，而那异熟心及其心所离第八识，按理不能成立，所以可知另外存在这第八识。

【评析】

此处是关于第八识存在的第三种证明，是从能在三界内五趣四生等各种生命形态中轮回的主体的性质来论证第八识的存在。能在五趣四生中轮回的主体，应具备四种性质：一、具有实体。因而心不相应行法等假法不可能作为这种轮回的主体。二、在一期生命中持续地存在。因而六识等有间断的事物不可能作为这种轮回的主体。三、能在三界九地中普遍存在。因而异熟色和六识异熟心不能作为这种轮回的主体。异熟色是指五根、五境（小乘除声境），而无色界没有异熟色法（无色界可以有定果色，但定果色非异熟色法）。六识异熟生心中，五识中的异熟生心也不能普遍存在于三界中，因为五识不能普遍存在于三界中，如鼻识和舌识，只能存在于欲界；其余三识，只能存在于欲界和色界的初禅。第六识中的异熟生心虽能普遍存在于三界，但有间断，见第四章。四、无杂乱。即在某一界、某一趣、某一生的事物不会生起其余界、趣、生的东西。而一切非真异熟的事物，其生起都可以是杂乱的。如非异熟性的第六识，处在欲界人道中，却能起色界的善心，或起地狱的恶心，等等。只有异熟的第八识完全符合这四种性质，第八识具有实体，能在一期生命中乃至生生世世中持续地存在，能生在三界中的任何一界；同时异熟第八识如生在欲界，本身不会生起色界或无色界的事物（定力和通力变现除外）。处在轮回中的众生需要一种轮回的主体，只有唯识学所说的第八异熟识能充当这种主体，这就证明了第八识一定存在。

（四）由有执受证有第八识
【原文】
　　又契经说："有色根身，是有执受。"若无此识，彼能执受不应有故。谓五色根及彼依处，唯现在世是有执受，彼定由有能执受心。唯异熟心，先业所引，非善染等，一类能遍，相续执受有色根身。眼等转识，无如是义。

此言意显眼等转识，皆无一类能遍、相续执受自内[1]有色根身，非显能执受唯异熟心。勿诸佛色身无执受[2]故。然能执受有漏色身，唯异熟心，故作是说。

谓诸转识现缘起故，如声、风等。彼善染等，非业引故，如非择灭。异熟生者，非异熟故，非遍依故；不相续故，如电、光等，不能执受有漏色身。诸心识言，亦摄心所，定相应故，如唯识言。非诸色根、不相应行，可能执受有色根身，无所缘故，如虚空等。

故应别有能执受心，彼心即是此第八识。

【简注】

［１］内：相对于外器世间，自身为内，实际是在第八识内。

［２］勿诸佛色身无执受：实际上，佛的无漏的色身是由无漏第八识执受。

【今译】

此外，经中说："具有感觉功能的身体，是有执受。"［既然身体具有执受性，是被执受的对象，应该还有能执受的主体。］如果没有这第八识，那能执受的主体也就不应存在。即五根及其所依存的感官身，只在现在这一世中，是有执受，它们必定是由能执受的心来执受。只有异熟性质的心，由先前的业所引生，不是善性或污染等性，只是同一类的无记性，能普遍作为五根的所依，［能在一生中持续不断地执受具有感觉功能的身体。眼识等各种转识都没有这种功能。

上述说法的目的是要表示眼识等转识，都不能同一类无记性地、普遍地、持续地执受自己的具有感觉功能的物质身，并不是表示能执受的只有异熟性质的心。否则的话，[所有的佛都没有异熟性质的第八识，则] 所有佛的无漏物质身也就不是被执受的对象。但能执受有漏物质身的，只是异熟性质的心，所以这样说。

即前六转识是依据现前的条件而生起，[生生灭灭，] 就像声音、风等现象一样，[所以不能执受有漏的物质性身体。若分别分析，六识中] 或善性或污染性的六识，[不能执受有漏的物质身，] 因为它们不是由先前的业所引生，就像 [没有任何作用的] 非择灭无为一样 [不能执受]。[六识中] 异熟生的六识，[虽是由先前的业所引生，但] 不是真异熟，各有各的所依，[所以不能普遍执受诸根；] 不能 [在一生中] 持续不断，如电、光等，所以也不能执受有漏的物质身。以上说的各种心识，也包括心所，因为心所与识必定相应，就像说唯识也包括心所一样。各种物质根和 [命根、众同分等] 心不相应行法，也不能执受具有感觉功能的物质身，因为它们不像心那样有认识对象的能力，而是像虚空等那样不具有认识作用。

所以应该另有能执受 [具有感觉功能身体的] 心，那心就是这第八识。

【评析】

此处是关于第八识存在的第四种证明，是从能执受的主体论证第八识的存在。执受的含义，如前所述，是"摄为自体，持令不坏，领以为境，使生觉受"。经中说众生的物质身具有被执受的性质，即身体是被执受的对象，那就应该有能执受的主体。本论认为，这能执受的主体，就是第八识。即在一世的生命中，第八识将众生的物质身，纳入自体，作为相分，使其生起觉受，并保持其不坏。这就是文中所说的："唯现在世是有执受。"而当一世生命终结后，第八识就不再纳此身为自己的一部分，虽然一段时间内仍变现它（这是种子的引远残果的作用），但不再保持它使之具有能感受性，身体也腐烂变坏。而第八识的上述功能是由于它有三种性质：一是无覆无记性，由于第八识是真异熟，是先前业所引生的异熟果，所以是纯粹的无覆无记性，不杂有善性、不善性和有覆无记性。二是能普遍作为五根的所依。三是能持续地存在而无间断之时。而这三种性质，六识等都不具备。如六识在一世生命中，经常有间断，单就这一点来说，六识也不可能是能执受的主体。若再从六识的其他性质分析，善性、污染性的六识不是异熟性的，所以不是无记性的；异熟生的六识虽是无记性，但各有所依根，不能普遍执受诸根，所以都不可能是能执受的主体。而五根与命根、众同分等，因为不具有心识的认识作用，所以也不能执受身体。这里需说明的是五根不具有认识作用，因为唯识学认为，五根只是认识生起的条件之一，具有认识作用的是诸识。在根、境具备的条件下，诸识最终是由各自的种子而生起。

（五）由寿、暖、识证有第八识

【原文】

又契经说："寿、暖、识三，更互依持，得相续住。"若无此识，能持寿、暖令久住识，不应有故。谓诸转识，有间有转，如声、风等，无恒持用，不可立为持寿、暖识。唯异熟识，无间无转，犹如寿、暖，有恒持用，故可立为持寿、暖识。经说三法更互依持，而寿与暖，一类相续，唯识不然，岂符正理？

"虽说三法更互依持，而许唯暖不遍三界，何不许识独有间转？"

此于前理非为过难。谓若是处，具有三法无间转者，可恒相持；不尔，便无恒相持用。前以此理显三法中，所说识言，非诠转识。举暖不遍，岂坏前理？故前所说，其理极成。又三法中，寿、暖二种，既唯有漏，故知彼识，如寿与暖，定非无漏。生无色界，起无漏心，尔时何识能持彼寿？由此故知，有异熟识，一类恒遍，能持寿、暖。彼识即是此第八识。

【今译】

此外，经中说："寿、暖、识三者，相互依托和支持，从而得以连续存在。"如果没有这第八识，那能保持寿和暖使之长久存在的识也就不应有。即各种转识有间断有转变，就像声音或风等现象，没有始终不断地保持寿和暖的作用，不可认为它们是保持寿和暖的识。只有异熟识，没有间断没有转变，[在此性质上]犹如寿和暖，具有始终不断地保持寿和暖的作用，所以可以立异熟识是保持寿和暖的识。经中说"三者互相依托互相支持"，[如果说在三者中，]寿和暖具有同一类无记性而连续存在，唯独识不是这样，岂能符合正理？

[对方责难：]"虽然经中说三者互相依托互相支持，但各家都承认三者中只有暖不普遍存在于三界，那么你们为什么不允许三者中只有识是有间断有转变的？"

这责难对于上述道理，并不能使其成为错误。前文是说：如果在这里，具有三种没有间断没有转变的现象，那它们就可以始终互相支持；不然的话，就没有始终互相支持的作用。前文是用这一道理来表明三者中关于第八识的性质，并不是用以阐述转识的性质。举出暖不普遍存在于三界的例子，岂能破坏前文所说的转识不能普遍存在、不能起执持作用的道理？所以前文所说的道理完全成立。此外，在三者中，寿和暖二者，既然只是有漏的性质，因而可知那识也与寿和暖一样，必定不是无漏的。[如果不以异熟识而以前六识作为保持寿和暖的识，那么，]生在无色界，生起无漏的第六识，这时是什么识能保持那寿？[总不能是无漏的第六识来保持有漏的寿吧？]因此可知，存在着异熟性质的识，它是同一类无记性，始终不断，普遍存在，能保持寿和暖。该识就是这第八识。

【评析】

此处是关于第八识存在的第五种证明，是从保持寿（寿命）与暖（体温）的识来论证第八识的存在。寿与暖如经中所说，是依托识而存在，是在一世生命中没有间断的。而前六识有间断，所以，二者不可能是依托前六识而存在，它们必定是依托始终存在而无间断的第八识而存在。此外，即使承认暖在无色界不存在（因为无色界中众生没有物质身，这样也就没有体温），但寿仍存在，仍需无间断的识来保持，所以仍能证明第八识的存在。

（六）由生死时心证有第八识
【原文】

又契经说："诸有情类，受生、命终，必住散心，非无心、定。"若无此识，生死时心，不应有故。谓生死时，身心昏昧，如睡无梦，极闷绝时，明了转识，必不现起。又此位中，六种转识，行相、所缘，不可知故，如无心位，必不现行。六种转识，行相、所缘，有必可知，如余时故。真异熟识，极微细故，行相、所缘，俱不可了。是引业果，一期相续，恒无转变。是散、有心，名生死心，不违正理。

有说："五识此位定无。意识取境，或因五识，或因他教，或定为因。生位诸因，既不可得，故受生位，意识亦无。"

若尔，有情生无色界，后时意识，应永不生。定心必由散意识引，五识、他教，彼界必无，引定散心，无由起故。若谓彼定，由串习力，后时率尔能现在前，彼初生时，宁不现起？又欲、色界初受生时，串习意识亦应现起。若由昏昧，初未现前，此即前因，何劳别说？

有余部执生死等位，别有一类微细意识，行相、所缘，俱不可了，应知即是此第八识。极成意识，不如是故。

又将死时，由善恶业，下上身分，冷触渐起。若无此识，彼事不成，转识不能执受身故。眼等五识，各别依故，或不行故。第六意识不住身故，境不定故，遍寄身中恒相续故[1]，不应冷触由彼渐生。唯异熟心，由先业力，恒遍相续，执受身分，舍执受处，冷触便生，寿、暖、识三不相离故。冷触起处，即是非情，虽变亦缘，而不执受。故知定有此第八识。

【简注】

[1] 遍寄身中恒相续故：据《演秘》卷第三，此句有两种解释。一、这是说第六识，"显第六识相续遍依，非如第八恒"。二、这是指第八识，第八识有此行相，"返显第六无是行相"。本书取第二种解释。

【今译】

此外，经中说："各类众生在出生及命终时，心必定处于散乱状态，绝非无心状态也非处于定中。"如果没有这第八识，出生及临死时的心，就不应存在。即出生及临死时，众生的身心昏昧，就像在无梦的睡眠中，或像极度昏迷时，清楚明了的六识必定不能现行生起。此外，在出生及临死时，六种转识的现行活动作用以及认识对象都不可知，就像在无心状态中一样，必定不能现行生起。但六种转识的现行活动作用以及认识对象，要是存在的话必定是可知的，就像在一生中的其他状态时必定是可知的一样，［因而可知，在出生及临死时，必定不存在现行活动的六识，只有现行活动的异熟识。］真正的异熟识，极其隐微细密，其现行活动作用以及认识对象都无法了知。此异熟识是能招致主要果报的业所招的果，在一期生命中一直连续，永无起灭和转变。［但在出生及命终时，］此异熟识是散乱心［非定心］，是有心［非无心］，将其称为生死心，并不违背正理。

［对出生时没有第六识的原因，］有一种观点说："五识在出生时必定不存在。而意识认取对象时，或是依据五识，或是依据他人指教，或以禅定作为因。在出生时，上述三种因既然都不存在，所以在出生时，意识也不存在。"

如果是这样的话，［就难以解释无色界意识的生起。因为］众生生到无色界中，［第一刹那是无意识的，而在第一刹那］以后的时间中，意识应该永远不再生起。因为无色界的无色定必定是由独散意识引生的，而五识与他人指教，在无色界中必定不存在，［这样的话，按上述观点，］引生无色定的独散意识心，也就没有理由生起。［这样，三种因都无，意识便无法生起。］如果说那无色界的定，是由于［前生修行而形成的］习惯性的力量，在生到无色界过了一段时间后自然地显现在前，那此定在出生时为什么不现行生起？此外，在欲界和色界刚出生时，那与习惯性的力量相应的意识也应现行生起。如果说是由于昏昧，所以在出生时意识没有出现，那么，这就是前文所说的原因，何必还要烦劳再找其他解释呢？

上座部认为，在出生、临死等状态中，另有一类微细的意识，其现行活动作用以及认识对象都不可知，要知道那就是这第八识。因为能够证明成立的第六意识，不是这样的性质。

此外，众生临死时，由于善业或恶业，下半身或上半身有冷的感触逐渐生起。如果没有这第八识，也就没有这类事情了，因为前六转识不能执受身体。如眼识等五识须各自依托相应的五根，[眼、耳、鼻、舌识不能感知整个身体；身识虽能感知整个身体，]但有时不现行活动。第六意识的活动并不必定停留在身中，[而可以向外活动，即使缘身内，]对象也不固定，[并不只缘身根，并非如第八识的]活动范围遍布身中的各种根并始终连续，所以，冷的感触不应由六识逐渐生起。只有异熟心，由先前的业力，始终普遍存在而相连续，执受身体各部分，而在异熟识放弃执受的部分，[暖也不再存在，]冷的感触就生起了，因为寿、暖、识三者是不相分离的。冷的感触生起的部分，就不属于众生范畴了，虽然这生起冷的感触的部分身体也是由第八识所变现，也仍是此识的认识对象，但不再为此识所执受。因而可知必定存在这第八识。

【评析】

此处是关于第八识存在的第六种证明，是从出生及临终时存在的心来论证第八识的存在。众生在出生及临终时，六识活动都不存在，但按理而言此时仍应有心，若此时无心，则众生不能称为众生，而应是非众生。因此，此时存在的心就是第八识。

同时，关于出生及临终时没有六识的原因，有不同的说法。唯识学认为这是由于昏昧，但大乘某种观点对出生时没有第六识作了不同的解释。该观点认为，意识的生起须依赖三种因，即五识、他人指教和禅定。至于出生时没有意识，不是由于昏沉，而是由于没有这三种因。本论则指出，如果按照这种说法，那么众生生到无色界，意识将永远无法生起。因为生到无色界的第一刹那肯定是无意识的，而由于无色界中没有五识及他人之教，同时无色界的定此时也未生起，这样，缺乏上述三种因，其后意识将永远无法生起。但实际上，生无色界最初没有意识，不是由于上述三种因，而就是由于昏昧。由此可解释无色定后来的生起，因为无色定必须依赖独散意识引生，生无色界时没有无色定，是因为昏昧而无独散意识；但无色定后时必定会生起，由此可知，最初的昏昧结束，独散意识便能生起，进而引生无色定。

另外，本论还从众生命终时的状况对第八识的存在进行了论证。佛教认为，人临终时，身体会逐渐变冷，但变冷的情况不一样。行善业之人，死时下身先冷，因为行善众生能生往善道，所以诸识最后是从上部离开身体；行恶业之人，死时上身先冷，这是因为行恶众生要堕到恶道，所以诸识最后是从下部离开身体。而冷的感触实际上是由于第八识放弃了对身体某部位的执受，同时暖也消失，从而使该部位变冷。而能执受身体的，如前所说，不可能是前六识，应是第八识。

（七）由缘起依证有第八识

【原文】

又契经说："识缘名色，名色缘识。如是二法，展转相依，譬如芦束，俱时而转。"若无此识，彼识自体不应有故。谓彼经中自作是释："名谓非色四蕴，色谓羯逻蓝[1]等。"此二与识，相依而住，如二芦束，更互为缘，恒俱时转，不相舍离。眼等转识，摄在名中，此识若无，说谁为识？亦不可说名中识蕴谓五识身，识谓第六，羯逻蓝时，无五识故。又诸转识，有间转故，无力恒时执持名色，宁说恒与名色为缘？故彼识言，显第八识。

【简注】

[1]羯逻蓝：胞胎，胎儿的五种状态之一，指胎儿在胎内形成后的第一天到第七天。

【今译】

此外，经中说："识依赖名色，名色依赖识。这二者展转相依，就像二束芦苇［相互支撑而直立一样］，同时生起。"如果没有这第八识，那经中所说的名色所依赖的识的主体就不应存在。如那部经中自己作了这样的解释："名指色蕴之外的其他四蕴，色指羯逻蓝。"名色二者与识，互相依赖而存在，如二束芦苇［相互支撑而直立］，［名色二者与识］交替作为条件，始终同时生起，不相分离。眼识等转识包括在名中，这第八识如果没有，那还有什么可以作为与名色互相依赖的识呢？也不可说名中的识蕴是指五识，而与名色互相依赖的识指第六识，因为在羯逻蓝阶段，五识还不存在，[这样名也就不存在。]此外，各种转识都有间断和转变，没有力量始终保持名色，怎么能说永远与名色互相作为生起的条件呢？所以经中所说的识，是指第八识。

【评析】

此处是关于第八识存在的第七种证明，是从名色与识的关系论证第八识的存在。经中说，名色与识相互依赖，同时生起。而与名色相对的识，具有始终保持名色的作用，这不是有间断的六识能胜任的，只有第八识符合这种性质。再分析羯逻蓝阶段的名色。此时，名色是总的指胎儿的身心。其中，色指色蕴，即胎儿的物质身；名则指其余四蕴（受蕴、想蕴、行蕴、识蕴），即胎儿的心识。按唯识学的说法，名的四蕴中的识蕴应包括六识。而有种观点认为，名中的识蕴只指五识，而与名色相对的识指第六识。但如果这样的话，在胎儿的最初七日内，五识并不存在，那么名中的识蕴又是指什么呢？但如果对方同样地提出质难：按你们唯识学的观点，婴儿出生的最初一刹那没有第六意识，而五识在此时也不存在，那么，所谓的名中的识又是指什么呢？《述记》指出，此时的名中识是指第七识；但其后第六识生起时，名中识蕴也包括第六识；其后五识生起，则名中识蕴也包括前五识。这样，按唯识学的八识说，名中的识蕴总的包括七识，而与名色相对的识指第八识。①

（八）由识食之体证有第八识

【原文】

又契经说："一切有情皆依食住。"若无此识，彼识食体不应有故。

谓契经说，食有四种。一者段食，变坏为相。谓欲界系香、味、触三[1]，于变坏时，能为食事。由此色处，非段食摄，以变坏时，色无用故。

二者触食，触境为相。谓有漏触才取境时，摄受喜等，能为食事。此触虽与诸识相应，属六识者，食义偏胜，触粗显境，摄受喜乐及顺益舍，资养胜故。

三意思食，希望为相。谓有漏思与欲俱转，希可爱境，能为食事。此思虽与诸识相应，属意识者，食义偏胜，意识于境，希望胜故。

四者识食，执持为相。谓有漏识，由段、触、思势力增长，能为食事。此识虽通诸识自体，而第八识，食义偏胜，一类相续，执持胜故。

由是《集论》说此四食，三蕴、五处、十一界摄。此四能持有情身命，令不坏断，故名为食。段食唯于欲界有

---

① 参见（唐）窥基《成唯识论述记》卷第四，《大正藏》第43册，第366页。

用，触、意思食，虽遍三界，而依识转，随识有无。

【简注】

[1] 欲界系香、味、触三：原意是系属于欲界的香、味、触三境，即此三境只属于欲界，不属于色界和无色界。三境中，香境指食物的气味，味境指食物的味道，触境指食物的质体。

【今译】

此外，《四食经》中说："一切众生都依食而生存。"如果没有这第八识，那识食的主体就不应存在。

即经中说，食［或进食方式］有四种。一是段食，此种进食方式表现为食物形状破坏，性质发生变化。即欲界众生以食物的香气、美味以及食物的质体为进食对象，在食物的形状破坏、性质发生变化时，能起到进食滋养的作用。由此可见，青黄赤白等色不属段食，因为这些色在变坏时，对身体没有滋养作用。

二是触食，［即以触为食。］此种进食方式表现为与对象的接触。即与众生有漏识相应的触在触及对象的一刹那，摄取领受了喜悦等感受，以此起到进食滋养的作用。这触虽然与八识都相应，但与前六识相应的触，其食物的含义最为突出，因为所接触到的是明显的［可知可觉的］对象，感受到的是喜悦的乐受以及有益的舍受，产生的滋养作用最为突出。

三是意识的思食，［即以与第六意识相应的思心所为食。］此种进食方式表现为希望。即有漏的思心所与欲心所同时生起，希望遇到可爱的对象，以此起到进食滋养的作用。这思心所虽然与八识都相应，但属于第六意识的思心所，其食物的含义最为突出，因为意识对于对象生起的希望［要比其他识生起的希望］更为强烈。

四是识食，［即以第八识为食。］此种进食方式表现为对身体和命根的维持。即由于段食、触食、思食的力量，有漏的识得以增长，［从而长养五根和大种，］以此起到进食滋养的作用。识食的"识"虽然可通用于八识的自体，但第八识的食物的含义最为突出，因为它能保持同一类无记性而连续存在，维持身体和命根的作用最为突出。

因此《集论》说这四食属于三蕴、五处、十一界。这四食能维持众生的身体和命根，使之不变坏断灭，所以称为食物。段食只对欲界众生有用。触食和意识的思食，虽然普遍存在于三界之中，但须依托识而生起，［因是依托六识，］所以随六识存在或不存在而或有或无。［识食是依托第八识，所以始终存在。］

【评析】

此处以下是关于第八识存在的第八种证明，是从四种食论证第八识的存在。此处首先说明四种食。四种食指四种食物或四种进食方式，其中，段食是物质性的，其余三种是心理性的和精神性的。一、段食。即人类与动物类的食物。此类食物，无论是固体还是液体，都是一口一口地咀嚼或饮用，所以称为段食，即分段而食。此类食物都需破坏其物理结构乃至改变其化学性质，才能摄取其中养分，故以"变坏为相"。二、触食。此类食物是心理性的食物，指六识接触到对象时产生的愉悦的感受，如眼识看到美丽的景色、耳识听到动听的声音、鼻识嗅到新鲜的空气、舌识尝到美妙的味道、身识体验到温暖的阳光，都属触食，都能滋养身心。此外，据说鬼神接受祭祀时，其进食方式也属触食，即只接触祭祀的食物，就能吸收其中的养分，无需咀嚼或饮用。三、思食。指意识的思念作用，思念也能滋养身心，如望梅能止渴，思念向往宁静的境界能消除内心的焦躁，等等。四、识食。此食超出了经验范围，在唯识论中指第八识。如本论说"此识虽通诸识自体"，但前六识有中断，第七识不执持根身，只有第八识能始终生起，保持身体和命根不坏，由此说第八识为识食。

四种食，据《大乘阿毗达磨集论》（以下简称《集论》），在五蕴中据有三蕴，即段食属色蕴，触食、思食属行蕴，识食属识蕴；在十二处中据有五处，即段食属香、味、触三处，触食、思食属法处，识食属意处；在十八界中据有十一界，即段食属香、味、触三界，触食、思食属法界，识食属意界与六识界（此处是据八识体为识食而言）。

【原文】

眼等转识，有间有转，非遍恒时能持身命。谓无心定、熟眠、闷绝、无想天中，有间断故。设有心位，随所依、缘、性、界、地等有转易故，于持身命，非遍非恒。诸有执无第八识者，依何等食，经作是言"一切有情皆依食住"？非无心位，过去、未来识等为食，彼非现、常，如空华等，无体用故；设有体用，非现在摄，如虚空等，非食性故。亦不可说入定心等，与无心位有情为食，住无心时，彼已灭故，过去非食，已极成故。又不可说无想定等不相应行，即为彼食，段等四食所不摄故，不相应法非实有故。

有执灭定等，犹有第六识，于彼有情，能为食事。

彼执非理，后当广破。又彼应说，生上二界无漏心时，以何为食？无漏识等，破坏有故，于彼身命，不可为食。亦不可执无漏识中有有漏种，能为彼食，无漏识等，犹如涅槃，不能执持有漏种故。复不可说上界有情身命相持，即互为食，四食不摄彼身命故。又无色无身，命无能持故。众同分等，无实体故。由此定知，异诸转识，有异熟识，一类恒遍，执持身命，令不坏断。世尊依此，故作是言："一切有情皆依食住。"

唯依取蕴建立有情，佛无有漏，非有情摄。说为有情，依食住者，当知皆依示现而说。

既异熟识是胜食性，彼识即是此第八识。

【今译】

［那么，其他识能否作为第四识食呢？］眼识等转识，有间断有转变，不能普遍、永无间断地维持身体和命根。即这些转识在无心定中、熟睡中、昏迷中、无想天中，都是有间断的。即使在有心位中，这些转识随所依托的根、所认识的境、所具有的善恶性质、所处

的三界九地等的不同，也都有转变，故而对于维持身体和命根并非普遍存在并非永无间断，[所以不能作为识食。这样的话，]那些认为没有第八识的人，他们认为经中是依据什么食物而作出这样的结论"一切众生都依食而存在"？不能说无心位中，是以过去识和未来识等为食物，因为这些识并非现时存在也非始终存在，就像虚空幻花，没有实体也没有作用；即使在过去、未来有它们的实体和作用，也不属现在，[对现在而言，]就像虚空等，并不具有食物的性质。也不能说那能引导入定的心等，对无心位中的众生可作为食物，因为在无心位中，那能引导入定的心等已不存在，而过去心不具有食物的性质，前面已经证明成立。又不能说在无心位中，无想定等心不相应行法，就可作为该位众生之食，因为段食等四食并不包括心不相应行法，因为心不相应行法并非是具有实体的存在。

有人认为灭尽定等无心位中仍有第六识，[能作为识食，]对该位中的众生起到进食滋养的作用。

他们的说法没有道理，后面还要详细地破除。此外他们应该说明，[如果第六识能作为识食，那么，]生在色界、无色界中的众生在生起无漏第六识心时，以什么为食？因为无漏的第六识等识，破坏一切有漏的东西，对该位中的众生的身体和命根，不能起到进食滋养的作用。也不能认为无漏的第六识中有有漏事物的种子，能作为该位众生的食物，因为无漏第六识等识，犹如涅槃一样，不能保持有漏种子。又不能说色界和无色界众生的身体和命根互相支持，所以是互相作为食物，因为四食中不包括众生的身体和命根。此外，无色界中的众生没有身体，[那样的话，按上述说法]则命根也不能保持。[如果说无色界众生是以众同分保持命根，但］众同分等，没有实体，［所以也不能作为食物。］因此可以确定，存在着与各种转识不同的异熟识，它能以同一类无记性、永无间断地、普遍地维持众生的身体和命根，使之不破坏断灭，［可以作为识食。］世尊依据这异熟识，所以作出这样的结论："一切众生都依食而存在。"

［问："那么佛以什么为食物？"］［需要进食的是众生，而］众生的概念只是依据有漏五蕴而建立，佛没有有漏五蕴，不属于众生范畴。［而有的佛典中］说佛是众生［中至高无上者］，也依赖食物而生存，要知道这些都是依据佛［权巧地为众生］显示其形同众生的化身而说的。

既然异熟性质的识具有殊胜的食物的性质，要知道，那异熟性质的识就是这第八识。

【评析】

此处是关于第八识存在的第八种证明的继续，是论述识食的主体就是第八识。四种食中，识食是根本性的食，因为段食只是存在于欲界；触食和思食须依托六识（或第六识）而生起，而六识有时存在有时中断，所以此二食也时有时无；同样，识食的主体如果是前六识，那识食也将时有时无，这样，色界与无色界的众生有可能在某一时间内完全没有四种食，这就与经中说的"一切有情皆依食住"的说法相违背。所以，异熟第八识是一切众生的识食的主体，由此可见，第八识是存在的。

（九）由灭尽定证有第八识

【原文】

又契经说："住灭定者，身语心行，无不皆灭，而寿不灭，亦不离暖，根无变坏，识不离身。"若无此识，住灭定者，不离身识不应有故。谓眼等识，行相粗动，于所缘境，起必劳虑；厌患彼故，暂求止息；渐次伏除至都尽位，依此位立住灭定者。故此定中，彼识皆灭，若不许有微细一类、恒遍执持寿等识在，依何而说识不离身？若谓后时，彼识还起，如隔日疟，名不离身，是则不应说心行灭，识与想等起灭同故。寿、暖、诸根，应亦如识，便成大过。故应许识，如寿、暖等，实不离身。又此位中，若全无识，应如瓦砾，非有情数，岂得说为住灭定者？

又异熟识，此位若无，谁能执持诸根、寿、暖？无执持故，皆应坏灭，犹如死尸，便无寿等。既尔，后识必不还生，说不离身，彼何所属？诸异熟识，舍此身已，离托余身，无重生故。又若此位无持种识，后识无种，如何得生？过去未来、不相应法，非实有体，已极成故；诸色等法，离识皆无，受熏、持种，亦已遮故。然灭定等无心位中，如有心位，定实有识，具根、寿、暖，有情摄故。由斯理趣，住灭定者，决定有识实不离身。

【今译】

此外，经中说："住灭尽定的众生，其身体活动、言语活动、心理活动，无不消失，但寿不消失，也不离暖，根也不变坏，识也不离身。"如果没有这第八识，那么，住灭尽定众生，其不离身的识就不应存在。即眼识等转识，其现行活动作用是能产生明显的认识活动，对所认识的对象，这些转识生起时必定会反复思虑而引起疲劳；修行者由于厌恶这种思虑及疲劳，便求取转识的暂时止息；此后逐渐制伏灭除［转识活动］，直至达到完全除尽的状态，依据此状态建立住灭尽定众生的名称。所以，在灭尽定中，六种转识都已消失，如果再不承认有微细难知、保持同一类无记性、始终不断地、普遍地保持寿等的识的存在，那么，能依据什么而说识不离身？如果说那些转识后来还能生起，就像隔日发作的疟疾，称作不离身，那样的话，就不应说心理活动已经消失，因为识与想等心理活动的生起与消失是同步的，［这样也可以说想等心理活动不离身。］此外，说寿、暖以及各种根，应该能像转识一样消失后再生起，就构成了大错，［因为寿、暖等在一期生命中是不会间断的。］所以应该承认存在第八识，它与寿、暖等一样，实际上是不离身的。此外，在这灭尽定中，如果全然没有识，那应该如同瓦砾，而不属众生类别，岂能说是住灭尽定众生？

此外，这灭尽定中如果没有异熟识，还有什么东西能保持各种根、寿和暖？如没有能保持者，这些都应破坏和消失，那样的话，这灭尽定中的众生犹如死尸，就没有寿等。既然定中没有异熟识，出定后，诸识必定不能再生起，说不离身的究竟是什么呢？因为一切异熟识在舍弃了这身体后，除了托生其他身体外，［一般情况下］是不可能重返此身而生的。此外，如果这灭尽定中没有保持种子的识，那此后识没有种子，怎么能生起？因为过去识、未来识、心不相应行法，并非有实体，前文已经证明成立；而所有的物质性的东西，脱离识都不存在，它们的受熏习、保持种子等性质，前文也已否定。而灭尽定等无心位中，应该像有心位一样，必定实际存在识，并有根、寿、暖，因为他们仍属众生范畴。根据这一道理，住灭尽定众生，必定有实际不离身的〔第八〕识。

【评析】

此处以下是关于第八识存在的第九种证明，是从灭尽定有识论证第八识的存在。此处是破灭尽定中没有第八识的观点。如经中说：灭尽定中仍有识不离身。但灭尽定中，六识及其相应心所都停止了活动，如果没有第八识，那不离身的识又是什么呢？此外，如果没有第八识，那么灭尽定中的众生就没有任何心识（第七识也是否认第八识的人所不予承认的），这样，那入此定的众生就不能属众生类别，而应如木石瓦砾等非众生。此外，众生的寿、暖等都需第八识来保持，如果没有第八识，众生的寿、暖等应中断，那出定后，寿、暖等也不能继续生起。所以，灭尽定中必定有识，此识就是第八识。

【原文】

若谓此位有第六识，名不离身，亦不应理。此定亦名无心定故，若无五识，名无心者，应一切定皆名无心，诸定皆无五识身故。意识摄在六转识中，如五识身，灭定非有。或此位识，行相、所缘不可知故，如寿、暖等，非第六识。若此位有行相、所缘可知识者，应如余位，非此位摄，本为止息行相、所缘可了知识入此定故。

【今译】

如果说这灭尽定中有第六识，所以称识不离身，也不合道理。因为这灭尽定也称为无心定，如果单是没有五识［但可有第六识］就可称为无心定，那应该一切定都称为无心定，因为一切定都没有五识。意识包括在六种转识中，就像五识一样，所以意识在灭尽定中也不存在。或者说，此状态中的识，其现行活动作用和认识对象就像寿、暖一样，都不可知，那样的话，这识就不是第六识，［因为第六识的现行活动作用和认识对象都是可知的。］如果此状态中，存在着现行活动作用和认识对象都可知的识，那就像有心位一样，而不属于灭尽定了，因为本来就是为了止息那现行活动作用和认识对象都可知的各种转识而入这灭尽定的。

【评析】

此处是关于第八识存在的第九种证明的继续。此处以下是破"灭尽定有第六识，经中说的不离身识是指第六识"的观点。此破斥分三层次，此处是第一层次。本论指出，灭尽定不仅灭五识，也灭第六识。如有第六识，则其现行活动作用和认识对象都是可知的，那就仍是有心位，不能称为无心定。

【原文】

又若此位有第六识,彼心所法为有为无?若有心所,经不应言住此定者心行皆灭,又不应名灭受想定。

"此定加行,但厌受想,故此定中,唯受想灭。受想二法,资助心强,诸心所中,独名心行,说心行灭,何所相违?"

无想定中,应唯想灭,但厌想故,然汝不许。既唯受想资助心强,此二灭时,心亦应灭。"如身行灭,而身犹在,宁要责心令同行灭?"

若尔,语行寻伺[1]灭时,语应不灭,而非所许。然行于法,有遍非遍。遍行灭时,法定随灭;非遍行灭,法或犹在。非遍行者,谓入出息,见息灭时,身犹在故。寻伺于语,是遍行摄,彼若灭时,语定无故。受想于心,亦遍行摄,许如思等大地法[2]故。受想灭时,心定随灭。如何可说彼灭心在?又许思等是大地法,灭受想时,彼亦应灭,既尔,信等此位亦无,非遍行灭,余可在故。如何可言有余心所?既许思等此位非无,受想应然,大地法故。又此定中,若有思等,亦应有触,余心所法,无不皆依触力生故。若许有触,亦应有受,触缘受故。既许有受,想亦应生,不相离故。

"如受缘爱,非一切受皆能起爱。故触缘受,非一切触皆能生受。由斯所难,其理不成。"

彼救不然,有差别故。谓佛自简,唯无明触所生诸受为缘生爱。曾无有处,简触生受。故若有触,必有受生。受与想俱,其理决定。或应如余位,受想亦不灭,执此位中,有思等故。许便违害心行灭言,亦不得成灭受想定。

若无心所,识亦应无,不见余心离心所故;余遍行灭,法随灭故;受等应非大地法故;此识应非相应法故。许则应无所依、缘等,如色等法[3],亦非心故。

又契经说:"意法为缘,生于意识;三和合触;与触俱起,有受、想、思。"若此定中有意识者,三和合故,必应有触,触既定与受、想、思俱,如何有识而无心所?若谓余时,三和有力,成触生触,能起受等;由此定前,厌患心所,故在定位,三事无能,不成生触,亦无受等。若尔,应名灭心所定,如何但说灭受想耶?若谓厌时,唯厌受想,此二灭故,心所皆灭,依前所厌,以立定名;既尔,此中心亦应灭,所厌俱故,如余心所,不尔,如何名无心定?

【简注】

[1] 语行寻伺:"语行",即语言活动。"寻伺","寻"指明显的推理思考活动,"伺"指细微的推理思考活动。而推理思考活动都需借助语言活动,包括发声的语言与不发声的语言。

[2] 大地法:指与一切善、恶、无记性的心相应并共同生起的心所。大地法包括的心所,各家说法不同。唯识宗只承认五遍行心所是普遍活动的心所,说一切有部则将唯识法相宗说的五遍行心所、五别境心所都作为是大地法,经量部则只承认受、想、思三种。

[3] 色等法:指色、声、香、味、触等事物。

【今译】

此外，如果灭尽定中有第六识，那么，与第六识相应的心所是有是无呢？如果有相应心所，经中不应该说住灭尽定众生的心理活动都已消失，也不应将此定称为灭受想定。

［对方补救："有相应心所是指有思等心所，消失的只是受心所和想心所，所以称灭受想定并无过错。"］

［既然受与想消失，思等心所为何不消失？］

［对方补救：］"由于此定的加行位中，只厌弃受与想，所以在此定中，只是受与想消失。受与想二者，对心的资助作用最强，所以在所有心所中，将此二心所单独称为心理活动，从而说心理活动消失，这又有什么过错？"

［如果对灭尽定作这样的解释是正确的话，那么在］无想定中，应该也只有想心所消失，［受心所与思心所等都不消失，］因为［此定的加行位］只厌弃想，但显然你们也不能同意这样的说法。此外，既然只有受与想资助心的作用最强，那这二者消失时，第六识心也应消失。

［对方补救：］"如同身体活动消失时，身体仍存在，为什么偏要心与心理活动一起消失？"

如果是这样的话，那么，在以语言作明显的与细微的推理思考活动消失时，语言不应消失，而这也显然不是你们所能同意的。应该说，活动对于其主体而言，有普遍相随的与非普遍相随的。与主体普遍相随的活动消失时，其主体也必定随之消失；与主体非普遍相随的活动消失时，主体有时仍然存在。与主体非普遍相随的活动，如在身体内出入的气息，[第四禅中，]可见当气息停止出入时，身体仍然存在。明显的与细微的推理思考活动对于语言来说，属于普遍相随的活动，它们如果消失，那么语言必定不复存在。受与想的活动对于心来说，也属于普遍相随的活动，因为它们是各家共同承认的、如同思心所等一样的大地法。因而，当受与想消失时，六识心必定也随之消失，怎么可以说受与想消失心仍存在？此外，既然承认思等心所与受、想心所同样是大地法，当受与想消失时，思等心所也应消失，既然如此，信等非遍行心所在灭尽定位也不存在，因为并非遍行心所消失时，非遍行心所仍可存在。那样的话，怎么可以说有其他心所呢？[反之，如果承认思等心所在灭尽定位存在，]既然承认思等心所在此位并非没有，受与想应该也是如此，因为二者同是大地法。此外，在灭尽定中，如果有思等心所，那也应有触心所，因为其他心所无不依赖触的力量而生起。如果承认有触心所，那也应有受心所，因为以触为缘可生受。既然承认有受心所，想心所也应生起，因为受与想不相分离。

[对方补救：]"就像说以受为缘可生爱，但并非一切受都能生起爱。所以说以触为缘可生受，也并不是一切触都能生起受。因此你们的责难，其理由不能成立。"

他们的补救并不正确，因为上述两种情况有差别。即佛自己所作的区别是，只有由无明性质的触所生起的一切受，能作缘生爱，[并非一切受都能生爱。]但佛经中并没有任何经文对触生受作过这样的区别。所以，如果有触，必定有受生起。受与想同时存在，这道理也是确定无疑的，[因此有受就有想。]或者说在灭尽定中应该像在其他状态中一样，受与想都不消失，因为他们执着在灭尽定中有思等心所。但同意这样的说法就违背了经文所说的在灭尽定中心理活动消失，也不能使灭受想定成立。

如果没有与第六识相应的心所，那第六识也不应存在，因为并不见其他心识能脱离心所而独自存在；[对方补救：如信心所和贪心所等没有，第六识还是有。] 也因为与其他识相应的受等遍行心所如果消失，那么识也会随之消失；也因为 [如果第六识存在而受等心所不存在，那么] 受等心所应该不是大地法；[对方补救：大地法是根据其他位说的，不是根据灭尽定说的。] 也因为 [这样的话，] 灭尽定的第六识没有相应心所，应该 [如色等法，而] 不是相应法。而如果同意这一说法，那么第六识也应没有所依的根和所缘的境，就像色、声等法，也不是心了。

此外，《十问经》中说："以第七意与各种事物为条件，生起第六意识；[根、境、识] 三者和合生起触；与触同时生起的，有受、想、思。"如果这灭尽定中有第六意识，那么，由于 [根、境、第六识] 三和合，必定应该有触生起，而触必定与受、想、思同时存在，怎么会有识而没有心所呢？如果说：在非灭尽定时，三者和合有力，能形成接触，从而生起触心所，因而能生起受等心所；但由于在灭尽定前的加行中，厌弃心所，故而在此定中三者失去能力，不能形成接触生起触心所，所以也没有受等心所的生起。既然如此，此定应称为灭心所定，为什么只说灭受想定呢？如果说：在加行中厌弃时，只厌弃受与想，所以在定中这二者消失时，所有心所也随之消失，因而依据以前所厌弃的来确立定的名称；既然如此，此定中 [第六意识] 心也应消失，因为心也是厌弃的对象，就像其他心所一样，不然的话，为什么称此定为无心定呢？

【评析】

此处仍是关于第八识存在的第九种证明的继续。此处是破灭尽定有第六识的第二层次，是从心所与心的关系进行破斥。心与心所是互相依赖的，心所不能独立进行活动，必须依赖心而存在；同时心也不可能没有相应心所而独立存在。按唯识学的观点，无论何识，必定至少有五种遍行心所相伴随。故而如果灭尽定中仍有第六识活动，五遍行心所也必定同时活动，这就不能称为灭受想定（灭尽定的另一称呼）；如果受、想等心所停止活动，其余遍行心所也必定停止活动，从而第六识也不能单独存在，故而第六识在灭尽定中也必定不存在。

【原文】

又此定位，意识是何？不应是染或无记性，诸善定中无此事故，余染、无记心必有心所故，不应厌善起染等故，非求寂静翻起散故。

若谓是善，相应善故，应无贪等善根相应。此心不应是自性善或胜义善，违自宗故，非善根等及涅槃故。若谓此心是等起善，加行善根所引发故，理亦不然，违自宗故，如余善心，非等起故。善心无间起三性心，如何善心由前等起？故心是善，由相应力，既尔，必与善根相应，宁说此心独无心所。故无心所，心亦应无。

如是推征，眼等转识于灭定位非不离身，故契经言不离身者，彼识即是此第八识。入灭定时，不为止息此极寂静执持识故。无想等位，类此应知。

【今译】

此外，在这灭尽定位中，[如果有第六意识，那么，]意识是什么性质？它不应是污染的或无记性的，因为在所有善性的定中，都没有这样的事情；也因为其余污染的或无记性的第六识，必定有同样性质的相应心所；也因为此定不应厌弃善性的而生起污染等性质的东西；也因为此定不应要追求寂静反而生起散乱。

如果说这灭尽定中的第六意识是善性的，那[它在相应善、自性善、胜义善、等起善四种善中属于哪一种？]如果是相应善，就应与无贪等善根相应，[这样的话，灭尽定的善性第六识就并非没有心所相应。]这灭尽定中的第六识心不应是自性善或胜义善，因为这样的说法违背了他们自己的观点，[即自性善就是无贪等善根，胜义善就是涅槃，]而第六识不是无贪等善根，也不是涅槃。如果说这灭尽定中的第六识是等起善，是由加行的善根所引发的，道理上也不对，仍违背他们自己的观点，因为非灭尽定的善性的第六识，不是等起[即由性质相同的前一善性第六识而引起]的，因为在善的第六识之后，无间隔地就会随缘生起或善、或恶、或无记的心，那么，这善的第六识心又怎么必定是由前一心等起呢？故而第六识如果是善，应该是由相应心所的力量所引起，既然如此，善的第六识必定与无贪等善根相应，这样的话，岂可说唯独这灭尽定中的第六善心没有心所？所以，没有心所，第六识心也应该不存在。

如此推究，眼识等转识在灭尽定中并非不离身，所以经中说的不离身的那个识，就是这第八识。入灭尽定，不是为了止息这极其寂静的、保持身体和命根的第八识。无想定、无想天中的情况，可类比这灭尽定而得知。

【评析】

此处仍是关于第八识存在的第九种证明的继续。此处是破灭尽定有第六识的第三层次，是讨论假设灭尽定有第六识，那么这第六识可能具有什么样的伦理属性？显然，这第六识不可能是恶性或无记性的，因为，灭尽定是一种善性的定。那么，这第六识属哪一种善性？据《俱舍论》，善有四种：胜义善、自性善、相应善、等起善。胜义善是指涅槃，涅槃属善性，但又不是日常的善，而是属于胜义谛的善。自性善不凭借任何条件，其本性就是善，指无贪、无嗔、无痴三善根与惭、愧共五种心所。（大乘的《集论》等则说，十一善心所都是自性善。）第六识显然不是这两种善。相应善是指与自性善相应的心和心所，这灭尽定中没有自性善，所以假如有第六识，这第六识也不属相应善。（反之，如果灭尽定中善性第六识属相应善，那就说明灭尽定中并非没有心所，而是有善心所，这就与灭尽定的定义相违背了。）等起善中的"等"指等流，即同等性质的连续物，等起善就是由等流而引起的善，即由前一善心或心所直接延续而来的、与前一善心或心所性质相同的善。但在非灭尽定状态中，善性的第六识并非属等起善，因为继善性的第六识之后，下一瞬间生起的第六识，可以是恶性的或无记性的，因此灭尽定中的第六识也不应是等起的。这样，说灭尽定中有第六识就会导致一个荒诞的结论，这第六识不符合已知的任何伦理属性。实际上，这也表明灭尽定中并不存在第六识。故而经中说的灭尽定中不离身的识，只能是第八识。至此本论完成了关于第八识存在的第九种证明。

（十）由染净法延续之因证有第八识
【原文】

又契经说："心杂染故，有情杂染；心清净故，有情清净。"若无此识，彼染净心，不应有故。谓染净法，以心为本，因心而生，依心住故。心受彼熏，持彼种故。

然杂染法，略有三种：烦恼、业、果，种类别故。

若无此识持烦恼种，界、地往还，无染心后，诸烦恼起，皆应无因，余法不能持彼种故，过去未来非实有故。若诸烦恼无因而生，则无三乘学、无学果，诸已断者皆应起故。

若无此识持业果种，界、地往还，异类法后，诸业果起，亦应无因，余种余因，前已遮故。若诸业果无因而生，入无余依涅槃界已，三界业果，还复应生，烦恼亦应无因生故。

又行缘识[1]应不得成,转识受熏,前已遮故;结生染识,非行感故。应说名色行为缘故,时分悬隔,无缘义故。此不成故,后亦不成。

诸清净法,亦有三种:世、出世道,断果别故。若无此识持世、出世清净道种,异类心后,起彼净法,皆应无因,所执余因,前已破故。若二净道无因而生,入无余依涅槃界已,彼二净道还复应生。所依亦应无因生故。

又出世道,初不应生,无法持彼法尔种故。有漏类别,非彼因故;无因而生,非释种[2]故。初不生故,后亦不生,是则应无三乘道果。

若无此识持烦恼种,转依断果亦不得成。谓道起时,现行烦恼及彼种子俱非有故,染净二心不俱起故;道相应心不持彼种,自性相违,如涅槃故;去来得等,非实有故;余法持种,理不成故。既无所断,能断亦无,依谁由谁而立断果?若由道力,后惑不生,立断果者,则初道起,应成无学,后诸烦恼,皆已无因,永不生故。

许有此识,一切皆成,唯此能持染净种故。

证此识有,理趣无边,恐厌繁文,略述纲要。别有此识,教理显然,诸有智人,应深信受。

【简注】

[1] 行缘识:行、识指十二因缘中的两种因缘。行指人的一切身心活动,识指这一世投生时的心识。由十二因缘形成的十二缘起,最

初二支是无明缘行，行缘识，其意思是说由以往的无明生起人的一切身心活动，造作善、恶、无记三类业，并在第八识中熏成相应的种子，由此决定人在这一世的心识。

[2] 释种：即释迦牟尼的弟子。中国僧人认为自己都是佛弟子，所以都姓"释"。

【今译】

此外，《维摩诘经》等经中说："心若混杂污染，众生也混杂污染；心若清净，众生也清净。"如果没有这第八识，那混杂污染的心或清净的心，都不应存在。因为那混杂污染的或清净的事物，是以[第八]心为根本，因心而生起，依赖心而相对稳定地存在。心受到它们的熏习，并保持它们的种子。

而那混杂污染[即有漏]的事物，大略有三种，即烦恼、业与果，种类各不相同。

如果没有这第八识保持烦恼的种子，那么众生在三界、九地往返投生[从上地再生欲界]，[以及]在[见道位以无漏道对治了分别烦恼从而]没有污染心后，一切烦恼[包括欲界烦恼和俱生烦恼再]生起，都应是无因而生，因为其他的东西不能保持烦恼的种子，而过去与未来的烦恼并非当前实际存在，[而如果没有东西能保持烦恼的种子，这样，再生起烦恼就只能是无因而生了。]但如果各种烦恼都可以无因而生，那就没有三乘的有学果和无学果了，因为[尽管三乘的有学与无学已经断灭了烦恼，但]所有已经断灭的烦恼都应该能再生起。

如果没有这第八识保持业和果的种子，那众生在三界、九地往返投生，前后界、地的状况全不相同，后一界、地业和果，都应是无因而生，因为其他的种子其他的因，前面已经否定。如果各种业和果都是无因而生，那在入无余依涅槃法界后，三界业和果，还能再生起，因为烦恼也能无因而生。

此外，[如果没有这第八识保持种子，]那"行缘识[即以过去世的身心活动为缘生起识]"也应该不能成立。[这里首先要分辨"缘"的意义。如果说"缘"指熏习，那么]转识受熏，前面已经否定，[所以前六转识不能受身心活动的熏习而形成识的种子，故而没有第八识，"行缘识"就不能成立。如果说"缘"指感招，那么，"行"能感招的只是异熟的无记性识，]初生时的污染的心识，也并非由"行"所感招。[对方辩解："虽然初生时的污染心识非由'行'所感招，但名色中有异熟的识，此异熟的识可认为是由'行'所感招，所以说'行缘识'并无过错。"]那就应该说是"行缘名色"，[但"行"在前世，"名色"在今世，]二者在时间上相隔久远，[如果没种子，]就不存在[行]"缘"[名色]的含义。[再回到"行缘识"，]如果"行缘识"不能成立，那十二因缘的"行缘识"以后的部分就都不能成立了。

一切清净的事物也有三种差别，即世间道、出世间道以及所证的断除烦恼的果位，各不相同。如果没有这第八识保持世间清净道与出世间清净道的种子，那么，在污染性的心之后，再生起清净心，就都是无因而生了，因为所执着的其他能生起清净心的原因，前面已经破除。如果这两种清净道是无因而生，那么在入无余依涅槃后，那两种清净道还能再生起。[对方补救："入涅槃后，清净道所依托的众生身体已不存在，所以入涅槃后清净道不会再生起。"但上述情况下，]两种清净道所依托的众生身也应该能无因而生。

此外，[如果没有第八识，]最初的出世道就不应生起，因为没有东西来保持它的自然而有的种子。因为有漏的事物并非清净道的因；而主张清净道能无因而生，那就不是佛门弟子应有的观点。最初的出世道不能生起，那以后的出世道也不能生起，如果是这样的话，就不应有三乘的道果了。

如果没有这第八识保持烦恼种子，那转依而得的断除烦恼的果位也不能成就。即无漏的出世道生起时，现行活动的烦恼及其种子都不再存在，因为污染的与清净的两种心不会同时生起；因为与出世道相应的清净的心不会再保持烦恼及其种子，二者本性相违，就像与涅槃相违一样；而过去与未来的心识以及圣道的"得"等，都非实际存在，[不能保持烦恼种子；]至于由其余的事物来保持种子，在道理上不能成立。因此，既然没有所要断除的各种烦恼种子，那么，能断除烦恼的出世道也不应存在，这样的话，依据什么凭借什么来建立断除烦恼的果位？如果说是由于出世道的力量，以后的烦恼不再生起，由此建立断除烦恼的果位，那最初的出世道生起时，应该立即成为无学果位，因为以后的各种烦恼，都已没有了因，所以也就永远不会再生起。

承认有这第八识，一切染净因果都能成立，因为只有这第八识能保持染净事物的种子。

要证明这第八识存在，可以阐述的理论无量无边，恐怕人们讨厌繁琐冗长的论说，所以大略叙述其纲要。另有这第八识，无论是从佛典还是从正理来看都是明确而肯定的，一切有智慧的人，应该深信并接受。

【评析】

　　此处是关于第八识存在的第十种证明，是从污染或清净的一切事物得以延续的原因来论证第八识的存在。污染或清净的事物，在经历了不同的乃至相反的状态后能再次生起，是由于各自的种子；而种子的形成和保持，需要有能受熏和持种的识，这只能是第八识。如果没有第八识，没有第八识保持各种事物的种子，那么污染或清净事物的生起，都将是无因而生。因此，只有承认第八识的存在，才符合佛教的因果理论，才能对一切事物作出充分合理的说明。

第三章　论第七识

【题解】

本章的主要内容是论述和论证第七识，分为两大部分：一是论述第七识的性质，二是论证第七识的存在。

第七识与第八识一样，也是一个超出人们经验范围的概念，所以本论对它的性质也作了详尽的论述。第七识的名称是"意"，本论阐述了此名称的由来、第七识与第六识在名称上的联系和区别等。第七识对第八识有依赖性，本论对这种依赖性从理论上作了全面的分析。第七识作为识，也有认识作用，本论讨论了第七识的认识对象，指出第七识在凡夫状态中是以第八识的见分为认识对象，将其执着为实我。此外，第七识作为识，也有区别于其他识的特性，本论指出，这种特性就是"思量"，第七识在现行活动时，进行的正是思量活动。同时，第七识作为识，也有其相应心所。本论通过讨论指出，第七识与第八识在这方面的不同之处是：该识还有烦恼心所和随烦恼心所与之相应。因此，第七识的伦理性质属污染性，或者说是有覆无记性。另外，第七识由于也是永恒活动的心识，所以总是追随第八识，随第八识生往三界九地中的某一界某一地而被系缚于该界该地。最后，佛教修行也是要制伏和断灭第七识的污染性，所以修行到一定阶段，第七识的污染性就能被制伏进而被断灭。

由于第七识也是超出人们经验的一种心识，所以本论对其存在也提出了种种论证。与证明第八识的存在一样，本论也从佛典和正理两方面进行论证，即援引大小乘的经典，并提出理论上的六种分析来证明第七识的存在。

第一节　第七识综述

一、第七识的名称

【原文】

如是已说初能变相，第二能变，其相云何？颂曰：

"次第二能变，是识名末那。

依彼转缘彼，思量为性相。

四烦恼常俱，谓我痴我见，

并我慢我爱；及余触等俱。

有覆无记摄，随所生所系，

阿罗汉灭定、出世道无有。"

论曰：次初异熟能变识后，应辩思量能变识相。是识圣教别名末那，恒审思量胜余识故。

"此名何异第六意识？"

此持业释，如藏识名，识即意故。彼依主释，如眼识等，识异意故。然诸圣教，恐此滥彼，故于第七，但立意名。又标意名，为简心、识，积集、了别，劣余识故。或欲显此与彼意识，为近所依，故但名意。

【今译】

以上已经说明了第一能变识的性状，那第二能变识，其性状又如何呢？颂云：

"其次是第二能变识，此识名末那识。

此识依赖第八识而生起，并以第八识为认识对象，

思量是其自性和现行活动的作用。

此识始终与四种烦恼共存，

即我痴与我见，还有我慢与我爱；

还始终与触等其余的心所共存。

此识属于有覆无记性，

随第八识所生地而生起并被系缚在该地，

只是在阿罗汉位、灭尽定与出世道中才不存在。"

论云：其次，在说明了第一异熟能变识后，应该说明思量能变识的性状了。此识在佛典中也称末那［即意］，因其能连续而不间断地生起并进行明晰思维的性质胜于其他识。

［问：］"此识称为意，那与第六意识有何区别？"

这是就其所保持的作用来定义此识，就像藏识也是从这一角度来建立名称，这第七识的作用就是意。而第六意识是就其所依托的主体［即第七意］来定义该识，就像眼识等前五识也是从这一角度［即从

各自依托的根]来建立名称,所以[第六意]识不同于[第七]意。但各种佛典恐怕人们将第七识混同第六识,所以对于第七识只是称为意,[不称为意识。]此外,将第七识标上意的名称,是为了区别第八识的心的名称和前六识的识的名称,因为从积集种子称为心来看,第七识没有积集种子的作用;从识别事物称为识来看,第七识不如前六识。或者说,为了显示第七识对于第六意识来说,是其直接的依托对象,所以只是称为意。

【评析】

此处以下论述第七识。首先是论述第七识的主要性质和名称由来。第七识的主要性质是"恒审思量"。关于此性质,《述记》对第七识与前五识作的比较最能说明问题:"恒审思量,双简五识,彼非恒起,非审思故。"[①] 所以,"恒"指"恒起",即第七识与第八识一样,能永恒地存在,能连续而不间断地生起。"审思量","审",审察,即明确清晰;"思量",即思维。这里所说的两种性质,八识之间有同有异,即第八识恒而不审,第六识审而不恒,前五识非恒非审,只有第七识既恒且审。所以,"恒审思量"的性质,第七识胜过其余诸识。关于第七识名称的由来,第七识又称为末那识,末那即"意",是第六识的根,为了与第六识相区别,第七识称意,第六识称意识。

---

① (唐)窥基《成唯识论述记》卷第二,《大正藏》第43册,第298页。

二、第七识的所依

（一）总说所依

【原文】

"依彼转"者，显此所依。"彼"谓即前初能变识，圣说此识依藏识故。有义：此意以彼识种而为所依，非彼现识，此无间断，不假现识为俱有依[1]方得生故。有义：此意以彼识种及彼现识俱为所依，虽无间断而有转易，名转识故，必假现识为俱有依方得生故。"转"谓流转[2]，显示此识恒依彼识，取所缘故。

诸心、心所，皆有所依。然彼所依，总有三种。一因缘依，谓自种子，诸有为法皆托此依，离自因缘必不生故。二增上缘依，谓内六处，诸心、心所皆托此依，离俱有根必不转故。三等无间缘依，谓前灭意，诸心、心所皆托此依，离开导根[3]必不起故。唯心、心所，具三所依，名有所依，非所余法。

【简注】

[1] 俱有依：也称俱有所依、增上缘依、俱有根，指与心、心所同时存在而为其所依的事物。

[2] 流转："流"是连续，"转"指生起，即连续生起。

[3] 开导根：也称开导依，即等无间缘依。"开"是让路或开路，"导"是引导。"开导"即当后识要生起时，前识为其让路并引导其生起，也就是为后识开路引导。

【今译】

颂中的"依彼转",显示这第七识的依托对象。"彼"就是指前面所说的第一能变识,因为佛典中说这第七识依托藏识。[在这一问题上有两种观点。]第一种观点认为,这第七识以第八识中的种子[即第八种子识]作为依托对象,并非依托现行的第八识,因为第七识无间断,不必借助现行的第八识作为俱有依才能生起。第二种观点[即正确的观点]认为,这第七识以第八种子识以及现行的第八识二者为依托对象,因为第七识虽无间断但有[从污染向清净的]转变,所以称为转识,必须借助现行第八识作为俱有依才能生起。"依彼转"的"转"指连续生起,显示这第七识始终依托那第八识,并以那依托对象为认识对象。

一切心与心所,都有依托对象。而它们的依托对象,共有三种。一是因缘依,这是指各自的种子,一切有为的事物都依托这因缘依而生起,因为它们离开了自己的因缘就必定不能生起。二是增上缘依,这是指内部的六根[即五根和第七识],一切心与心所都依托这增上缘依而生起,离开了与其共存的根,心与心所必定不能连续生起。三是等无间缘依,这是指前一瞬间刚消失的同类心识,一切心与心所都依托这等无间缘依而生起,离开了这为后心识开路和引导的依托,心与心所必定不能生起。只有心与心所,完全具备这三种"所依",称为"有所依",色法[即物质]等其他事物则并非完全具备这三种"所依"。

【评析】

此处以下论述第七识的依托对象。第七识是依托第八种子识以及现行第八识为依托对象。本论进而讨论心与心所的一般依托对象。心与心所的依托对象共有三种：一是因缘依，这就是心与心所在第八识中的种子，第七识也是依赖第八识中自己的种子而生起。二是增上缘依，这是指六根，同时第八识是前七识的根本所依，第七识也以现行第八识为增上缘依。三是等无间缘依，这是指前一瞬间刚消失的同类心识，如第七识的等无间缘依就是前一瞬间的第七识。此外，等无间缘的含义较宽，包括心与心所；等无间缘依则只是指心，心所不能作等无间缘依。

（二）释因缘依

【原文】

初种子依。有作是说：要种灭已，现果方生。无种已生，《集论》说故[1]；种与芽等，不俱有故。

有义：彼说为证不成，彼依引生后种说故。种生芽等，非胜义故。种灭芽生，非极成故。焰炷同时，互为因故。然种自类，因果不俱；种现相生，决定俱有。

故《瑜伽》说："无常法与他性为因，亦与后念自性为因，是因缘义。"自性言显种子自类前为后因，他性言显种与现行互为因义。《摄大乘论》亦作是说："藏识染法互为因缘，犹如束芦，俱时而有。"又说："种子与果必俱。"故种子依，定非前后。设有处说种果前后，应知皆是随转理门。如是八识及诸心所，定各别有种子所依。

【简注】

[1]《集论》说故:《集论》:"有种已生。无种已生。"《杂集论》卷第三:"有种已生者,谓除阿罗汉最后蕴。无种已生者,谓最后蕴。"《演秘》卷第四:"难陀释云:二乘无学邻无余心,名最后蕴。生此蕴种已入过去,名为无种。所生法在,名为已生。既因已灭而果现在,明知因果时必不同。"

【今译】

首先是种子依。有一种观点认为,要待种子消失后,现行的果才生起。因为没有种子后生起,这是《集论》说的;[而现实生活中,]种子与芽也不会同时存在。

另一种观点[即正确的观点]认为,上述说法是不能证明成立的,因为那是依照种子引生后一瞬间[的自类]种子而说的,[并非依照种子引现行果而说的。]而种子生芽,[须种子消失后芽才生起,这种说法只是对世间现象的描述,]并非是胜义[的种子与现行的关系]。[此外,种子与芽共存的现象并非没有,芽初生时还是能与种共存,]种子消失芽才生起的说法,并不能证明完全成立。[种子与现行果的关系,就像]火焰与灯芯,二者同时存在,互相作为对方的因。所以种子自类相生,则因与果不能同时存在,[必待前种消失后种生起;]至于种子与现行果的相生关系,必定是二者同时存在。

所以《瑜伽论》说:"无常的事物对于'他性'来说是因,对于后一瞬间的'自性'来说也是因,这就是因缘的含义。"[这段话中,]"自性"的说法是表明自类种子前为后因,"他性"的说法是表明种子与现行果相互为因。《摄论》也有这样的说法:"藏识与污染性的事物,相互作为因缘,就像直立的芦苇束相互支撑,同时存在。"又说:"种子与果,必定同时存在。"所以,种子依必定不是前后出现的关系。假如佛典中有的地方说种子与果前后出现,要知道这都是随机权宜的说法。因此,八识及各种心所必定各自另有自己的种子作为依托对象。

【评析】

此处以下具体论述三种依,首先是种子依,即因缘依。种子依所对应的现象是种子引生现行果,而不是种子引生自类种子。在前类现象中,种子与现行果是同时存在的;而在后类现象中,种子与所引生的自类种子是前后生起。唯识学认为,一切实法必定都由各自的种子而生起,所以都有种子依。八识是如此;心所的大多数是实法,故而大多数心所也是如此。色法虽然没有增上缘依和等无间缘依,但色法中的实法仍有种子依。

(三)释增上缘依
【原文】

次俱有依。有作是说:眼等五识,意识为依,此现起时,必有彼故。无别眼等为俱有依,眼等五根,即种子故。《二十唯识》伽他中言:"识从自种生,似境相而转,为成内外处,佛说彼为十。"彼颂意说:世尊为成十二处故,说五识种为眼等根,五识相分为色等境。故眼等根即五识种。

《观所缘论》亦作是说:"识上色功能,名五根应理。功能与境色,无始互为因。"彼颂意言:异熟识上,能生眼等色识[1]种子,名色功能,说为五根,无别眼等。种与色识,常互为因,能熏与种,递为因故。第七、八识,无别此依,恒相续转,自力胜故。第六意识,别有此依,要托末那而得起故。

【简注】

[1]色识:指五识。一般来说,五识能缘色法;进而按唯识学的说法,五识能变现相分五境色法,所以五识称色识。此外,第八识也能变现并缘五境色法,但此处是说五根与五识种子的关系,句中已限定"眼等色识";进一步说,第八识的相分也并非只有五境等色法,还有种子,所以第八识不是色识。

【今译】

其次是俱有依。[在这一问题上有四种观点。]第一种观点认为,眼识等五识,以同时生起的意识为俱有依,因为五识现行生起时必定有意识同时存在。并没有另外的眼根等作为俱有依,因为眼根等五根就是五识的种子。《唯识二十论》的颂中说:"五识从自己的种子生起,作为似乎实在的对象的形相而生起,为成立内处和外处,佛说它们为十处。"该颂的意思是说,世尊为成立十二处,所以说五识的种子是眼根等五根,而五识的相分就是颜色等对象。所以,眼根等五根就是五识的种子。《观所缘缘论》也有这样的说法:"识上的色功能,将它们称为五根是合理的。这些功能与作为认识对象的颜色等物质,无量时间来相互作为对方的因。"该颂的意思是说，异熟识上能生眼识等五识的种子，称为"色功能"，也说它们是五根，所以并没有别的眼根等五根。种子与五识，始终相互作为对方的因，因为能熏的事物与种子，是相互之间展转作为对方的因。第七识和第八识并不另外存在俱有依，而是永远连续地生起，因为它们自己的力量强盛。第六意识，另外存在这俱有依，因为它要依托末那识而得以生起。

【评析】

此处以下论述三依中的俱有依，即增上缘依。关于俱有依的含义，有四种观点，这里是第一种观点，即难陀等人的观点。这种观点认为，五识的俱有依是第六识，第六识的俱有依是第七识，第七识和第八识没有俱有依。此外，五根就是五识的种子，所以五根不是五识的俱有依。这一观点，对五识和第六识的俱有依说得不完整，第七识和第八识没有俱有依的说法则是错误的，而五根就是五识的种子也是错误的。

【原文】

有义：彼说理教相违。若五色根即五识种，十八界种应成杂乱。然十八界各别有种，诸圣教中，处处说故。又五识种各有能生相、见分异，为执何等名眼等根？若见分种，应识蕴摄；若相分种，应外处摄，便违圣教眼等五根皆是色蕴内处所摄。又若五根即五识种，五根应是五识因缘，不应说为增上缘摄。又鼻、舌根即二识种，则应鼻、舌唯欲界系[1]，或应二识通色界系。许便俱与圣教相违。眼、耳、身根即三识种，二地、五地[2]为难亦然。又五识种既通善恶，应五色根非唯无记。又五识种无执受摄[3]，五根亦应非有执受。又五色根若五识种，应意识种即是末那，彼以五根为同法故。又《瑜伽论》说眼等识皆具三依[4]，若五色根即五识种，依但应二。又诸圣教说眼等根皆通现、种，执唯是种，便与一切圣教相违。

【简注】

[1]鼻、舌唯欲界系：据《大毗婆沙论》卷第一百四十五，鼻根、舌根属欲界系和色界系，而鼻识、舌识应只属欲界系。

[2]五地、二地：五地指欲界的五趣杂居地，以及色界的四地即离生喜乐地、定生喜乐地、离喜妙乐地、舍念清净地。二地指五趣杂居地、离生喜乐地。正确的说法是：眼根等三根通五地，眼识等三识只通前二地。

[3]五识种无执受摄：按第二章所说，本论认为种子也是有执受，此处是依其他佛教典籍的观点或依对方的观点而说。关于有执受只是指有根身还是包括种子，原因如第二章相关注释所说。

[4]三依：即种子依、俱有依、开导依。

【今译】

第二种观点认为，上述说法与正理和佛典都相违背。如果五种物质性的根就是五识的种子，那十八界的种子就杂乱无章了。然而十八界各有各的种子，各种佛典中都是这样说的。此外，五识的种子各有能生起相分与能生起见分的区别，［如果五识的种子就是五根，]那究竟取什么作为眼根等五根？如果取五识的见分种子为五根，那五根应属于识蕴；如果取五识的相分种子为五根，那五根应属"外处"，这就违背了佛典中"眼根等五根都属色蕴属内处"的说法。此外，如果五根就是五识的种子，那五根应该是五识的因缘，而不应说五根是五识的增上缘。此外，鼻根和舌根如果就是相应二识的种子，那此二根应与相应二识一样，只系属于欲界；或者说，相应二识应与此二根一样，[除了系属于欲界，]还系属于色界。同意这些说法就都与佛典相违背。而眼根、耳根、身根如果就是相应三识的种子，那它们究竟是系属于二地还是系属于五地，还是会碰到同样的疑难。还有，五识的种子既然善恶都有，那么五根不应只是无记性。还有，五识的种子属无执受性质，那么五根也不应是有执受。此外，如果五根就是五识的种子，那意识的种子应该就是[意根即]末那识，这样末那识与五根[就不是一者属识法、一者属色法，而]成为相同性质的事物了。此外，《瑜伽论》说眼识等五识都具有三种所依，如果五根就是五识的种子，那么五识的所依就只能有两种了。此外，各种佛典都说眼根等五根既有现行又有种子，如果执着五根只是五识的种子，[它们就没有现行，这]就与一切佛典相违背。

【评析】

此处以下阐述关于俱有依含义的第二种观点，即安慧等人的观点，首先破第一种观点。第一种观点认为五根就是五识的种子，第二种观点指出这种说法是错误的。因为五根属色蕴，属内处，是五识的增上缘，而由上述观点推导出的结论除与这些正确的说法相违，同时还导致了其他一系列矛盾，如：鼻根与舌根到底应系属于欲界和色界还是只系属于欲界？眼根、耳根与身根能存在于五地还是二地？又如：五根若是五识种子，那意识种子应该就是末那识。此外，五识应该具有三依，即五识种子是五识的种子依，五根是五识的俱有依，前灭意即前一瞬间消失的五识是后五识各自的开导依。如果五根就是五识种子，那么，种子依与俱有依就合为一依，故而五识只有二依，这也违背了正确的说法。

但关于文中"五识种无执受摄，五根亦应非有执受"之说，这涉及对"执受"的理解。实际上，小乘各部的论对"执受"有着不同的解释。关于执受的一般含义，《杂集论》认为："若依此色，受得生，是名执受。"[①] 所以，据该论，"执受"是指能使感受得以生起的物质。至于这类有"执受"的物质，各论所说，也有相同与不同之处。五根有"执受"，是各论相同的说法。但有些论中，将五境中除声之外的其他四境也称为有"执受"。而这里第二种观点认为，种子无"执受"，根有"执受"。这样，如果认为五根就是五识种子，那五根也应无"执受"。但按本论，即护法和玄奘的观点，种子与有根身都是有"执受"，都是第八识执受的对象。

---

① (唐) 玄奘译《大乘阿毗达磨杂集论》卷第五，《大正藏》第31册，第716页。

【原文】

有避如前所说过难，朋附彼执，复转救言："异熟识中，能感五识增上业种，名五色根，非作因缘生五识种。妙符二颂，善顺《瑜伽》。"

彼有虚言，都无实义。应五色根非无记故。又彼应非唯有执受，唯色蕴摄，唯内处故。鼻、舌唯应欲界系故，三根不应五地系故，感意识业应末那故，眼等不应通现、种故。又应眼等非色根故。又若五识皆业所感，则应一向无记性摄。善等五识，既非业感，应无眼等为俱有依。故彼所言，非为善救。又诸圣教，处处皆说阿赖耶识变似色根及根依处、器世间等，如何汝等拨无色根？许眼等识变似色等，不许眼等藏识所变。如斯迷谬，深违教理。

然伽他说种子功能名五根者，为破离识实有色根。于识所变似眼根等，以有发生五识用故，假名种子及色功能，非谓色根即识业种。

【今译】

有人既要避免如上所述的错误和困难，又要附和上述观点，便转而作出如下的补救："异熟识中能感招五识的、强有力的善恶业种，称为五色根［即五种物质性的根］，所以五根并非指能作为因缘生起五识的种子。这样说既能巧妙地符合二首颂的说法，又能完全顺应《瑜伽论》的意思。"

他们只有虚假的言论，完全不合正理。［第一，如果善恶业的种子就是五色根，］那五色根应该不是无记性的。［第二，身语意三业中，只有身业有执受，语业和意业无执受，这样，］五色根应该不完全是有执受。［第三，意业不是色法，这样，］五色根也应并非仅属色蕴。［第四，意业只属法处，这样，］五色根也应并非仅属内处。［第五，鼻识、舌识只系属于欲界，如果鼻识、舌识的业种就是鼻根、舌根，那么］鼻根、舌根应只系属于欲界：［同样，眼、耳、身三识只系属于二地，那么，］眼、耳、身三根不应系属于五地。［第六，意识的根应该与五识的根具有相应性质，五根是感招五识的业种，则意根也应是感招意识的业种，而意根就是第七末那识，这样，］感招意识的业种子应是末那识。［第七，眼根等五根既然只是五识的业种，那么，］眼根等五根不应既有现行又有种子。此外，［第八，业有意业，非色法，眼根等五根既然是五识的业种，那么］眼根等五根也不应都是物质性的根。此外，［第九，］如果五识都是业所感招，那它们［就不应具有善、恶、无记三性，而］应该一直都是无记性。［第十，如果说五根虽是业种子，但此业未成熟，所以五识并不都是无记性的，那么］善恶的五识既然不是业所感招，应该没有眼根等五根［即他们说的业种子］作为俱有依。所以，他们的说法，不是有效的补救。此外，各种佛典中到处都说阿赖耶识变现似乎实在的五根以及它们所依的浮尘根和物质世界等，为什么你们要否定物质性五根的存在？既然承认眼识等五识变现似乎实在的颜色等五境，为什么不承认眼根等五根是由藏识所变现的？像这样的错误和谬见，深深地违背了教理。

而上述二颂中将种子即功能称为五根，是为了破除脱离识而真实存在的五根，所以对第八识所变现的似乎实在的眼根等五根，因为它们有引发生起五识的作用，就假说是种子和色功能，并不是说五根就是识种或业种。

【评析】

此处仍是论述关于俱有依含义的第二种观点，是此观点破对第一种观点的补救。此补救的观点仍认为五根是五识的种子，但不是作为因缘的五识种子，而是作为增上缘的、能感招五识的善恶业种子，这样就能对问题作出圆满的解答。而第二种观点指出，这种补救无济于事，因为这种补救并不能解决原观点所导致的矛盾，而是在新的条件下产生了新的问题。例如：如果善恶业的种子就是五根，那么五根应该不完全是有执受，因为身、语、意中，有执受的只是身，而不是语、意；这样，语、意的善恶业种子形成的根无执受，只有身的善恶业种子形成的根有执受。此外，五根也应并非仅属色蕴，因为业通身、语、意，而意业不属色蕴。此外，五根也应并非仅属"内处"，因为意业属法处，不是"内处"。

【原文】

又缘五境明了意识[1]，应以五识为俱有依，以彼必与五识俱故。若彼不依眼等识者，彼应不与五识为依，彼此相依势力等故。又第七识虽无间断，而见道等既有转易，应如六识有俱有依，不尔，彼应非转识摄，便违圣教转识有七。故应许彼有俱有依，此即现行第八识摄。如《瑜伽》

说："有藏识故，得有末那，末那为依，意识得转。"彼论意言：现行藏识为依止故，得有末那，非由彼种。不尔应说：有藏识故，意识得转。由此彼说，理教相违。

是故应言：前五转识，一一定有二俱有依，谓五色根、同时意识。第六转识，决定恒有一俱有依，谓第七识；若与五识俱时起者，亦以五识为俱有依。第七转识，决定唯有一俱有依，谓第八识。唯第八识，恒无转变，自能立故，无俱有依。

【简注】

［1］明了意识：四种意识之一，指与五识同时生起，能对外界事物产生清晰认识的意识，即五俱意识。

【今译】

此外，认识五种感觉对象的明了意识，应该以五识作为俱有依，因为明了意识必定与五识同时存在。如果明了意识不依托眼识等五识，那它也不应作为五识的所依，因为彼此相互依托的力量是同等的。此外，第七识虽然没有间断，但既然它在见道位与修道位有［从有漏到无漏］转变，那应该像六识一样，有俱有依，不然的话，第七识不应属于转识，但这就违背了佛典中转识有七种的说法。所以，应该承认那第七识有俱有依，这俱有依就是现行的第八识。正如《瑜伽论》中所说的："因为有藏识，就有了末那识，以末那识为依托，意识得以生起。"该论的意思是说，以现行的藏识为依存之处，才有末那识，并不是说由于有藏识中的种子从而有末那识。不然的话，[如果根据种子，那]应该说：因为有藏识[中第六识的种子]，意识得以生起，[不必再说意识依托末那识了]。因此，上一种观点"以种子为五根"以及"第七识没有俱有依"，与正理和佛典都相违背。

因此应该说：前五转识，各自必定存在两种俱有依，即五根和与五识同时生起的意识。第六意识，必定始终存在一种俱有依，即第七识；如果是与五识同时生起的第六识，也以五识为俱有依。第七识，必定只有一种俱有依，即第八识。只有第八识，永远没有转变，自己就能成立，所以没有俱有依。

【评析】

此处是关于俱有依含义的第二种观点阐述自己的见解。其见解中，有的说法正确，如末那识以现行第八识为俱有依；有的说法错误，如意识以五识为俱有依，又如第八识没有俱有依；而大多数的说法不完整。正确的说法，详见第四种观点。

【原文】

有义：此说犹未尽理。第八类余，既同识性，如何不许有俱有依？第七、八识，既恒俱转，更互为依，斯有何失？

许现起识以种为依，识种亦应许依现识，能熏、异熟为生长住依，识种离彼不生长住故。

又异熟识，有色界中，能执持身，依色根转。如契经说："阿赖耶识，业风所飘，遍依诸根，恒相续转。"《瑜伽》亦说："眼等六识，各别依故，不能执受有色根身。"若异熟识不遍依止有色诸根，应如六识，非能执受；或所立因，有不定失。

是故藏识，若现起者，定有一依，谓第七识；在有色界，亦依色根。若识种子，定有一依，谓异熟识；初熏习位，亦依能熏。余如前说。

【今译】

第三种观点认为，第二种观点的说法仍未完全说清道理。既然第八识与其余识类似，具有相同的识的性质，那么为什么不承认第八识也有俱有依？第七识与第八识既是永远同时生起，那么互相作为依托，这有什么过失？

此外，既然承认现行生起的识是以种子作为依托，那也应承认识的种子依托现行识，因为能熏的前七识与所熏的异熟识是一切种子生起、增长、相对稳定地存在的依托，识的种子离开能熏就不能生起和增长，离开所熏就不能相对稳定地存在。

此外，异熟识在欲界和色界能保持身体，并依托五根而生起。正如《楞伽经》所说的："阿赖耶识随业力的风而漂游，普遍地依托各种根，始终连续地生起。"《瑜伽论》也说："眼识等六识各有各的依托，不能执受具有感觉功能的身体。"如果异熟识不能普遍地依止存在于欲界和色界的物质性五根，那就像六识一样，不能执受存在于欲界和色界的具有感觉功能的身体；或者是对第八识与六识异同原因所作的分析，有不确定的过失。

因此，藏识如果是现行生起的，必定有一俱有依，即第七识；在欲界和色界，藏识也依托五根。至于识的种子，必定有一俱有依，即异熟识；在刚受熏习时，种子也依托能熏的前七识。其余各识的俱有依，同前所说。

【评析】

此处是关于俱有依含义的第三种观点，即净月等人的观点，其中除第七识与第八识相互作为俱有依的说法正确外，其余说法均属错误。

【原文】

有义：前说皆不应理，未了所依与依别故。依谓一切有生灭法，仗因托缘而得生住，诸所仗托，皆说为依，如王与臣，互相依等。若法决定、有境、为主、令心心所取自所缘，乃是所依，即内六处。余非有境、定、为主故。此但如王，非如臣等。故诸圣教，唯心、心所名有所依，非色等法，无所缘故；但说心所心为所依，不说心所为心所依，彼非主故。然有处说依为所依，或所依为依，皆随宜假说。

由此五识俱有所依，定有四种，谓五色根、六七八识，随阙一种，必不转故。同境、分别、染净、根本，所依别故。圣教唯说依五根者,以不共故;又必同境,近相顺故。

第六意识,俱有所依,唯有二种,谓七八识,随阙一种,必不转故。虽五识俱取境明了,而不定有,故非所依。圣教唯说依第七者,染净依故,同转识摄,近相顺故。

第七意识俱有所依,但有一种,谓第八识。藏识若无,定不转故。如伽他[1]说:"阿赖耶为依,故有末那转。依止心及意,余转识得生。"

阿赖耶识俱有所依,亦但一种,谓第七识。彼识若无,定不转故。论说藏识恒与末那俱时转故,又说藏识恒依染污,此即末那。而说三位无末那者,依有覆说;如言四位无阿赖耶,非无第八,此亦应尔。

虽有色界亦依五根,而不定有,非所依摄。识种不能现取自境,可有依义,而无所依。心所所依,随识应说,复各加自相应之心。若作是说,妙符理教。

【简注】

[1] 伽他:《入楞伽经》卷第九《总品》中有首颂与此颂相似,该颂云:"依止阿梨耶,能转生意识。依止依心意,能生于转识。"

【今译】

第四种观点[即正确的观点]认为,前三种观点都不合理,因为没有明了"所依"与"依"的区别。"依"是指一切有生灭的事物,凭借因依托缘而得以生起和相对稳定地存在,那所有凭借和依托的对象，都说是"依"，就像国王和臣下，相互的依赖是相等的。如果有某一事物，[与另一事物]必定同时存在、与"能依"具有共同的认取对象、能自主、能使心与心所认取自己的对象，[该事物]就是[另一事物的]"所依"，这就是六根。其余的事物，或是没有认取对象，或是[在另一事物生起时]非必定存在，或是不能自主，[所以不是"所依"。在某种意义上说，]"所依"只是像王而不像臣。所以，在各种佛典中，只有心和心所能称为具有"所依"，不能说物质等其他事物为具有"所依"，因为像物质就没有自己的认取对象。[此外，就心与心所的关系而言，]只能说心所是以心为"所依"，不能说心所是心的"所依"，因为心所不能自主。但佛典中有的地方将"依"说成"所依"，或将"所依"说成"依"，这都是随机权宜的假说。

因此，五识的俱有所依（即同时存在的所依），必定有四种，即五根、第六识、第七识、第八识，随便缺少哪一种俱有所依，五识必定不能生起。[这四种俱有所依对五识来说，]五根是同境所依，第六识是分别所依，第七识是染净所依，第八识是根本所依。佛典中只说五识依托五根，这是因为五根不是五识与其他识的共同所依；此外，五识与五根必定具有共同的认取对象，因为五识与五根是直接相应的。

第六意识的俱有所依只有两种，即第七识与第八识，随便缺少哪一种，第六识必定不能生起。虽然与五识共存的第六识能清晰地认识对象，但五识不是第六识生起所必须的，所以五识不是第六识的俱有所依。佛典中有的地方只说第六识依托第七识，那是因为无论是污染时还是清净时，第六识都依托第七识，二者同属转识，第六识与第七识直接相应。

第七识的俱有所依只有一种，即第八识。第八藏识如果没有，第七识必定不能生起。正如有首颂中所说："以阿赖耶识为所依，所以有末那识生起。以第八心以及第七意为依存之处，其余转识得以生起。"

阿赖耶识的俱有所依，也只有一种，即第七识。那第七识如果没有，第八识必定不能生起。因为《瑜伽论》说藏识永远与末那识同时生起，又说藏识永远依托"染污"，那就是末那识。而说在阿罗汉、灭尽定、出世道时没有末那识，那是指有覆末那识，［并非没有第七识；］就像说在三乘无学以及不退菩萨没有阿赖耶识，并非没有第八识一样。

虽然在欲界和色界，阿赖耶识也依托五根，但五根不是必定存在，［无色界无五根，］所以五根不属阿赖耶识的"所依"。识的种子不能像现行识那样认取自己的对象，可以有"依"的含义，但没有"所依"的含义。心所的"所依"，应该随识而说，所以又要加上各自的相应的心而说"所依"。如果是这样来说"所依"，那就完全符合正理和佛典。

【评析】

此处是关于俱有依含义的第四种观点，即护法的观点，也是本论对此问题的总结。本论首先区别了"依"与"所依"。"依"是一个极为宽泛的概念，可以说适用于一切对象，因为"仗因托缘"就将四种缘都包括在内了，而按唯识学的观点，一切事物都是依四种缘而生起。"所依"则有严格的定义，须符合四个条件。一是"决定"，即所依必定与能依同时存在。由此判别，第六识不以前五识为所依，因为前五识不是必定存在的。同样，第八识不以五根为所依，因为无色界没有五根，第八识仍存在。第七识与第八识不以前五识与第六识为所依，因为前六识有中断。种子不以现行为所依，因为没有现行，种子仍能连续生起。别境心所、善心所、烦恼心所等都不能作为识的所依，因为这些心所不是必定存在的。二是"有境"，指有认识的对象。由此判别，四大种、五境、不相应法、一切种子、无为法，都不能认识事物，所以都不是所依。三是"为主"，即起主要作用而不是依附作用。所以，包括遍行心所的一切心所都不是所依。四是"令心心所取自所缘"，即能使心和心所认取各自的所缘境，如眼根能使眼识取色境，而第八识不是种子的俱有所依，因为种子无缘虑作用，第八识不能使种子取所缘境。根据这四种含义，俱有所依是指"内六处"，按本义是五根与第七识，但实际上，如论中所说，也包括第六识和第八识。至于论中将"所依"比喻作"如王非如臣"，诚如《述记》所说："此喻但据少分为论。"① 即只是根据部分的相似性而言，或者说是在某种意义上说的。

　　最后本论对俱有依的含义作了总结。五识的俱有依有五根、第六识、第七识、第八识。其中，五根是五识的同境所

---

① （唐）窥基《成唯识论述记》卷第四，《大正藏》第43册，第385页。

依，即五根与五识取相同的对象。第六识是五识的分别所依，因为五识只能进行现量认识，所以在认识对象时，不能清晰、深入地认识对象，必须由与五识共存的明了意识帮助，使五识能清晰、深入地进行认识。第七识是五识的染净所依，因为五识的活动较为表面，并不生起执着，所以本身无染，而是受第七识的污染成为有漏；若第七识在佛位转成彻底清净，前五识也转变为成所作智而成无漏，所以第七识是五识的染净所依。第八识是五识的根本所依，因为第八识永恒而不间断地连续生起，是一切心和心所生起现行的根本。此外，第六识的俱有依是第七识和第八识。第七识的俱有依是第八识。第八识的俱有依是第七识。种子不是所依，故而也不是俱有依。心所不能独立存在，所以其俱有依与其相应的心相同。

（四）释等无间缘依
【原文】

　　后开导依。有义：五识自他前后不相续故，必第六识所引生故，唯第六识为开导依。第六意识自相续故，亦由五识所引生故，以前六识为开导依。第七、八识，自相续故，不假他识所引生故，但以自类为开导依。

【今译】

　　最后是开导依。[在这一问题上有三种观点。]第一种观点认为，五识的各类识相互之间和自类识前后之间都不连续，所以五识必定是由第六识所引生，只以第六识为开导依。第六意识自类相互连续，也由五识所引生，所以，第六识以前六识为开导依。第七识和第八识都自类相互连续，不必借助他识引生，所以只以自类识为开导依。

【评析】

此处以下论述开导依，开导依也称等无间缘依。在这一问题上有三种观点，此处是第一种观点，即难陀等人的观点。此观点的说法大多错误，参见第三种观点。

【原文】

有义：前说未为究理。且前五识未自在位、遇非胜境，可如所说。若自在位，如诸佛等于境自在，诸根互用，任运决定，不假寻求，彼五识身宁不相续？

等流五识，既为决定、染净作意势力引生，专注所缘，未能舍顷，如何不许多念相续？故《瑜伽》说："决定心后，方有染净，此后乃有等流眼识善不善转，而彼不由自分别力。乃至此意，不趣余境。经尔所时，眼意二识，或善或染相续而转。如眼识生，乃至身识，应知亦尔。"彼意定显经尔所时，眼意二识，俱相续转。既眼识时非无意识，故非二识互相续生。

若增盛境相续现前，逼夺身心，不能暂舍，时五识身，理必相续，如热地狱、戏忘天[1]等。

故《瑜伽》言："若此六识为彼六识等无间缘，即施设此名为意根。"若五识前后定唯有意识，彼论应言："若此一识为彼六识等无间缘"；或彼应言："若此六识为彼一识等无间缘"。既不如是，故知五识有相续义。五识起时，必有意识，能引后念意识令起，何假五识为开导依？

【简注】

[1] 戏忘天：又称游戏忘念天。此天众生因迷于游乐嬉戏而忘失正念，所以有此称呼。此天究竟指哪一天，众说不一。有说为三十三天，有说为夜摩天，有说为欲界六天中的上四天。

【今译】

第二种观点认为，前一种说法没有讲明道理。且说前五识在众生还未获得自在、[或接触对象最初一刹那，]或遇到的是作用不强烈的对象时，可以如前所说具有不连续性。[相反，首先，]如果众生达到自在状态，就像所有佛在一切环境中都能自由自在，各种根都能互相替代使用，自然而无条件地就能确认对象，不必借助寻求心，那样的五识怎么不是连续的呢？

[其次，与接触对象最初一刹那的情况相反，]等流心［即同类性质的］的五识，既然是由决定心的、染净心的五识以及第六意识作意的力量引生，能专注于其认识对象，片刻不舍，为什么不承认它们能在较长时间中连续呢？所以《瑜伽论》说："决定心之后才有染净心生起，这以后才有或善或不善的等流心的眼识生起，而那些等流心的眼识并非是由它们自己的思辨分别的力量而生起的，[完全是由意

识引生。]以至此时的意识,[也只认识与眼识相同的对象,]不认识耳识、鼻识等认识的对象。在此之后的一段时间中,或善或污染的眼识和意识都是连续地生起。像眼识一样,[五识中的其他识,从鼻识]直至身识,[它们与意识的关系,]要知道都是这样的。"该论的意思无疑是要表示,在等流心的眼识生起后的一段时间中,眼识和意识,都是连续生起的。既然眼识生起时并非没有意识,所以二识不是相互接替地生起。

[最后,]如果具有强烈作用的对象连续地显现在前,刺激身心,片刻不停,这时五识按理而言必定连续,如在炽热的地狱中或在戏忘天中就是这样。

所以《瑜伽论》说:"如果先前的六识作为以后的六识的等无间缘,就将这先前的六识称为意根。"如果五识的前后必定只存在意识,该论应说:"如果这一意识为后六识的等无间缘";或者,该论应说:"如果前六识为那一意识的等无间缘"。既然该论没有这么说,所以可知五识有相连续的含义。五识生起时,必定有同时意识生起,能引导后一瞬间的意识使之生起,所以意识何必要借助五识为开导依?

【评析】

此处以下是关于开导依含义的第二种观点。据《述记》,这是安慧的观点,[①]但《藏要》的校勘指出,安慧的释中无此文。

----

① 参见(唐)窥基《成唯识论述记》卷第五,《大正藏》第43册,第388页。

此处是本观点破难陀的观点，所说内容基本正确。其中涉及"五心说"。该说认为认取对象的心有五种活动状况：一是率尔心，即接触对象时最初一刹那生起的心；二是寻求心，即在对对象进行认识过程中的心；三是决定心，即对对象生起了确定认识的心；四是染净心，即对对象生起了烦恼心或善心；五是等流心，即连续生起的、性质与前相同的认识对象的心。据《义林章》，简言之，八识中，第六识和前五识具备这五种心。第七识没有率尔心与寻求心，或者说，只是没有寻求心。第八识没有寻求心，第八识的率尔心是指众生刚出生时有率尔心。[①]八识的五心，还有更复杂的分辨，这里不作展开。

【原文】

　　无心睡眠、闷绝等位[1]，意识断已，后复起时，藏识、末那既恒相续，亦应与彼为开导依。若彼用前自类开导，五识自类何不许然？此既不然，彼云何尔？

　　平等性智[2]相应末那，初起必由第六意识，亦应用彼为开导依。圆镜智俱第八净识，初必六七方便引生；又异熟心依染污意，或依悲愿相应善心，既尔，必应许第八识亦以六七为开导依。由此，彼言都未究理。

　　应说五识，前六识内随用何识为开导依；第六意识，用前自类或第七、八为开导依；第七末那，用前自类或第

---

① 参见(唐)窥基《大乘法苑义林章》卷第一，《大正藏》第45册，第256页。

六识为开导依；阿陀那识，用前自类及第六、七为开导依；皆不违理，由前说故。

【简注】

［１］无心睡眠、闷绝等位：指意识中断的五种状态，包括极重睡眠、严重昏迷、无想定、灭尽定、无想天。
［２］平等性智：由转变污染的第七识为清净而得的智慧。

【今译】

在极重睡眠、严重昏迷等状态中，意识中断后再生起时，藏识与末那识既然一直连续，也应作为意识的开导依。如果意识是以前一瞬间的自类意识为开导依，那么五识自类为什么不能如此？五识既然不能自己作为自己的开导依，第六识为什么可以？

与平等性智相应的末那识，最初生起时必定是由［入二空观的］第六意识，所以也应以第六识为开导依。与大圆镜智共存的第八清净识，其最初生起时，必定由第六识和第七识方便引生；此外，异熟心依赖污染的第七意，或依赖与大悲之愿相应的第六善心，既然如此，必定要承认第八识也以第六识和第七识为开导依。因此，上一种观点的说法并未将道理研究透彻。

应该说五识是以前六识中的任何一识为开导依，第六意识是以前一瞬间的自类意识或第七识、第八识为开导依，第七末那识是以前一瞬间的自类末那识或第六识为开导依，阿陀那识是以前一瞬间的自类识以及第六识、第七识为开导依，这样说都不违理，理由如前所述。

【评析】

此处是安慧阐述自己的观点,其中的说法,大多属错误,参见第三种观点。

【原文】

有义:此说亦不应理。开导依者,谓有缘法[1]、为主、能作等无间缘。此于后生心、心所法开避引导,名开导依。此但属心,非心所等。

若此与彼无俱起义,说此于彼有开导力。一身八识既容俱起,如何异类为开导依?若许为依,应不俱起,便同异部心不并生。又一身中诸识俱起,多少不定,若容互作等无间缘,色等应尔,便违圣说等无间缘唯心、心所。然《摄大乘》说色亦容有等无间缘者,是纵夺言。谓假纵小乘色、心前后有等无间缘,夺因缘故。不尔,等言应成无用。若谓等言非遮多少,但表同类,便违汝执异类识作等无间缘。

是故八识各唯自类为开导依,深契教理,自类必无俱起义故。心所此依,应随识说。虽心、心所,异类并生,而互相应,和合似一,定俱生灭,事业必同[2]。一开导时余亦开导,故展转作等无间缘。诸识不然,不应为例。然诸心所,非开导依,于所引生,无主义故。

若心、心所等无间缘，各唯自类，第七、八识初转依时，相应信等，此缘便阙，则违圣说诸心、心所皆四缘生。

无心睡眠、闷绝等位，意识虽断，而后起时，彼开导依即前自类。间断五识，应知亦然，无自类心于中为隔，名无间故。彼先灭时，已于今识为开导故，何烦异类为开导依？然圣教中说前六识互相引起，或第七、八依六、七生，皆依殊胜增上缘说，非等无间，故不相违。《瑜伽论》说，"若此识无间，诸识决定生，说此为彼等无间缘"，又"此六识为彼六识等无间缘，即施设此名意根"者，言总意别，亦不相违。故自类依，深契教理。

【简注】

[1] 有缘法：有些注书将此分为两个条件，即"有"与"缘法"。"有"即是实法，"缘法"即有能缘法的作用。多数注书将"有缘法"作为一个条件。
[2] 事业必同："事"，即体，此处指所依之体；"业"即作用。此句意思是心与心所的所依对象和所起作用是相同的，如与眼识相应的各心所，它们与眼识共同依托眼根，共同认识色境。

【今译】

第三种观点［即正确的观点］认为，第二种观点的说法也不合理。所谓开导依，须具有认识对象、具有自主性、能作为等无间缘。它对于后一瞬间生起的心和心所能起到开辟、避让和引导的作用，称为开导依。这开导依只属于心，不属心所等。

如果此识与彼识没有同时生起的可能，[此识能成为彼识的所依，]就说此识对彼识有开辟、避让和引导的作用。同一身的八识既然可以同时生起，那么，异类的八识怎么可以相互之间作为开导依呢？如果允许它们相互作为开导依，那八识应该不是同时生起，这就与小乘有部的心[六识]不能同时生起的观点相同了。此外，同一身中各种识同时生起时，生起多少种识是不确定的，如果[不管前后生起的识的数量是否相等，都]容许它们相互作为等无间缘，那么，物质性的现象也可互相间作为等无间缘，这就违背了佛典中所说的等无间缘只是心与心所具有。而《摄论》说物质也可以有等无间缘，是一种假设性地肯定后再否定的说法，那就是说，即使假设小乘所说的前后瞬间的物质与心相互间有等无间缘是正确的，它们之间也不可能有因缘关系。不如此理解的话，那"等无间缘"的"等"字就没有用了。如果说"等"字并非指前后生起的两种现象的数量多少应该相等，只是表示二者应是同类，那就违背了你们自己所执的异类识相互间可作为等无间缘的观点。

因此八识都是各自只以自类识为开导依，这样的观点完全符合佛典和正理，因为自类识必定没有同时生起的道理。心所的开导依，应该根据相应的识而说。心与心所，虽然类型不同却能共同生起，并互相相应，和合成似乎一体，必定同生同灭，所依的对象和所起的作用必定相同，所以当一心被开导时其相应心所也被开导，相互间可作等无间缘。各种识却不是这样，不能以心所为例。然而各类心所前后之间，[虽然可作等无间缘，却]并非是开导依[即等无间缘依]，因为一心所对于由它所引生的后一心所来说，并没有能作主的含义。

反之，如果说心与心所的等无间缘，都只是发生在自类之间，[心所不能由心来开辟引导，]则第七识和第八识最初转污染成清净时，相应的信等善心所就缺少了等无间缘，这样就违背了佛典中的说法，即各种心和心所都是由四种缘生起的。

在极重睡眠、严重昏迷等状态中，意识虽然中断，但中断后再生起时，那开导依仍是中断前的意识。有间断的五识，要知道也是如此。在前后同类心之间没有心识间隔，就称为"无间"。中断前的识在消失时，已经为中断后的识起到开辟引导作用，何须烦劳不同类型的识来作为开导依？而佛典中说前六识能互相引导生起，或者说第七识和第八识是依托第六识和第七识生起，都是根据殊胜的增上缘而说的，不是指等无间缘，所以并不互相矛盾。《瑜伽论》说："如果与此识无间隔地，各种识必定能够生起，就说此识是彼识的等无间缘。"又说："此六识为彼六识等无间缘，就将此六识称为意根。"这些说法，看上去好像是说六识的总体，实际上还是指六识各自的前一识与后一识，所以与上述说法，并不矛盾。所以，识以自类作为开导依，完全符合教理。

【评析】

此处是关于开导依含义的第三种观点，即护法的观点。此观点认为，所谓开导依，须符合具有认识对象、具有自主性、能作为等无间缘三种条件。其中的第一条否定了心不相应行法和色法具有开导依的可能，第二条否定了心所独立地具有开导依的可能。所以只有心与心所具有开导依，其中，八种识都是后一识以各自的前一识为开导依；心所的开导依是相应的识，当一识被开导时，其相应心所也随即被开导。

（五）结论

【原文】

　　傍论已了，应辩正论。此能变识虽具三所依，而"依彼转"言，但显前二，为显此识依缘同故；又前二依，有胜用故；或开导依易了知故。

【今译】

　　引申的内容已经说明，现在应该说明正文。这第二能变识虽然具有三种所依，但颂中"依彼转"的说法，只是指前两种所依，这是为了表示第七识所依托的对象和所认识的对象同是第八识；也是因为前两种所依［即因缘依与增上缘依］有突出的作用；或者说，是因为［第三种所依即］开导依比较容易理解。

【评析】

　　此处是根据三种"所依"对第七识的依托对象进行总结。颂中说第七识"依彼转"，其中，"彼"指第八识；"依"指两种"所依"：因缘依与增上缘依。即第七识以第八识中自己的种子作为因缘依，以现行第八识作为增上缘依。

三、第七识的所缘

【原文】

　　如是已说此识所依,所缘云何?谓即"缘彼","彼"谓即前此所依识,圣说此识缘藏识故。

　　有义:此意缘彼识体及相应法。论说:"末那我、我所执,恒相应故。"谓缘彼体及相应法,如次执为我及我所。然诸心所,不离识故,如唯识言,无违教失。

　　有义:彼说理不应然。曾无处言缘触等故。应言此意但缘彼识见及相分,如次执为我及我所。相、见俱以识为体故,不违圣说。

　　有义:此说亦不应理。五色根境非识蕴故,应同五识亦缘外故,应如意识缘共境故,应生无色者不执我所故,厌色生彼不变色故。应说此意但缘藏识及彼种子,如次执为我及我所,以种即是彼识功能,非实有物,不违圣教。

　　有义:前说皆不应理。色等种子非识蕴故,论说种子是实有故,假应如无,非因缘故。又此识俱萨迦耶见,任运一类[1]恒相续生,何容别执有我、我所?无一心中有断、常等二境别执俱转义故。亦不应说二执前后,此无始来一味转[2]故。

　　应知此意但缘藏识见分,非余。彼无始来一类相续,似常、一故,恒与诸法为所依故。此唯执彼为自内我。乘语势故,说我所言。或此执彼是我之我,故于一见,义说二言。若作是说，善顺教理，多处唯言有我见故，我、我所执不俱起故。

未转依位，唯缘藏识；既转依已，亦缘真如及余诸法，平等性智证得十种平等性[3]故，知诸有情胜解差别，示现种种佛影像故。此中且说未转依时，故但说此缘彼藏识。悟迷通局，理应尔故。无我、我境遍、不遍故。

如何此识缘自所依？如有后识，即缘前意。彼既极成，此亦何咎？

【简注】

[1] 一类：即相似。
[2] 一味转：即前后一致地生起。
[3] 十种平等性：一、诸相增上喜爱。二、一切领受缘起。三、远离异相非相。四、弘济大慈。五、无待大悲。六、随诸有情所乐示现。七、一切有情敬受所说。八、世间寂静皆同一味。九、世间诸法苦乐一味。十、修殖无量功德究竟。

【今译】

上文已经说明了第七识的依托对象，那么，该识的认识对象是什么呢？这就是颂中所说的"缘彼"，这里的"彼"就是前文所说的此识所依托的第八识，因为佛典中说这第七识认识藏识。

[在这一问题上有四种观点。]第一种观点认为，第七意认识第八识体及相应的五种遍行心所。《瑜伽论》等论中都说："末那识与我执和我所执始终相应。"即第七识认识第八识体及其遍行心所，分别将

它们执着为我和我所。而各种心所不离识，就像说唯识［也包括心所］一样；所以，虽然颂中只说"彼"，但说第七识认识第八识体及其遍行心所］，没有违背佛典的过失。

第二种观点认为，上述说法在道理上是不对的。佛典中没有地方说第七识认识触等遍行心所。应该说第七意只认识第八识的见分和相分，将它们分别执着为"我"和"我所"。相分和见分都以识为主体，所以这样说不违背佛典中的说法。

第三种观点认为，第二种观点的说法也不合理。［论中说末那识认识藏识，就是说末那识认识识蕴。但如果第七识认识第八识的相分，那么相分中的］五根及五境［属于色蕴］，并不属于识蕴；［此外，第八识相分中的物质世界如果也是第七识的认识对象，那么第七识］应该与五识一样，也向外认识；并且，第七识应该与第六识一样，认识与五识共同的对象；此外，生在无色界的众生应该没有对"我所"的执着，因为他们厌恶物质，所以生到无色界后不再变现物质，［这样就不会执着于第八识的相分，所以没有对"我所"的执着。故而上述说法的不合理之处甚多。］应该说第七意只认识第八藏识及其种子，将它们分别执着为"我"和"我所"，因为种子就是第八识的功能，并非具有实体之物，所以这样说不违背佛典。

第四种观点［即正确的观点］认为，上述三种观点都不合理。［第三种观点认为第七识能认识种子，但第七识认识的应是识蕴，而］物质等诸法的种子［与第八识非一非异，所以］不属识蕴；［他们说种子不是具有实体之物，而］论中说种子是具有实体的存在；如果说种子是假象性的存在，则种子应该像不存在的东西那样不能起到因缘的作用。此外，与第七识共存的身见，无量时间来自然而无条件地以相似的形态永远连续地生起，怎么能另外去执着有"我"和"我所"？况且，就像不可能在同一心中同时生起对"断灭"与"始终不变"两种对立观念的执着一样，[一心中怎么会有对"我"和"我所"的两种执着同时生起？]也不能说对"我"和"我所"的两种执着是前后生起的，因为第七识无量时间来始终是同一状态地生起。

应该说这第七意只认识藏识的见分，不认识其他[什么相分、种子或心所等]。那第八识的见分无量时间来同一类无记性地相连续，似乎是永恒不变、始终同一的存在物，永恒地作为一切事物的依托对象。第七识只是执着那第八识的见分为内在的自我。论中只是顺着前文的语势而说"我所"。或者可以认为，这第七识执着那第八识的见分是五蕴和合的"我中之我"，所以对于同一我见，根据需要而说"我"和"我所"。如果是这样说，就完全符合佛典和正理，因为佛典中许多地方只说有我见，因为对"我"和"我所"的执着是不能同时生起的。

第七识在未转舍烦恼依止清净时，只认识藏识；既已转舍烦恼依止清净，也认识真如以及其他一切事物，因为平等性智证得十种平等性，并了知十地菩萨的认识[和意愿等]的差别，所以[为他们]显现佛的种种影像。颂中说的是还未转舍烦恼依止清净时的情况，所以只说这第七识认识那藏识。各种识的功能在众生还沉迷于无明时是有局限的，一旦悟了就能通用，道理上应该如此。无我执与有我执决定了第七识的功能是普遍的还是不普遍的。

[问：]"为什么这第七识认识自己的依托对象？"就像有后

一瞬间的第六识,它就会认识前一瞬间的第六识。[这前第六识对后第六识来说,既是依托对象又是认识对象,]那已证明完全成立,[那么,第八识既是第七识的依托对象又是认识对象,]这又有什么过错?

【评析】

此处论述第七识的认识对象,有四种观点。其中,第一种是难陀的,认为第七识能认识第八识体及相应的五种遍行心所。第二种是火辨的,认为第七识能认识第八识的见分和相分。第三种是安慧的,认为第七识能认识第八识及其种子。这三种观点的说法都有错误,虽然后一种观点对前一种观点的批驳都有道理,但本身的说法也存在问题。第四种观点是护法的观点,该观点认为,第七识在未转依位(即未成佛时)只认识第八识的见分,转依后也能认识真如及一切事物。关于文中的"我之我",据《述记》,可以有多种理解。如可将前一"我"看作是第六识所认识的五蕴假法,而将后一"我"看作是第七识所认识的第八识,第八识在五蕴假我中,所以是"我之我";也可将前一"我"看作是前念,后一"我"看作是后念,二者都是第七识审察思量的对象;也可将前一"我"看作是体,后一"我"看作是用。这些都是在同一我见上生起,根据需要而说"我"与"我所"。①

---

① 参见(唐)窥基《成唯识论述记》卷第五,《大正藏》第43册,第393页。

四、第七识的自性与行相

【原文】

　　颂言"思量为性相"者，双显此识自性、行相，意以思量为自性故，即复用彼为行相故。由斯兼释所立别名，能审思量，名末那故。未转依位，恒审思量所执我相；已转依位，亦审思量无我相故。

【今译】

　　颂中说"思量为性相"，是以这句话同时表示这第七识的自性和现行活动的作用，即第七意既以思量作为其自性，又以思量作为其现行活动的作用。由此又可解释为该识所立的另一名称〔末那〕，即因其能审察思量，所以称为末那。在未转舍烦恼依止清净时，该识始终在审察思量所执着的"我"的性状；转舍烦恼依止清净后，该识也始终地审察思量"无我"的性状。

【评析】

　　此处论述第七识的"自性"与"行相"。"自性"一般有二义：一、"性"即"体"，因此，"自性"就是自体。二、"自性"相对于"共性"而言，指特性。此处的"自性"是第二义，即特性。下文讨论的六识自性，也都应如此理解。"行相"就是现行活动的作用。第七识的"自性"与"行相"都是"审思量"，即凡夫状态的第七识始终明确清晰地思量第八识为自我，而成佛后的第七识始终明确清晰地思量无我的实相。

此外，第七识也名末那，而末那之名，通用于凡夫位（有漏末那）和圣位（无漏末那）。如《述记》说："二能审思量无我相故，亦名末那，显通无漏，即知此名非唯有漏。"①

五、第七识的相应心所

（一）与第七识相应的根本烦恼

【原文】

"此意相应有几心所？"且与四种烦恼常俱。此中俱言，显相应义，谓从无始至未转依，此意任运恒缘藏识，与四根本烦恼相应。其四者何？谓我痴、我见，并我慢、我爱，是名四种。

我痴者谓无明，愚于我相，迷无我理，故名我痴。我见者谓我执，于非我法妄计为我，故名我见。我慢者谓倨傲，恃所执我，令心高举，故名我慢。我爱者谓我贪，于所执我，深生耽着，故名我爱。"并"表慢爱有见慢俱[1]，遮余部执无相应义。此四常起，扰浊内心，令外转识恒成杂染。有情由此生死轮回不能出离，故名烦恼。

"彼有十种，此何唯四？"有我见故，余见不生，无一心中有二慧故。"如何此识，要有我见？"二取邪见，但分别生，唯见所断；此俱烦恼，唯是俱生，修所断故。我所

---

① (唐) 窥基《成唯识论述记》卷第五，《大正藏》第43册，第394页。

边见，依我见生，此相应见，不依彼起。恒内执有我，故要有我见。由见审决，疑无容起，爱着我故，瞋不得生。故此识俱烦恼唯四。

"见、慢、爱三，如何俱起？"行相无违，俱起何失？"《瑜伽论》说贪令心下，慢令心举，宁不相违？"分别、俱生，外境、内境，所陵、所恃，粗细有殊。故彼此文，义无乖返。

【简注】

[1]慢爱有见慢俱：《述记》卷第五说："表慢、爱二法与见俱起，爱与慢俱起。"

【今译】

[问：]"与这第七意相应的有几种心所？"[第七意]首先是与四种烦恼始终共存。这里的共存，表示相应的含义，即无量时间来直至还未转舍烦恼依止清净，这第七意始终自然而无条件地认识藏识，并与四种根本烦恼相应。是哪四种呢？即我痴、我见，还有我慢、我爱，它们被称为四种根本烦恼。

所谓我痴，就是无明，受虚假"我"的性状愚弄蒙蔽，不明无我的正理，所以称为我痴。所谓我见，就是我执，对于并非真实存在的自我和事物，虚妄地思量为都有"我"[即始终不变的主体]存在，所以称为我见。所谓我慢，就是傲慢，依仗所执着的"我"，使自心高高在上，所以称为我慢。所谓我爱，就是对虚假"我"的贪爱，对于所执着的"我"深深地迷恋,所以称为我爱。颂中的"并"表示与我慢、我爱共存的有我见,而我慢也与我爱共存,不同于小乘执着的[我见与我慢、我爱]不相应的观点。这四种烦恼始终在活动,扰乱污浊着内心,并使向外活动的前六转识始终成为善恶混杂的污染识。众生因它们而处于生死轮回之中不能脱离,所以称为烦恼。

[问:]"那根本烦恼有十种,与第七识相应的为什么只有四种?"[除去贪、痴、慢、我见四种,十根本烦恼中还剩嗔、疑和其他各种恶见。]因为有我见,所以其他各种恶见就不再生起,[因为所有恶见都以慧为主体,]不可能同一心中有两种慧。[问:]"为什么这第七识要有我见?"[因为在各种恶见中,]见取见、戒禁取见和邪见只属[根据思辨分别而生起的]分别烦恼,只属见道位所断除的对象;而与第七识相应的烦恼,只是俱生烦恼,是修道位所断除的对象;[所以上述三见不与第七识相应。]我所见和边执见是依赖我见而生起的,而与第七识相应的[我所见和边]见不依那[我见]生起。[由于第七识]始终向内执着有"我"存在,所以要有我见,[而由于第七识的我见始终执我,所以无容我所见等生起。]由于我见的审察从而明确有"我"的存在,对"我"的疑心所因而无从生起;由于我见深爱着"我",对"我"的嗔心所也不会生起。所以与第七识共存的烦恼只有四种。

[问:]"我见、我慢、我爱三者怎么会同时生起?"它们现行活动的作用并非互不相容,同时生起又有何妨?[问:]"《瑜伽论》说贪爱使心卑下,傲慢使心高高在上,岂不是两种作用互不相容,[怎能共存?]"属分别烦恼的二者不相应,属俱生烦恼的二者可相应;

面对外境时二者不相应，面对自身时二者可相应；在蔑视他人时二者不相应，在自恃时二者可相应；现行活动作用明显的二者不相应，现行活动作用细微的二者可相应。所以，两段文字在根本上没有矛盾。

【评析】

此处以下论述与第七识相应的心所。据下文，凡夫位中与第七识相应的心所共有十八种。此处先论述四种根本烦恼心所与第七识相应。根本烦恼共有贪、嗔、痴、慢、疑、恶见六种，其中，恶见又分萨迦耶见（也称身见）、边执见、邪见、见取见、戒禁取见五种，这样就有十种根本烦恼。文中的"我见"与"我所见"都属萨迦耶见，"我见"即我执，"我所见"即我所执。而十种根本烦恼中，与第七识相应的只有我痴、我见、我慢、我爱（贪）四种。其余根本烦恼不与第七识相应是因为：由于我见对"我"的贪爱，对"我"的嗔则不会生起；由于我见明确了"我"的存在，对"我"的疑就不会生起；由于有我见，其他恶见就不会生起。

（二）与第七识相应的其余心所
【原文】

"此意心所，唯有四耶？"不尔，"及余触等俱"故。

有义：此意心所唯九，前四及余触等五法，即触、作意、受、想与思，意与遍行定相应故。前说触等异熟识俱，恐谓同前亦是无覆，显此异彼，故置"余"言。"及"是集义，前四后五，合与末那恒相应故。

"此意何故无余心所？"谓欲希望未遂合事，此识任运缘遂合境，无所希望，故无有欲。胜解印持曾未定境，此识无始恒缘定事，无所印持，故无胜解。念唯记忆曾所习事，此识恒缘现所受境，无所记忆，故无有念。定唯系心专注一境，此识任运刹那别缘，既不专一，故无有定。慧即我见，故不别说。善是净故，非此识俱。随烦恼生，必依烦恼前后分位差别建立，此识恒与四烦恼俱，前后一类，分位无别，故此识俱无随烦恼。恶作追悔先所造业，此识任运恒缘现境，非悔先业，故无恶作。睡眠必依身心重昧、外众缘力，有时暂起，此识无始一类内执，不假外缘，故彼非有。寻伺俱依外门而转，浅深推度，粗细发言，此识唯依内门而转，一类执我，故非彼俱。

【今译】

[问：]"与这第七意相应的心所难道只有四种？"不然，因为颂中说"及余触等俱"，[所以还有其他相应心所。在这一问题上有两种观点。]

第一种观点认为，与这第七意相应的心所只有九种，它们是上述的四种根本烦恼以及其余触等五种遍行心所，即触、作意、受、想与思，因为第七意与遍行心所也必定相应。前文说触等遍行心所与异熟识共存，唯恐人们认为第七识与第八识相同，也是无覆无记性，为了要显示二者的不同，所以颂中用了"余"字。颂中的"及"字是集合的意思，因为前四种根本烦恼与后五种遍行心所，共同与末那识永远相应。

　　［问：］"这第七意为什么没有其他心所相应？"即［在别境心所中，］欲心所是对未遂心合意的事生起希望，而第七识无论何时何地都遂心合意地认识着第八识，没有任何希望心，所以没有欲。胜解心所是要确认和把握还有疑问的事物，而第七识无量时间来始终认识固定的对象即第八识，无需进行确认和把握，所以没有胜解。念心所只是记忆已经熟悉习惯的事，而第七识始终认识当前所感受的对象，没有什么记忆，所以没有念。定心所是［依加行时专注前后相续的本质］使心保持专注一境的状态，［第七识缘第八识时，］第七识自然［而不作加行，所以不专注观前后相续的本质，而是］每一刹那在变换认识对象［即每一刹那缘新起的相分影像］，既然不能专一，所以没有定。慧心所就是我见，所以不另作解释。善性的心所是清净心所，所以不与污染的第七识共存。一切随烦恼心所的生起，必定依据根本烦恼前后状态的差别而建立，而第七识始终与四种根本烦恼共存，前后类型相同，状态没有差别，所以第七识没有与之共存的随烦恼。［不定心所中，］恶作心所是追悔先前所造的业，而第七识始终自然而无条件地认识当前的对象，并不追悔先前的业，所以没有恶作。眠心所必定依赖身心的深重昏沉和各种外部条件的力量而暂时生起，而第七识无量时间来始终向内执着，不借助外部条件，所以没有眠。寻和伺二心所都追随意识向外活动，作或浅或深的推理、或粗或细的诠表，而第七识只向内认识第八识，始终将第八识执着为"我"，所以没有寻伺。

【评析】

此处以下讨论第七识除四根本烦恼外,是否还与其他心所相应。有两种观点,此处是第一种观点,认为还与五种遍行心所相应,因为遍心所能伴随一切心识而生起,这是正确的观点。但此观点认为,除遍行心所与四种根本烦恼外,再没有其他心所与第七识相应,这一说法不正确。

【原文】

有义:彼释余义非理。颂别说此有覆摄故。又阙意俱随烦恼故,烦恼必与随烦恼俱,故此余言显随烦恼。

此中有义:五随烦恼遍与一切染心相应,如《集论》说:"昏沉、掉举、不信、懈怠、放逸,于一切染污品中,恒共相应。"若离无堪任性等[1]染污性成,无是处故。烦恼起时,心既染污,故染心位必有彼五;烦恼若起,必由无堪任、嚣动、不信、懈怠、放逸故。掉举虽遍一切染心,而贪位增,但说贪分;如眠与悔,虽遍三性心,而痴位增,但说为痴分。

虽余处说有随烦恼,或六或十遍诸染心,而彼俱依别义说遍,非彼实遍一切染心。谓依二十随烦恼中,解通粗细、无记不善、通障定慧,相显说六。依二十二随烦恼[2]中,解通粗细、二性说十。故此彼说,非互相违。

然此意俱心所十五,谓前九法,五随烦恼,并别境慧。

我见虽是别境慧摄，而五十一心所法中，义有差别，故开为二。

"何缘此意无余心所？"谓忿等十行相粗动，此识审细，故非彼俱。无惭、无愧唯是不善，此无记故，非彼相应。散乱令心驰流外境，此恒内执一类境生，不外驰流，故彼非有。不正知者，谓起外门身语意行，违越轨则，此唯内执，故非彼俱。无余心所，义如前说。

【简注】

[1] 无堪任性等："无堪任性"指昏沉，"等"指掉举等其余四种随烦恼。
[2] 二十二随烦恼：随烦恼的数目，本论依《百法论》和《三十颂》说是二十种。《瑜伽论》则说是二十二种，另两种是指邪欲和邪胜解。

【今译】

第二种观点认为，上述观点对颂中"余"字含义的解释没有道理。[他们认为"余"字表示第七识的性质是有覆无记性，与第八识的无覆无记性不同，但]颂中另一处说这第七识属有覆无记性，[所以无需用"余"字来表示第七识的这一性质。]此外，他们没有指出第七意与随烦恼共存，因为根本烦恼必定与随烦恼共存，所以此处的"余"字表示随烦恼。

[在与第七识共存的随烦恼有几种的问题上，又有四种观点。]第一种观点认为，[昏沉等]五种随烦恼普遍地与一切染污心相应，正

如《集论》中所说的："昏沉、掉举、不信、懈怠、放逸，在一切染污的心与心所中存在，始终与它们相互相应。"如果离开昏沉等五种随烦恼，要形成心的污染属性，这是绝对没有的事。烦恼生起时，心既然被其污染，所以污染心的状态中必定有那五种随烦恼；因为烦恼如果生起，必然是由于昏沉、掉举、不信、懈怠、放逸。掉举虽然普遍存在于一切污染心中，但在贪的状态中尤为强烈，所以只说掉举是贪的一部分；就像眠与悔虽然普遍存在于善、恶、无记心中，但在痴的状态中尤为强烈，所以只说它们是痴的一部分。

虽然《瑜伽论》中有的地方也说有六种或十种随烦恼普遍存在于一切污染心中，但那都是在其他意义上说普遍存在，而不是说它们真实地存在于一切污染心中。即根据二十种随烦恼中，其性质既具粗显性又具细微性、既具有覆无记性又具不善性、既障碍定又障碍慧等特征，［这样就排除了只具有粗显性的小随烦恼、只具有不善性的中随烦恼，以及分别障碍定和慧的昏沉和掉举，］说共有六种随烦恼［普遍存在于一切污染心中］。或者根据二十二种随烦恼中，其性质既具粗显性又具细微性、既具有覆无记性又具不善性的特征，说共有十种随烦恼［普遍存在于一切污染心中］。所以，说六种或十种的说法与说五种的说法并非互相相违。

因而，与第七意共存的心所有十五种，即前文所说的四种根本烦恼和五种遍行心所，还有五种随烦恼，以及别境心所中的慧心所。我见虽然也属于别境慧心所，但在五十一心所中，［我见只是污染性，慧则通善、恶、无记三性，］二者含义有所差别，所以分为两种。

［问：］"是何缘故这第七意没有别的相应心所？"即［在其他心

所中，]忿等十种小随烦恼的活动作用明显易知，而第七识的审察活动隐微难知，所以第七识不与它们共存。无惭和无愧只是不善性，而这第七识是无记性，所以也不与它们相应。散乱使心在外部对象上奔驰流转，而这第七识永远向内执着同一的第八识见分而生起，不向外奔驰流转，所以也没有散乱。不正知就是生起向外的行为、语言、意识的活动，违背善的规范准则，而这第七识只是向内执着，所以不与不正知共存。没有其他心所的道理，如前所说。

【评析】

此处是关于第七识相应心所的第二种观点。此观点认为，第七识的相应心所，除四根本烦恼与五遍行心所外，还应有随烦恼心所，因为根本烦恼必定有随烦恼相伴随；而且，除上述心所外，还有其他心所也与第七识相应。但在究竟还有多少心所也与第七识相应的问题上，又有四种观点。此处是第一种观点，认为还有昏沉、掉举、不信、懈怠、放逸五种随烦恼以及别境心所中的慧心所与第七识相应，这样，加上上述五遍行心所与四根本烦恼心所，共有十五种心所与第七识相应。此说法并非完全正确，参见第四种观点。

【原文】

有义：应说六随烦恼遍与一切染心相应。《瑜伽论》说："不信、懈怠、放逸、忘念、散乱、恶慧，一切染心皆相应故。"忘念、散乱、恶慧若无，心必不能起诸烦恼；要缘曾受境界种类，发起忘念及邪简择，方起贪等诸烦恼故。烦恼起时，心必流荡，皆由于境起散乱故。昏沉、掉举，行相互违，非诸染心皆能遍起。论说五法遍染心者，解通粗细，违唯善法，纯随烦恼，通二性故。说十遍言，义如前说。

然此意俱心所十九，谓前九法、六随烦恼并念、定、慧，及加昏沉。此别说念，准前慧释。并有定者，专注一类所执我境，曾不舍故。加昏沉者，谓此识俱无明尤重，心昏沉故。无掉举者，此相违故。无余心所，如上应知。

有义：复说十随烦恼遍与一切染心相应。《瑜伽论》说："放逸、掉举、昏沉、不信、懈怠、邪欲、邪胜解、邪念、散乱、不正知，此十一切染污心起，通一切处，三界系故。"若无邪欲、邪胜解时，心必不能起诸烦恼，于所受境要乐合离，印持事相，方起贪等诸烦恼故。诸疑理者，于色等事必无犹豫，故疑相应亦有胜解。于所缘事亦犹豫者，非烦恼疑，如疑人杌[1]。余处不说此二遍者，缘非爱事，疑相应心邪欲、胜解，非粗显故。余互有无，义如前说。

此意心所有二十四，谓前九法、十随烦恼，加别境五，准前理释。无余心所，如上应知。

【简注】

［1］杌：没有枝叶树杈的树干，即树桩或木桩。

【今译】

第二种观点认为，应该说是六种随烦恼普遍地与一切污染心相应。《瑜伽论》说："不信、懈怠、放逸、忘念、散乱、恶慧，与一切污染的心都相应。"忘念、散乱、恶慧如果没有，心中必定不会生起各种烦恼；心要认取曾经感受过的境界或类似的境界，引发生起忘念和不正知，才会生起贪等各种烦恼。烦恼生起时，心必定奔驰摇荡，这都是因为对境生起散乱。昏沉与掉举的活动作用互不相容，并非一切污染的心都能普遍生起。该论说五种随烦恼普遍存在于一切污染的心中，这是指这些随烦恼的性质既具粗显性又具细微性，与纯善的性质互不相容，因为纯粹的随烦恼只具有不善性与无记性。说十种随烦恼普遍存在于污染的心中，其含义如同前说。

因而，与这第七意共存的心所有十九种，即前文所说的四种根本烦恼和五种遍行心所、六种随烦恼和念、定、慧，再加上昏沉。这里另外说到念，[是因为忘念虽以念为主体，但二者含义有差别，]这与前面对慧的解释是相同的。说到另外有定，这是因为第七识专注于同一类的、被执着为"我"的对象，从不舍弃。加上昏沉，这是因为与第七识共存的无明尤其厚重，所以心处于昏沉之中。没有掉举，这是因为它与昏沉的状态正好相反，[所以有昏沉就不会有掉举。]至于没有其他心所，则如上所释。

第三种观点认为，还是应该说有十种随烦恼普遍地与一切污染心相应。《瑜伽论》说："放逸、掉举、昏沉、不信、懈怠、邪欲、邪胜解、邪念、散乱、不正知，这十种随烦恼与一切污染心共同生起，存在于一切处，因为它们系属于三界。"如果没有邪欲和邪胜解，心必定不能生起各种烦恼，因为对于所感受的对象要乐于和合或分离，并确认和把握对象是否可爱，才会生起贪等各种烦恼。[问："如果说胜解能普遍存在于染心中，那对四谛之理的疑中有什么胜解？"关于疑与胜解的关系，在一心同时认取理与事时，]那些对[颜色等现象之]理有疑惑的，必定是对颜色等现象[先有了确定的认识，]没有犹豫，所以与疑相应的也有胜解。至于对于所认取的现象也犹豫，那就不是烦恼性质的疑了，如同[晚上看不清东西时，]怀疑树桩是人，[这不能称为烦恼，因此可以没有胜解。]其余地方不说这邪欲和邪胜解普遍存在于污染心中，是因为与认取不可爱事物相应的邪欲以及与疑相应的邪胜解，并非明显的烦恼。其余心所是有是无，如上所说。

与这第七意相应的心所有二十四种，即四种根本烦恼和五种遍行心所、十种随烦恼加上五种别境心所，其理由参见前面的解释。其他心所之有无，如上所说。

【评析】

此处是关于与第七识相应的其余心所的第二种和第三种观点。第二种观点认为，与第七识共存的心所有十九种，即除上述四种根本烦恼和五种遍行心所外，还有不信、懈怠、放逸、忘念、散乱、恶慧六随烦恼，以及念、定、慧，再加上昏沉。第三种观点认为，与第七识共存的心所有二十四种，即除四根本烦恼和五遍行心所外，还有五别境心所以及放逸、掉举、昏沉、不信、懈怠、邪欲、邪胜解、邪念、散乱、不正知十随烦恼。这两种观点都不正确，参见第四种观点。此外，第三种观点认为，邪胜解普遍存在于染心中，如疑中也可有胜解。文中所举的例子是：对理疑惑的，对事必无疑惑。这可以作如下理解，一个人如果对颜色这种现象中存在的理（如其中的光学道理等）有疑惑的，对颜色这种现象必定已经明确无疑；或者说，一个人必定是先明确了颜色这种现象，然后才开始对其进行深入研究。同样，对苦谛等四谛之理有疑惑的，必定对苦等现象已经明确无疑。而如果对现象也没有明确的，那么这种疑不属于烦恼性质，故而可以没有胜解。但这一说法，并不完全正确，第四种观点对此作了反驳。

【原文】

有义：前说皆未尽理。且疑他世为有为无，于彼有何欲、胜解相？烦恼起位，若无昏沉，应不定有无堪任性。掉举若无，应无嚣动，便如善等非染污位。若染心中无散乱者，应非流荡，非染污心。若无失念、不正知者，如何能起烦恼现前？故染污心决定皆与八随烦恼相应而生，谓昏沉、掉举、不信、懈怠、放逸、忘念、散乱、不正知。忘念、不正知，念、慧为性者，不遍染心，非诸染心皆缘曾受有简择故；若以无明为自性者，遍染心起，由前说故。

然此意俱心所十八，谓前九法、八随烦恼，并别境慧。无余心所及论三文，准前应释。若作是说，不违理教。

【今译】

第四种观点［即正确的观点］认为，上述观点都没有讲清道理。如［第三种观点说对理生疑，必定对现象有胜解，那么，］怀疑他世是有是无，［这也是对现象生疑，但这是烦恼性质的，为什么你们说对现象的疑不属烦恼？既然这也是疑，那么］这种疑中有什么欲和胜解？［所以欲、胜解不普遍存在于一切污染心中。再看第二种观点，他们说昏沉和掉举不普遍存在于污染的心中。］烦恼生起时，如果没有昏沉，那就不是必定有身心的低能状态。掉举如果没有，应该没有躁动，那就与善等性质相同，不再是污染性的了。［所以，昏沉和掉举应该普遍存在于污染的心中。再看第一种观点，他们认为只有五种遍行心所与污染的第七识共存，那么我们来看看散乱、失念、不正知：］如果污染的心中没有散乱，那就不会奔驰摇荡，也就不是污染的心了。如果没有失念［即忘念］和不正知，那又怎么会有烦恼现行生起？所以，污染的心中必定会有八种随烦恼与之相应而生起，即昏沉、掉举、不信、懈怠、放逸、忘念、散乱、不正知。其中，忘念和不正知，如果是以念和慧为主体的，则不是普遍存在于污染的心中，因为并非所有的污染心都认取曾经感受过的对象而有选择；如果是以无明为主体的，则普遍存在于所有的污染心中，就如前面所解释的那样。

因而，与这第七意共存的心所共有十八种，即四种根本烦恼和五种遍行心所、八种随烦恼以及别境心所中的慧心所。没有其他心所的道理以及《集论》和《瑜伽论》中的三段文字，如前所释。如果作这样的论说，则不违背正理和佛典。

【评析】

　　此处是关于除四根本烦恼外与第七识相应的其余心所的第四种观点。此观点认为，与第七识共存的心所共有十八种，即四种根本烦恼和五种遍行心所、八种大随烦恼（昏沉、掉举、不信、懈怠、放逸、忘念、散乱、不正知）以及别境心所中的慧心所。其中，对疑的讨论是针对第三种观点的有关说法。第三种观点认为，对理有疑的，属烦恼性质，其中必定有胜解；如果对事有疑的，则不属烦恼性质，可以没有胜解。此处对其的反驳是：对事有疑的，也可以是烦恼性质。如佛学中所说的疑，主要是对他世、作用、因果、诸谛、实有，心存疑惑。故此处举疑他世为例。疑他世，就是对此世之外的生命存在产生疑问，这也是对事之疑，但也是烦恼，可这种疑中又有什么胜解或欲呢？所以第三种观点在这一点上也是不对的。这样，认为邪胜解必定存在于一切染心中，故而污染的第七识中必定有邪胜解，这种说法不能成立。

（三）与第七识相应的受心所

【原文】

　　"此染污意，何受相应？"

　　有义：此俱唯有喜受，恒内执我，生喜爱故。

　　有义：不然。应许喜受乃至有顶[1]，违圣言故。应说此意，四受相应。谓生恶趣，忧受相应，缘不善业所引果故；生人、欲天、初、二静虑，喜受相应，缘有喜地[2]善业果故；第三静虑乐受相应，缘有乐地[3]善业果故；第四静虑乃至有顶，舍受相应，缘唯舍地[4]善业果故。

有义：彼说亦不应理。此无始来，任运一类缘内执我，恒无转易，与变异受不相应故。又此末那与前藏识，义有异者，皆别说之。若四受俱，亦应别说，既不别说，定与彼同。故此相应，唯有舍受。

【简注】

[1] 有顶：即无色界的最高天，非想非非想天。

[2] 有喜地：指欲界和色界的初禅与二禅，因为欲界的人和天有喜受；此外，色界初禅离忧受，二禅离苦受，但此二天中有喜受存在，所以以上诸地都称"有喜地"。

[3] 有乐地：指色界的三禅，三禅离喜受，有乐受存在，所以称为"有乐地"。

[4] 唯舍地：指四禅直至无色界的非想非非想天，四禅以上只有舍受存在，所以称为"唯舍地"。

【今译】

[问：]"这污染的第七意与何种受相应？"

[在这一问题上有三种观点。]第一种观点认为，与这第七识共存的只有喜受，因为第七识永远向内执着第八识的见分为自我，从而生起喜爱。

第二种观点认为，并非如此。[如果按照上述说法，]那就应该同意喜受一直可以存在至[无色界的]非想非非想天，这就违背了佛典中的说法。应该说这第七意与［除苦受外的］四种受相应。即生在恶道中，就与忧受相应，因为这时第七识认取的是由不善业所引生的异熟果；生在人道、欲界的天道、色界的初禅天和二禅天中，就与喜受相应，因为这时第七识认取的是有喜地善业所引生的异熟果；生在色界的三禅天，就与乐受相应，因为这时第七识认取的是有乐地善业所引生的异熟果；生在色界的四禅天以上直至非想非非想天就与舍受相应，因为这时第七识认取的是唯舍地善业所引生的异熟果。

第三种观点［即正确的观点］认为，上述说法也不合理。这第七识无量时间来始终自然而无条件地向内认取、执着第八识的见分为自我，永远没有变化，所以与有变化的受都不相应。此外，颂中凡是这末那识与藏识在意义上有差别的，都另作说明。因此，如果第七识是与四种受相应的，颂中也应另作说明，既然没有另作说明，就必定与藏识相同。所以与这第七识相应的，应该只有舍受。

【评析】

此处讨论与第七识相应的受心所的性质。在与第七识相应的心所中有受心所，而受心所有五种性质，即喜受、乐受、苦受、忧受与舍受，那么与第七识相应的受心所是什么性质呢？在这一问题上有三种观点。第一种观点认为，此受心所只是喜受。第二种观点认为，此受心所可以是除苦受之外的其他四种受。这两种都是错误的说法。第三种观点认为，此受心所只是舍受，因为第七识始终不变地执着第八识为自我，任何有变化的受都与它不相应,所以第七识与第八识一样,只与舍受相应。

(四)总结

【原文】

　　未转依位,与前所说心所相应。已转依位,唯二十一心所俱起,谓遍行、别境各五,善十一,如第八识。已转依位,唯舍受俱,任运转故,恒于所缘平等转故。

【今译】

　　在未转舍污染依止清净状态中,第七识与前面所说的十八种心所相应。在转舍污染依止清净后,第七识只是与二十一种心所共同生起,即五种遍行心所、五种别境心所、十一种善心所,如同第八识[在转依后与二十一心所相应]。[此外,关于受心所,第七识]在转依后,只与舍受共存,因为第七识是自然而无条件地生起,永远与所认取的对象同等性质地生起,[所以只是舍受与之相应。]

【评析】

　　此处是对第七识相应心所的总结。与第七识相应的心所,应该分两种情况来界定。在凡夫位中,与第七识相应的心所,如前所述,是十八种。成佛后,与第七识相应的心所,必定不是恶的,所以烦恼心所(包括随烦恼)以及善恶性质不确定的不定心所,都不可能与转变为完全清净的第七识相应,这样,与清净的第七识相应的只是五遍行心所、五别境心所以及十一善心所，共二十一种。而与第七识相应的受心所也只是舍受。

六、第七识及其相应心所的伦理属性和界系

【原文】

"末那、心所，何性所摄？"

有覆无记所摄，非余。此意相应四烦恼等，是染法故，障碍圣道，隐蔽自心，说名有覆；非善不善，故名无记。如上二界诸烦恼等，定力摄藏，是无记摄；此俱染法，所依细故，任运转故，亦无记摄。若已转依，唯是善性。

【今译】

［问：］"末那识及其相应心所，属于什么性质？"

属于有覆无记性，而不是善性、不善性、无覆无记性。因为与这第七意相应的四种根本烦恼等，是污染性的，能障碍圣道、隐蔽自心，所以称为有覆；这四种烦恼等不是善也不是不善，所以称为无记。［问："既然是烦恼，为什么不是不善？"］正如色界和无色界的各种烦恼，因被定力控制和包藏，所以属于无记性一样；与这第七识共存的污染性的烦恼心所，由于它们所依托的对象极其细微，能自然而无条件地生起，所以也属于无记性，［而不是不善性。］但如果在已转依位，那么这些心所就只是善性的。

【评析】

此处论述凡夫位的第七识及其相应心所的伦理性质。伦理

性质共有四种：善性、恶性、有覆无记性、无覆无记性。何谓"覆"？本论指出："覆谓染法，障圣道故。"第八识属无覆，因为第八识没有烦恼心所与之相应。而凡夫位的第七识是有覆，因为此位中的第七识有根本烦恼与随烦恼始终与之相应，能障碍圣道。但由于这些烦恼所依托的第七识极其细微，能自然而无条件地生起，所以这些烦恼心所及其所依托的第七识也属无记性，而不是不善性。这样，污染性的第七识就是有覆无记性的。

【原文】

"末那、心所，何地系耶？"

随彼所生，彼地所系。谓生欲界，现行末那、相应心所，即欲界系；乃至有顶，应知亦然。任运恒缘自地藏识，执为内我，非他地故。若起彼地异熟藏识现在前者，名生彼地。染污末那，缘彼执我，即系属彼，名彼所系；或为彼地诸烦恼等之所系缚，名彼所系。若已转依，即非所系。

【今译】

[问：]"末那识及其相应心所，系属于哪一地？"

它们随藏识生往哪一地，就被系属于该地。即藏识生在欲界，现行的末那识及其相应心所就系属于欲界；直至生在非想非非想天，须知也是如此。因为末那识及其相应心所永远自然而无条件地认取［三界九地中］自己所在地的藏识，将它执着为内在的自我，而不是认取他地的藏识。如果生起某一地的作为异熟果的藏识显现在前，那［第七识］就称为生往该地。污染性的末那识，认取该地藏识，将其执着为自我，从而系属于该地藏识，就称作被该地所系属；或者说，被该地的各种烦恼等所系缚，就称作被该地所系属。如果是已转依位，就不是被某地所系属。

【评析】

此处论述第七识的"界系"。所谓"系"，即系属、系缚，意思是将众生束缚于生死轮回中，不得自由。"界系"，即三界的系属性。如系属于欲界，则称欲界系；系属于色界，就称色界系；系属于无色界，就称无色界系。众生生于三界九地中的何界何地，取决于第八识。由众生先前世业力感招的异熟第八识，决定了众生要生往何界何地。而第七识系属于第八识，按《述记》所说："八非能系，七非所系，相从名系，不可难以相应、所缘二缚名系。相从相属是此系义。"① 所以，第七识系属于第八识就是相从相属第八识的意思，第八识生往何界何地，第七识也随之而生往该界该地。成佛后，由于已跳出三界，不再流转生死，所以也就不再有"界系"问题。

---

① （唐）窥基《成唯识论述记》卷第五，《大正藏》第43册，第403页。

七、污染第七识的伏断位次

【原文】

"此染污意无始相续,何位永断或暂断耶?"

阿罗汉、灭定、出世道无有。阿罗汉者,总显三乘无学果位。此位染意种及现行俱永断灭,故说无有;学位灭定、出世道中,俱暂伏灭,故说无有。谓染污意无始时来,微细一类任运而转,诸有漏道不能伏灭。三乘圣道,有伏灭义,真无我解违我执故;后得无漏现在前时,是彼等流,亦违此意;真无我解及后所得俱无漏故,名出世道。灭定既是圣道等流,极寂静故,此亦非有。由未永断此种子故,从灭尽定、圣道起已,此复现行,乃至未灭。然此染意相应烦恼,是俱生故,非见所断;是染污故,非非所断;极微细故,所有种子与有顶地下下烦恼,一时顿断,势力等故,金刚喻定现在前时,顿断此种,成阿罗汉。故无学位永不复起。二乘无学回趣大乘,从初发心至未成佛,虽实是菩萨,亦名阿罗汉,应[1]义等故,不别说之。

【简注】

[1]应:应供,即阿罗汉等三乘圣者应受世间妙供养。

【今译】

[问:]"这污染的第七意无量时间来一直连续,要到什么时候才

能永远断灭或暂时断除？"

　　要到阿罗汉、灭尽定或出世道时才"没有"。这里说的阿罗汉，是总的表示三乘无学果位。在无学位中，污染第七意的种子和现行都永远断绝灭除，所以说"没有"；在有学位中，入灭尽定以及出世道的无漏观时，污染第七识的种子和现行都暂时被制伏，也可以说"没有"。就是说，污染第七意无量时间来，极其隐微地、保持同一类无记性地、自然而无条件地生起，一切有漏的方法都不能将它制伏灭除。三乘的圣道有将它制伏灭除的作用，因为真正的无我见解是不容我执的；而无漏后得智现行生起时，也是那真正无我见解的同等性质的连续，所以也不容污染的第七意；真正无我见解和后得智都属无漏，所以称为出世道。灭尽定既是圣道的同等性质的连续，因其极其寂静，这污染的第七意也暂时没有。但由于没有永远断除它的种子，所以从灭尽定、出世道无漏观出来后，这污染的第七识又会现行生起，以至只要还未入寂灭，〔它就会永远延续下去。〕然而与这污染的第七意相应的烦恼，由于是俱生烦恼，所以不是见道位所能断灭；由于是污染性质，所以也不是非所断的无漏法；由于极其细微，该识的所有烦恼种子与非想非非想天中的最细微烦恼一样，〔是最后〕一下子顿时断除，因为二者的力量同等，到金刚喻定现行生起时，顿时断除此类种子，成为阿罗汉。所以到无学位，污染第七识的种子和现行都永远不再生起。二乘达无学果位又回心趋向大乘者，从最初发心直至成佛前，虽然实际上是菩萨，也称为阿罗汉，二者应供等含义相同，所以不另作说明。

【评析】

此处以下论述污染第七识的制伏与断除,首先讨论第七识污染性制伏和断除的阶位。污染第七识的种子和现行活动,在灭尽定以及出世道中能得以暂时制伏,其中的出世道是指根本无分别智与后得智;在阿罗汉时能彻底地、永远地断除,这里说的阿罗汉包括三乘无学位,即阿罗汉、辟支佛以及如来。

【原文】

此中有义:末那唯有烦恼障俱,圣教皆言三位无故,又说四惑恒相应故,又说为识杂染依故。

有义:彼说教理相违。出世末那,经说有故;无染意识,如有染时,定有俱生不共依故。论说:"藏识决定恒与一识俱转,所谓末那;意识起时,则二俱转,所谓意识及与末那;若五识中随起一识,则三俱转;乃至或时顿起五识,则七俱转。"若住灭定无第七识,尔时藏识应无识俱,便非恒定一识俱转。住圣道时,若无第七,尔时藏识应一识俱,如何可言:若起意识,尔时藏识定二俱转?《显扬论》说:"末那恒与四烦恼相应,或翻彼相应恃举为行,或平等行。"故知此意,通染、不染。若由论说阿罗汉位无染意故,便无第七,应由论说阿罗汉位舍藏识故,便无第八。彼既不尔,此云何然?又诸论言转第七识得平等智,彼如余智,定有所依相应净识,此识无者,彼智应无,非离所依有能依故;不可说彼依六转识,许佛恒行,如镜智故[1]。

又无学位若无第七识,彼第八识应无俱有依,然必有此依,如余识性故。又如未证补特伽罗无我者,彼我执恒行;亦应未证法无我者,法我执恒行,此识若无,彼依何识?非依第八,彼无慧故。由此应信,二乘圣道、灭定、无学,此识恒行,彼未证得法无我故。又诸论中,以五同法,证有第七为第六依。圣道起时及无学位,若无第七为第六依,所立宗因便俱有失;或应五识亦有无依。五恒有依,六亦应尔。

是故定有无染污意,于上三位恒起现前。言彼无有者,依染意说,如说四位无阿赖耶,非无第八,此亦应尔。

【简注】

[1]"不可说"至"如镜智故":《述记》卷第五:"非六识智,六识智有转异不恒故。"《义演》卷第五:"不约佛位。但随何乘,说第六入生法空观等,此智皆有转易,有漏无漏皆互故起。若在佛位,即恒行不断。"《疏抄》卷第八:"佛果位入灭定,前六识不恒。"

【今译】

这里[关于有无清净第七识,有两种观点,]第一种观点认为,末那识只具有与烦恼障共存的状态,[没有清净末那识。]因为《集论》等论都说:"阿罗汉、灭尽定和出世道没有末那识。"《显扬论》说:"末那识与四种根本烦恼永远相应。"《摄论》说:"末那识是混杂污染的前六识的依托。"[所以，不可能有清净末那识。]

第二种观点[即正确的观点]认为，认为没有清净末那识的说法与佛典和正理相违背，因为出世的清净末那识，《解脱经》中说存在；因为无污染的清净第六识，与有污染时一样，必定有俱生不共依的意根。《瑜伽论》说："藏识必定永远与一个识同时生起，这就是末那识；意识生起时，藏识则与两个识同时生起，这就是意识与末那识；如果五识中任意生起一识，那藏识就与三个识同时生起；这样直至有时一下子生起五识，那藏识就与七个识同时生起。"如果在灭尽定中没有第七识，这时藏识应该没有任何识与之共存，就不是"必定永远与一个识同时生起"。此外，如果第六识入无漏观圣道时，如果没有第七识，这时藏识应该只有一个识与之共存，怎么能说"如果生起意识，这时藏识必定有两个识同时生起"？《显扬论》说："末那识永远与四种根本烦恼相应。与四烦恼相应的我慢行相反的，是平等行。"由此可知，这第七意存在于污染的或不污染的状态中。如果根据《瑜伽论》说的阿罗汉位没有污染意，就说没有第七意，那么根据该论说的阿罗汉位舍弃藏识，就应该说没有第八识了。那样说第八识既然不对，这样说第七意为什么是对的呢？此外，诸论都说转变第七识成清净，就获得平等性智，那平等性智就像其他智一样，必定有相应的所依托的清净识，这清净识如果没有，那平等性智也就没有，因为离开了所依就没有能依；不能说那平等性智依托前六转识，因为双方都承认佛位该平等性智永无间断地现行，就像大圆镜智一样，[而六识是有间断的，不能作为平等性智的依托。]

此外，无学位中如果没有第七识，那第八识应该没有俱有依，但第八识必定有俱有依，就像眼识等其余识都有俱有依一样，[所以必定存在第七识。]此外，就像未证人无我的凡夫，他们的人我执永远在活动；未证法无我的二乘，他们的法我执也应永远在活动，但如果没有这第七识，那么二乘的法我执又是依托何种识？那法我执不可能依托第八识，[因为法我见就是慧,]而第八识没有慧心所与之相应。由此应该相信，在二乘的圣道、灭尽定、无学位中，这第七识永远在活动，因为二乘还未证得法无我。此外，在各种论中，由五识[以五根为俱有依]作为共同现象，证明存在第七识，它是第六识的俱有依。在生起圣道的无漏观时以及无学位中，如果没有第七识作为第六识的俱有依，那样建立的命题和理由就都有错误；或者说，五识也应有不存在依托之时。而五识永远有五根作俱有依，第六识也应有自己的俱有依。

因此，必定存在没有污染的第七意，在阿罗汉、灭尽定、出世道中永远现行生起。颂中说"没有"，是根据污染的第七意说的，就像说三乘无学和不退菩萨没有阿赖耶，并非没有第八识，这里也是这样。

【评析】

此处是关于污染第七识的制伏与断除论述的继续，是讨论有没有清净的第七识，或者说，在污染的第七识消除后还没有第七识？在这一问题上有两种观点。第一种观点认为不存在清净的第七识。第二种观点认为有清净的第七识，其主要的理由如下：因为清净的第六识必定要以清净的第七识作为俱有依。此外，灭尽定、无学位中不可能有污染的第七识，而如果没有清净的第七识，那第八识也就没有了俱有依。此外，平等性智是转变污染的第七识为清净的第七识后得到的，并以清净的第七识为依托。因此，在阿罗汉等状态中没有第七识，只是指没有污染的第七识，但此时第七识的主体并不消失，必定还有清净的第七识。

【原文】

此意差别，略有三种。一补特伽罗我见相应，二法我见相应，三平等性智相应。

初通一切异生相续，二乘有学、七地以前一类菩萨有漏心位，彼缘阿赖耶识，起补特伽罗我见。次通一切异生、声闻、独觉相续，一切菩萨法空智果不现前位，彼缘异熟识起法我见。后通一切如来相续，菩萨见道及修道中法空智果现在前位，彼缘无垢、异熟识等[1]，起平等性智。

补特伽罗我见起位，彼法我见亦必现前，我执必依法执而起，如夜迷杌等，方谓人等故。我、法二见，用虽有别而不相违，同依一慧，如眼识等，体虽是一，而有了别青等多用，不相违故，此亦应然。

二乘有学圣道、灭定现在前时，顿悟菩萨[2]于修道位、有学渐悟生空智果现在前时，皆唯起法执，我执已伏故。二乘无学及此渐悟法空智果不现前时，亦唯起法执，我执已断故。八地以上一切菩萨，所有我执皆永不行，或已永断，或永伏故；法空智果不现前时，犹起法执，不相违故。如有经说："八地以上，一切烦恼不复现行，唯有所依所知障在。"此所知障是现非种，不尔，烦恼亦应在故。法执俱意，于二乘等，虽名不染；于诸菩萨，亦名为染，障彼智故，由此亦名有覆无记。于二乘等，说名无覆，不障彼智故。是异熟生摄，从异熟识恒时生故，名异熟生，非异熟果。此名通故，如增上缘，余不摄者，皆入此摄。

【简注】

[1] 彼缘无垢、异熟识等：如来的第七识缘无垢识，法空智果现行生起的菩萨的第七识缘异熟识。

[2] 顿悟菩萨：顿悟菩萨与渐悟菩萨相对而成立。渐悟菩萨是指，三乘不定种姓，先修得声闻、缘觉二乘圣果，后回心入大乘的菩萨，又称回心菩萨。顿悟菩萨是指，大乘种姓，不须经此过程而能修行直接进入初地的菩萨，又称直往菩萨。

【今译】

这第七意的差别，大略有三种。一是与人我见相应的第七识，二是与法我见相应的第七识，三是与平等性智相应的第七识。

第一类与人我见相应的第七识，存在于一切凡夫之中，永远连续，也存在于二乘的有学和从初地到七地一部分菩萨的有漏心状态中，这类第七识认取阿赖耶识，生起人我见［即俱生我执］。第二类与法我见相应的第七识，在一切凡夫、声闻、独觉之中永远连续，也存在于一切法空智果没有现行生起的菩萨之中，这类第七识认取异熟识,生起法我见［即俱生法执］。第三类与平等性智相应的第七识,在一切如来中永远连续,也存在于见道位和修道位中那些法空智果现行生起的菩萨之中,这类第七识认取无垢识或异熟识,生起平等性智。

　　人我见生起时,那法我见也必然现行生起,因为我执必定依托法执而生起,就像夜晚看不清是树桩就说是人等情况一样。［问:"人我见与法我见怎么能同时生起?"］人我见与法我见,作用虽有区别,但也并非互不相容,都依托同一慧心所;就像眼识,主体虽只是一个,但有同时看清青、黄等多种颜色的作用,互相之间并不相违,人我见和法我见的情况也同样如此。

　　二乘有学在圣道或在灭尽定现行生起时,修道位中的顿悟菩萨以及由二乘有学回心大乘的渐悟菩萨当我空智及其果现行生起时,都只生起法执,因为他们的我执已被制伏。二乘无学以及由无学回心的渐悟菩萨,法空智及其果还未现行生起,也只生起法执,因为他们的我执已经断除。八地以上的一切菩萨,他们的所有我执都永远不再现行活动,有的是永远断除,有的是永远制伏;但只要法空智及其果没有现行生起,仍会生起法执,因为我空智及其果与法执并非互不相容。如《解深密经》中说:"八地以上,一切烦恼不再现行活动,只有烦恼所依托的所知障仍存在。"这里说的所知障是现行而不是种子,不然的话,烦恼障［的种子仍在,］也应［说烦恼障］仍然存在,［不应只说所知障存在。］然而,这与法执共存的第七意,虽然对于二乘等来说,称为不污染;但对于菩萨来说,仍然称为污染,因为能障碍菩萨的智,因此也称为有覆无记。对于二乘等,称为无覆,因为不会障碍二乘的智。[问:"在四无记性中,第七识属何种无记性?"]这第七识属异熟生无记,因为它永远是从异熟识生起,所以称为异熟生,而不是[由善恶异熟业所引的]异熟果。因为异熟生这名称是通用的名称,就像增上缘,凡不属于其他三种缘的,都可归入增上缘,[因而不能纳入其他三种无记性的,就属异熟生无记性。]

【评析】

　　此处论述第七识的各种状况,以及第七识与我执和法执的关系。第七识有三种状况:一是与俱生我执相应的第七识,存在于凡夫、二乘有学及初地到七地的一部分菩萨(除二乘无学回心菩萨)中。二是与俱生法执相应的第七识,存在于上述众生中,也存在于阿罗汉、辟支佛以及八地以上的菩萨中。三是与平等性智相应的第七识,存在于如来和入法空观的十地菩萨中。一切断除了我执但还未成佛的圣者,都会生起法执。与此种法执相应的第七识,对二乘来说是无覆无记性,但对菩萨来说是有覆无记性。此外,第七识的无记性,虽也可称异熟生无记,但与前六识的异熟生无记有区别。异熟生的前六识是由异熟种子帮助生起,是由先前世的满业感招;第七识是由等流种子生起,与先前世的业力无关,即与异熟种无关。第七识被称为异熟生,只是由于异熟生的名称范围最广,如在四无记(异熟生无记、威仪无记、工巧无记、变化无记)中,凡不属于另外三种无记的,都可称异熟生无记。

第二节　第七识存在的证明

一、经文的证明

【原文】

"云何应知此第七识离眼等识有别自体？"圣教、正理为定量故。

谓薄伽梵处处经中说心、意、识三种别义。集起名心，思量名意，了别名识，是三别义。如是三义虽通八识，而随胜显。第八名心，集诸法种，起诸法故。第七名意，缘藏识等，恒审思量为我等故。余六名识，于六别境，粗动、间断、了别转故。如《入楞伽》伽他中说："藏识说名心，思量性[1]名意，能了诸境相，是说名为识。"

又大乘经处处别说有第七识，故此别有。诸大乘经是至教量，前已广说，故不重成。

《解脱经》中，亦别说有此第七识，如彼颂言："染污意恒时，诸惑俱生灭。若解脱诸惑，非曾非当有。"彼经自释此颂义言："有染污意，从无始来与四烦恼恒俱生灭，谓我见、我爱及我慢、我痴。对治道生，断烦恼已，此意从彼便得解脱。尔时此意相应烦恼，非唯现无，亦无过、未，过去、未来，无自性故。"

如是等教，诸部皆有，恐厌广文，故不繁述。

【简注】

［1］性：此处指自体，即主体。

【今译】

［问：］"怎么知道，这第七识离开眼识等识，另有自己的主体？"佛典和正理可以作为确定的标准。

即世尊在各种经中都说到心、意、识三者各自的含义。能起聚集种子、生起事物作用的称为心，能起思量作用的称为意，能起认识辨别作用的称为识，这是三者各自的含义。这三种含义虽能通用于八识，但根据八识各自的特殊作用而显示差别。第八识称为心，因其能聚集一切事物的种子，生起一切事物。第七识称为意，因其认取藏识等，始终明确而清晰地将其思维为自我等现象。其余六识称为识，因它们是对六类不同的对象进行明显的、有间断的认识辨别活动。正如《入楞伽经》的颂中说："藏识称为心，思量的主体称为意，能认识辨别各种对象性状的，这就称之为识。"

此外，大乘经中，许多地方都专门说到有第七识，所以，这第七识是在诸识之外另有存在。各种大乘佛经是最权威的标准，这在前文中已作详细说明，此处不再重新证明。

《解脱经》中也专门说到有这第七识，如说一切有部经的颂中说："污染的意始终存在，各种烦恼与之同生同灭。如果解脱了各种烦恼，［那么，这些烦恼不但不是现在有，］也不是过去有，也不是将来有。"该经自己解释此颂的意思说："存在着污染的意，从无量时间来一直与四种烦恼同生同灭，这四种烦恼就是：我见、我爱，以及我慢、我痴。在用对治道断除烦恼后，此意就从烦恼中获得解脱。这时，与此意相应的烦恼，非但现在没有，过去和未来也不存在，因为过去和未来的烦恼并无实在的主体。"

像这样的教导，小乘各部的经中都有，唯恐人们厌倦详尽的文字，所以不再繁复地论述。

【评析】

此处以下，本论依据佛典与正理论证第七识的存在。首先是依据佛典进行论证，即直接援引佛典中关于第七识的说法。事实上，许多大乘经都对第七识作过阐述，而小乘各部的经典对第七识也有论述，所以第七识的存在完全有佛典的依据。论中所说的"解脱经"，《述记》说："此大小乘通许之经，非是解'解脱'义，名解脱经。然四阿含不摄零落之经，诸部皆有……此经是解脱阿含，故名为解脱经。若言'零落经'，名字恶也。"① 所以是指不收于《阿含经》中的零散的小乘经，这类经虽不属于大乘经，但却是大小乘共同接受的。

所谓第七识的作用是"缘藏识等"，其中的"等"包括下述各种情况：在因位（即未成佛时）有漏的第七识只认识第八识，（菩萨地中）无漏的第七识能认识第八识和真如；在果位（即成佛后），第七识能认识一切事物。因此，第七识与第八识一样，也是一种永无间断地现行活动的识。

---

① （唐）窥基《成唯识论述记》卷第五，《大正藏》第43册，第409页。

此外，论中说"如是三义虽通八识"，即心、意、识三义通八识，这是指：心的积集义，意的等无间义，识的了别义，三义通八识。先看心的积集义，《大毗婆沙论》说："此中心声总说一切心及心所，以彼皆有积集义故。"① 所以，心和心所都有积集义，如《瑜伽论》说："知长夜中由妙五欲积集其心。"②再看意的等无间义，诸识和心所都有等无间识，这是指前一刹那的同类心、心所，这就是意的含义。至于识的了别义，更为明显，"识谓了别"，八识都有了别作用。所以，心、意、识三义通八识。

二、理论上的六种证明

（一）由不共无明证有第七识

【原文】

已引圣教，当显正理。谓契经说："不共无明，微细恒行，覆蔽真实。"若无此识，彼应非有。谓诸异生，于一切分，恒起迷理不共无明，覆真实义，障圣慧眼。如伽他[1]说："真义心当生，常能为障碍，俱行一切分，谓不共无明。"

是故契经说："异生类恒处长夜，无明所盲，昏醉缠心，曾无醒觉。"若异生位有暂不起此无明时，便违经义。俱异生位，迷理无明有行、不行，不应理故。此依六识，

---

① （唐）玄奘译《阿毗达磨大毗婆沙论》卷第一百八十，《大正藏》第27册，第903页。
② （唐）玄奘译《瑜伽师地论》卷第二十，《大正藏》第30册，第392页。

皆不得成。应此间断，彼恒染故。许有末那，便无此失。

【简注】

［1］《摄论》的一首颂中有与此颂相同的说法。

【今译】

　　已经引用了佛典，进一步要表明正理。如《缘起经》中说："不共无明，极其细微，永远活动，覆盖遮蔽了真实的道理。"如果没有这第七识，那不共无明也不应有。即一切凡夫在一切状态中，永远生起迷失正理的不共无明，覆盖遮蔽了真实的道理，障碍了入圣的慧眼。正如颂中所说："在真无漏智要生起时，永远有一物障碍其生起，该物永恒地在一切状态中活动，这就是不共无明。"

　　因此经中说："一切凡夫永远处于长夜之中，被无明遮蔽了视线，被昏醉缠住了心，从没有觉醒的时刻。"如果说凡夫位中能有片刻暂时不生起这类无明，就违背了经文的含义。因为同样是在凡夫位中，而使人迷失正理的不共无明，有时活动有时不活动，这是不合道理的。这不共无明要是依托六识的话，都是不能成立的。［如果能够依托六识的话，］或者是这不共无明应像六识一样有间断，或者六识应该像这无明一样永远是污染的，［而这两种说法都是错误的。］如果承认有末那识，就没有这一过失。

【评析】

　　此处以下是从正理进行论证，即据理分析第七识的存在。

这一论证共有六种，此处以下是第一种证明，即从不共无明的存在论证第七识的存在。本论指出，经中说有不共无明，此无明在凡夫位中永恒存在，始终活动。此无明不可能依托六识，因为六识有间断，还有善、烦恼、无记三性，并不总是烦恼性的。此无明也不可能依托第八识，因为与第八识相应的只有五遍行心所，没有烦恼心所（无明就是痴心所，属烦恼心所）。所以这不共无明必定是依托第七识，因此应该承认第七识的存在。

【原文】

"染意恒与四惑相应，此俱无明，何名不共？"

有义：此俱我见、慢、爱，非根本烦恼，名不共何失？

有义：彼说理教相违，纯随烦恼中，不说此三故；此三，六、十烦恼摄故。处处皆说染污末那与四烦恼恒相应故，应说四中无明是主，虽三俱起，亦名不共，从无始际恒内昏迷，曾不省察，痴增上故。

"此俱见等应名相应，若为主时应名不共？"

如无明故，许亦无失。

有义：此痴名不共者，如不共佛法，唯此识有故。

"若尔，余识相应烦恼，此识中无，应名不共。"

依殊胜义立不共名，非互所无，皆名不共。谓第七识相应无明，无始恒行，障真义智，如是胜用，余识所无，唯此识有，故名不共。

"既尔，此俱三亦应名不共。"

无明是主，独得此名。或许余三，亦名不共；对余痴故，且说无明。

不共无明总有二种：一恒行不共，余识所无；二独行不共，此识非有。

故《瑜伽》说："无明有二，若贪等俱者，名相应无明；非贪等俱者，名独行无明。"是主独行，唯见所断。如契经说："诸圣有学，不共无明已永断故，不造新业。"非主独行，亦修所断，忿等皆通见所断故。

恒行不共，余部所无；独行不共，此彼俱有。

【今译】

[问：]"既然污染的第七意永远与四种烦恼相应，那与它共存的无明为什么称为不共？"

[在这一问题上有三种观点。]第一种观点认为，与第七识共存的四种烦恼中，我见、我慢、我爱三者不是根本烦恼，[只有我痴之无明是根本烦恼，]所以称无明为不共有什么过错？

第二种观点认为，上述说法与正理和佛典都相违背，因为佛典中说的纯随烦恼中，并不见有上述我见等三种烦恼，[可见它们不是随烦恼；]此外，这三种烦恼，佛典中或说属六种根本烦恼，或说属十种根本烦恼，[所以它们是根本烦恼。]由于佛典中处处都说污染的第七意永远与四种烦恼相应，所以应该认为，四种烦恼中无明起主要作用，因此虽然其他三种烦恼同时生起，但无明仍可称为不共，因为从无量时间来第七识始终向内执着第八识见分，昏沉痴迷，从不省察，正是由于我痴［即无明］的力量强盛。

［问：］"那么，与这第七识共存的我见、我慢、我爱［不起主要作用时］应称为相应，起主要作用时是否应称为不共？"

［如果这三者在不同场合各自表现为起主要作用时，也应称为不共，］就像无明一样，承认这一说法并没有什么过错。

第三种观点［即正确的观点］认为，这我痴［即无明］称为不共，就像不共佛法［只是如来所具有一样，］是说这无明只是第七识所具有。

［对方责难：］"如果是这样，那么，与其他识相应的烦恼，如果是第七识没有的，也应称为不共。"

建立不共的名称是依据特殊作用，并非相互没有的，都可称为不共。即与第七识相应的无明，无量时间来始终在活动，障碍真无漏智，这样的特殊作用，为其他识所不具有，只是第七识所具有，所以称为不共。

［对方责难：］"既然如此，那么，与第七识共存的其他三种烦恼也应称为不共。"

无明是起主要作用的，所以独自获得这个名称。或者也可同意其他三种烦恼在起主要作用时，也可称为不共；但对于其他识所具有的痴心所来说，［这与第七识相应的我痴无明的作用是它们所不具有的，所以］只说无明为不共，［而不说其他三种根本烦恼为不共。］

不共无明，共有两种：一是恒行不共无明，这是其他识所不具有的，［只是第七识有；］二是独行不共无明，这是第七识所不具有的，

〔只为第六识所具有。〕

所以,《瑜伽论》说:"无明有两种,如果与贪等烦恼共存,称为相应无明;不与贪等烦恼共存,称为独行〔不共〕无明。"〔第六识所具有的独行不共无明又分主独行和非主独行两种,〕如果是主独行无明,只是见道位所断除的对象。正如《缘起经》等经中说的:"一切有学圣者,由于不共无明已经永远断灭,所以不再造新业。"非主独行无明,〔既是见道位所断除的对象,〕也是修道位所断除的对象,因为〔非主独行无明与忿等十种小随烦恼相应,〕忿等小随烦恼都是同属见道位所断与修道位所断。

恒行不共无明,〔只是大乘有此说,〕小乘各部均无此说;独行不共无明,此概念为大乘与小乘所共有。

【评析】

此处是关于第七识存在的第一种证明的继续,是论述不共无明这一名称的原由。在这一问题上有三种观点。第一种观点认为,与第七识相应的四种烦恼中,其余三种都是随烦恼,只有我痴(即无明)是根本烦恼,由此将此无明称为不共无明。这种说法是错误的,因为其余三种烦恼也是根本烦恼。第二种观点认为,四种烦恼中,我痴起主要作用,所以此无明称不共。这种说法也非本质。第三种观点指出,此无明只是第七识所具有,不为六识所具有,且在四种烦恼中作用特殊,所以称此无明为不共无明。

本论进而对无明作了总结。无明就是痴心所,其类别大体如下。痴心所有与第六识相应的，也有与第七识共存的。与第七识共存的痴，称为恒行不共无明。与第六识相应的痴，有相应无明与独行不共无明：相应无明与贪等根本烦恼相应，独行不共无明不与贪等根本烦恼相应。（实际上，第七识的恒行不共无明也与贪等根本烦恼相应，但第六识的相应无明有间断，第七识的恒行不共无明无间断。此外，第七识的恒行不共无明与第六识的独行不共无明的区别在于：前者与根本烦恼相应，后者与根本烦恼不相应。）而独行不共无明又分非主独行无明和主独行无明。关于主独行无明，《述记》说："主独行，迷谛理起，唯分别起，唯见道断。不与忿等十种相应；若在欲界，与后五随、无惭、无愧七随俱转。"[①] 即主独行无明，是迷四谛之理而起，所以只是由分别而起，只是见道位所断烦恼。主独行无明不与忿等十种小随烦恼相应；如果是在欲界，只与八大随烦恼中的后五随烦恼，即昏沉、掉举、不信、懈怠、放逸五种，还有无惭、无愧两种中随烦恼，共七种随烦恼相应。非主独行无明则不但与中随烦恼和大随烦恼相应，还与忿等小随烦恼相应，所以不但是见道位所断，也是修道位所断烦恼。

（二）由意识的二种缘证有第七识

【原文】

又契经说："眼、色为缘，生于眼识，广说乃至意、法

[①] （唐）窥基《成唯识论述记》卷第五，《大正藏》第43册，第411页。

为缘，生于意识。"若无此识，彼意非有。谓如五识，必有眼等增上不共俱有所依，意识既是六识中摄，理应许有如是所依。此识若无，彼依宁有？不可说色为彼所依，意非色故，意识应无随念、计度二分别故。亦不可说五识无有俱有所依，彼与五根俱时而转，如牙影[1]故。又识与根，既必同境，如心、心所，决定俱时。

由此理趣，极成意识，如眼等识，必有不共，显自名处，等无间不摄，增上生所依。极成六识，随一摄故。

【简注】

[1] 牙影：有多种解释。第一，《成唯识论证义》（以下简称《证义》）卷第五说："如芽依种起，芽种俱时；影藉身生，身影同有。"第二，《成唯识论自考》（以下简称《自考》）卷第五说："牙与种，影与形，不相离故。牙当作芽。"第三，"牙"指"牙旗"，即旗杆上饰有象牙的大旗，为古代军中主将之旗。"牙影"就是"牙旗"与其影子，无论"牙旗"如何飘动，其影子总是追随不离。

【今译】

此外，经中说："以眼根和颜色等为条件，生起了眼识，广而言之，以意根和各种事物为条件，生起了意识。"如果没有这第七识，那［第六识所依的］意［根］也没有了。那意识也不应有。即如同五识必定有眼根等五根作为增上不共俱有所依一样，意识既然属于六识中的一识，理应承认有同样的所依。第七识如果不存在，那样的所依怎么能有？不能说以物质［如肉团心］为意识的所依，因为［佛典中说］意不是物质性的；［此外，作为意识所依的意根也不应是物质性的，如果意识也像五识一样以物质性的东西为所依，那它就］不应有随念分别和计度分别［这些意识所独有的思辨分别功能。］也不能说五识没有俱有所依，［所以第六识也不必有俱有所依，］因为五识与五根同时生起，就像牙旗与其影子一样。此外，识与根既然必定认取共同的对象，如同心和心所，所以必定同时存在。

由上述理由，公认成立的意识，应该像眼识等五识［有五根作为不共所依］一样，必定有［意根作为］不共所依，以表示自己名称的出处，［如《瑜伽论》说的，］作为等无间缘性质的前一意识不是后一意识的俱有所依，只有作为增上缘生起意识的意根才是意识的俱有所依。因此，公认成立的六识，各有一根属于自己。

【评析】

此处是关于第七识存在的第二种证明，是从意识生起的条件来论证第七识的存在。唯识学认为，识的生起要有两个主要条件，即根与境。五识都有各自的根，第六识也应有其根。但五识的根是物质性的，第六识的根不应是物质性的。因为经中说到意根，都不说它是物质性的。此外，意识有"分别"（即思辨分别）功能，五识没有这种思维功能，唯识学认为这是由于五识依托的是物质性的根，所以意识不应是依托物质性的根。而小乘各部虽也认为意识的根不是物质性的，但他们认为后一意识的根就是刚消失的前一意识。本论指出，前一意识只是后一意识的等无间缘依，而不是俱有依，因为前后意识不是同时存在的。但意识应该有自己的俱有依，这种俱有依应该是与意识同时存在的、能作为增上缘生起意识的意根。由于上述理由，意识的根，一不是物质性的，二不是前一意识，而应该是第七识。

此外，关于意识的"分别"作用，文中提到了"随念""计度"二分别，这也涉及小乘与唯识学的不同观点。小乘的《俱舍论》指出有"三分别"。一是"自性分别"，其主体是"寻"心所。二是"计度分别"，其主体是"慧"心所。三是"随念分别"，其主体是"念"心所。该论认为，第六识有"三分别"，前五识只有"自性分别"，所以，第六识称为"有分别"，前五识称为"无分别"。[①] 但唯识学认为，"寻""伺"心所均只与第六识相应，不与五识相应，所以五识也无"自性分别"，或者说，无以"寻"为主体的"自性分别"。此处，文中只提后两种分别，是因为对这两种分别的说法，唯识学与小乘并无歧义。如《述记》指出："不言自性分别者，合有二解。一云五识实有自性。二云三种皆无。此随彼语。"[②] 所以，本论此处不提"自性分别"，只是依照小乘可以接受的说法，或是依照二者共同的说法。

（三）由思量名意证有第七识

【原文】

又契经说"思量名意"，若无此识，彼应非有。谓若意

---

① 参见（唐）玄奘译《大乘阿毗达磨俱舍论》卷第二，《大正藏》第29册，第8页。
② （唐）窥基《成唯识论述记》卷第五，《大正藏》第43册，第411页。

识现在前时，等无间意已灭非有，过去、未来理非有故。彼思量用，定不得成。既尔，如何说名为意？若谓假说，理亦不然。无正思量，假依何立？若谓现在曾有思量，尔时名识，宁说为意？故知别有第七末那，恒审思量，正名为意。已灭依此，假立意名。

【今译】

此外，经中说"思量称为意"，如果没有这第七识，那思量的意也不应有。[小乘认为，这思量的意就是指过去的心，但]当意识现行生起时，那等无间意[即前一瞬间的意识]已经消失不再存在。[他们认为过去和未来的东西有实体，但]过去和未来的东西，按理而言不存在实体。所以那过去心的现时思量作用，必定不能成立。既然如此，怎么能说它们是意呢？如果说这只是[根据现在的思量作用而]假说[过去心是第七意]，道理上也不对。没有真正的思量，假说又依据什么成立呢？如果说前一瞬间的意识在它现行存在时，曾经有过思量，但那时的意识只能称为[第六]识，怎么能称为[第七]意？由此可知，另有第七末那识，始终在进行明确而清晰的思维活动，真正可称为意。已消失的心[不管是什么识，]只是依托这第七识[的意名]，假立意的名称。

【评析】

此处是关于第七识存在的第三种证明，是从佛经中的"思量名意"的论断来论证第七识的存在。经中说"思量名意"。

但小乘只承认有六识，他们认为心、意、识三位一体。其中，说一切有部认为，"意"就是过去的心。但本论指出，过去、未来的心在当前并无实体，故而过去的心在当前必定没有思量作用。所以，无论是以现在心的思量作用来假说过去的心是"意"，还是以过去心的思量作用来证明过去的心是"意"，都不能成立。因此，六识无论如何不是经中说的"思量名意"的意。所以，应该承认存在第七识，它就是经中说的"思量名意"的"意"。另外，本论此处说"无正思量，假依何立"，而第一章中则破外道的"假必依真"。两处说法是否自相矛盾呢？《述记》指出："前约胜义难，真实义中不依于真而辨假故。今依世俗难，世俗之中有真似故。"[1] 即据胜义谛，则应说"假不依真"，因为在"真实义"中，一切都假，故假说的成立不必也不可能依"真事"。而在世俗谛中，则事物有假有实，所以假说需依世俗谛中的实事而成立。

（四）由二种定的差别证有第七识
【原文】

又契经说："无想、灭定，染意若无，彼应无别。"谓彼二定俱灭六识及彼心所，体数无异[1]。若无染意于二定中，一有一无，彼二何别？若谓加行、界地，依等有差别者，理亦不然。彼差别因，由此有故；此若无者，彼因亦

---

[1] （唐）窥基《成唯识论述记》卷第五，《大正藏》第43册，第412页。

无。是故定应别有此意。

【简注】

[1] 体数无异："体"指六识心体。"数"指相应心所。二定都灭六识及相应心所，称"体数无异"。

【今译】

此外，经中说："对无想定与灭尽定来说，污染性的第七意如果没有，那二种定应该没有差别。"即那二种定都灭除了六识及其心所，所灭的心和心所没有差异。如果不是污染性的第七意在二种定中有差别，即无想定有此意，灭尽定没有此意，那二种定又有什么差别？如果说那二种定的差别在于加行、界地、所依等有差别，道理上也不对。那些差别的原因，是因这第七意而有；第七意如果没有，那些差别的原因也不存在。因此，必定应该另有这第七意。

【评析】

此处是关于第七识存在的第四种证明，是从无想定与灭尽定的差别来论证第七识的存在。据《杂集论》，作为心不相应行法，此二种定有所依、自体、假立、作意（即加行）、界地五种差别。① 而对此五种差别，诸论所说，略有不同，大体如

---

① 参见（唐）玄奘译《大乘阿毗达磨杂集论》卷第二，《大正藏》第31册，第700页。

下：一、所依别，即无想定是外道弟子依外道所说邪教而修，灭尽定是佛弟子依佛所说正教而修。二、自体别，即无想定，体是有漏；灭尽定，体是无漏。三、假立别，即无想定是依托有覆无记性的第七识所认取的阿赖耶识而假立，灭尽定是依托无覆无记性或无漏的第七识所认取的异熟识或无垢识而假立。四、作意别，即无想定由永出离的作意为加行，灭尽定由暂止息的作意为加行。五、界地别，即无想定是色界舍念清净地所系；灭尽定依无色界的非想非非想地而入，仍非为此地所系。本论认为，这五种差别的根本原因在于第七识，无想定有污染的第七识，灭尽定没有污染的第七识。

（五）由无想有染证有第七识

【原文】

又契经说："无想有情一期生中，心、心所灭。"若无此识，彼应无染。谓彼长时无六转识，若无此意，我执便无。非于余处有具缚者，一期生中，都无我执。彼无我执，应如涅槃，便非圣贤同所诃厌。

"初后有故，无如是失。"

中间长时无故，有过。

"去、来有故，无如是失。"

彼非现、常，无故有过。所得无故，能得亦无。不相应法，前已遮破。藏识无故，熏习亦无，余法受熏，已辩非理。故应别有染污末那，于无想天恒起我执，由斯贤圣，

同诃厌彼。

【今译】

此外，经中说："无想天的众生在一期生命中，六识心及其相应心所都消失。"如果没有这第七识，那无想天的众生应该是无污染的。即那些众生长时间中没有六种转识，如果再没有第七意，那么我执也就不存在。并非在其他地方那些仍受束缚的众生，能在一期生命中都没有我执。无想天的众生没有我执，应该如同涅槃，就不会受到所有圣贤的一致呵斥和厌弃了。

[对方补救：]"无想天众生的我执，在最初半劫中和最后半劫中还是存在，所以没有如同涅槃的错误。"

中间四百九十九劫的长时间中没有我执，所以还是有上述错误，[并非在其他地方那些仍受束缚的众生可以在长时间中没有我执。]

[对方补救：]"过去和未来有我执，[虽然长时间中不起我执，但仍称为有我执，]所以没有上述错误。"

过去和未来既不是现行活动也不是永恒不变，它们如同无，所以仍有上述错误。[小乘补救："过去、未来这两种时间虽然现在不存在，但有'得'，即过去获得的我执，现在存在，所以可以称为有我执。"]所得的过去时间既已不存在，能得的"得"也不存在；[能得不存在，所以不能说有我执成立，还是有上述错误。][此外，大众部等补救："另有我执随眠，属心不相应行法，在无想天中形成我执，称为有我执。"]心不相应行法，前面已经否定破除[了它的实有性，所以仍有上述错误。][此外，经部补救："无想天中虽没有我执的现行，但有我执的种子，称为有我执。"〕〔种子又从何而来？如果不承认有第七识，则藏识也不存在，〕由于藏识不存在，熏习也不存在，因为其他事物受熏习，前文已经辨明不合理。〔熏习不存在，又何来种子？〕所以，应该另有污染性质的末那识，在无想天中始终生起我执，因此所有圣贤一致呵斥厌弃无想天。

【评析】

　　此处是关于第七识存在的第五种证明，是从无想天众生有我执来论证第七识的存在。前文说无想天仍属有漏，此处本论指出，这是因为无想天众生仍有我执。但无想天的众生已无前六识及其心所的活动，如果不是由于污染的第七识，那么，这我执又来自何处？由此可见，第七识一定存在，它是无想天众生的我执的根源。此外，对无想天众生不存在我执的种种说法，本论作了驳斥，指出他们的说法根本不能成立。

（六）由有漏心的成立证有第七识

【原文】

　　又契经说："异生善、染、无记心时，恒带我执。"若无此识，彼不应有。谓异生类三性心时，虽外起诸业，而内恒执我，由执我故，令六识中所起施等不能亡相。故《瑜伽》说："染污末那为识依止。彼未灭时，相了别缚，不得解脱；末那灭已，相缚解脱。"言相缚者，谓于境相不能了达如幻事等,由斯见分相分所拘,不得自在,故名相缚。依如是义,有伽他言:"如是染污意,是识之所依,此意未灭时,识缚终不脱。"又善、无覆无记心时,若无我执,应非有漏,自相续中,六识烦恼与彼善等,不俱起故;去、来缘缚,理非有故;非由他惑成有漏故,勿由他解成无漏故。

又不可说别有随眠[1],是不相应,现相续起,由斯善等成有漏法;彼非实有,已极成故。亦不可说从有漏种生彼善等,故成有漏,彼种先无因可成有漏故。非由漏种,彼成有漏;勿学无漏心,亦成有漏故。虽由烦恼引施等业,而不俱起,故非有漏正因,以有漏言,表漏俱故。又无记业,非烦恼引,彼复如何得成有漏?然诸有漏,由与自身现行烦恼俱生俱灭,互相增益,方成有漏;由此熏成有漏法种,后时现起,有漏义成。异生既然,有学亦尔。

无学有漏,虽非漏俱,而从先时有漏种起,故成有漏,于理无违。

由有末那恒起我执,令善等法有漏义成,此意若无,彼定非有。故知别有此第七识。

证有此识,理趣甚多,随《摄大乘》,略述六种,诸有智者,应随信学。

然有经中说六识者,应知彼是随转理门,或随所依六根说六,而识类别实有八种。

【简注】

［1］随眠：在有部，是烦恼异名。

【今译】

此外，经中说："凡夫处在善心，或污染心，或无记心时，永远带有我执。"如果没有这第七识，那我执也不应有。即凡夫处在上述三类心时，六识虽然向外活动生起善恶各种业，但内心永远执着所谓的"我"，由于执着"我"，使六识中对所作的布施等善行不能无形无相，［完全不作功德想。］所以，《瑜伽论》说："污染的末那识是意识的依存之处。污染的末那识还未灭除时，对相［即现象］的了别就会受到束缚，不得解脱；污染的末那识灭除后，相缚就能得到解脱。"所谓"相缚"，是指对于各种对象的状况不能透彻了解它们如同幻变所现的现象，因此见分被相分束缚，不得自在，所以称"相缚"。根据上述道理，有首颂说："这一污染的第七意，是意识的所依，此意未灭除时，意识的束缚始终不能解脱。"此外，凡夫处在善心或无覆无记心时，如果没有我执，应该不是有漏，因为在这两种心自类连续的过程中，六识中的烦恼不能与那些善心等同时生起；如果说六识中现在的烦恼是受过去或未来的烦恼束缚而生起，［这也不对，］因为过去或未来的烦恼，按理而言，在现在并非真实存在，［所以现在的烦恼不是受过去或未来烦恼的束缚而生起；］就像圣者不会因为凡夫的烦恼而使自己成为有漏一样，否则的话，凡夫也可因圣者的见解而成为无漏。

也不能说另有随眠，是心不相应行法，在善心或无覆无记心状态下能现行连续生起，因此使善心等成为有漏；因为心不相应行法并非实有，这一道理前面已经证明成立。也不可说是从有漏的种子生起善心等，所以使它们成为有漏，〔因为顺着时间追溯，善心一直是由善心的种子生起的，而不是由烦恼种子生起的，所以〕那些善心等的种子在一开始就没有因使之成为有漏。并非由于存在有漏种子，那些善心等就成为有漏；否则的话，那些还未成阿罗汉的有学圣者，他们的无漏善心也应成为有漏，〔因为他们的有漏种子还未断灭。〕虽然有时由烦恼也能引生布施等善行，〔但这些善行现行活动时，其烦恼的因已成过去，〕并不与善行同时生起，所以不是使善行成为有漏的真正原因，因为有漏的概念是表示与"漏"〔即烦恼〕同时存在。此外，无记性的行为不是由烦恼引生，它又如何成为有漏的呢？因而，一切有漏，正是由于与自身的现行烦恼同生同灭，互相促使增长发展，才成为有漏；由此熏成有漏事物的种子，在以后的时间中现行生起，有漏的意义成立。凡夫既然是这样，尚未成阿罗汉的有学圣者也是如此。

阿罗汉等无学位的圣者的有漏，虽然没有"漏"共存，却是从先前的有漏种子生起的，所以成为有漏，二者在道理上并不矛盾。

由于有末那识始终生起我执，使善行等现象的有漏意义成立，这第七意如果没有，善行的有漏意义也必定不能成立。因此可知，另外存在这第七识。

要证明有这第七识，理由非常之多，现在根据《摄论》略说六种理由，一切有智之士应对上述内容，生起信心并仔细研究。

而有的经中只说六识，要知道那是一种权宜方便的说法，或者是根据所依托的六根而说六识，但识的类别实际上有八种。

【评析】

　　此处是关于第七识存在的第六种证明，是从有漏心的成立来论证第七识的存在。凡夫位的六识总是有漏的，其根源在于污染第七识的存在。如前所述，第七识是我执的根源，由于有我执，所以即使是善性的六识也成为有漏。本论进而对不承认有第七识，试图对上述问题另找原因的其他说法进行了批驳。本论指出，使善心成为有漏的根本原因，并非是烦恼种子、或与烦恼种子共存、或由烦恼所引生，而是与现行烦恼共存。在善性的六识现行活动时，与六识相应的根本烦恼和随烦恼都不再现行活动；此时，现行的烦恼是来自与污染的第七识相应的根本烦恼和随烦恼，除此之外，再也找不出其他现行烦恼了。因此，正是这污染的第七识，使六识善心成为有漏。所以，如果没有这第七识，一切善行的有漏意义必定不能成立。至此，本论从六方面对第七识的存在作了论证，肯定了第七识的存在。